中国文化史简编

（第三版）

王锦贵◎主编

吕 艺 张 积 罗 纬◎编著

图书在版编目(CIP)数据

中国文化史简编/王锦贵主编. —3 版:—北京：北京大学出版社，2015.3
ISBN 978-7-301-24324-4

Ⅰ.①中… Ⅱ.①王… Ⅲ.①文化史—中国—高等学校—教材 Ⅳ.①K203

中国版本图书馆 CIP 数据核字(2014)第 118528 号

书　　名	中国文化史简编(第三版)
著作责任者	王锦贵　主编　吕艺　张积　罗纬　编著
责任编辑	张弘泓
标准书号	ISBN 978-7-301-24324-4
出版发行	北京大学出版社
地　　址	北京市海淀区成府路 205 号　100871
网　　址	http://www.pup.cn　新浪微博:@北京大学出版社
电子信箱	zpup@pup.cn
电　　话	邮购部 62752015　发行部 62750672　编辑部 62753374
印　刷　者	北京鑫海金澳胶印有限公司
经　销　者	新华书店
	730 毫米×980 毫米　24 印张　418 千字
	2004 年 3 月第 1 版　2006 年 8 月第 2 版
	2015 年 3 月第 3 版　**2021 年 6 月第 4 次印刷**
定　　价	48.00 元

未经许可，不得以任何方式复制或抄袭本书之部分或全部内容。

版权所有，侵权必究

举报电话: 010-62752024　电子信箱: fd@pup.pku.edu.cn

图书如有印装质量问题，请与出版部联系，电话: 010-62756370

目 录

第三版说明 ··· 1
第二版说明 ··· 3
第一版说明 ··· 5

绪 论 ··· 1
  第一节　文化概念 ·· 3
  第二节　传统文化成因 ···································· 6
  第三节　传统文化的基本特点 ····························· 10
  第四节　学习传统文化的意义与方法 ······················· 18
  参考文献 ··· 23
  参考书目 ··· 30
  思考题 ··· 30

第一章　文字与图书 ······································ 31
  第一节　文字 ··· 31
  第二节　书籍制度 ······································· 42
  第三节　文献资源 ······································· 57
  参考文献 ··· 63
  参考书目 ··· 66
  思考题 ··· 67

第二章　科学技术（上） ·································· 68
  第一节　天学 ··· 68
  第二节　算学 ··· 78
  第三节　地学 ··· 86
  第四节　农学 ··· 92
  第五节　医学 ··· 97
  参考文献 ··· 100

参考书目 107
　　思考题 107
第三章　科学技术（下） 108
　　第一节　材料技术 108
　　第二节　制造技术 115
　　第三节　动力技术 126
　　第四节　信息技术 135
　　第五节　传统科技的基本特点 143
　　参考文献 152
　　参考书目 157
　　思考题 157
第四章　文学艺术 158
　　第一节　传统文学 158
　　第二节　传统艺术 169
　　第三节　传统文艺的特点 182
　　参考文献 192
　　参考书目 195
　　思考题 195
第五章　史学 196
　　第一节　悠久史学 196
　　第二节　史学著作 204
　　第三节　史学传统 215
　　第四节　史学功能 225
　　参考文献 229
　　参考书目 233
　　思考题 233
第六章　典章制度 234
　　第一节　职官制度 234
　　第二节　教育制度 246
　　第三节　法律制度 253
　　参考文献 260
　　参考书目 264
　　思考题 264

第七章　社会习俗

第一节　家族礼俗 265
第二节　婚丧礼俗 269
第三节　姓名避讳 277
第四节　岁时节日 282
参考文献 290
参考书目 292
思考题 292

第八章　宗教

第一节　主要流行宗教 293
第二节　道教 301
第三节　佛教 307
参考文献 314
参考书目 317
思考题 318

第九章　哲学

第一节　古代哲学思想的形成 319
第二节　古代哲学思想的演变 325
第三节　古代哲学思想的终结 334
第四节　古代哲学思想的特点 340
参考文献 342
参考书目 345
思考题 345

第十章　中外文化交流

第一节　早期交流 346
第二节　中期交流 353
第三节　晚近交流 358
第四节　交流特点 363
参考文献 366
参考书目 370
思考题 371

第三版说明

　　文化是一个民族的血脉和精神家园。中国传统文化是中华民族的血脉，也是中华民族的精神家园。

　　新中国成立以来，特别是1978年改革开放以来，在中国综合国力日益提高的过程中，中国优秀文化软实力所发生的巨大作用显而易见。回顾刚刚过去的2011年，可以说是中国文化发展史上极不寻常的一年。这年的10月，国家最高决策机构举行了建国以来第一次研究文化发展的专题会议。在关于加强文化建设的《决定》中，深入论述"文化软实力"的重要意义，明确指出今后文化事业发展的方向，堪称文化强国的基本纲领。毋庸置疑，中华民族已经迎来了中国优秀文化向更高层面大发展的明媚春天。

　　传统文化奥妙无穷，魅力无穷，潜力无穷。在21世纪的当代背景下，努力学习优秀的中国传统文化，不仅对提高国民文化素质、提升文化自觉具有不言而喻的现实意义，对于加强民族凝聚力、提升国家文化软实力和进一步弘扬中华文化，也有极其深远的战略意义。

　　自从《中国文化史简编》第二版面世后，寒来暑往，数度春秋，于不知不觉间已经数年过去了。时代在进步，教育事业在发展。随着高校学生、社会广大读者基本素质的进一步提高和文化视野的进一步开拓，当初编写的教材显然已经不能完全适应当前形势的需要了。我们虽然在以往的编写和修订中付出了不少辛苦劳动，但是通过近年来的教学实践和社会活动，仍然发现了一些需要解决的问题。其中固然不乏更正某处文字、附加某些插图等建议，但总的说来，主要表现为教材内容方面需要进一步建设。换言之，原教材中的某些简略文字需要展开，遗缺内容需要补充，陈旧版面需要改进。基于上述情况，特别是基于读者关于增加某些知识、更好把握文化精髓和信息资源等建议，这次修订主要在完善教材内容、提高教材质量方面加大了力度。具体来说，这次除了修订局部的内容和文字外，主要在以下章节中增加了必要的内容：在"绪论"之"传统文化基本特点"中，增加了"和为贵""天人合一"两大特点；在"第一章　文字与图书"中，增加了"第三节　文献资源"；在"第二章　科学技术（上）"中，增加"第二节　算学"；

在"第三章　科学技术（下）"里，扩充了相应内容，独立为五节；在"第四章　文学艺术"之"第二节　传统艺术"中，增加了戏曲和书法；在"第五章　史学"中，增加了"第四节　史学功能"；在"第七章　社会习俗"中，增加了"第三节　姓名避讳"等等。

　　经过努力的工作，《中国文化史简编》第三版和大家见面了。基于多年教学实践中的切身体会，尤其是近年由社会活动中所获反馈信息，这次修订版的上述撰写任务，全部由本书主编王锦贵承担并完成。

　　第三版修订工作的完成，犹如我们以往一再强调的那样：离不开专家和同行的指教，离不开广大读者的建议和帮助，更离不开高等院校广大师生的大力支持。适值本书这次修订版问世之际，我们怀着诚恳的心情，对上述所有曾经给我们指教和帮助的同志们，表示诚挚的感谢！我们以诚恳心情，继续期盼着来自各个方面的不吝赐教和指正。

编著者
2014 年 6 月 25 日于北大

第二版说明

《中国文化史简编》2006年修订版和大家见面了。这部教材初版于2004年。但是,如果要追溯她孕育、形成的源头,还需要从20世纪80年代说起。

1978年党的十一届三中全会的胜利召开,不仅把全国工作重点转移到社会主义现代化上来,由此在中国经济建设主战场拉开了改革、开放的序幕,也给意识形态领域吹来了阵阵暖人心扉的春风。传统人文精神回归,中华文化热持续升温,大学校园里要求开设文化史课的呼声一浪高过一浪。在当时国内尚无正式教材可资参考的情况下,我们遵照系领导有关精神,于80年代初开始了中国文化史课从框架到内容的筹备工作。传统文化博大精深,涉及领域异常宽泛,所谓"筹备",远非满腔热情可以如愿。我们首先从自身知识结构的基础性工作做起。经过长期认真的学习和准备,到80年代晚期,终于开始了正式的课堂教学。在以后的岁月里,由于其他工作的需要,教学小组一些成员曾几次出现变更,但本课程主要负责人的关注点和一线教学并未因此发生改变,"中国文化史"课的教学实践也始终没有出现过间断。

本课程有关教材的陆续编写和推出,可以说是我们教学实践的客观记录和佐证。80年代中叶,我们首先编写出30万字的内部教材《中国古代文化讲义》;90年代伊始,又与国内几所大学合作,完成了用于高校教学的47万字教材《简明中国文化史》(湖南师范大学出版社1991年出版);90年代末,根据形势发展的需要,又进一步完成了50多万字的《中国传统文化史论》。

随着21世纪信息时代的到来,素质教育受到空前重视,加强大学生文化修养也日益成为普遍的共识。北京大学历来具有重视素质教育的光荣传统,在国内率先开设了全校范围的选修课程。经过严格论证,我们的"中国文化史"被列入北京大学第一批全校素质教育通选课。为了积极适应新时代的发展和新形势的要求,结合多年来教学实践的体验,参考我们以往论著及同行所出教本,按照北大设定的规模和形式,于2003年8月完成了《中国文化史简编》的撰写任务。

因为有北京大学的强力支持为后盾,还在编写这部教材之初,我们就确立了比较明确的指导思想:"中国文化史"是一门比较全面、系统反映中国传统文化的基础课。她揭示了传统文化产生的背景、特点与意义,纵向再现数千年中国灿烂文化的轨迹,横跨人文科学、社会科学、自然科学诸多领域一般层面的基本知识。本门课程涉及面广,知识点多,适用于文理科各专业学生选修。通过学习这门课程,可以使学生在较短时间里比较集中地受到全面、系统的传统文化教育,为同学们在以后相关领域的进一步发展奠定基础。在这一指导思想的正确指引下,我们教学小组既有明确分工,又有密切合作,交流经验,切磋问题,认真负责地完成了本书的编撰任务。

《中国文化史简编》问世后,比较快地得到了来自社会各地的反馈信息,国内不少大学作为课堂教材,许多读者作为提高文化修养的读物。本书自 2004 年 3 月出版以来,多次加印,到目前已经是第五次印刷了。目睹这一情况,与其说因读者厚爱而感到些许安慰,莫如说信息社会一日千里的发展使我们陡增更多的诚惶诚恐。我们毕竟还有一些自知之明,深知自身修养有限,书中可供指摘之处,实在不免。唯其如此,本书质量水平的提高,显然有赖于如下基本前提:我们会继续结合教学实践的体会,总结经验,克服不足,尤其在诸多前辈、专家、读者、用户的批评和建议声中,一定会根据宝贵的反馈信息,愿意一直认真负责地修改下去。

正是在这一背景下,我们听取了有关方面意见,这次做了局部文字修订,并在必要的地方配备相应插图,由此推出了新的修订本。本书撰写分工——王锦贵:绪论、第二章、第三章、第五章;吕艺:第一章、第四章;张积:第六章、第七章、第八章、第十章;罗纬:第九章;刘耀、周扬:负责本书插图。全书由王锦贵规划、汇总、统稿。

在本书当初的编撰出版过程中,曾经得到北京大学有关领导的关心,得到北京大学教务部领导和同志们的积极支持,得到北京大学出版社领导和同志们的鼎力帮助,得到了校内外诸多专家学者的热情指点。适值《中国文化史简编》修订版问世之际,让我们怀着诚恳的心情,对所有曾经给我们以指教的领导、同道和同志们,表示深深的敬意和诚挚的感谢!我们将继续以诚恳的心情,期盼着各位大家的不吝赐教和读者们的批评指正。

编著者
2006 年 6 月 30 日于北京大学燕北园

第一版说明

　　中国传统文化历史悠久,内容博大精深。近代以来,致力于中国传统文化研究者可谓不乏其人,反映传统文化之经典著作者亦不绝如缕。然而,在大学里作为独立课程从事系统教学者,却是罕闻其事,亦罕见其人。"戊戌变法"领袖之一的梁启超先生,不仅是国内为此率先振臂一呼者,而且是高等院校里切实从事传统文化教育的早期拓荒者。还在1921年,他就在南开大学开设中国文化史课,还特意编写了《中国文化史稿》。在今天看来,这部讲义或许不免些许遗憾之处,而作为国内高等院校的第一部文化史教材,却有其不可磨灭的历史地位。

　　从20年代初到30年代中期,顾康伯、常乃德、柳诒徵、陈登原诸先生纷纷著书立说,中国文化史研究领域因此出现了一度兴旺的景象。但令人遗憾的是,这一局面很快淹没于以后的抗日战争和解放战争的硝烟中。

　　1949年新中国成立后,百废待兴。然而有关中国文化史的研究,却是好事多磨,坎坷异常。先是由于其他方面的学术研究被列为当务之急而无暇顾及,随后则由于一次又一次极左思潮的阻碍而搁置,最后则由于"文化大革命"那场灾难的彻底洗劫,几乎达到了被遗忘的边缘。直至上世纪70年代末,这一形势始得改观。1979年,蔡尚思教授的《中国文化史要论》刚刚问世,便受到读者热烈欢迎,在社会上引起很大反响。其后,又有张岱年、冯天瑜、阴法鲁等一大批专家学者的著作陆续发表。至此,在改革开放的氛围下,中国文化史的研究真正迎来了明媚的春天。但是,中国传统文化历史悠久,魅力无穷。越是进行研究,就越感到它的无处不在、无时不有。

　　随着21世纪信息时代的到来,素质教育受到空前重视,加强大学生文化修养也日益成为普遍的共识。北京大学历来具有重视素质教育的光荣传统,在国内率先开设了全校范围的选修课程。经过严格论证,我们的"中国文化史"课被列入北京大学第一批全校素质教育通选课。因为有北京大学的强力支持,还在编写这部教材之初,我们就确立了比较明确的指导思想:"中国文化史"课,应该是一门比较全面、系统反映中国传统文化的基础课。她应该揭示传统文化产生的背景、特点与意义,纵向再现数千年中国灿烂文化的轨迹,努力反映人文科学、社会科学、自然科学诸多领域一般层面最基本的知识点。基于本课涉及面广,知识点多,适用于文理科各专业学生选修。通过学习这门课程,应该使学生在较短时间里受到比较全面、系统的传统文化教育,进一步拓展文化视野,改善知识结构,为在以后相关领域的进一步发展奠定必备基础。

正是在这一指导思想的引领下,基于新时代和新形势的要求,结合多年来教学实践的体验,参考我们以往论著及同行教本,经过教学小组的明确分工和密切合作,终于在2003年8月按照北大要求的统一模式,完成了《中国文化史简编》的撰写任务。本书撰写任务的分工——王锦贵:绪论、第二章、第三章、第五章;吕艺:第一章、第四章;张积:第六章、第七章、第八章、第十章;罗纬:第九章;全书由王锦贵规划、汇总、统稿。

在《中国文化史简编》问世之际,让我们对所有曾经给我们大力支持的领导、师生和朋友们,表示诚挚的敬意和感谢。我们会一如既往,期盼着来自各方面的批评、帮助和指正。

编著者
2004年2月25日于北大

绪　论

在源远流长的人类文明发展史上，曾经出现过许多具有悠久历史的文明古国或地区。对于这些文明古国或地区，人们曾赋予多种称谓：或曰两大文化（东方文化、西方文化），或曰三大文化（西洋文化、印度文化、中国文化），或曰四大文明古国（埃及、印度、中国、巴比伦），如此等等，其说不一。

回顾人类文明发展史，无论是考察"两大文化"圈，还是反观"三大文化"区，抑或是鸟瞰"四大文明古国"，身在其中的所有"文化单元"，都曾经在人类文明进程中放射过璀璨的光辉。然而曾几何时，其中的绝大部分"文化单元"，或是由于不可抗拒的自然灾害的降临而走向消亡，或是因为外部异族的残酷入侵而光华暗淡，最终在自己的历史上都出现过大幅度的文化断层。其中也有唯一例外者，那就是中国。中华民族的文化可谓悠悠千载，五千年一以贯之。深入研究中华民族的文明进程，岂止是从来没有出现过"文化断层"，纵观中国传统文化的诸多领域里，甚至呈现出星汉灿烂、高峰迭起的壮观场面。例如古代文学领域里，自从上古神话拉开序幕，接下来便次第出现了先秦诗歌、诸子散文、汉赋、魏晋诗文、唐诗、宋词、元曲、明清小说，可谓长江大河，一浪接着一浪，不息气地卷地而来；又如古代哲学领域里，先后崛起了六座耸入云天的高峰——先秦诸子，两汉经学、魏晋玄学、隋唐佛学、宋明理学、明清实学；再比如科学技术领域里，无论是早在汉代已经形成的农、医、天、算四大学科为主体的实用科学体系中，还是在中国古代材料技术、制造技术、动力技术、信息技术诸领域中，伟大的发明与创造可谓林林总总，不绝如缕，轰轰烈烈，震惊世界。

前人所说不无道理："凡一国之能立于世界，必有其国民独具之特质。上自道德法律，下至风俗习惯、文学美术，皆有一种独立之精神，祖父传之，子孙继之，然后群乃结，国乃成，斯实民族主义之根柢源泉也。"（梁启超《新民说》）

试问：在全世界诸多民族文化中，为何中国文化成为其中最为特殊的一例？中华民族历史上从未出现"文化断层"的原因究竟是什么？答案或许仁者见仁，智者见智。但是，有一点可以肯定：出现上述现象绝非偶然，五千年"一以贯之"的伟大文明必有其坚实基础。而要探讨这一"坚实基础"的构建，则必然涉及许多方面的基本要素。例如,中国汉字就有很大典型性。人类历史上原本出现过许许多多的文字,但由于种种原因,或者自行消亡,或者被其他文字所淘汰。中国的汉字则不然。它不仅起源久远,而且一直是炎黄子孙世世代代传达信息的重要工具,汉字是目前世界上唯一一种仍然还在使用的最古老文字。不言而喻,在中华文明的世代传承过程中,汉字的伟大作用不可低估;又如,中国历史著作也有很大的典型性。在勾画五千年中华大厦基本轮廓的伟大工程中,号称"四大史体"的历史文献功不可没。所谓"四大史体",即举世闻名的编年体、纪传体、纪事本末体和政书体。编年体是以年月为核心反映历史的一种文献,纪传体是以人物为核心反映历史的一种文献,纪事本末体是以历史事件为核心反映历史的一种文献,而政书体是以典章制度为核心反映历史的一种文献。这"四大史体"具有一个最大的共性:它们不仅无一例外的都可以自成一个系统,都拥有一大批以原始资料形成的历史文献,而且都可以由远而近地比较系统地(从某个方面或多个方面)反映中华五千年的文明史。不言而喻,在中华文明的世代传承过程中,"四大史体"的重要作用也不可低估;再比如,中华民族的基本精神也有很大的典型性。中华民族五千年来之所以能够自立于世界民族之林,亦绝非偶然。历史实践已经证明,中华民族不但是勤劳勇敢的民族,还是一个具有高度智慧和伟大创造力的民族。"天行健,君子以自强不息","地势坤,君子以厚德载物"(《周易》)。以儒家经典中的这两句名言来揭示和概括中华民族的基本精神,具有极大的典型性。犹如天体运行不已、"自强不息"那样,中华民族具有昂扬向上、顽强拼搏的伟大精神;又像大地母亲胸怀宽广、"厚德载物"那样,中华民族又秉持海纳百川、包容万物的宏大气度。在五千年的历史长河中,这是中华民族从两个层面形成的民族主导精神。这两个层面的主导精神,犹如车之两轮和鸟之双翼,各具伟力,缺一不可:前者是刚,后者是柔。没有前者,就不能生存;没有后者,就不能共存。两种精神刚柔相济、并行不悖,相辅相成,和谐统一,因而在中华民族基本精神中形成了一种坚不可摧的长效机制。不言而喻,在中华文明的世代传承过程中,中华民族这一民族主导精神的伟大作用更是不可低估。如此等等,我们还可以从其他许多方面继续分析、研究下去。

  毋庸置疑,优秀的中国传统文化不仅仅是中国人民的精神食粮,也是全人类应当认真研究、认真总结的宝贵财富。然而,五千年传统文化博大精深,涉及面极其广泛,要想全面、系统地了解中国文化发展史,特别是要想准确把握传统文化的重要内容、基本特点、文化精髓、发展规律,那就只有一个办法可以如愿:不单需要系统的学习,而且应该持之以恒。

第一节　文化概念

要研究中国文化史和中国传统文化,理所当然地首先应该明白和了解有关文化的基本概念,因为这是研究的基础。

一、古今"文化"

"文化"是个相当复杂的问题。迄今为止,国内外学者对文化的理解和认识依然是仁者见仁,智者见智,实可谓众说纷纭,莫衷一是。粗略统计,近代以来有关文化的定义居然多达一百余种。

中华民族对"文化"一词并不陌生。早在先秦时期,儒家经典中就已经出现了"以文教化"之说。《周易·贲卦》云:"观乎天文,以察时变;观乎人文,以化成天下。"这或许是"文化"的最原始的出处。汉代以降,"文化"一词更是频频出现。不过,中国古代的所谓"文化",一般都限制在同武力征服相对应的"文治教化"的义项内。诸如"凡武之兴,为不服也;文化不改,然后加诛"(刘向《说苑·指武》),"文化内辑,武功外悠"(束晳《补亡诗·由仪》,引萧统《昭明文选》卷一九)云云,率皆如此。

我们今天所说的"文化",显然是一个全新的概念。从字源上看,现代所谓"文化",当初是由西方学者提出的。早期出现于英文与法文中的 Culture、德文中的 Kultur 以及俄文中的 Культура,无一例外都是译自拉丁文中的"Culture"。"Culture"词义较多,在拉丁文中有耕种、居住、练习、敬神诸义项,而在法文中还引申有性情陶冶和道德培养之意。由此可见,西方"文化"的内涵要比中国古代的"文化"丰富得多。

早在1871年,英国文化学家泰勒就在其《原始文化》一书中指出,文化是"包括知识、信仰、艺术、道德、法律、习俗和任何人作为一名社会成员而获得的能力和习惯在内的复杂整体"。这一观点发表后,曾在文化领域产生深远影响。美国著名人类学家克莱德·克鲁克洪认为,"文化是历史上所创造的生存式样的系统,既包含显型式样,又包含隐型式样;它具有为整个群体共享的倾向,或是在一定时期是为群体的特定部分所共享。"(C.克鲁克洪《文化的概念》,见《文化与个人》,浙江人民出版社,1986)《不列颠百科全书》(1973—1974)则主张从两方面界定文化的内涵。一是"一般性"概念,一是"多元的相对的"概念。前者认为文化是"总体的人类社会遗产";后则认为,"文化是一种渊源于历史的生活结构的体系,这种体系往往为集团的成员所共有",它包含该集团的"语言、传统、习惯和制度,包括有激励作用的思想、信仰和价值,以及它们在物质工具和制造物中的体现"。

国内众多学者也有自己的观点。梁漱溟先生认为,"文化就是吾人生活所依靠之一切","文化之本义,应在经济、政治,乃至一切无所不包"(《中国文化要义》,路明书局,1949)。钱穆先生认为,"文化即是人类生活之大整体,汇集起人类生活之全体即是文化"(《文化与生活》,见《中华文化之特质》,世界书局,1969)。庞朴先生则把文化区别为三个层面:"物质的—制度的—心理的"。其中,"文化的物质层面,是最表层的;而审美趣味、价值观念、道德规范、宗教信仰、思维方式等,属于最深层;介乎二者之间的,是种种制度和理论体系"(《光明日报》1986年1月17日)。

综上所述,现代所谓文化虽因研究的视角不同而众说纷纭,而从一定意义上,则可以归结为广义文化和狭义文化两种观点。所谓广义文化,即人类作用于自然界和社会的所有成就的总和。它包括人类通过体力劳动和脑力劳动所创造的一切物质财富和精神财富,大自国家社会制度,小至衣、食、住、行、婚、丧、嫁、娶观念,以及各种生产工具、各式生活用品等等,无不为广义文化所涵盖。所谓狭义文化,特指意识形态,即人类创造的精神财富。诸如宗教信仰、风俗习惯、道德情操、学术思想、科学技术,以及各式各样的制度和组织等等,皆属于狭义文化的范畴。目前,持这一观点或接近于这一观点的国内学者,所在多有。如北京大学张岱年教授认为,"文化有广义、狭义之分。狭义的文化专指文学艺术。最广义的文化指人类在社会生活中所创造的一切,包括物质生产和精神生产的成果"(张岱年、姜广辉《中国传统文化简论》,浙江人民出版社,1989)。又如湖北大学冯天瑜教授认为,"尽管人们对文化的理解歧见纷纭,但加以提炼,大致可归纳为广义文化、狭义文化二说":前者"指人类劳动创造成果的总和,凡是超越本能的、人类有意识地作用于自然界和社会的一切活动,都属于广义的文化";后者"则指与特定民族的生产方式和生活方式相适应,以语言为符号传播的价值观念和行为准则"(冯天瑜、周积明《中国古文化的奥秘》,湖北人民出版社,1986)。

二、地域文化

地理是文化的重要载体。由于自然环境的差异和政治、经济发展的不平衡,历史悠久而又疆域辽阔的中国形成了各具特色的地域文化。地域文化是中国文化的重要组成部分和依托,倘若没有一个个特色鲜明的区域文化,所谓中国文化也就无从谈起。

中国区域文化众多,其中较有影响者就有燕赵文化、齐鲁文化、三秦文化、三晋文化、关东文化、吴越文化、草原文化、荆楚文化、巴蜀文化、岭南文化、西域文化、台湾文化、青藏文化等地区文化。

　　从一定意义上说,每一个地域文化都是中国特定时空范围内的经济、文化中心。当然,在由远而近的中国社会里,由于各种因素所致,我国的经济、文化中心并不是固定不变,而是呈现出由北而南的发展走向。大体上说,北宋以前的中国古代文化重心位于北方的黄河流域。经由当时全国政治、文化中心的都城西安、洛阳、开封向四方辐射,出现了彪炳千秋的中原文化、齐鲁文化、燕赵文化、三晋文化、关中文化;自南宋始,中国古代文化重心逐渐转移于南方的长江流域。经由当时全国政治、文化中心的都城杭州、南京向周边辐射,又出现了闻名遐迩的荆楚文化、湖湘文化、巴蜀文化、赣州文化、江浙文化。1840年鸦片战争后,中国大门被西方列强的坚船利炮打开,西方文明随之东来。在与西方文化的多次碰撞、交流中,中国的长江流域、东南沿海各地又赫然崛起了一系列生机勃勃的区域文化:沪上海派文化、岭南文化、港澳文化、台湾文化。

　　"江山代有才人出,各领风骚数百年。"以上各个地域文化在一个相当长的时期里都曾经光芒四射,人才辈出,在中国传统文化领域中浓墨重彩地占据着重要地位。此外,地域文化还塑造出了极具特色的当地人物的群体形象。地域群体形象是如此鲜明而厚重,以至于只要你说出籍贯,人们马上就会将你与当地文化联系起来。例如早已定格于中国人脑海中的中原人的厚重,关东人的豪爽,湖湘人的勇敢,江浙人的重商理念等等,这固然是现实生活中的存在,却又是不同地区文化历史的积淀使然。

三、传统文化

　　中国人都很熟悉"传统文化"这一词汇。的确,在日常生活中,特别是在学术交流中,我们几乎随时都可以碰到"传统文化"。然而,究竟什么是"传统文化"呢? 社会上却流行着种种不同的观点。或者认为,所谓传统文化,就是特指在我国上起先秦,下讫清代中叶的古代社会里,产生并发展起来的文化。或者认为,传统文化主要是指中国封建时代的文化,但也应该包括近代以来,乃至"五四"运动以来的新文化。也有人认为,传统文化是植根于民族土壤中的既有稳定状态,又有动态变化,能够包容不同时代的新思想、新血液的文化(张智彦《传统文化研究述评》,《哲学研究》1986年6期)。如此等等。

　　而相比之下,北京大学周一良教授对"传统文化"的界定或许更深刻些。他在较早的时候就曾指出,除了广义、狭义两个层次的文化外,"我认为还有一个层次,姑名之为深义的文化。这就是说,在狭义文化的某几个不同领域,或者在狭义和广义文化的某些互不相干的领域中,进一步综合、概括、集中、提炼、抽象、升华,得出一种较普遍地存在于这许多领域中的共同东西。这种东西可以称为深义的文化,亦即一个民族文化中最为本质或最具特征的东西"(周一良《中外文化交流史》,河南人民出版社,1987)。的确如此,在广义文化、狭义文化之外,确实还存在着一种被周一良先生称之为"深义文化"的文化。但是,在我们看来,这种或许也可以称作"主导文化"或"核心文化"的文化,实际上也就是人们常说的传统文化。

综上所述,所谓传统文化,就是能够深刻反映一个民族最为本质和最具特色的内涵,并且最能体现该民族基本精神的基本载体。据此而言,所谓中国传统文化,就是能够深刻反映中华民族最为本质和最具特色的内涵,并且最能体现中华民族基本精神的基本载体。因为她是从中国悠久历史积淀中抽象出来,所以能够深刻影响整个中国的社会发展。在一定意义上说,这种文化是对中华民族共同精神、思维方式、心理状态和价值取向的一种高度概括和总结。换言之,因为中国传统文化是中华民族最本质、最富特色的文化,是在自身长期发展进化过程中逐渐形成的,所以它虽然肇始于过去,却贯通于现在,还必然要影响于未来。传统文化不是一个民族在一般意义上代代相传的历史遗产,而是具有顽强生命力的宝贵财富。因而对于本民族而言,既是历史的,又是现实的;既无时不有,又几乎无处不在。由于它的存在和影响,人们在诸如心理结构、伦理道德、思维方式、性格特征、价值取向以及审美情趣等各方面,都往往具有鲜明的民族特色。

第二节 传统文化成因

世界上无论任何一种文化,都是在特定条件下形成的。中国传统文化自然也不例外,它的产生与中国特定的自然条件、社会条件等诸多因素都有重大关系。具体说来,中国传统文化的形成与以下三大元素具有极其密切的内在联系。

一、自然环境是形成中国传统文化的一个重要因素

自然环境不是文化得以产生和发展的唯一因素,然而在诸多因素中,它的影响之大却是无可否认的,而且时代愈久远,作用就愈明显。特别是人类文明早期,生产力低下,当时的人们在强大自然界面前几乎是无能为力。因而,古代文化就最容易成长在气候适宜、土地肥沃、水利资源丰富、周围具有天然屏障可资保卫的自然环境之中。

仅从自然条件上看,以下三个因素对中国传统文化有很大影响。

首先是适宜的温带气候。对于古代文化的产生而言,适宜的气候条件至关重要。梁启超先生曾分析道,"人类所以进化者,不徒恃物质上之势力而已,而并恃精神上之势力。故物类之争生存也,惟在热度之强盛、营养之足用而已。人则不然,恒视其智识道德,以为优劣胜败之差。人物所循天演之轨道,各自不同,盖以此也。夫酷热之时,使人精神昏沉,欲与天然力相争而不可得;严寒之时,使人精神憔悴,欲与天然力相抵太剧,而更无余力以及它。热带之人,得衣食太易,而不思进取;寒带之人,得衣食太难,而不能进取。惟居温带者,有四时之变迁,有寒暑之代谢,苟非劳力则不足自给;苟能劳力亦必得其报酬。此文明之国民所以起于北半球之大原也。"(梁启超《饮冰室文集类编下·地理》)梁氏的"温带气候决定论"固然有偏颇之嫌,但是无可否认:适宜的气候确实对文化的形成有重要作用。我国的气候条件可谓得天独厚。以文明发达较早的中原一带为例,因为地处北纬 35 度左右的北温带,广大领土在北回归线与北极圈之间,故所得阳光照射较热带为少,较寒带为多。从总体上看,中国既不像热带那样炎热,又不像寒带那样酷寒。西高东低、呈阶梯状伸入大海的地势,为海洋湿润空气深入内地提供便利的条件。素有古代文明摇篮之称的黄河流域地处暖温带、半湿润地区,春、夏、秋、冬四季分明。既有春、秋二季的温暖,又有冬、夏两季的酷烈。如果说前者有利于农作物的生长,那么后者则有利于培养中华民族自强不息、"与天然力相争"的拼搏精神。

其次是波澜壮阔的大河。在过去,尤其在古代,河流对于发展社会经济和文化具有举足轻重的作用。黄河是中国文化最早的发祥地,流域面积达 75.24 万平方公里,是我国伟大的母亲河。经考古发现,黄河流域的远古文化相当丰富。山西芮城西侯度遗址是目前所知中国最早的古文化遗址之一,只有东非的"奥杜威文化"能够与它相提并论;经 ^{14}C 测定,河北武安磁山遗址和河南新郑裴岗遗址是距今八千年左右的中原文化。由于黄河不仅有数千公里主流的浩浩荡荡,而且支流众多,纵横交错,犹如神州大地上的根根血脉,所以先秦文化往往滋生在各条支流、支流沿岸以及支流与黄河形成的三角区域。例如夏文化发生在河南西部之伊水、洛水沿岸及流入黄河之三角区;殷文化发生在河南安阳之漳水、洹水沿岸及流入黄河之三角区;周文化发生在陕西东部之渭水两岸及流入黄河之三角区。周秦以后,长江流域日渐发达,与黄河流域一起创造着中国古代文化。

其三是封闭式的大陆。中华民族是典型的大陆民族。所居之处,三面环陆,一面临海,古代的中外交通极其困难。中国不仅因为大海之隔,难以同西方世界交往,也因为崇山峻岭和茫茫沙海所阻而很难联系身旁的陆地邻邦。试看东部固然有漫长的海岸线,但她所面临的是绝非地中海、黑海或里海那样的内陆海可以比拟的世界第一大洋太平洋。太平洋茫无涯际,在遥远的古代,无疑是设在中国东部的一道极难逾越的天然障碍。由于是典型的大陆民族,四周环境几乎同外界隔绝,而内部却有较大回旋余地,所以中华民族在文化心理上具有一定的封闭性。譬如视觉所及者,从纯系保卫而非进攻性质的万里长城,到城中之城的故宫,乃至自成一统、随处可见的中国北方四合院,无一不是这一特征的形象注释。

二、社会环境是形成中国传统文化的又一重要因素

中国传统文化的产生和发展离不开特定的自然环境,也离不开具有以下三大特征的社会环境:

其一,农业自然经济。世界上大约再也找不出第二个像中国这样的文明古国,能把农业文明发展到令人惊叹的程度。进入阶级社会后,特别是进入封建社会后,中国的社会经济长期以领先世界的超一流水平向前发展。这一时期的经济结构虽然是农业经济和畜牧经济两大类型,但是,在中国古代经济中最具特点并起决定性作用的则始终是农业经济。农业经济不但在奴隶制时代是社会经济主干,进入封建社会后也没有什么改变:"农民不但生产自己需要的农产品,而且生产自己需要的大部分手工业品。地主和贵族对于从农民剥削来的地租,也主要的是自己享用,而不是用于交换。那时虽有交换的发展,但是在整个经济中不起决定作用。"(毛泽东《中国革命和中国共产党》)这种自给自足的自然经济贯穿于中国整个封建社会。

农业经济不仅决定了古代统治者"崇本抑末"的价值观,也决定了广大劳动者的思想意识。农民既然是以"农"为业,也就意味着与土地结下不解之缘。他们不仅本人生于斯,长于斯,老于斯,葬于斯,终生厮守着祖上所留基业,而且还要后世子孙像自己继承先人遗产那样世代相续。这就不能不使古代传统的农业结构变成一个层层封闭的体系:家族与家族之间,村社与村社之间,地区与地区之间,存在着明显的文化间隔。农民们固然由此养成了勤劳、朴实的性格,但是,在滋生故土难离、"敬天法祖"、热爱田园的思想意识同时,也孕育出诸如喜稳定、不喜变革的文化心理。传统的农业自然经济还促成了农民的平均主义思想。平均思想在封建社会土地高度集中的背景下,有一定的积极意义。但这种朴素的意识毕竟有一定的局限性,尤其在社会主义市场经济的今天,不仅无益而且有害。

其二,家族宗法制度。宗法制在中国有深厚的社会基础。虽然从明代中叶

以后,中国资本主义萌芽开始滋生发展,商品经济对包括宗法制在内的封建制度有一定的瓦解作用,但中国广大地区依然是沿袭祖祖辈辈的传统生活方式,始终保持古朴、简单的田园特色。由于历史悠久,发展充分,中国古代宗法观念的思想影响一代代地积淀下来,宗法制度下的某些心理至今仍然时有体现。例如中国人的伦理观念素以国家、民族、乡里、家庭为重,强调所谓树高千丈,叶落归根。西方民族则以个人为重,四海为家。宗法观念容易使人于不知不觉中形成保守、崇古、尊重传统的思想习惯。保守、崇古固不可取,"尊重传统"也要分析,因为"传统"中未必都是精华。

其三,政治大一统。

"大一统"是中国古代政治领域中的一个显著特点。中国的政治大一统与古代西方的武力征服下的"一统"局面大不相同。武力征服往往缺乏共同的文化基础,一旦国势不振,必然导致分裂、灭亡而不可收拾,古罗马走的就是这条道路。中国的政治大一统则是民族向心力的凝结,社会基础相当深厚。政治上的大一统深深地影响着中华民族的文化心理和政治生活。随着历史的前进,那种人心思定、人心思统,反对分裂、坚持统一的文化心理往往日益强烈,并呈现出上升趋势。政治上的大一统对学术思想领域也会产生深远影响。汉武帝时期,政治一统不仅促成了"罢黜百家,独尊儒术"的文化总方针的确立,也促使了综合性学术著作的问世。淮南王刘安的《淮南子》与司马迁《史记》的同时问世,既有思想学术发展的必然性,也有政治环境和政治因素的直接影响。

当然,政治上的大一统有促进文化发展的一面,也有不尽如此的负面影响。究其原因,主要是古代的政治大一统往往要求与之相应的文化"大一统"。封建的专制主义的文化"大一统",往往注重文化领域的共性,忽视、限制乃至故意抹杀进步文化的个性,因而直接破坏了文化发展所需要的宽松环境。从秦王朝的"焚书坑儒",到封建社会后期愈演愈烈的禁书运动和骇人听闻的"文字狱",显然都是有害于学术领域的百家争鸣的。

三、外来文化的影响是形成中国传统文化的另一个重要因素

中国古代共发生过三次外来文化的大规模输入。这三次外来文化的输入对中国传统文化发生了重要影响。

第一次是西域文化的输入。我国同西域的文化交往源远流长。特别是在"丝绸之路"开辟后的汉唐两朝,葱岭以西的许多民族都同中国有着密切的联系。随着西域各国使节、商贾的东来,不仅传入了许多名特产品(如波斯的苜蓿、葡萄,大宛的石榴、胡麻,奄蔡的貂皮,大月氏的毛织品等),丰富的精神文化

也随之而来。例如汉代著名音乐大师李延年就曾"因胡曲更进新声二十八解"（崔豹《古今注》）；中亚的胡腾舞、胡旋舞在长安广为流行；对中国有很大影响的袄教、摩尼教、景教在隋唐时由伊朗传入，当今世界三大教之一的伊斯兰教也是那时由阿拉伯传入中国。

第二次是南亚次大陆文化的输入。作为南亚次大陆文化主体的印度佛教文化，早在西汉末年就开始传入中国，至唐代已趋兴盛。佛教文化的输入，对中国文化的蓬勃发展起到很大推动作用。它不仅为中国输入了一个全新的宗教，还为中国的社会科学和自然科学等领域注入了活力。例如在学术思想领域，印度佛教哲学比起魏晋玄学来更富于思辨，因而显示出强大的生命力。中国封建社会后期的文化正宗宋明理学，也正是在传统儒学的基础上，融合了佛、道两家思想的产物。

第三次是西洋文化的输入。从总体上说，西洋文化的输入发生于近代。但若干领域的零星输入则至少可上溯到16世纪。从明代中叶直至清代中叶，西洋文化的东传始终没有停止过，但规模不大，影响甚微。直至1840年西方炮舰打开清廷闭关锁国的大门后，这一局面发生巨变。以1862年京师"同文馆"成立为标志，西洋文化的输入进入了一个新阶段。

中国传统文化的形成，不单在时间上是一个十分漫长的历史过程，在空间上也是一个极其广大的地域范围。对她产生根本影响的基地固然是中国这块土地，但同时也不能忽视来自其他空间的重要文化的碰撞与融合。

第三节 传统文化的基本特点

中国传统文化在其漫长的发展过程中，不仅形成了博大精深的内容，而且形成了许多极其鲜明的特点。但是，究竟哪些特点最为引人瞩目呢？从这一点上说，诚可谓仁者见仁，智者见智，学界的看法不尽一致。我们认为，中国优秀传统文化的显著特色主要体现于以下七大特点。

一、崇尚伦理道德的人际关系

崇尚伦理道德是中国传统文化特质之一。中国传统文化素以人文为本位，所以伦理道德受到特别的重视和提倡。长期以来，它被看作是调和人际关系的准绳和维系整个社会秩序的精神支柱。伦理道德在中国威力之强大，影响之深远，是其他民族不能比拟的。如果说长期以来欧洲曾经是神学统治的天下，中国则是伦理道德主宰的世界。

中国的伦理(即人与人之间的关系)素有"五伦"之说。五伦者,君臣、父子、夫妇、兄弟、朋友之谓也。其实,这是五种人际关系。五伦中,父子关系、夫妇关系、兄弟关系,都属于家族关系范畴,君臣关系、朋友关系可以看作是以上三种关系的延伸和扩展:君臣犹父子,朋友犹兄弟。作为一种精神上的调和剂,伦理道德渗透于整个中国社会。它使人际关系中的对立因素趋于统一,经常处于一种调适、和谐的氛围之中。具体来说,一方面是臣对君要忠,子对父要孝,妇对夫要顺,弟对兄要恭;而另一方面则要求君对臣要仁,父对子要慈,夫对妇要敬,兄对弟要爱,朋友之间要重信义,"友其德"。伦理道德成了所有中国人安身立命的准则,于是乎"一切相与之人,随其相与之深浅久暂,而莫不自然有其情分。因情而有义,举整个社会各种关系而一概家庭化之,务使其情益亲,其义益重。由是乃使居此社会中者,每一个人对于其四面八方的伦理关系,各负有其相当义务","全社会之人不期而辗转互相联锁起来,无形中成为一种组织"(梁漱溟《中国文化要义》,路明书店,1949)。

当然,中国传统文化中崇尚伦理的思想意识与西方民族的伦理道德观念有很大不同。西方人并不强调忠孝思想,没有严格的长幼尊卑的此疆彼界,注重所谓人人自由平等,惟求少数服从多数。而在中国传统文化中并不特别肯定个人价值,而是在把人置于伦理框架的前提下,特别强调个人对他人、对社会的关系。换言之,亦即特别重视个人必须对他人、对社会做贡献,尽义务。客观地说,这种思想意识既有积极意义,也有消极因素。其积极意义在于强调了人的社会责任和历史使命,而消极因素则是明显忽略了人的自身价值和应有的权力。

二、重视政务的价值取向

重视政务的价值取向是中国传统文化的一个明显特征。中国传统文化之所以具有政治型的特点,在很大程度上与儒家思想的推行和宣扬有直接关系。先秦时期,与墨家并称"显学"的儒家虽有一定的影响,但是说到底,也不过是诸子百家中的一家。秦代以后就不同了,特别是汉武帝时期,由于采纳了董仲舒的建议,"罢黜百家,独尊儒术"成了既定国策。在学术领域中,儒家思想由此确立起"一尊"的地位,在整个意识形态领域中一直统治了中国两千多年。

与道家的"出世"观念不同,儒家重社会、重人生、重现实,一切以着眼于当前、解决社会问题为基点。惟其如此,在儒家思想体系中,既存在着以求"善"为宗旨的"伦理型"文化的一面,同时还存在着以求"治"为宗旨的"政治型"文化的一面。也正因为这样,崇尚政务的特征在中国传统文化中长期存在,并且表现得普遍而又典型。

政治型文化主要是通过两项重要的举措实施的。其一,通过古代教育制度,鼓吹"学而优则仕"的道路,使儒家求"治"思想深入人心。广为流行的《神童诗》,核心思想就是歌颂读书做官论。不论是其中的"万般皆下品,惟有读书高""满朝朱紫贵,尽是读书人"的公开宣传,还是"朝为田舍郎,暮登天子堂。将相本无种,男儿当自强"的"劝学"诗,无一不是向读书人强调"学而优则仕"的光明前途。其二,通过各种选举制度,使"学而优则仕"的道路在组织上得到落实。在汉代察举、征辟和曹魏以后的"九品中正制"等各种选举制度中,文化知识的含量还不特别明显,而在隋唐到明清的一千多年的科举制中,文化知识已经成了取士入仕的根本尺度。在我国历史上,曾有许多治国安邦的奇才都是通过这条道路步入政坛的。

毋庸置疑,由于政治型文化氛围的营造,使得人们关心国家、关心社会、关心民生的风气成为代代相传的自然而然的传统。中国古代不仅由此涌现出了像王安石、文天祥、林则徐、谭嗣同那样的一大批治世栋梁,而且留下了许多千古不朽的政治格言。无论是前人崇尚的"先天下之忧而忧,后天下之乐而乐"的闪光警句,还是后人熟知的"国家兴亡,匹夫有责"等豪言壮语,无不折射出儒家处世哲学的耀眼光辉。

政治型的文化也存在一定的消极因素。譬如在科学技术方面就有不利影响。由于古代过分强调政务,于是问题之是非曲直,研究对象之轻重缓急,往往以官方需要作为判断的标准,这就不可避免地会在许多方面造成重大损失。

三、推尊入世的处世哲学

中国传统文化与欧洲不同,也与我国西南邻邦的印度文化不同。西方文化和印度文化中,神的地位相当突出,"出世"思想比较明显。无论是在古希腊荷马史诗《伊利昂纪》(伊利亚特)和《奥德修纪》(奥德赛)中,还是在犹太、基督教的《新约圣经》和《旧约圣经》中,抑或是在印度佛教宣扬的苦、空、寂、灭的教义中,都可以看到:神始终是中心,神的意志决定人的命运。而中国则注重现实人生,宗教色彩淡薄,有着浓重的伦理道德观念。伦理道德里"五伦"反映的内容,是社会上最习见的几种人际关系。这些关系都是涉及"人伦日用"的世俗道德学说,亦即典型的"入世"思想。

中华民族的入世思想不仅由来已久,而且内容丰富,特点鲜明。除了在"重人轻神"、政教分立诸方面有鲜明反映外,最集中的体现则是儒学"一尊"。

儒学"一尊"地位的确立和发展,客观上固然是迎合了封建政治的需要,但它以人文为本位的入世思想既有一定的现实性,也有一定的合理性。儒家重社会,不重自然;重人伦日用,不重天地鬼神;重今生,不重来世。孔子不单历来不谈论"怪、力、乱、神"(《论语·述而》),而且还曾经明确地向他的学生表示"未能事人,焉能事鬼","未知生,焉知死"(《论语·先进》)。由此可见,在儒家看来,鬼神之类即使存在,也不是什么当务之急,最为现实的只有一项,那就是世俗领域的"人"事。因此,"修身""齐家""治国""平天下",始终是儒家强调的人生最高的也是最美好的行为准则。

诚然,在汉代以后的中国封建社会里,儒、道、佛长期鼎足而立,它们互相斗争,又互相补充,最终融合成为中国学术领域中的主流。也就是说,在中国传统文化领域中,实则既有入世哲学,又有出世哲学,而儒家和道家历来被视为这两种思想体系、两股势力的代表。儒家与道家,一个是"游方之内",一个是"游方之外"(《庄子·大宗师》),两家的思想观点有很大不同:儒家重政治,道家重自然;儒家重理性,道家重感性;儒家有求实态度,道家具浪漫精神。这两种思想既对立,又统一,既相互斗争,又互为补充。我们的前人正是在这两种力的冲突中得以把握平衡,在两种哲学思想的对立中调适自我,这就等于在社会上有了一个比较客观的安身立命的评判准则。

由此看来,中国人对待社会、人生的态度,既不单纯是"入世"的,也不单纯是"出世"的。事实上是"出世"中有"入世","入世"中又有"出世"的处世哲学。不过,二者也并不是简单的对等关系。因为在古代整个意识形态领域中,儒家学说长期居于统治地位,中国人受儒家思想的影响程度最大、最深,所以从总体上说,推尊"入世"的处世哲学始终处于主导地位。

四、强调统一的政治理念

中国的"大一统"观念起源之早,甚至可以上溯到远古时期。《尚书》是我国现存最早的一部历史文献,其基本框架由《虞书》《夏书》《商书》《周书》四部分组成。它不仅在先秦时期便由远而近地勾勒出了一部通史体系,还明确地反映出了大一统政权虞、夏、商、周纵向传递的一个清晰而完整的序列。三代以下,在中国的历史上虽然也曾出现过动荡和分裂,但那往往是统一的前奏。由春秋战国动荡到秦统一,由三国鼎立到晋统一,由南北朝对峙到隋统一,由宋辽金征战到元统一,都是无可否认的铁的事实。而且从秦朝以后,统一战胜分裂呈现出日益强化的态势。也就是说,此后的统一始终是主流,分裂和动荡往往是局部的、暂时的。这一趋势愈是发展到后来,便愈明显。特别是从元代以后,我国历史上出现了元、明、清以来连续数百年长期统一的局面,更是人所共知的历史事实。

为了营造和维护国家的大一统局面,历朝历代特别是统一的封建政权曾经颁布了许多行之有效的政策和法令。在中国历史上,秦王朝不仅首开统一的封建专制国家的先河,而且做出了巨大的贡献。如果说货币和度量衡的统一为"大一统"政治局面的形成创造了经济条件,川防的开决及驰道的修筑为加强全国范围的统治提供了交通之便,那么,西起临洮(今甘肃岷县),东至鸭绿江边的连接原秦、赵、燕三国的半环状长城,则为保卫大一统政权起到了屏障北方的作用。秦代以后,不论是大运河的南北贯通,还是科举制在全国范围的长期推行,抑或是"改土归流"之类的民族政策的有效实施等等,无一不是服务于"统一"局面的重要手段。为了营造和维护国家的大一统局面,历代人民更是前赴后继,英勇奋斗,用自己的实际行动在中华文明史上写下了永垂不朽的诗篇。当外来势力形成巨大威胁的时候,总是有大批热血男儿挺身而出,用鲜血和生命捍卫国家,并由此造就出许多动天地、泣鬼神的民族英雄。

强调统一是中华民族的优良传统,过去如此,现在如此,将来也必定如此。这一思想观念已经深深地溶化在中华儿女的血液中。诚如1924年11月24日孙中山先生所说:"统一是中国全体国民的希望。能够统一,全国人民便享福:不能统一便要受害。"(《孙中山全集》第十一卷,中华书局1986年版)20世纪末,邓小平继承并发扬了中华民族这一传统美德,制定出符合中国国情的"一国两制"的英明决策。在这一政策指引下,香港于1997年回归,澳门于1999年回归,相信台湾的统一也指日可待。因为追求统一是大势所趋,人心所向,任何人以任何形式、任何借口分裂中华民族的政治图谋都注定是徒劳的,一个完全统一的新中国一定会出现在不久的未来。

五、光宗耀祖的功名思想

中国人具有光宗耀祖的功名思想,这在古代是相当普遍的社会现象,也是中国传统文化中区别于异域文化的一个显著特点。

光宗耀祖思想的基石是儒家一再倡导的"孝",因而,建立于"孝道"基础上的功名思想不仅在古代社会有其存在的必然性,也有其存在的合理性。

在古代,"孝"与"忠"往往紧密联系而具有惊人的统一性,这一现象并非偶然。由于宗法制的长期存在,中国古代社会一直具有"家国同构"的特征,这一社会架构必然导致伦理观念上的所谓"忠孝两全"的大力张扬。从表面上看,"家"与"国","忠"与"孝"是完全不同层次、不同范畴的两对概念,而在维护宗法制度方面则是绝对一致的。因为"家"是"国"的基础,"国"是"家"的延伸,所以对父祖孝敬的家庭成员,转而作为社会成员,不可能对君上不忠。由此不难看出,所谓"孝"者,实乃"忠"之基石。儒家经典《孝经》不但把立功扬名与光宗耀祖最直接地联系起来,而且强调"以显父母"乃是"孝"的终极,这就最大限度地张扬了传统功名思想的合理性。到了魏晋时期,颜之推对这一思想再加演绎:"夫圣贤之书,教人诚孝,慎言检迹,立身扬名,亦已备矣。"(《颜氏家训·序致》)因为这是一种以"家训"教导子女的形式传世,所以对社会产生了更加深远的影响。

从一定意义上说,传统的功名思想可视为父祖生命的延续。中国人常说的孝道,实际上有两层含义。第一层含义是生育。古人云"不孝有三,无后为大"(《孟子·离娄上》)。所谓"大"者,就是强调传宗接代的意义。断绝子嗣,何来孝道?结婚生子正是延续父母乃至祖先骨血与生命的基本形式,因而也是孝道中最起码的要求。第二层含义是不朽。所谓"不朽",就是扬名于后世,以显父母。如何"扬名"呢?主要是三条途径:"大上有立德,其次有立功,其次有立言,虽久不废,此之谓不朽。"(《左传·襄公二十四年》)惟其如此,教育子女也就几乎成了每个中国家庭的头等大事。历代的中国人,没有哪个不希望自己的子孙光耀门楣、为祖上增辉。

在古代,光宗耀祖的功名思想有其重要的意义。首先,它有利于确立奋斗目标。为了未来的建功扬名,一个人必须从小树立理想,并且自始至终坚定信念,决不能得过且过或见异思迁,更不能玩物丧志。其次,它可以督促人们加强道德修养。要建功立业,就应当具备世人崇尚的高风亮节,也就是孟子教导的:"居天下之广居,立天下之正位,行天下之大道。得志,与民由之;不得志,独行其道。"(《孟子·滕文公下》)再次,它可以鞭策人们吃苦耐劳、自强不息。没有远大理想和奋斗目标,不可能成为有作为的人;有了理想和目标而无脚踏实地的社会实践,同样达不到目的。要使功名思想变为现实,必须吃苦耐劳,艰苦奋斗,必须付出常人难以承受的辛劳。正所谓:"天将降大任于是人也,必先苦其心志,劳其筋骨,饿其体肤,空乏其身,行拂乱其所为,所以动心忍性,曾益其所不能。"(《孟子·告子下》)此话确有一定道理。正是在光宗耀祖的功名思想影响下,历史上出现了诸如司马迁、岳飞等许多致力事业、百折不回的杰出楷模。

但是,历史上的文化积淀往往是鱼龙混杂、泥沙俱下,光宗耀祖的功名思想也有其明显的局限性。因为传统的功名意识的光宗耀祖的基石是封建的"孝道",所以,也极易由此导致眼界短浅、心胸狭隘。也就是说,倘若在这种思想的严重束缚下,容易导致血缘至亲,家族至上,私家近而国家远:一事当前,或是先小家而后大家,或是径直弃国家大事于不顾,或是虽拔小家一毛而利天下者不为也。这样的人即使通过"学而优则仕"的途径猎取了功名,也很难于国于民有所作为,因为他们属于早在两千年前就被韩非子批判过的那种"君之背臣"。历史上的这类事例之多,实在是不胜枚举。

六、"和为贵"的思想传统

翻阅数千年中国文化发展史的动人画卷,除了以上所说的五大亮点外,"和为贵"的思想传统毫无疑问是举世瞩目的又一道极其亮丽的风景线。

产生"和为贵"思想的萌芽,甚至可以追溯到宇宙形成的本源。儒家典籍《周易》是这样描述宇宙生成的:"易有太极,是生两仪,两仪生四象,四象生八卦。"(《系辞上》)此处所谓"两仪",系指阴阳。也就是说,《周易》中的和合思想,是基于阴阳对立统一而开始的,而太极乃是宇宙的本源。换言之,宇宙万物统统都是在"太极"的演绎、和合背景下所形成的。

"和为贵"这句话,最早出自孔门"七十二贤人"之一的有子。《论语·学而》云:"有子曰'礼之用,和为贵。先王之道,斯为美。'"意思是说,"礼"的作用,应该以做到恰到好处为最好。古代圣明君主治国的根本途径,也正在于此。在"和为贵"这一概念中,究竟应该怎样理解其中的关键词"和"呢?许慎《说文解字》段注做出八字解释:"调声曰和,调味曰和。"如此解释固然形象而简明,但是考察这一思想理念的知识产权,既不应该属于东汉许慎,更不应该属于清代段玉裁。最早论述以上理念者,首推春秋时期杰出思想家晏婴。

晏子关于和谐思想的论述,不仅记载于《晏子春秋》,也反映于儒家经典《左传》中。根据这些文献记载可知,晏子不仅界定了和谐思想的文化内涵,还厘清了极易造成混淆的两个基本概念——"同"与"和"之间的界限。出生于同一时代而稍晚于晏婴的孔子,同样关注和谐思想的研究。在晏子思想的基础上,孔子做出了更加深入的研究,不仅进一步区分了"和"与"同"的本质区别,还将其提炼为儒家的一条道德箴言:"君子和而不同,小人同而不和。"(《论语·子路》)也就是说,君子是讲究真正的调和而非盲从附和,小人则是盲从附和而非真正的调和。由于晏子的先期奠基和孔子的锤炼提升,不仅进一步巩固了和谐思想在中国传统文化领域中的崇高地位,也使得"和为贵"这一优良传统与时俱进,在由古及今的中国社会中得到了广泛的应用和弘扬。

在人类文明的发展过程中,"和为贵"思想的重要意义不言而喻。它不仅适用于人与人之间,适用于邻里之间,适用于族群之间,而且同样适用于国与国之间。必须指出的是,在称霸之风横行无忌的现代世界里,"和为贵"思想的价值观显得尤其重要。这种思想理念的可贵之处就在于,它既承认多元的存在(即以认同"不同"为前提),又使"多元"的各方(即"不同")能够和谐地共处于一片蓝天之下。一言以蔽之,"和为贵"最为基本的要义就是:应该和谐地处理我与人、人与人、人与社会的各种关系。

七、"天人合一"的基本理念

中国"天人合一"的思想理念由来已久。不仅贤人先哲们的论述不胜枚举，在物质形态领域中也有诸多反映。老子所谓"人法地，地法天，天法道，道法自然"的经典概括，在视觉可及的传统建筑领域里体现得极为典型。试看二千二百多年前秦都咸阳的基本布局，在佚名《三辅黄图》中是这样描述的："渭水贯都，以象天汉"；"横桥南度，以法牵牛"。《史记·秦始皇本纪》的描述更为具体：在渭水以南的上林苑里，依照天象建造朝宫，"周驰为阁道，自殿下直抵南山。表南山之巅以为阙。为复道，自阿房渡渭，属之咸阳，以象天极阁道绝汉抵营室也"。也就是说，在宫殿直达南山的巅峰上，不仅修建了标志性的门阙，还修造一座天桥，这样可以从阿房宫跨过渭水，与首都咸阳相连，以此象征天上的北极星、阁道星跨越银河而直达营室。

秦都咸阳的布局，不过是"道法自然"的一个简单缩影。在几千年来的中国古代意识形态领域中，"天人合一"理念一直是一个非常重要的哲学命题。它既是和谐理念在人与自然关系方面的一种反映，也是中华民族关于人类与自然界和谐统一的指导思想。先哲们早就认为，万物源于自然，人类与万物都是自然界的组成部分："道生一，一生二，二生三，三生万物"（《老子》四十二章），"天地与我并生，而万物与我为一"（《庄子·齐物论》）。大自然孕育了人类，还构建了不可动摇的生态系统。人类要想良性生存与发展，必须自觉维护生态秩序。大自然不仅是人类的朋友，从根本上说，乃是人类之母，她所赐予人类者可谓多矣。包括水土和动植物在内的整个自然界，不仅具有孕育人类、为人类提供各种可用资源之功，还具有休息娱乐、稳定生态系统的重要价值。"受人滴水之恩，当涌泉相报"。对于大自然这位"衣食父母"，我们只应该对她表示尊重、爱护，与其和睦相处，决不应该破坏她、征服她，更不应该以"主宰万物"为荣而不以为过。

在天人关系方面，中、西方文化存在巨大反差。中国文化强调人类和自然不要矛盾，要协调发展：人与万物不应对立，而应友好相处。西方文化则强调征服自然。从西方文化视角看来，人与自然的关系是什么呢？人类是征服者，自然界则是被征服对象，两者属于敌我矛盾。

自20世纪晚期以来，世界上发生的诸多现象令人分外担心，由此也更感到中国"天人合一"思想的分外可贵。因为在当代世界里，物、我不"和"的现象正在快速地蔓延滋长。由于人类滥伐林木、破坏农田、过量开采、人口暴长等自身行为，导致水资源奇缺、空气污染、海洋毒化、臭氧层变薄、物种锐减，今日的地球已经不堪重负,人类和自然界正走向一条相互抵触之路。人们或许不会忘记,还在1992年,包括99位诺贝尔奖得主在内的全世界1575名科学家已经拍案而起,他们以认真负责的科学精神共同发表了一份严重声明——《世界科学家对人类的警告》。大自然在滴血,人类的母亲在哭泣,科学家的警告十万火急!对于当代世界来说,用来扭转人类遭受巨大不幸和地球发生突变的基本趋势,所剩的时间实在已经不多了。

归根结底,"天人合一"思想的现实意义是,人类必须确立起环境伦理学的理念,科学协调人类与自然界的良性发展关系。完全可以预料,当中国传统文化中的"天人合一"思想得到全世界人民由衷认同时,便是自然界和人类社会关系进入最佳状态之时,也就是达到了《礼记·中庸》中所描绘的理想境界——"致中和,天地位焉,万物育焉。"

第四节　学习传统文化的意义与方法

中国传统文化不仅是全人类文化的重要组成部分,而且是世界各国文化中唯一悠悠千载而未中绝的特殊一例。她历史悠久,源远流长,内容丰富,博大精深。即使在科学文化高度发达的21世纪的今天,也仍然有全面了解和深入学习的必要性。析而言之,在以下四个方面具有极其重要的现实意义。

一、深刻理解传统文化与综合国力之间的关系

所谓综合国力,一般是指一个国家赖以生存和发展而拥有的全部实力,它是由许多物质因素和精神因素相互作用的综合体。这一"综合体"的表现形式并不是固定不变的。随着人类文明的高速发展,特别是在21世纪的今天,综合国力的竞争,越来越表现为经济实力、国防实力和民族凝聚力方面的激烈竞争。胡锦涛在全国科学技术大会的讲话中就曾明确指出:"中华文化历来包含鼓励创新的丰富内涵,强调推陈出新、革故鼎新,强调'天行健,君子以自强不息'。建设创新型国家,必须大力发扬中华文化的优良传统,大力增强全民族的自强自尊精神,大力增强全社会的创造活力。"(胡锦涛《坚持走中国特色自主创新道路为建设创新型国家而努力奋斗》2006年1月17日《人民日报》)这是一个无可争辩的论断,事实已经表明并将继续表明:民族凝聚力是构成一个国家综合国力的重要组成部分,而有着悠久历史的传统文化则是形成民族凝聚力的重要因素。一个民族只有对同一文化的深刻认同,国民才有真正的归属感和自豪感。中华民族在五千年悠久历史中,积淀形成了诸多光荣传统。如果说这些光荣传统对古代国人的思想和行为具有重要影响,在现代民族凝聚力的形成方面则具有更加空前的强大作用。20世纪以来许许多多伟大的社会实践已经充分证明了这一点。姑且不论2008年北京奥运会空前成功的举办和四川汶川抗震救灾的巨大成就,单就20世纪末所发生的两件大事就令人永世难忘:1997年在以索罗斯"量子基金"为首的国际金融炒家的猛烈攻击下,以往一度看好的一些亚洲国家和地区的经济严重受挫,尤其是泰铢、印尼盾、韩元、菲律宾比索、马来西亚林吉特等货币纷纷落马,由东南亚引发的金融风暴曾几何时以可怕的速度和规模向全世界蔓延。在这场关系到许多国家前途和命运的金融危机中,中国人考虑的不只是自己,而是放眼世界,从全球大局出友,以大国负责任的态度,宁可自己蒙受经济损失,始终信守了坚持人民币不贬值的承诺,为世界人民做出巨大贡献。从表面上看,这一行为自然是得到了中国人民充分理解和大力支持的结果。而倘若从文化层面上看,也是中国传统文化中"地势坤,君子以厚德载物"这一优良传统的继承和发扬:既爱护本国人民,也善待其他友邦!又如1998年夏季,在我国长江流域和松花江流域同时发生了历史上罕见的特大洪灾,一南一北,两面夹击,广大人民生命财产处于巨大威胁之中。洪水当前,中国人万众一心,群情激昂,有钱者出钱,有物者出物,有力者出力,最终以军民团结的实际行动筑起了坚不可摧的铜墙铁壁,取得了战胜洪魔的彻底胜利。从表面上看,这一惊心动魄的伟大成就自然是中国人民同心同德、英勇奋斗的颂歌。而倘若从传统文化层面看,就不能不归结于中华民族的"天行健,君子以自强不息"的刚健有为这一传统精神的进一步继承和光大!

历史上无数次伟大社会实践已经表明并将继续表明,弘扬中国传统文化与提升综合国力之间具有密不可分的逻辑联系。不言而喻,要想提高我国的综合国力,就必须努力学习优秀的传统文化。

二、提高个人文化修养

仅就个人的文化修养而言,大致可以分为两个层面:一是提升个人品位的文化修养,二是把握民族精神层面的文化修养。

通过学习中国传统文化史,可以提高正确理解民族精神方面的文化素养。每个民族既有自己的长处,同时又有自己的短处。在21世纪的信息时代,人类文化的相互交流达到了空前的广度和深度,知己知彼,扬长避短是极其重要的。从历史上看,中华文化有许多优良传统,例如世世代代的炎黄子孙都具有像天体运行那样积极向上、奋发有为的精神。试看中国漫长历史上,通过顽强拼搏而取得杰出成就者便不胜枚举:"西伯拘而演《周易》;仲尼厄而作《春秋》;屈原放逐,乃赋《离骚》;左丘失明,厥有《国语》;孙子膑脚,兵法修列;不韦迁蜀,世传《吕览》;韩非囚秦,《说难》《孤愤》;《诗》三百篇,大抵圣贤发愤之所为作也。"(《汉书·司马迁传》)毫无疑问,对古代奋发有为的优良传统必须进一步继承、发扬和光大。

但是,中国传统文化中也有一些缺陷乃至糟粕的东西。例如像鲁迅先生批判的那种守旧而又自大的积习:"新起的思想,就是'异端',必须歼灭,待到它奋斗之后,自己站住了这才寻出它原来与'圣教同源';外来的事物,都要'用夷变夷',必须排除的。"(《华盖集续编·古书与白话》)又如注重实用而轻视理论研究的传统思想,长于综合而短于分析的思维模式,以及长期奉行的重道轻器、重政轻技的价值取向等等,都必须认真地加以反省。由此可见,通过学习中国古代文化史,能够从思想层面反思,更自觉、更理性地把握中华民族的基本精神。

通过学习中国传统文化史,也可以提高个人品位方面的文化素养。中国传统文化底蕴丰厚,典雅高华,意境深远。自然与社会,形式与内容,往往表现为高度、美妙的统一。产生于"文以载道"这一氛围下的许多作品,不论是一首诗,一幅画,还是一组雕塑,一座建筑,它们不只是具有映入眼帘的外在形式上的艺术之美,更可贵的则是格调高雅,陶冶情操的主导精神闪烁其中。考察历史上的许多大家之所以成为大家,也与他们孜孜不倦的学习古代文化不无关系。试以文学领域为例,唐代著名的古文家柳宗元及宋代著名文学家苏东坡、黄庭坚等人,无一不推崇班固文章而精读《汉书》。特别是黄庭坚,诵读《汉书》更是习以为常。在他看来,《汉书》是文人不可或缺的食粮,如果久不读《汉书》,斯人就会滋生俗气,"照镜,则面目可憎;对人,亦语言无味也"(《汉书评林》,明凌稚隆辑校)。许多事实表明,学习中国文化史和厚重无比的传统文化,乃是提高个人文化品位的重要途径。

三、获取有益历史借鉴

在源远流长的中国文化发展史中,不单系统地记录了中华民族的荣辱兴衰,也反映了许多极其难得的经验教训。因而,不论从哪个角度上说,积淀至今的中国传统文化都是一座极其珍贵的宝库。

21世纪的中国人,肩负着科教兴国、振兴中华的历史使命。要实现这一伟大使命,必须对我国的国情、特别是中国文化的历史及现状,有一个深刻而清醒的认识。今天的中国与古代的中国,自然不可同日而语。但是,传统文化具有垂训鉴戒、察往知来的作用,后人仍然可以从中寻求许多有益的经验教训。譬如历史上的唐王朝,既能"以古为镜",重视中国传统文化的继承,又能海纳百川、汲取南亚次大陆等异域文化的精华,在隋末战乱的废墟上矗立起当时全世界最宏伟的盛唐大厦,这种正面的经验自然应该批判地继承和发扬;而晚清时代,对内实行严酷的封建专制、扼杀进取,对外唯我独尊、闭关锁国,最终将中国沦入空前惨烈的半殖民地、半封建社会,这种以血泪换取的反面教训更应深铭肺腑,永远不能忘记。

四、深化爱国主义教育

中华民族是伟大的民族。"在中华民族的开化史上,有素称发达的农业和手工业,有许多伟大的思想家、科学家、发明家、政治家、军事家、文学家和艺术家,有丰富的文化典籍。在很早的时候,中国就有了指南针的发明。还在一千八百年前,已经发明了造纸法。在一千三百年前,已经发明了刻版印刷。在八百年前,更发明了活字印刷。火药的应用,也在欧洲人之前。"(毛泽东《中国革命和中国共产党》)在相当长的历史时期,中国古代科学文化一直处于世界领先地位,不仅使周边国家直接受惠,而且经由种种渠道八方辐射,也为整个人类文明进步做出了重大贡献。

中华民族素以刻苦耐劳著称于世,同时又有酷爱和平、不畏强暴和反对侵略势力的斗争精神。每当民族存亡危急之秋,志士仁人奔走呼号,英勇献身,爱国主义精神经过广大民众的自觉行为,构建起了一道道坚不可摧的铁壁铜墙。

通过学习中国传统文化史,必然会进一步加深理解中华民族是优秀的民族,中国是伟大的国家,从而也必然能进一步增强民族自尊心、自信心,使爱国主义的旗帜永远张扬于自己的心中。

然而,要想深入理解和掌握优秀的中国传统文化,还必须注意正确的学习方法。每个人的文化基础和学习习惯不同,学习的方法各式各样。但是相比之下,在诸多学习方法中尤以如下四点最为重要。

第一,理论与实践相结合。

通过课堂教学或阅读教材、专著、论文等方式,学习和领会有关中国文化史的基本知识,是完全必要的,也是应该的。但是,仅仅局限于这一点还远远不够。这是因为:首先,中国传统文化中的某些领域用文献形式不易形象反映,要想真正理解,必须深入到活生生的社会中去。例如宗教礼俗、书法绘画、雕塑建筑等方面,就不能仅仅局限于书本中的简略论述,还应当尽可能地在现实生活中去考察、了解。其次,即使可以采用文献形式反映的有关文字资料,也都是书本知识。而在许多情况下,书本上的知识难免与相应的客观事物存在一定的差距。因此,在学习中国传统文化有关领域内容时,还应当深入思考,注意寻找不同时代的内在联系,应当尽可能地联系实际,尽可能地领悟其现实意义和应用价值。

第二,继承与创新相结合。

如上所述,中国传统文化是我们的先辈通过世世代代的社会实践留于后人的珍贵遗产。对于这份"遗产",我们必须以辩证唯物主义的态度来对待。因为中国传统文化中既有精华,又有糟粕,我们既不能笼统地肯定一切,也不可盲目地否定一切。正确的做法只能是:汲取精华,弃其糟粕。还应当强调的是,即使是传统文化中的所谓"精华",也不可照搬沿袭,必须在新的历史条件下,以积极态度批判地继承和发扬。只有这样,才可能真正做到"古为今用",上升到新的层次,达到预期的目的和效果。

第三,注意对比与分析。

在学习中国文化史的过程中,采用归纳、综合的逻辑方法,对罗列的现象、排比的史料作理论的概括,从而使研究水平和认识水平提高到一个新的层次,这是完全必要的。但是,仅仅运用这种方法还是不够的,还应当特别注意运用对比分析的方法。在学习过程中,可以从不同角度、不同层次、不同范围对比分析,既可以纵向对比,也可以横向考察;既可以将中国文化史中的若干阶段彼此对比,又可以在中国传统文化的不同领域中彼此对比,还可以在不同的区域文化之间、乃至中国文化与外国文化之间彼此对比。通过对比分析相关的事物,不仅可以加深理解,还可能有所发现,有所创新。

第四,正确对待外来的文化。

文化,不论是物质文化,还是精神文化,从根本上说是不应该有国界,也不可能有国界的。仅以唐代以后的中国文化为例,儒、道、释三教合一,外来的佛教文化是其中极其重要的组成部分。如果说古代的文化交流业已打破了局限一隅的文化国界,那么近代以来,特别是现代,就更是如此。当今世界的任何国家,在其继承本民族传统文化的同时,无一例外地要面对外来文化。我们注意到,20世纪是西方文化占据主导地位的世纪,而且至今仍然会有巨大影响,但是,在改革、开放的今天,我们对西方文化务必保持正确的态度:一方面要正视现实,人耕我获,勇于吸取西方文明中的一切积极成果,同时又要批判其糟粕,正视其存在的问题。只要正确地面向世界,就会永远立于不败。

参考文献

1. 毛泽东:中华民族

我们中国是世界上最大国家之一,它的领土和整个欧洲的面积差不多相等。在这个广大的领土之上,有广大的肥田沃地,给我们以衣食之源;有纵横全国的大小山脉,给我们生长了广大的森林,贮藏了丰富的矿产;有很多的江河湖泽,给我们以舟楫和灌溉之利;有很长的海岸线,给我们以交通海外各民族的方便。从很早的古代起,我们中华民族的祖先就劳动、生息、繁殖在这块广大的土地之上。

现在中国的国境:在东北、西北和西方的一部,和苏维埃社会主义共和国联盟接壤。正北面,和蒙古人民共和国接壤。西方的一部和西南方,和阿富汗、印度、不丹、尼泊尔接壤。南方,和缅甸、越南接壤。东方,和朝鲜接壤,和日本、菲律宾邻近。这个地理上的国际环境,给予中国人民革命造成了外部的有利条件和困难条件。有利的是:和苏联接壤,和欧美各主要帝国主义国家隔离较远,在其周围的国家中有许多是殖民地半殖民地国家。困难的是:日本帝国主义利用其和中国接近的关系,时刻都在迫害着中国各民族的生存,迫害着中国人民的革命。

我们中国现在拥有四亿五千万人口,差不多占了全世界人口的四分之一。在这四亿五万人口中,十分之九以上为汉人。此外,还有蒙人、回人、藏人、维吾尔人、苗人、彝人、壮人、仲家(编者按:布依族的旧称)人、朝鲜人等,共有数十种少数民族,虽然文化发展的程度不同,但是都已有长久的历史。中国是一个由多数民族结合而成的拥有广大人口的国家。

中华民族的发展(这里说的主要地是汉族的发展),和世界上别的许多民族同样,曾经经过了若干万年的无阶级的原始公社的生活。而从原始公社崩溃,社会生活转入阶级生活那个时代开始,经过奴隶社会、封建社会,直到现在,已有了大约四千年之久。在中华民族的开化史上,有素称发达的农业和手工业,有许多伟大的思想家、科学家、发明家、政治家、军事家、文学家和艺术家,有丰富的文化典籍。在很早的时候,中国就有了指南针的发明。还在一千八百年前,已经发明了造纸法。在一千三百年前,已经发明了刻版印刷。在八百年前,更发明了活字印刷。火药的应用,也在欧洲人之前。所以,中国是世界文明发达最早的国家之一,中国已有了将近四千年的有文字可考的历史。

中华民族不但以刻苦耐劳著称于世,同时又是酷爱自由、富于革命传统的民族。以汉族的历史为例,可以证明中国人民是不能忍受黑暗势力的统治的,他们每次都用革命的手段达到推翻和改造这种统治的目的。在汉族的数千年的历史上,有过大小几百次的农民起义,反抗地主和贵族的黑暗统治。而多数朝代的更换,都是由于农民起义的力量才能得到成功的。中华民族的各族人民都反对外来民族的压迫,都要用反抗的手段解除这种压迫。他们赞成平等的联合,而不赞成互相压迫。在中华民族的几千年的历史中,产生了很多的民族英雄和革命领袖。所以,中华民族又是一个有光荣的革命传统和优秀的历史遗产的民族。

(毛泽东《中国革命和中国共产党》,《毛泽东选集》第二版,人民出版社 1991 年)

2. 张岱年:中国传统文化分析

• 重视和谐

关于人与自然的关系:中国文化比较重视人与自然的和谐,不把自然界看成是一种敌对力量,而把它看成是和人类相辅相成的,即相互依靠、相互成就的两个方面。所谓天人合一,就是讲天人有统一的关系。这种观点有其现实基础——它是农业社会的反映。靠天吃饭、不把天人看成是敌对的关系。西方工业较发达,强调征服自然、战胜自然,强调人与自然的对立,把自然看成是敌对的力量。可见,东西方文化在此问题上有不同的倾向,当然,这些倾向也是相对的,不是绝对的。

• 爱好和平

关于民族关系:中国有一个传统,就是既要维护自己民族的独立,又不向外扩张。即所谓"协和万邦"。我不去打你,你也别侵犯我,你要是侵犯我,我就奋起抵抗。这是中国爱好和平的优良传统。西方在民族方面讲究竞争、讲究斗争,就是要征服别的民族。本世纪初,在西方有一个口号,叫做"白人的负担",意思是白种人的历史使命就是征服世界,征服别的民族。19 世纪 20 年代,英国著名哲学家罗素来中国讲学时曾说过,中国是爱好和平的,不像西方人那样好勇斗狠。

• 家庭本位

家庭关系方面:中国是家庭本位,认为家庭非常重要。在家庭中,有父子关系、夫妇关系、兄弟关系,要各有职责、各尽义务,即"尽伦"。圣人是"人伦之至"(孟子语),要互尽义务,这是正常的、必要的。但是,封建社会强调子女对父母的服从,幼小者对年长者的服从,到宋以后干脆讲绝对地服从,其中也包含妻对夫的服从,结果出现了很大的偏差和错误,对文化的发展起了很大的消极作用。

中国强调家庭本位,对个人自由比较忽视,而西方强调个人自由。在西方有一种观点,叫做"社会原子观点",个人就是一个原子,不依靠任何人而存在,我有我的权利,任何人不能侵犯。强调个人自由、个人的独立性,这有其长处,但也有缺点。西方国家近年出现的家庭危机正是其表现之一,家庭很难维持,人们结婚后不愿生孩子,生了孩子不愿养孩子,孩子大了不愿养老人。当然,中国强调家庭本位,有其长处,也有缺点。

• 道并行

中西文化的区别还有一个问题比较显著,这就是对于宗教关系的态度。在这方面,中国与印度、西方大不一样。在西方,不能同时信两个教,甚至在一个教中不能同时参加两个教派,基督教与伊斯兰教势不两立;在印度,婆罗门教和佛教也一直势不两立。在中国,可以既信佛教,同时又信道教,还要尊孔,各个教可以同时信仰,不相违背。《中庸》上讲"道并行而不相悖",这是中国的一个特点。

• 自强不息,厚德载物

中华民族也有自己的民族精神,在社会主义现阶段对它要加以认识、加以改造、加以发扬。中华民族的传统文化中,既有主动的思想,也有主静的思想。但是,能够引导、促进文化发展的还是主动的思想。主动的思想主要见于《周易大传》(简称《易传》),它讲"刚健",刚健就是永远运动,永远前进。过去认为,《易传》是孔子的著作,现在多数学者经过考证,认为《易传》是孔子的二传、三传弟子写的。虽然这样,《易传》过去打的是孔子旗号,因此,影响很大。《易传》中有两句话,对中国过去的民族精神有决定性的影响。一句是:"天行健,君子以自强不息"(乾卦)。这是说,包括日月星辰的天体永远在运动,永不停息,有道德的人应效法天的"健"。努力向上,绝不停止。另一句是:"地势坤,君子以厚德载物"(坤卦)。地势是坤,载物就是包容许多物类;有道德的人就应胸怀宽大,包容各个方面的人,能容纳不同的意见。一方面是自强不息,永远运动,努力向上,决不停止;另一方面也要包容多样性,包容不同的方面,不要随便排斥哪一个方面。这两句话,在铸造中华民族的民族精神上,起了决定性的作用。

自强不息、厚德载物的思想在民族关系方面表现得特别明显,自强不息,就是坚持民族独立,决不向外力屈服,对外来的侵略一定要抵抗,保持民族的主权和独立。自强不息用现在流行的话说,就是"拼搏精神"。同时还要厚德载物,胸怀广大,不去侵犯别人,保持国际和平。这些都是中华民族的优良传统,我们应该加以肯定。这两句话在个人生活上也有表现,但在民族关系上表现得特别明显。

• 缺乏实证科学,缺乏民主传统

中国传统文化中有两个最大缺点,一个是缺乏实证科学,中国古代确实有科学,但没有近代的实证科学。实证科学不发达,其中的原因之一是中国过去工业很不发达。没有实证科学,同时也就没有关于科学方法的精密理论,在这些方面确实要向西方学习。西方近代实证科学十五、十六世纪就开始出现了,有三个伟大人物,即哥白尼、伽利略、培根,是他们奠定了西方近代实证科学的基础。可是,中国的社会环境就产生不了自己的哥白尼、培根和伽利略。这里有深刻的原因,需要反省。既然人家已经有了,我们就应该好好学习。当代西方的科学更进了一步,更需要我们好好学习。中国传统文化的另一个缺点是缺乏民主传统。在中国封建社会后期,虽然有过资本主义萌芽,但始终没有比较成熟的资本主义生产关系。因而,在中国历史上也缺乏民主传统,占统治地位的始终是专制主义、家长制。民主传统需要慢慢地养成,需要长期斗争,西方经过二三百年的努力,才建立起了资产阶级民主传统,我们现在要建设的是社会主义民主,任务更加艰巨。

(张岱年《中国传统文化的分析》,《理论月刊》,1986年第7期)

3. 钱穆:从历史看中国人

- 讲道理

道,便是指的人生,而是超出人生一切别相之上的一个综合的更高的观念,乃是指的一种人生之共相。政治要有道,外交也要有道,军事也要有道,法律也要有道,一切别相人生,都要有一道。男女相交也有道,就是结婚为夫妇。成了夫妇以后,夫有夫道,妻有妻道。养了儿女,父母有父母之道,儿女有儿女之道。

道是人所行的路,那是形而下,可见的。但人为何该行这路,必有一所以然,那所以然是形而上,不可见的。我们讲话常说道理,中国人最重讲道理,便是不识字的人也懂要讲道理。如说:"你这人讲不讲道理呀!""这是什么道理呀!"这道理二字,中国人最看重。

- 重性情

中国人最看重这个性字。孔子讲性相近,孟子讲性善,荀子讲性恶,《三字经》开始便说人之初性本善,中国人特别看重这性字,因此有许多探讨,许多争辩。

但人性不是专偏在理智的,理智只是人性中一部分,更重要还是情感,故中国人常称性情。情是主要,智只是次要的。中国人看性情在理智之上。

- 讲人伦

中国人认为人应该在人群中做一人。人一定要跑进人群社会中去做个人,这就是人生大道。而且人要在人群中做人，也即是人的天性。

中国人把一仁字的观念来看人，所以说"四海之内皆兄弟"，"民吾同胞，物吾与也"。又说："中国一人，天下一家。"用中国人的话来讲，如说中国人、外国人，人总是人，不该有不同，又如说日本人、英国人、美国人、印度人，岂不大家都是人？

要讲人与人相处，便要讲讲人伦，又称伦理。人伦的伦字，也如丝旁的纶字般，两条丝以上始有纶，两个人以上始有伦。伦是人与人相配搭。一个人跑进社会，不能不与社会中其他人发生关系。中国古人把此种关系分作五伦，即是说人在社会上大致有五种配搭，或说五种搭档。

- 重报本

中国人很重报本，亦即是报恩。父母对我有恩，我该报。不仅在父母生存，死后还有祭，这是表示我自己一番情意。父母已死，我的祭究竟对他们有什么好处，我不管。我只自尽我心。祭父母、祭祖宗，乃至祭天地，皆是我这一番报本报恩之心而已。禽兽无此心，人性与禽兽性不同，因此人道也与禽道兽道不同。由于慈孝而推广到人与人相处的一番亲爱之情，人群中必须有此一番亲爱，始能相处得好。此一番亲爱的心需要培植，最好从家庭父母对子女、子女对父母的情意上培植起。子女对父母能孝，才会对其他人有亲情爱意。从人道上讲，孝不尽是为孝，不专是为自己的父母，这乃是人道之根本所在，这是中国人的观念。

- 敬老

中国人讲长幼有序。如进食堂，后到的让先到的先吃。上车让女人、让老弱先上。社会该有个秩序。教人守秩序，最好从小孩时在家庭中教起。中国的礼教，小孩吃一块糖，总是告诉他们，小的让大的先，以他幼小纯洁的心灵里就培养这种长幼有序的观念。有人说，美国社会是年轻人的天堂，中年人的战场，老年人的坟墓。照中国人想法，人到老年，快近坟墓，他已经奋斗过一场，该让他舒服些。人生有一好收场，这也是人人内心所要求。中国人总是讲要尊敬老人，老年人舒服些，也不见得小孩会进地狱。

- 重品德

中国人讲道德，都要由性分上求根源。此所谓性，乃指的人性。如饥寒饱暖是身体上的事，此乃人兽所同，道德行为在外面固能深入人心，更有把握的是在内部深入己心。因道德由己心发生，还能深入己心，在心里再生根，就有了生命，成了德。中国人分人的高下，不在吃饭穿衣上，不在做官营业富贵贫贱上，只在其人之品德上，若抹去了品德，仅在法律上求平等，则有财富强力就是优，没有财富强力就是劣。达尔文的生物进化论主张物竞天择,优胜劣败,这一套理论,只能应用在生物界,却不该应用到人类。

中国人是不是过分看重了品德,便不看重事业呢?这也不然。人总是要死的,我们不能要求不死,但死了而犹有不死者存。又不是存在于另一世界,仍存在于此社会上。此种不死,中国有称之曰不朽。人有三不朽,即立德、立功、立言。这三不朽的顺序如何排定的呢?立功只是一时贡献,立言始是万世教训,更高过了立功。立德则只在一己,只是反求诸己,自尽我心。如岳飞、文天祥,也只是立了德,并没有立到功。立功须有外面条件,有机缘配合。立言更难,所以说孔子贤于尧舜,又说是天纵之大圣。那亦有条件,不是人人可能。天生聪明且不讲,如你是一个生在乡村的小孩,没有机会进学校,有的进入小学不能进中学,进了中学不能进大学,大学毕业不能留学,在这些条件下,一步一步被淘汰,难道在外面条件下被淘汰的便是下级人,或不算人了吗?若你是要做一个大哲学家,大思想家,大教育家,社会固然需要,但不能人人能之。做一个大政治家,大军事家,大外交家,大科学家,为社会造福利,建功业,也都要外在条件,但比较易一些。只有立德,是没有条件的,人人能之。所以中国古人把立德奉为第一位。

若我们把世界人类历史细细地读,作一统计,究竟哪一个民族包涵此种崇高品德的人最多些,只有推中国。这也是中国文化传统提倡立德之所致。

• 重心身生活

中国文化关于心生活和身生活两面,采用了一种中庸的看法。佛教教义和科学家们的发明,在中国文化大系统之下,两者都得要。我们对于佛教,可以接受它们所说许多身生活是空的没有意义的说法。我们对于科学家,可以接受其所发明来增进身生活方面之作用和享受。可是最重要的,应该注意我们的心生活。读过《论语》《孟子》,读宋明理学家的书,以为他们在心的方面讲得太多,只注意精神文明。其实中国人也极重物质,更是看重此身体,因为没有此身,便不能有此心。因此中国人以前也能欣赏佛教,此刻也知重视科学,把来取精用宏,对我们所要讲的心生活都有用。

如说西方文化是物质的,中国文化是精神的,这句话就有毛病。中国文化未尝不讲物质,如这性字,也不能不包身体在内。如说"食色,性也",饮食男女,都是自然的,中国文化绝不抹煞了一切物质而只重精神。

• 生活艺术化

中国人生活上的最长处,在能运用一切艺术到日常生活中来,使生活艺术化,便也是一种心生活。纵使吃饭喝茶,最普通最平常的日常人生,中国人也懂讲究。所谓讲究,不是在求吃得好,喝得好,不是在求饭好、菜好、茶好、酒好,而更重要是在一饮一食中有一个礼,中国古人讲的礼,其中寓有极深的艺术情味。即在饮膳所用的器皿上,如古铜古陶古瓷,其式样,其色泽,其花纹雕镂,其铭刻款识,其品质,乃至其他一切,旨是一种极深的艺术表现。直至今天,此等器物几乎为全世界人类所宝爱。然而其中却寓有一套中国传统的文化精神,寓有中国人心的一种极高造诣,这些都超出于技术艺能之上。

中国古人说:"智者乐水,仁者乐山。智者动,仁者静。智者乐,仁者寿。"人的德性和自然融合,成为一种艺术心灵与艺术人生。中国文化精神便要把外面大自然和人的内心德性天人合一而艺术化,把自己生活投进在艺术世界中,使我们的人生成为一艺术的人生,则其心既安且乐,亦仁亦寿。如中国人的亭园布置,只在家里庭院的一角落,辟出了一个小天地,一花一草,一亭一阁,莫非艺术世界。甚至亭阁中所陈设一桌一椅,一杯一碟,一花瓶,一竹帘,种种皆见艺术心灵。

中国人总要把你整个日常人生尽量放在艺术境界中,而使你陶醉,而使你不自觉。

中国戏剧中最难说明的是锣鼓,一片喧嚷嘈杂,若论音乐,那却很像粗野,但此乃象征着人生外面的一切。一道歌声在此喧嚷嘈杂中悠扬而起。甚至演员跑进跑出,每一台步,每一动作,每一眼神,都和那锣鼓声无不配合。中国人正是要在此喧嚷嘈杂的尘世中而无不艺术化。

中国人一向讲究的礼乐,也是一种艺术。礼乐可以陶冶人性,使人走上心生活的理想道路上去。礼乐并不与生活脱节,也不是来束缚生活,乃是把礼乐熔铸到生活中间而成一种更高的人生艺术化与道义化。

中国人信奉多神,却是艺术意味胜过了宗教意味。

● 没有狭隘的民族观念

中国史上很少讲到民族问题,使人不易看清楚中国民族究竟从哪里来,又如何般生长形成。我们只能粗略地说,正因为我们中国人向来不看重民族区分,因而很易成为一个大民族。西方人正因为太看重了民族区分,因而民族和民族间遂致不易相融和。

中国古代有民族之分,却没有氏族之分。在中国古代,未尝不是有许多异血统的部落同时存在。如炎黄相争,亦未尝不是中国古代史上一种民族斗争,但后来我们则自称为炎黄子孙,至少此一民族界限早已泯灭了。古时的夷夏界限之分主要在文化,不在血统。楚国自称蛮夷,后来亦渐被认为诸夏了。吴越皆诸夏血统,在春秋初年不与中原诸夏相通,当亦在蛮夷之列,到春秋末年,亦为诸夏之盟主。可见讲《春秋》的学者所谓诸夏而夷狄则夷狄之,夷狄而进乎诸夏则诸夏之,此说决不错,而夷夏界线在文化不在血统,即此可证。

依照中国人想法,天时、地理、血统不同,民族性不同,均不碍事。

中国人又有一理想,认为地域太远,行政上教化上有许多不方便,则只求其能文化融和,不必定要合成一国。如越南,周初早已和中国有来往,秦代将其列为中国之一郡,此后不断有中国人前去,但中国人只求对它有文化传播,不想有政治统制。在明清两代,还有不断的海外移民,他们随带着自己的一套文化前去,传宗接代,但对其所居之地之异民族异文化也能和洽相处,既不抱蔑视心,也不抱敌视心,处处没有一种狭义的民族观念之存在与作梗。

(《中华文化十二讲》,台湾东大图书股份有限公司1985年版)

参考书目

1. 张岱年、方克立《中国文化概论》绪论、第一、二、三章,北京师范大学出版社,1995。
2. 阴法鲁、许树安《中国古代文化史》前言、第一章,北京大学出版社,1989。
3. 吴荣政、王锦贵《简明中国文化史》绪论,湖南师范大学出版社,1991。
4. 张岱年、姜广辉《中国文化传统简论》第一、二、五章,浙江人民出版社,1989。
5. 胡世庆《中国文化通史》导言、第一、三章,浙江大学出版社,1996。

思考题

1. 何谓文化?你对文化的概念是怎样理解的?
2. 何谓传统文化?如何正确对待传统文化?
3. 简谈自然环境对文化的影响。
4. 中华民族强调统一的政治理念是如何形成的?这一理念有何现实意义?
5. 试谈传统文化与综合国力之间的关系。
6. 中国传统文化有哪些重要特点?如何理解"天人合一"思想?

第一章 文字与图书

　　文字是语言的载体,也是人类文明的重要内容。纵观历史,人类五大文明发源地均有自己的文字,但是时至今日,古埃及圣书、两河流域楔形文字和美洲玛雅文都早已废弃不用,印度梵文虽然仍被学者们研究并使用,但也早已不是社会通用的文字,唯有我们中国的汉字,作为一种自源性的文字体系,自诞生之日,一直行用至今,显示出非凡的生命力。我们的先人用它记下历史上的荣耀、灾难和耻辱,记下自己对宇宙、人生的领悟、思辨和困惑,也记下生活中的欢笑和泪水。而汉字自身的产生、发展和运用,既透射出民族的心理思维特点,也反过来渗透于民族文化的许多方面。所有这一切,都借助图书文献的形式,经过从未曾间断的历代积累,成为中国,乃至整个人类璀璨夺目的文明财富。

第一节 文 字

一、汉字的起源

　　本节中的所谓"文字",特指中华民族长期使用的最重要文字——汉字。关于汉字的起源,早在我国战国晚期的文献,如《吕氏春秋·君守》《韩非子·五蠹》等篇中就有"仓颉作书"的记载。这当然只是传说,汉字不可能是某个人冥思苦想独自造出来的。不过在汉字形成过程中,例如早期的搜集整理阶段,某个人曾经起过特别重要的作用,则是完全可能的,这就如同东汉蔡伦对于造纸所起的作用一样。传说仓颉是黄帝的史官,或许他曾经起过类似的作用,所以《荀子·解蔽》曾说:"好书者众矣,而仓颉独传者,壹也。"此外,我国历史上另外两种有关汉字起源的传说也曾经颇有

仓颉造字图

影响。

一种是"结绳说"。《周易·系辞下》说:"上古结绳而治,后世圣人易之以书契。"东汉许慎在《说文解字·叙》中进一步阐述说:"及神农氏结绳为治而统其事,庶业其繁,饰伪萌生。黄帝之史仓颉,见鸟兽蹄迒之迹,知分理之可相别异也,初造书契。"结绳记事是古人用以帮助记忆的方法,大致是"事大,大结其绳;事小,小结其绳"(《周易·系辞》郑玄注),这差不多在所有原始民族中曾经普遍运用。但是帮助记忆的工具并不等于交际或交流思想的工具,结绳并不能像文字那样表达有声的语言,也未必具有全民认可的规范性。因此,从它的性质和形式看,不仅有别于文字,也不可能直接发展成为文字。

另一种是"八卦说"。《周易·系辞下》说:"古者包牺氏之王天下也,仰则观象于天,俯则观法于地,视鸟兽之文,与地之宜,近取诸身,远取诸物,于是始作八卦,以通神明之德,以类万物之情。"这里隐约的意思,有些类似于上引仓颉"见鸟兽蹄迒之迹"而造书契,但毕竟没有明确指明八卦与文字的联系。后来汉代的纬书中已明确把八卦作为天、雷、泽、火、风、水、山、地八字的古文(《易纬乾凿度》)。到了南宋郑樵,更是将汉字的创造与八卦附会在一起,其《通志·六书略·论便从(纵)》中说:"文字便从不便横,坎、离、坤、衡(横)卦也,以之为字则必从,故☵必从而后成'水',☲必从而后成'火',☷必从而后成'巛'。"文中之"从",均与"纵"通用,大意是说汉字以直立书写为宜,而八卦原先都是横书,若把坎、离、坤三卦的横书卦体直立,就是水、火、巛三字的初文。郑樵此说纯属妄加臆测。且不说他所举三字中,只有"水"字的初文与直立的坎卦卦象有些相像;即便是他据以立说的、用阴阳爻写成的易卦形体,依据考古资料和今人的研究,也是在早期的数字卦行用很长间之后才出现的,定型时间大约在商末或西周初年。在这时候,能够完整地记录语言的文字体系早已出现,距离汉字的起源时代无疑更是晚得多,它又怎么可能成为汉字创生的先驱呢?

显然,上述两种传说也只是反映了古人对汉字起源问题的模糊朦胧的影像,而不是可以相信的事实。

目前已经发现的性质明确的汉字资料,时代最早的是殷墟甲骨文。据古文字学家们研究考证,它基本是商代后期(约公元前14—前11世纪)的文字资料。从已发现的约十多万片甲骨来看,它有着脱离图画而具有独立意义的众多字词,有颇具规律的语法和文法,记述的内容也相当丰富,总之,它所代表的是已经能够完整地记录语言的文字体系。我们知道,任何事物从起源到成熟总要经历或长或短的过程,文字也不例外。作为自源性的文字体系,在此之前,汉字一定经历了不能完整地记录语言的原始文字阶段,而且这种阶段还可能相当漫长。那么,汉字是怎样从最原始的状况逐步发展成为能够完整地记录汉语的文字体系的?这一过程开始于何时?这些问题无疑关乎汉字的起源。遗憾的是,由于年代久远且资料匮乏,我们目前还无法得出确切的答案,只能依据现有资料和事物发展的逻辑,做出尽可能合理的推断。

近 60 年来,随着现代考古学在中国的兴起,考古发掘中陆续发现了少量商代前期(约前 17—前 14 世纪)的汉字和一些可能与汉字起源有关的资料,主要是刻画或绘写在原始社会多个时期遗物上的各种符号,以及被有些学者认为是夏代文字的一些符号。虽然目前这些资料还较少而且零散,性质也时有争议,还不足以彻底揭开汉字起源之谜,但对这方面的研究工作却起到了相当大的推动作用。

殷墟甲骨文

依据以上这些资料,再参照历史上不同的民族文化中文字起源的一般规律,我们认为,仅就现在发现的半坡类型的几何符号而言,的确不能视之为原始的汉字。因为,真正的文字必须是脱离了任意绘形、任意理解的阶段,能够记录语言,亦即不仅具有约定的意义,还应有固定的读音。但半坡类型的几何符号,目前尚找不到已被用来记录语言的证据。它们的构形大多比较简单,而且一般总是单个刻在陶器上,很像是陶工为着某种目的所作的记号。虽然其中的一些很像古汉字中的数字,甚至有可能的确是用来记数的,也仍然不能据此便认为是数字汉字。因为世界上的不少民族在没有文字之前往往已经使用一些符号来记数或者记事,但这本质上仍是为帮助记忆,并非和语言里的数字严格对应,因而并不等同于文字。不过,已发现的半坡类型符号有这样的现象:它们绝大部分都刻在同一种陶器的同一部位上,规律性很强;而且,有些符号不但重复出现在很多个器物上,还出现在不同的遗址中。这似乎表明,这类符号,至少是其中的一部分,很可能已经比较固定地用来表示某些意义,并且在较广泛的区域和人群中使用。正因为有这样的使用基础,后来的原始汉字,便吸收了其中的一些符号以为文字或者偏旁,这是人类文明延续性的体现。特别是那些很像汉字数字的符号,很可能就是与之相像的数字汉字的形体来源。

比较而言,晚出的山东大汶口文化绘画实物类型的刻符,已经与原始汉字非常接近了,只是目前还缺乏足够的资料来加以证实。因为,一种可以用于较大范围又能传递较多信息的手段,前提条件是使接受信息的人与发出信息的人所想一致,而在文字发明以前,只有写实性的图画可以有这种作用。因为它是现实生活的再现,具有独立的说明性。而且,不同的图画所具有的区别性,可以使不同的信息得以区分。因此,用图画传递信息,应当是文字的源头。当表示某一意义的绘形经过信息传递的多次重复,与这一意义建立了相对固定的联系,形意关系有了约定性,也就具有了图画文字的性质。从这样的意义上说,山东大汶口文化的绘画实物类型的刻符,比起仰韶文化的抽象几何符号来,表意的功能无疑更加明确和稳定,也更容易直接蜕变为文字。所以,当这些刻符的形体与一些汉字的早期形体相当接近时,不少著名的古文字专家便当作原始汉字来考释,是可以理解的,而他们的意见,也很有可能是事实。然而,可能的事实毕竟还不是事实。这里的问题是,我们现在能够见到的相关资料实在太过有限,见到的此类刻符又往往是单个地刻绘在器物上,还无法找到它们记录语言的确凿证据。而如果不能和固定的语言相对应,再像文字的图画依然也只能是图画。因此,在缺少这样的证据时,另有一些著名学者持不同意见,认为这些实物类型刻符同样不能视为文字,也是难以反驳的。

两派学者的意见孰是孰非,虽然还有待于新的、确凿的考古发现证据加以最终的评判,不过,倘若依据当时已经达到的文明程度推断,我们更赞同前派学者的意见,亦即,在大汶口文化晚期,应当已有原始汉字。这除了前文提到一些刻符很像文字,且被不少专家当作文字加以考释的理由外,还可提出两个佐证:

一是1998年被评为全国十大考古发现的安徽含山县凌家滩新石器时代遗址,比山东大汶口文化稍早,距今约5500年。经1987年至2000年底以来的四次发掘,有三项令人惊叹的发现(参新华社专稿《发现中国最早古城,改变上下五千年》,《北京青年报》2002年7月26日23版):

(一)遗址规模空前,目前探明总面积达160万平方米,而四次发掘仅占总面积的1/800。

(二)出土文物极为丰富,不仅有人工堆垒的巨石堆,还有目前已发现的新石器时代

山东大汶口刻画符号

最大的石铲（重4250克）等等，仅各种玉器就达千余件。其中玉人、玉龙、玉鹰、玉勺、玉版等无论在制作工艺或所蕴涵的文化内容方面，都臻于前所未有的高度。

（三）这里不仅发现了目前已知时代最早的古城遗址，而且规模宏大，规划井然，具有典型的城市特征。古城沿河而建，分为三个区域：第一区域是普通部落成员的居住区和庭院区，房舍布局整齐；第二区域是面积3000平方米的红陶土块广场，为部落首领的宫殿区和部落会盟、祭祀、操演的场所；第三区域是大型墓葬区。在古城的四周，还有大型的围壕，以防御外敌的侵袭。

当社会的物质文明达到这样的高度时，精神文明的发展理应与之相称，因此，倘若这一时期或稍晚一点原始汉字创生，不会令人惊异。

二是在商末周初用阴阳爻表示的《易》卦行用以前，很长时期内我国先民利用数字的奇偶关系算卦，并用汉字数字记录卦象，这在近二十年来已是学界的共识。而目前发现的最早的数卦，出自江苏海安县青墩遗址。青墩遗址属新石器时期，比大汶口文化稍晚，距今约4000—3300年。这里共发现数卦八个，不仅有三个数字重叠而成的单卦，更有六个数字重叠而成的重卦，分别写作三五三三六四和六二三五三一（参张政烺《试释周初青铜器铭文中的易卦·补记》，《考古学报》1980年4期）。汉字数字是汉字中的一类，此时已能运用得如此熟练，那么在稍早的大汶口文化时代理应不会没有任何迹象。

至于夏代，虽然现在没有发现确凿的文字资料，甚至所发现的刻绘符号的数量也远远不及新石器时代的仰韶文化和大汶口文化，但原始文字不仅已经诞生，而且在不断地发展和趋于完善，后来经过商人的进一步运用和改进，而成为相当成熟的文字系统，应当是可以相信的事实。这主要基于两点理由：

第一、文字产生的诸项条件，至夏代已完全成熟。我们在前文曾经谈到，原始汉字如果脱离了任意绘形和任意理解的阶段，产生了一批具有约定意义和固定读音、可以记录语言中词的单字，并且可以开始进行字料的积累时，就可以判定为正式产生了。要达到这样的状态，至少必须具备两项条件。首先是文字创造的技术条件，或曰准备条件。这主要是指类似汉字构造、具有信息传递功能的形体条件。例如上文所举的一批图形或刻绘符号，它们虽然还不一定是文字，但却可能从中演变为字符，更何况新石器时期已有汉字数字出现。显然，这一条件至夏代是完全具备了。其次是文明发展条件，或曰社会条件。这一条件决定了文字创造的必要性和必然性，是人类创造文字的深层的原动力。我们都知道文字必然滞后于语言的创生规律，而这一规律的形成，是由人类文明发展进程决定的。在人类文明不甚发达的初期,生产技术原始,生活区域狭小,社会组织相对松散,人们很少有异地交往的条件和异时信息存储的必要,口头有声语言作为人们即时的、直接交流的工具,基本可以满足需要。只有当人类文明发展到了一定的阶段,信息超越时间与空间的传递变得极为迫切和必要,口语的局限日渐突出,记录语言的文字才不得不破土而出。前述凌家滩遗址的文明程度,至少可以说已初步具备了这样的社会条件,而到了夏代,这样的社会条件则是完全具备了。现在一般认为,夏代不仅进入了阶级社会,而且第一次建立起国家机构。在这时候,国家所管理的不再是狭小的地域和少数的人群,为了更好地组织生产和有效地进行统治,异地的信息传递必不可少;而且,阶级或家族成员的利益只有通过继承法定的方式才能有效延续,这需要相应的异时信息存留手段。于是,文字应运而生,便是文明发展的必然结果。

第二、据现有文献资料透露的信息考察,夏代理应有了文字。首先,《尚书·多士》篇记载西周初年周公对商朝遗民训话时说:"惟尔知,惟殷先人有册有典,殷革夏命。"殷商的先人已有典册来记载"殷革夏命"之事,应当是有比较完整的文字体系了,而这不可能一朝一夕建立。夏朝的几百年间,理应是发展、完善时期。其次,商周以至春秋战国,夏朝的人物、史事人们多所谈论,津津乐道,孔子还曾主张"行夏之时"。这一切未必都是以口耳相传的方式流传下来的,应当有一些文字的记载。再次,《史记·夏本纪》中,不仅记有由黄帝至夏禹的五代传承世系,而且记录了自夏禹至夏桀十七位君王名字和传承关系。这条资料极具说服力。司马迁号称"良史",他不可能凭空臆造,况且这样完整的世系,就算想臆造也相当的困难,他一定有文字的依据。而这种文字依据的源头,应当是夏人自己的记载,因为只有他们自己才最清楚。如果的确如此,那么,夏代不仅应有文字,还很有可能已经开始脱离原始的阶段了。特别让我们联想到的是,当初殷商甲骨文没有被发现之前,许多人怀疑《史记·殷本纪》中关于商代帝王名号记载的真实性,直到这些帝王名字在殷商甲骨文中一一得到证实,人们才确信司马迁言之有据;而《殷本纪》中对商代先公、先王世系次序记载的错误,也才得以订正(参王国维《殷卜辞中所见先公先王考》和《续考》)。或许将来有一天,考古发掘的新资料可以由于印证了《夏本纪》的记载而再一次证实《史记》记事绝非凭空虚造,同时也清清楚楚地揭示夏代文字的发展状况,我们将拭目以待。

既然种种迹象显示,夏代应当已有文字,为何到目前为止却没有发现任何可以确定为夏代文字的资料呢?合理的解释是:一,当汉字作为记录语言的符号,被用于社会交往时,由于目的、用途的不同,不见得都是刻写在不易腐烂、可以长期保存的骨质、陶质和金属质地的器物之上,大量的日常性交往或不必长期存留的文字记载,很可能刻写在便于取用但也易于朽蠹的竹木片、纺织品、兽皮、树木皮叶上,这类书写物在数千年之后无法见到,是很正常的;二,由于年代更加久远,目前考古发现并且能够确定为夏代的遗址较少,况且,我们也没有理由要求夏人在每一座墓葬中都埋下刻写有文字的器物,夏以后的商周秦汉墓葬,也并非每一座均有文字遗物的。因此,现在没有发现,不等于没被发现的遗址中没有,当然也就不能轻易断定夏代没有文字。

二、汉字的形体演变

即便仅仅从具有相当成熟的文字体系的商代后期算起,汉字也已经有三千三百多年的历史了。在这漫长的历史长河中,虽然汉字的意音文字本质没有改变,但形体(包括字形结构)却发生了巨大的变化,主要体现在字形和字体两个方面。字形的变化是指一个个汉字外形上的变化;而字体的变化则是指文字在字形特点和书写风格上的总体变化。许多时候,这两方面的变化往往交织在一起,相互影响,难以截然分别。

(一)字形的主要变化

汉字字形的第一个明显变化,是写法由原来的多种多样趋于规范。有些古文字学常识的人都知道,在商周以至战国的甲骨文、金文和见诸其他多种载体的文字(如石刻、简帛、符节、玺印、陶器、泉货等)里,同一个字的外形时常形态各异,甚至面貌全非。不同的字体中固然如此,即便是同一种字体,如甲骨文或金文中,也往往如此。秦始皇统一天下以后,出于中央集权的统治需要,李斯等人搜集整理在秦国原已通行的篆文,作为标准字体在全国颁布行用,文字的不同写法才得以趋于一致。在文字学领域,人们通常把小篆以前的文字称作古文字,把隶书以后的文字称作近代文字。依据这种分期,可以说,汉字的字形在古文字阶段的末期,已经实现了第一次比较彻底、同时也是意义深远的规范化进程。汉字字形得以规范的最大优点,当然是确立起一字一形的基本框架,使原先一字异形、难认、难用的状况发生根本的改变,因而使信息的传递更为清晰和有效。还应指出的是,在当时,鉴于文字字形的不规范,有时容易造成意义理解的歧误,所以,这一次的规范,同时还具有了规范文字字形与语言中词的关系的重要作用,它试图做到一词一字,这就使得利用文字传递信息变得更为准确。这不仅意味着汉字在文字体系方面早已成熟,更表明在社会使用方面也变得成熟起来,文字的社会功能得到了更好的发挥。当然,在此后漫长的文字使用过程中,由于种种原因,总会出现违反规范的现象,因此也就不止一次地需要以各种形式加以规

文字变迁

范。不过,小篆以后的各次字形规范,都基本是在一字一形、一词一字的原则下进行;而这被后人奉为圭臬的原则,如上所述,确立于李斯等人用小篆规范字形的时代。正是在这样的意义上,可以说,秦王朝建立以后的书同文字,是文字发展史上最为重要的一次自觉规范。

  汉字字形的第二个明显变化,便是字形的简化。在文字发展的历史中,虽然在字体没有发生显著变化时,具体字形的简化也在不断进行着,但大规模的字形简化,往往是与字体的变化相伴而生,并且借由字形规范的方式得以推广。即如秦王朝的书同文字,他们所依据的小篆,就是在对原先形体繁复的字形加以简化以后形成的。东汉许慎的《说文解字·叙》说:"秦始皇帝初兼天下,丞相李斯乃奏同之,罢其不与秦文合者。斯作《仓颉篇》,中车府令赵高作《爰历篇》,太史令胡母敬作《博学篇》,皆取史籀大篆,或颇省改,所谓小篆者也。"许慎把小篆的产生归于李斯等人的人为规定,已被历代出土的秦代文字资料证明是错误的,它显然是由春秋时代秦国使用的篆文逐渐演变而来的。但小篆对原先形体繁复的字形"或颇省改",有着大量的字例可以证明,的确是不争的事实。

在汉字发展历史上,"繁"和"简"总是相对而言。某一时代或某一字形的"简",相对于另一时代或另一字形,也许就成了"繁"。而人们在使用时,为追求简便,时常会简化那些形体繁复的字,形成所谓简体。因此自古以来,汉字中就始终存在着繁体和简体。但是在长期的封建社会里,为数众多的简体字虽然在普通民众中广泛使用和传播,却历来被统治阶层视为不登大雅之堂,因而没有取得合法地位。随着清王朝的覆灭和近代西方思潮的影响,许多卓有见识的知识分子从普及教育、方便使用进而提高全民素质的角度,大力提倡整理规范简体字,并使之获得合法地位,但由于旧政府内保守势力的反对,最终不了了之。新中国成立以后,汉字的简化得到人民政府的高度重视。1954年11月,中国文字改革委员会(简称"文改会")正式成立,具体主持汉字简化工作,并于1955年1月提出《汉字简化方案(草案)》。这一草案经广泛征求意见并修改审定,于1956年1月28日的国务院全体会议通过,成为正式方案,同年1月31日由《人民日报》刊发公布。包括485个简化字(后调为483个),分四批推行。在此基础之上,文改会于1964年编辑出版了《简化字总表》,收入《汉字简化方案》中的全部简化字共2238个,作为简化字使用的规范。1986年10月,《总表》重新发表时又做了个别调整,总字数变成2235个,这就是迄今为止经国家批准的全部简化字,并因而正式形成一种与此前所有繁体字相对而言的"简体字"。

(二)字体的主要变化

我们在上文曾经提及,古文字学家通常把小篆以前的文字称为古文字,把隶书以后的文字称为近代文字。古文字与近代文字最根本的差异,是由象形变得不象形,这是划分文字两大阶段的分水岭。

其实,即便在古文字阶段里,汉字的象形程度也已经在不断降低。文字发展的一般规律是,越早出现的形体图画意味越浓,因而也就越象形。因此,就总体而言,甲骨文要比后出的大多数字体都要更加象形,只有金文是例外。这是因为,甲骨文是用刀刻在坚硬的龟甲或牛羊肩胛骨上,非常费时费力。有时为了提高效率,刻字人不得不降低字形的象形性。金文则不必有这样的顾忌。金文大多是铸在铜器上的铭文,由于铸造铜器的范模质地松软,写字时的形体方圆、笔画粗细均可比较随意,所以许多字体比起甲骨文更加保守,亦即更加象形。甲骨文、金文中象形的轮廓和弯曲的线条,书写颇为不便,尤其是金文中有粗有细的笔道以及根本不能算作笔道的或方或圆的团块,写起来更为费事。为了改变这种状况,古人采用的基本方法是使书写笔道线条化和平直化。所谓线条化,主要是指用较细而匀称的线条改造原先的粗笔,并取代那些或方或圆以及不规则的团块;平直化主要指拉平那些原本曲折象形的线条,并且把不相连的线条连成一笔。这些变化在篆文时代,尤其是伴随着用来"书同文"的小篆,得以确定下来。文字实现线条化和平直化后,象形性自然大为降低,但书写无疑方便了许多。

特别应当指出的是,文字的线条化和平直化,所带来的不仅仅是字体的变化,还使得前文所谈字形的简化成为可能,并且使字形的规范成为必要。这是因为,当早期汉字原先象形的轮廓、弯曲粗细有时还不相连的笔道、各种形状的团块被线条化和平直化以后,天长日久,就变成了简单的文字书写符号,字形的简化也就自然发生了。另一方面,当文字书写的符号化成为普遍倾向时,字形的规范也就成为必然。因为在象形程度高的早期汉字中,只要基本字形还在,不致影响望其形而知其义,字形构件(即后来的字符、偏旁)的形状和多少、位置怎样、笔画的增损等,有时无关紧要。但当原先相当象形的形体、笔道因为线条化和平直化而变为文字书写符号后,由于象形功能的大为降低,倘若不加规范,一点一画的多少,甚至位置、方向的改变,都可能使一个字变成另一个字,例如甲骨文字中"从"与"比"的差别,就只是方向的一正一反。由此可见,文字的线条化和平直化,与前文谈到的文字的简化和规范有着密不可分的关系,这从又一个侧面证明,汉字字形和字体变化,往往交织在一起,难以截然分开。

汉字发展到小篆时代,虽然图画性、象形性已经大大降低,但仍有许多圆弧弯曲的笔道,有的字形仍嫌繁复,也就是说,多少还留有些象形的意味,写起来仍然不够方便。因此,小篆虽然作为标准字体统一了全国的文字,但在社会上通用的时间并不长,不久就被书写简便的隶书取代。汉字也以其发展历史上最为重要的一次字体变革为标志,进入了近代文字时代。

隶书曾被盛传是秦统一后官府为应付繁忙的政务所造,甚至落实到下邽人程邈的名下。以往学者们研究秦国的青铜器铭文,已经感到隶书应当在秦始皇之前很久就已萌芽,70年代秦简的首次发现,更加证实了这一点(参睡虎地秦墓竹简整理小组编《睡虎地秦墓竹简》,文物出版社,1978)。唐兰先生在《中国文字学》中指出,《汉书》等说秦代"由于官狱事繁,才造隶书,这是倒果为因,实际是民间已通行的书体,官狱事繁,就不得不采用罢了"(165页),这是很正确的。

隶书之后,草书、行书相继兴起,随后又出现了楷书。跟隶书相比,楷书大体保存了其字形结构,但是去掉了波挑笔法,横平竖直,构形紧凑,书写更为简便,而又不失端庄大方。所以楷书通行以后,成为人们最常使用的正式书体,汉字字体此后也没有大的变化了。

三、对汉字改革问题的思考

追溯汉字形体演变的历史进程,进而思考汉字的未来发展问题,我们提出这样几点看法：

第一，作为人类重要的交际工具和信息载体，文字是人类文明的产物，它顺应人类文明的进步而诞生，也必须伴随人类文明的发展而发展。任何一种文字，一旦被人类进步的脚步落下，不敷适用，就必定要退出历史舞台。人类五大文明发源地的文字，其余四种早已进入历史博物馆，唯独汉字，历几千年风霜岁月而活力依旧，正是因为总能适时地改进和发展。历史上既然如此，今后也必定如此。因此，任何一个使用汉字的人，出于对汉字的珍视和呵护，也应当作汉字改革的支持者，而不要当绊脚石。

第二，文字和语言一样，离不开"约定俗成"这样一个广泛认同和行用的基础。从历史上看，汉字的产生绝不是一时一人之功，汉字的改进与发展也从来不是出自某时某人的突发奇想。汉字发展史中的传奇人物，历来不过是在已经行用的文字搜集和整理方面做出贡献者。因此，未来的汉字改革，只能在条件具备时因势利导、顺水推舟，而不能主观冒进，揠苗助长。《第二次汉字简化方案（草案）》（简称"二简"）的命运，就是明证：1977年12月，经国务院批准，中国文字改革委员会颁布了《第二次汉字简化方案（草案）》。草案包括两个字表，第一表有简化字248个，自公布之日起在出版物上试用；第二表有简化字605个，只征求意见，不试用。另有简化偏旁61个。草案发表后，反对意见很大，也难以推广，主要就是因为其中许多字约而未定、俗而未成，硬要群众接受、运用，结果导致逆反心理。最终，国务院于1986年6月，批准废止了"二简"草案。

第三，在顺应自然、顺应时代的前提之下，汉字改革究竟应当依循怎样的方向和途径，还必须本着科学的精神认真加以研究。比如，在汉字改革的方向上，近代以来借鉴西方文字，许多人提出走拼音化道路，其中不乏民主革命的先行者，如钱玄同、鲁迅等。且不说把沿用几千年的汉字，一朝改为拼音文字，是否有"约定俗成"的基础，能否行得通，就连拼音文字是否真的比汉字优越的问题，也还值得研究。又比如，在汉字自身的改革方面，自古以来，由繁入简是主要趋势，无疑也是重要而有效的途径。建国后汉字简化的成功，证明了这一点。但是不可忽视繁化的一面，如为了分化字义，给一些汉字加了偏旁，像府库的"府"，加了"肉（月）"旁引申指腑脏，原指燃烧的"然"用作虚词后，另加"火"旁作"燃"，表示本义。至于今后的改革，汉字简化是否是唯一途径？简化是否只指形体笔画而言？也是可以研究的。

第二节　书籍制度

书籍是记载和传播文化知识、供人们学习或查阅的工具。在我国悠久辉煌的古代文明中,书籍产生的时代很早,有漫长的发展历史。不同时期的书籍,由于所用材料及样式的不同,形成各异的书籍制度。概括而言,我国古代书籍制度主要分为三大类,即简牍制度、卷轴制度和册页(叶)制度。这三种书籍制度大体上代表不同的历史时期,但也有交叉。至于商周的甲骨刻辞、铜器铭文及后来的石刻碑文,虽然也有学者认为是古代的书籍,但甲骨和青铜器并非书籍的写刻材料,刻辞和铭文也并不以传播文化知识为目的,所以都不能算是书;碑石虽然有铭刻经典或诗文的,但并不能像普通书籍那样流传,而且往往出于不同的动机,只能算是一种特殊的形式,所以也可略而不论。

一、简牍制度
(一)简牍的起源和历史

简,是指竹木制成的简册;牍,是指木制的版牍。竹木是我国最早的书籍材料。用竹木制成的简册,从古文字学和历史文献考察,可以肯定商代就已存在。商代甲骨文中有"册"字,也有"典"字。"册"像竹木简编连之形;关于"典"字,东汉许慎的《说文解字》引庄都说:"典,大册也。"今人认为像以手捧册置于架上。从甲骨文还知道,商代已把史官称为"作册",所以早期文献《尚书》中,有"王命作册"(《洛诰》)、"命作册度"(《顾命》)等语。《尚书·多士》篇还说:"惟殷先人,有册有典。"这都是商代已使用简册的证明。至于版牍,文献记载周代已使用,《周礼·司书》说:"掌邦人之版";《司民》说:"掌民之数,自生齿以上皆书于版";等等。可能由于年代久远,朽蠹殆尽,商周的简牍至今没有实物发现。

考古发掘中出土的简,最早的属战国前期,如 1978 年湖北随县擂鼓墩 1 号墓发现的楚简(年代为前 433 年);版牍最早的属战国晚期,有 1975 年在湖北云梦县睡虎地 4 号秦墓发现的两件木牍家信(年代约前 223 年)和 1979 年至 1980 年四川青川郝家坪 50 号墓发现的秦牍。

当然,商周的简牍典册,最初还不等于后世的书籍。最早的典册都是史官的著作,内容大多是统治者言行的记录,目的是为统治者提供参考。当时史官垄断了著作权和典藏权,这些典册不是一般人所能见到的,因此都还是文书档案性质,不是真正的书籍。春秋后期,中国社会发生了剧烈的变革,文化开始从祝史的手中下移到民间。儒家创始人孔子,以个人身份整理修订六经,并用以在民间传播文化知识。这样,《书》《诗》《易》《礼》《乐》《春秋》之类,就成了传授文化知识的教科书,正式变成了供人阅读的书籍。此时个人著述也开始出现,到战国时期,不同学派、不同思想的人们纷纷著书立说,形成"百家争鸣"的局面。书籍作为思想文化的载体,无论从内容到形式,从数量到质量都有了一个划时代的发展。

春秋战国以前的书籍,大多写在简册上,也有的写在缣帛上。简册与帛书、纸书的存在,有一个相当长的交叉时期。帛书的出现时代现在虽难以考定,但至迟在春秋战国之间,缣帛就已被用作书写材料(详见"卷轴制度"一节)。不过由于价格昂贵,帛书始终未能独占一个时代。两汉时期虽然发明了纸,但并未广泛使用,简牍、缣帛与纸,几种书写材料仍然混杂使用。直到东晋,官府公文、户口黄籍等还常用简牍书写,以示庄重。唐徐坚《初学记》卷二一引《桓玄伪事》说:"古无纸,故用简,非主于敬也。今诸用简者,皆以黄纸代之。"桓玄(369—404)在东晋末年曾代晋称帝,可见在此之后,简牍才逐渐为纸代替。

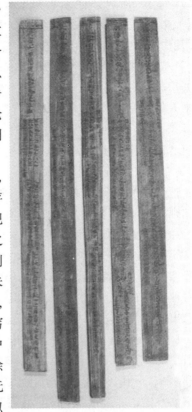

长沙走马楼汉简

竹木简册从商代开始出现,直到公元四五世纪还有使用的,上下有一千多年的历史。

(二)简牍的形制

20世纪20年代,王国维和马衡先后撰写了《简牍检署考》《中国书籍制度变迁之研究》两文,对简牍乃至帛书的形制多所论证。由于此后特别是近年来简牍实物的不断发现,王、马两先生的考证大多得到了证明,而其中的小疵微瑕,也有了补正的依据。

用竹制简,首先须将竹竿截成段、劈成竹片,然后刮削修治成狭长条的简片,亦即古书中所谓"截竹为筒,破以为牒"(《论衡·量知》)。简原有青皮的一面称为"篾青",另一面称为"篾黄",文字一般写在"蔑黄"的一面。新竹水分多,易朽烂变形,所以还必须烘干水分,这叫"汗青""汗简",也叫"杀青"。东汉应劭《风俗通》说:"刘向《别录》云,杀青者,直治竹作简书之耳。新竹有汗,善朽蠹,凡作简者,皆于火上炙干之。陈楚间谓之汗,汗者去其汁也。吴越曰杀,亦治也。"(《太平御览》卷六六〇引)"杀青"后的简,就可用来写字了,所以后人常用作书籍的代称,南宋文天祥就有"人生自古谁无死?留取丹心照汗青"的诗句。后来人们写定书稿,也称为"杀青"。在干燥少竹之地,常用木材制简。20世纪末以来,人们在新疆南部、甘肃敦煌以及古居延等地多次发现西汉至东晋时期的木简。制简所用木材,多半是白杨木、柳木、松木,因其色白、质软,易于吸收墨汁,制作方法大体与制竹简相似。

把单根的简编连起来,就是"册",古书里也常写作"策"。参考《说文》所说,"册"字"象其札一长一短,中有二编之形",可以知道,上下二道编,是古人编册常用的方式。如果竹木简册较长,也有用三道编、四道编甚至五道编的。简上的文字,经常是先将空白简编连成册,然后书写。《后汉书·周磐传》就说:"编二尺四寸简,写《尧典》一篇。"已经发现的竹木简册,许多编绳虽已朽坏,但编痕处常留有空白,正是书写时避开编绳的结果。简上的字过去传说是用漆书写的,但已出土的简册上的文字,几乎都是用毛笔蘸上墨汁书写的,证明所谓漆书写简,只不过是一种误解。过去还传说用刀在简上刻字,也是一种误传。古代有所谓"削"或"削刀",也称"书刀",但它用来删改文字,而不是用来刻字的。汉代刘熙《释名·释兵》说:"书刀,给书简札有所刊削之刀也。"所谓"刊削",指简上文字如有错谬需要改动时,用书刀刮削,以补写新字。所以《史记·孔子世家》称孔子修《春秋》,"笔则笔,削则削"。唐颜师古说:"削者,谓有所删去,以刀削简牍也;笔者,谓有所增益,以笔就而书也。"(《汉书·礼乐志》颜注)

版牍是与简册形制不同的书写材料,由长方形木板制成,两面削治平滑,以供书写。文献中或称为"版"(也写作"板"),或称为"牍"。《论衡·量知》说:"断木为椠,析之为板,力加刮削,乃成奏牍。"另有一种三尺(指汉尺)长牍,也称为"椠"。据王国维考证,秦汉以来的版牍,除三尺之椠外,最长的为汉尺二尺,其次为一尺五寸,再其次为一尺,最短的五寸。版牍,一般不用于抄写书籍,而用于公私文书或信件。二尺之牍,用以写檄书诏令;一尺五寸的牍多为传信公文;一尺牍多用以写书信,所以书信古称"尺牍";五寸牍多为通行证,是通过关卡哨所的凭证。出土的实物证明王国维的考证大体是正确的。如云梦睡虎地号墓出土的两件木牍,是战国末年秦军中黑夫、惊二人所写的家信,一件残缺,另一件全长 231mm,大致相当汉尺一尺。四川青川郝家坪 50 号墓出土的两件战国晚期秦牍,有墨书文字的一件,正面是以秦王诏令形式颁布的《更修田律》,背面记不除道日干支,长460mm,约合汉尺二尺。由于版牍较宽,比起狭长的简,更适于作图,所以古代的地图常常画在版牍上。后来人称标明国家领土区域的地图为"版图",正是这种现象的反映。

(三)简牍制度的影响

简牍制度是我国最早的书籍制度,对后来书籍形制的发展有很大影响。

简册形制的书,其编连长度要视书籍内容的长短而定。但如果太长,抄写、阅读和收藏都不方便,因此就需要分成若干"篇"。每一篇往往是由若干支简编成的一册,然后合为一书,如《论语》二十篇、《孟子》七篇等。《汉书·艺文志》著录图书,"篇"与"卷"同时使用。"卷"指卷轴形制的帛书,"篇"即指简册。简册之"篇",内容上或是一意相贯,或是以类相从,大多自成段落,这正是后世书籍文章分"篇"的由来。同样,后世的长篇巨帙往往分成若干册,也正肇始于简册各篇之"册"。

古代的书籍,许多本无书名和篇名,或者有篇名而无书名,出土实物多有所见。如果书名、篇名都有,简册中往往是篇名(小题)在上,书名(大题)在下。这种标著方式,早期古籍中还采用,后来则改为大题在上、小题在下了。简册的篇名书写格式,考古发现有多种,其中对后来书籍形式影响较大的有:

1. 篇名单独写在篇首第一简的正面,正文从第二根简开始书写。这种篇名在正文之前的格式,后来成为通用的一般格式。

2. 篇名写在篇首第一根简的背面,正面书写正文。这种格式与简册的收藏方式有关。简册书写完毕,往往是卷成一束放置。卷的方向是由左到右,这样,写在篇首第一简背面的篇名就正好显露在外,查阅方便。这与后来书籍都要在封皮外写上或印上书名,作用是一样的。由简册的卷起收藏,还令人想到,后来卷轴制的帛书及纸卷所以卷起收藏,固然与其质地柔软、便于舒卷的性质有关,但恐怕最早也是受了简册卷起收藏方法的启发。

3. 简册的开头两根简不写正文,篇名有时写在其中一简的背面,作用与上述第2种相同;有时也写在空白简之后、正文的前边。这篇首的两根空白简,称为"赘简",作用是保护后简少受磨损。后来的帛书、纸卷,前面也都留有空白,以免后边的文字部分受损,显然是沿袭简册的遗风;后来册页制的书籍,封面及封底内往往留有一页至几页的空白护纸,称为"护页"或"副页",也是受了简册形式的影响。

4. 篇名写在篇末最后一简的文字结束处,或是写在最后一简的背面。这种篇名在正文后的格式,在早期古籍中常见,但后代书籍中则很少见到。如《礼记·乐记》,据《史记·乐书》及唐张守节的《正义》,原本有多项小题,今天的通行本(如《十三经注疏》本)中大多不存,但《子贡问乐》一篇的篇题尚在,而且正在篇末,从此可窥知古书旧貌。

简牍制书籍的篇名,除了在简册中标明外,还有另外集中写在木牍上的。这种篇题木牍,近年来时有发现。如银雀山一号汉墓,随同简册一起出土的还有木牍和木牍残片,经缀合以后的五件木牍,都记载着与汉简相应的书籍篇名及篇数,其中包括《孙子兵法》和《守法守令十三篇》的篇题木牍。因为二号木牍的中腰两侧各刻有小缺口,以便系绳,而木腰中也留有清晰的系绳痕迹,可见这些篇题木牍,原本是系于简册之上的,就是简册书题的目录(吴九龙《银雀山汉简释文》231页)。后世书籍,正文之外莫不有目录或总目,追始溯源,简牍制流行时就已发端了。

用许多简编连成册,书写文字也就有了天然的界栏,可以保持整齐、清晰。后来的帛书、纸卷,大都画出界栏,以便使文字整齐和美观;帛书中还有用丝织出界栏的;后来雕版印刷的册页制书籍,也莫不有界栏,这应当也与简册的形制有某种联系。

最后还应注意的,是简牍制度对书籍、文章内容的影响。因为简册总是用各种编绳编连的,翻阅既久,再结实的编绳,也不免散断,所以孔子读《易》,"韦编三绝"。编绳一旦散断,原简的排列顺序极易混乱,书籍或文章的内容也就颠倒错乱了。所以在今日的考古发掘中,辨别散乱的简册顺序、正确排出书籍文章的前后内容,是件极为繁难的工作。古人更是经常碰到这种情况,稍不留意,就会排错一处两处,甚至脱落了一简两简。如果一部书的乱简再和别种书简混在一起,清理就更为困难。因此简牍的书籍,"脱简"或"错简"的情况经常出现。《汉书·艺文志》就说:"刘向以中古文(《尚书》)校欧阳、大小夏侯三家经文,《酒诰》脱简一,《召诰》脱简二,率简二十五字者,脱亦二十五字;简二十二字者,脱亦二十二字。文字异者七百有余,脱字数十。"简牍制书籍的"脱简""错简"情况,后来书籍形制变化时,往往依旧流传下来。其间虽然经历代文人学者的研究、校勘,被纠正了不少,但仍有一些存在于流传至今的古书中,或是还没被发现,或是虽有觉察但无从校正,因而带来阅读和理解上的困难。所以可以说,简牍制度对书籍内容的影响,直至今日也还远未消失。

二、卷轴制度

卷轴制度书籍,包括帛书和纸卷书两种形式,它们有共同之处,也有各自的特点,现分别论述如下:

(一)帛书的起源和历史

帛书是写在缣帛等丝织品上的书籍或文章,它的出现,晚于简册。简册虽然是我国最早的书籍形制,长时期内广泛使用,但有不少缺陷。除了因编绳散断,容易导致"脱简""错简"外;书籍也很笨重而不便阅读。如战国学者惠施,就曾用五辆车来运载笨重的书籍(《庄子·天下》);秦始皇每天批阅公文,"至以衡石(一百二十斤)量书"(《史记·秦始皇本纪》)。西汉东方朔上书,用奏牍三千,汉武帝让两个壮汉尽力持举,从上方阅读,"二月乃尽"(《史记·滑稽列传》)。与这种简册相比,丝织品的帛书有不少优点:缣帛质地柔韧,吸墨性强,既便于书写,又可随意舒卷,阅读和收藏都比较方便;帛书的分量很轻,携带方便;帛书的篇幅宽长,书写时可据书籍内容长短裁剪,又不会有简册散断错乱的毛病。因此,我国古代很早就有人用缣帛写书,并在很长时期内与简牍并用。

帛书究竟何时开始出现?目前尚难确考。不过在春秋末期至战国文献中,已时有记述。《论语·卫灵公》说:"子张书于绅。""绅",《说文》说是"大带",清人段玉裁《说文解字注》说是下垂的带,总之是一种丝织品。《墨子·明鬼》说"故书之竹帛,传遗后世子孙";《韩非子·安危》篇也说"先王寄理于竹帛"。《晏子春秋·外篇第七》说得更为明确:"昔吾先君桓公予管仲狐与谷,其县十七,著之于帛,申之以策,通之诸侯。"如果其言可信,那么在公元前7世纪的齐桓公时代,就有帛书了。但由于丝织品比竹木更易朽坏,目前考古发现的帛书,大多出于汉代,先秦的较少。

秦汉以来,缣帛更普遍地应用于书写,《汉书·艺文志》中已有相当的图书用"卷"来统计,其他文献也常有反映。如西汉高祖刘邦,曾"书帛射城上"(《史记·高祖本纪》);扬雄《答刘歆书》说自己编纂《方言》时,"常把三寸弱翰,赍油素(一种光滑的白绢)四尺,以问其异语,归即以铅摘次于椠"(《全汉文》卷五二)。东汉末年董卓作乱,挟献帝西迁长安,把洛阳城内东观、兰台、石室等处所藏缣帛图书抢出,"大则连为帷盖,小乃制为滕囊"(《后汉书·儒林传》),"所收而西,犹七十余载"(《隋书·经籍志》)。可见汉代朝廷收藏的帛书十分丰富。1973—1974年底,长沙马王堆三号汉墓出土了大批西汉初年帛书,包括《老子》甲、乙本和《战国纵横家书》《周易》《春秋事语》《经法》《十大经》《称》《道原》等二十多种书籍、文章,还有三幅古地图,更使得这个问题明朗化。

总起来说,春秋以来开始用缣帛写书、绘画,西汉时期普遍使用,魏晋以后仍然有人使用。但由于丝织品价格昂贵,不能像竹木及纸那样广泛普及,所以帛书始终未有一个独立使用阶段。它的前期伴随着竹木简册的盛行而兴起,后期则伴随着纸书的兴起而衰落,从公元前四五世纪到公元后三四世纪,大约有近千年的时间。

(二)帛书的形制

帛的长短不一,一般说来,标准尺度是40尺,所以在40尺内,不需缝接。但抄写书籍时,还要根据内容长短剪裁或缝接。唐人徐坚《初学记》卷二一说:"古者以缣帛,依书长短,随事截之"。所以帛书的长度,短的有一尺至数尺,长的则有数丈,东汉董卓的官兵因此用来做縢囊和帷盖。考古发现的帛书也是长短不一,如长沙子弹库的十二神像帛书,长387mm,帛画长375mm;陈家大山帛画长310mm;马王堆帛书《战国纵横家书》长约192mm等等。

帛书的宽度,古籍记载以一尺为常制,但根据考古实物,实际上也并不一致。马王堆帛书,有一种是用整幅的帛来书写的,宽约480mm,如《老子》等;另一种则用半幅的帛来书写,宽约240mm,如《周易》《战国纵横家书》等。子弹库的帛书、帛画分别为宽470mm和280mm;陈家大山帛画宽225mm。本世纪初在敦煌发现的东汉初年缣帛书信,其一约90mm见方,另一件长150mm,宽65mm,可见帛书的宽度也是经常根据需要来裁截的。

帛书的书写格式,往往仿照简册。开卷一般留有空白,如同"赘简"。帛书文字也是由上而下书写,每行字数没有一定。为使各行文字书写整齐,有的帛书仿照简册形制,用朱笔或墨笔画上界栏。如马王堆帛书《老子》,各行间就有用朱砂画成的红色界行。帛书的界栏,早期大多为手画,当帛书盛行以后,为使用方便,也为了美观,于是有人用赤丝或黑丝事先在缣帛上织出界栏,如同今日稿纸,专门供书写之用,后人称之为"朱丝栏""乌丝栏"。

帛书"朱丝栏"
——马王堆帛书《老子》

缣帛的质地柔韧,可以随意折叠或舒卷,所以早期的收藏方式是折叠与卷束并用。如子弹库十二神像帛书,就是经过八次折叠,然后放在一个竹匣中(商承祚《战国楚帛书述略》,《文物》1964年9期);马王堆帛书中,用整幅帛写成的,也是折叠成长方形,再放在一个漆盒下层的格子里;而用半幅的帛写成的,则用一长方形木片为轴,卷成一卷(晓菡《长沙马王堆汉墓帛书概述》,《文物》1974年9期)。折叠收藏的帛书,天长日久,折叠处难免破损断裂,所以后来的帛书,大多采用卷起来收藏的方式。一部书可以卷成一卷或几卷,所以"卷"就成为计算书籍篇幅的单位,一直沿用到今日。不过,古时所说的"卷",最早指一册,今日也还有这种用法,如《马克思恩格斯全集》《列宁全集》《毛泽东选集》等,一卷就是一册。但在旧印本书籍中,卷的篇幅往往比册小,一册中常有若干卷。

帛书的卷束,形式与简册不同。帛书与后来的纸卷,质软而薄,卷的时候就需要有一个轴,粘连在卷子的末端,以此为中心,从左向右卷。而竹木的简册,质硬且厚,最末一根简就起着轴的作用,所以无须另用轴。这也是卷轴形制书籍之所以不包括简册的原因之一。卷轴制书籍所用的轴,要比卷子的宽幅稍长,卷起之后两头在外。其质料早期不过是竹木片,后来通用漆木。皇帝及王公贵族,常用贵重的质料制轴,如琉璃、象牙、玳瑁、珊瑚、黄金等。除卷、轴之外,据古籍记载,卷轴制的帛书及纸卷,还有裱(包首)、带、帙(书衣)、牙签等附属品,以便保护书籍或便于查阅。但今日发现的秦汉帛书中却很少见到这类物品。它们很可能草创于帛书卷轴,而大备于纸书卷子,所以我们放在下面"纸卷的形制"中一并说明。

(三)纸卷的形制

纸卷的形制初期是沿袭帛书卷轴,古代文献的记载和敦煌卷子等实物都证明了这一点。到了后期向册页制转化时,才演进为独特的形制,即经折装、旋风装。

经折装

旋风装

纸卷如同帛书卷轴,以轴为中心,从左向右卷束。纸卷一般由多张纸连接而成。连接以后的卷子,长度通常九至十米,甚至数十米。每一卷是一个单位,一本书可以由一卷或几卷组成。

为了使字体整齐美观,写书纸上一般要画出界栏。四周的叫"边"或"阑"(也写作"栏"),各行字之间的直行叫"界"。唐人称之为"边准",宋人称为"解行"。后人也有采用帛书中的名称,称为"乌丝栏""朱丝栏"。纸卷各行的字数也不固定,从实物看,十几字到几十字的都有。卷子一般是一面写,也有两面都写字的。如敦煌卷子里,经书的注疏往往抄在背面,叫"背书"。

书籍的注解有的不写在背面。写在正面天头上,叫作"眉批";有的写在正文行间,叫"夹注"。写在正文行间的注释,为了有所区别,有多种形式:或者用大小两种字体分别写——正文用单行大字,注解用双行小字;或者正文顶格写,注解低一二格写;或者注文仍作单行,但字体略小,写在正文的下面。这后一种方法,抄书者一不小心,往往会使古书的正文与注解混淆,产生类似"错简"的错误。六朝以来还出现用朱、墨两种颜色写成的卷子,正文用朱笔写,注解用墨笔写,这是后代套色印刷的先驱。

纸卷写错了字,自然不能像简册那样刮削修改,古人或用纸贴,或用粉涂,效果都不理想,于是有人发明用雌黄来涂改。雌黄又名鸡冠石,可用作绘画颜料,用来涂写错字,不仅颜色与黄纸相仿,而且错字"一漫即灭,仍久而不脱"(宋沈括《梦溪笔谈》卷一)。这种涂改法至迟在南北朝时期已有了,贾思勰《齐民要术》在"染潢及治书法"后,就有"雌黄治书法"一节;北齐颜之推《颜氏家训·书证》篇,也有"以雌黄改'宵'为'胄'"的记载。后人于是讥讽曲解古书、妄加评论者为"信口雌黄"。

纸卷的质地远不如缣帛柔韧结实,所以更需要保护。于是,在帛书卷轴上已开始采取的一些保护措施,到了纸卷时代,便逐渐形成一套完整的制度。纸卷的卷头,除了自身留有空白"赘简"外,往往要加一块"包首"(后称"包头"),来保护书卷。包首或者用坚固的硬纸,或者仿效帛书,用绢帛之类的丝织品,古人又称为"褾"。褾的中间系上一根带子,用来捆扎卷子,叫"带"。带一般是丝织品,古代也是很讲究的。有人还用不同颜色的带子,来区分不同门类的书籍。有些大部头的书籍有许多卷,为避免与他书混淆,并保护卷子不受摩擦损伤,还要用"书衣"包裹,叫作"帙",又写作"袠"。《说文》说:"帙,书衣也。袠,帙或从衣。"用帙包书,只包裹卷身,卷子两边轴头仍露在外,放在书架上,只看见轴头。架上的卷轴如果很多,为便于寻找,就在轴头上挂一个小牌子,上写书名和卷次,叫"签"。考究的用象牙制成,叫作"牙签"。唐代集贤院所藏四库图书,就分别用红、绿、碧、白四色牙签,区分经、史、子、集四部。一般的也有用木、纸或帛的。这样,褾、带、帙、签连同卷、轴,就构成了卷轴形制书籍的各个组成部分,这种卷轴形式一直沿用到唐代末年,才演化为折叠形制,如经折装、旋风装,并进而发展为散页装订,导致了我国书籍形制上的一次革命。

(四)卷轴形制的演进——由卷轴到折叠

卷轴形制适合于缣帛和纸的柔软特性,而且后来发展为一套相当完善的制度,但随着社会的进步、文化的发展,其缺点也就日益明显起来。卷子一般都比较长,甚至可长达数丈,这样长的卷子,阅读时要边拉开、边读、边卷,读完后再卷回去。倘若临时需要查阅其中的某些章节,就更为不便。特别是魏晋以至隋唐,经济、文化都有很大的发展,出现了许多工具书,如类书、字书、韵书等。这类工具书一般不是从头到尾阅读,而是供人随时查阅,解决问题的。如果需要的资料不在卷子的开头,而是在中间甚至末尾,查找起来不胜其劳。于是有人对卷轴形制作了改进:不再把长长的卷子用轴卷起来,而是一正一反地折叠成长方形的折子,再在卷子的前面和后面加上较硬的纸,以免书籍损坏,这样就成了一叠书。这种折叠而成的"折本",与从印度传来的梵文佛经的装帧形式有些相像,所以又称为"经折装"或"梵夹装"。经折装的书籍不用拉开和卷起,可以随时翻阅,比卷轴方便得多。这是书籍形制的一大进步,是由卷轴到册页的过渡形式。但经折装的书籍厚厚一叠,阅读时容易散开成而为长长的纸条,于是又有人将一张大纸对折,作为书皮,再把经折装书籍的首页和末页都粘连在书皮内,读时就不会散开了。用这种方法装成的书籍,从第一页可以翻到最后一页,还可再接连翻到第一页,回旋往复,不会间断;而且迅急如风,所以称为"旋风装",它是经折装的改进型。

经折装和旋风装大约出现于唐代后期,一直沿用到北宋。由于它们都是折叠的形式,折叠后的长方形折子有点像树叶,所以又称为"叶子"或"叶";折叠以后成为厚厚的一叠,又称为"册"或"册子"("册"又写作"策")。折叠形制的书籍启发了后来的散页装订,形式上也有些相像,所以书籍的册页形制,实质以经折装、旋风装为开端。"叶""册"这些术语,后来散页装订时依然沿用,不过"叶"字大多改写为"页",意义上也由像树叶转变为单页、一页了。

三、册页(叶)制度

卷轴制度到唐代发展至顶峰,唐代后期开始演进到折叠式样。在此过程中,我国发明了雕版印刷术。雕版印刷术的发明,不仅大大提高了书籍的复制速度,有力地推动了文化知识的广泛传播,而且对册页制度的发展和完善,也具有相当大的推进作用。

折叠形制的书籍,阅读或查检虽比卷轴方便,但折叠处容易断裂,断裂后整册书就变成了一张张的散叶,容易弄乱。于是有人想到,既然卷轴和折叠形制的书籍本来就是由一张张的印张连接而成,为什么不可以直接用印张来装订呢?大约从五代时期开始,人们便开始采用散叶装订的形式了,首先是蝴蝶装,后来改用包背装,最后是线装。蝴蝶装出现以后的散叶装订书籍,彻底改变了延续一千多年的卷子式样,是我国书籍制度上的又一次革命。其方法经不断的改进、革新,一直沿用到今天。

(一)散叶上的名词术语:

书籍采用散页装订法后,刻字版片的式样也随之变化,不仅由原先的长条形变为长方形,还有一套相应的版式,出现了一些专门术语。

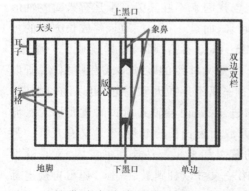

散叶上的名词术语 I

散叶装订的书都是单面印刷,一张纸上印版所占的地方,叫"版面",版面以外空白的地方,上叫"天头",下叫"地脚",左右都叫"边"。

版面的四周由线条拼连而成"版框",拼成版框的线条叫"边阑""阑线",也省称为"边""阑"(又写作"栏")。版框上方的边阑叫"上阑",下方的叫"下阑",在左右的叫"左右阑"。边阑有单、双之不同。只有一条线的称"单边"或"单阑",一般用粗线条;在粗线条内侧加上一条细线,就构成"双边",也叫"双阑"。雕版印刷的古籍,版框有四周单边、左右双边、四周双边三种形式,一般没有上下双边而左右单边的。

版框内,用直线划分为行,称"界行"或"界格"。正中的一行叫"版心"或"中缝",不刻正文,有时刻上书名、篇名、卷数、页码、本页字数、刻工姓名等等。蝴蝶装以后的书籍,版心上往往有鱼尾形的花纹,鱼尾交叉之处,正当版面的中心,可作为书页对折的标准点。鱼尾是全黑的,称"黑鱼尾";白色的称"白鱼尾",白鱼尾上加各种花纹,是"花鱼尾"。版心上有时只刻一个鱼尾,叫"单鱼尾",上下各刻一个鱼尾,称"双鱼尾",在上的叫"上鱼尾",在下的叫"下鱼尾"。还有的版心上不刻鱼尾,只有上下两道横线,甚至有连横线也不用的。

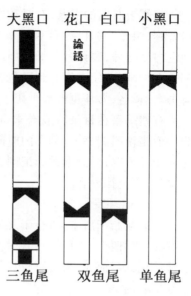

散叶上的名词术语 Ⅱ

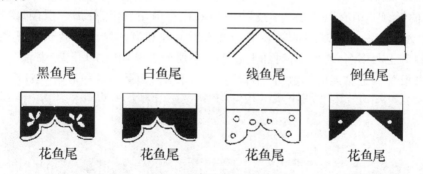

散叶上的名词术语 Ⅲ

古籍采用包背装和线装时,一张散叶沿中缝对折,使两个半页的背面相合,有文字的一面露在外面,这时对折的中缝处在书籍开合的一边,因此也称"书口"。为了折叠整齐,有时书口在上鱼尾之上、下鱼尾之下各印一条黑直线,这是版心线。每页的版心合在一起,从书口上看是黑色的,叫作"黑口"。不印版心线的称"白口"。黑线宽粗的称"大黑口"或"粗黑口",细窄的称"小黑口"或"细黑口"。在上的是"上黑口",在下的是"下黑口"。鱼尾和黑口连起来看有点像大象,所以又称"象鼻"。

蝴蝶装时期的书籍,有时在左阑外上方刻一个小小的长方格,内刻篇名或篇名省称,叫作"书耳"。因为蝴蝶装书籍每页是沿中缝将有文字的一面对折,背面空白处在外,装订时每页的版心在书背一侧,左右阑线在开合的书口一侧,左阑外有书耳,以便查阅。到了包背装和线装,版心转到了书口一侧,并且时常刻有书名、篇名,书耳也就很少用了。

有些书籍在目录后或卷末空白处刻有"牌记",也叫"书牌"或"木记"。内容一般是说明刻书人、刻书的时间、地点、所据版本等等。牌记的外形多样,一般是一个长方框,坊刻本的牌记则往往搞得比较花哨,有的还加上几句广告式的宣传文字,以招徕顾客。

(二)蝴蝶装

蝴蝶装始于唐末,盛行于北宋。前面提到,蝴蝶装的装订法,是每页从中缝将有文字的两个半页对折,背面空白处在外,然后把这样对折的一叠散叶用一张纸从前包到后面,并将各页折口处牢牢地粘连在这张纸上,以免脱落,这样就成了蝴蝶装的书。

蝴蝶装书籍继承了折叠形制书籍翻阅方便的优点,装订成册后又不易断裂、散乱,所以很快成为书籍的主要形制。其所以得名,是因为书册打开后左右对称,犹如蝴蝶展开双翅。省称"蝶装"。蝴蝶装用以包裹书册前后、形成封面和封底的纸,叫"书衣"(今称"书皮")。书衣往往内用软纸,外加一层硬纸,有时还用绫锦为表,很像现在的精装书。书衣封面左边有时贴上张狭长的签条,叫"书签",上写书名、册次,有时加上卷次。书册的上端叫"书头"或"书首",下端叫"书根",右边粘连的一边叫"书背"或"书脊",左边翻阅的一边叫"书口"。

蝴蝶装

(三) 包背装

蝴蝶装有一个缺点,就是由于每页有字的一面对折在内,空白的背面在外,打开书,往往尽碰上空白的背面。而且读完一页,必须连翻两页,才能继续读下去,也很不方便。于是有人把书叶的背面同背面对折在内,有文字的一面露在外(与后来的线装书各页相同),再用一张书衣,把折叠好的一叠散叶从前到后包裹起来,就成了"包背装",也叫"裹背装"。包背装的书籍版心转到了书口一侧,一页书版面之外的两个馀边粘在书背上,这样,展读时就不会遇到空白,可以逐页读去而不间断。

包背装始于北宋末,经元代,一直沿用到明代中叶。包背装书籍,书口正是书页的版心,上刻篇名、书名、卷次、页码后,作用如同蝴蝶装的书耳,查阅方便。但如果仍然采用蝴蝶装的插架办法,书口向下压在书架上,经常磨损后势必导致书页从中缝处断裂为两半。这样,不仅版心上的书名、篇名等不可辨识,翻阅和展读时又会像蝴蝶装那样屡遇空白。因此,人们便改用平放上架的方法,把许多书平叠放置。既然是平放,书衣也就不必用硬质的材料了,这样就出现了软书衣。而书根上的书名、篇名之类,也就由上下直写改为横写,如同后来的线装书一样。

包背装

包背装的书籍,要想把每页的两边牢牢地粘在书背上,比起蝴蝶装更为费事。而需要粘连的两个外边,版框外又总有较宽的余纸,因此有人便采用新方法,在余纸上打小孔,一般打二至三个孔,再用纸捻穿进小孔,把一册书订牢。这打孔穿订的一边叫做"书脑",外边再用整张的书衣包裹起来,外表依然和起初的包背装一样。这种经过改进的包背装,就已经为后来的线装打开了通路。

(四)线装

线装起源于唐末,盛行于明代中叶,是在经过改进的包背装基础上发展起来的。包背装在书背处容易破损,此时仅靠二三个纸捻,不能把书脑部分压平伏,书脑的上下两角纸张容易卷起,影响外观和阅读。于是又有人作了改进:在打孔订好纸捻后,另外打孔用线穿订,这就是"线装"。线装书不像蝴蝶装、包背装那样用整张的书衣裹背,而是改用两张半页大小的软纸,分置书册前后,作为封面和封底,与书册一起装订。

线装书书脑一侧的上下两角容易磨损,有些贵重的书籍便用绫锦之类把书角包裹起来,叫"包角"。有时旧书修补或重装。在每页书里衬上一张白纸,叫"衬纸"。衬纸往往比原书纸长大,这样修补或重装的书籍,原书纸一般黄旧,衬底则洁白,黄白相间,人称"金镶玉",又称"袍套装"或"惜古衬"。

由于线装书都是软书衣,为保护书籍,也为便于上架收藏,明清以来的藏书家,还常为线装书制作书套,又称为"函"。套函一般用硬纸作衬里,外面裱糊蓝布,里面裱糊白纸,把书籍的四边包起,只留书头和书根,再用两个牙签插紧。有的则把书头和书根也包裹在内,称为"四合套"。书套因为是用糨糊裱糊而成,易被鼠咬虫蚀,日久又易散坏,所以有些人爱用"夹板",就是用两块与书册一样大小的木板,上下两头各穿上一根带子,把书册夹紧扎牢。现在图书馆及私人收藏古籍,还常用套匣。

如上所述,我国古代的书籍由简牍到册页(叶),经历了漫长的历史过程和不同的发展阶段。不同的书籍制度,总是与那一时期人类的文明程度相适应的,书籍制度的发展历程,也同人类文明的各个方面一样,是沿着由低到高、由粗转精的道路在不断前进,其间凝聚着我国历代人民的心血和智慧。由于书籍制度反映并决定着书籍的外部形态,因此可以说,无论哪种书籍形式,在历史上都曾对记录和交流人类的思想、情感,保存和传播各种文化知识,起过举足轻重的作用,因而对于中华民族几千年悠久文明的形成,也有过不可低估的贡献。

第三节 文献资源

在五千年历史长河中,勤劳智慧的中华民族不单创造了极其丰富的物质财富,也创造了极其丰富的精神财富。古代以来的图书文献是中国五千年精神财富的主要载体,在世界民族之林中可谓独树一帜,丰富多彩,博大精深。

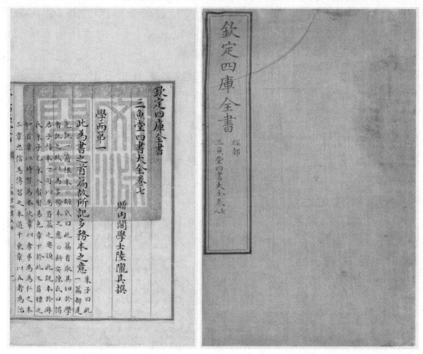

一、古籍规模

中国历代产生的文献之多,用"浩如烟海"形容并不为过。中国古籍资源究竟有多大规模呢?翻阅一些具有总结性的古籍目录,可以相对确切地为我们提供某一历史时期古籍资源的基本概况。

清代乾隆时期编成的《四库全书总目》,是一部具有空前规模的古代综合性书目文献。在这部书目中,总共著录了各类古籍10254种,其中包括正式收入《四库全书》的典籍3461种,列为"存目"的6793种。毫无疑问,这些古籍属于现存清代乾隆中期以前图书文献中的最重要部分。当然,尽管《四库全书总目》

规模巨大,却并没有也不可能全面反映中国的所有古籍。为了弥补《四库全书》收录的不足,20世纪90年代以来,与《四库全书》有关的三项古籍整理大型工程相继展开。这三项工程是:由顾廷龙主编的《续修四库全书》,由季羡林主编的《四库全书"存目"丛书》,由王锺翰主编的《四库禁毁书丛刊》。其中,《续修四库全书》搜集整理了被《四库全书》或遗漏、或摒弃而确有学术价值的大量图书,数量达到5213种。《四库全书"存目"丛书》收录了"四库存目"所含的散藏于国内外的图书,总计4508种。《四库禁毁书丛刊》旨在搜集、整理被《四库全书》禁毁而现存的古籍,总计达到1500余种。从一定意义上说,由清代编纂的《四库全书总目》以及20世纪90年代以来相继编纂的三大书目,可以这样理解:它们大体反映了从乾隆中期到20世纪30年代古代文献的存世概况。

然而即使这样,也不能说这些大型综合性书目反映了古代文献的全部。因为除了以上这些书目外,还有其他不同领域的书目反映了相应领域的古籍资源。试以丛书领域为例,上世纪60年代《中国丛书综录》问世。本书是新中国建国后首次对现存古籍丛书进行较大规模的整理、总结之作,总共收录古籍丛书2700多种,包括的单种古籍多达3万余种。再以方志领域为例,20世纪80年代中华书局出版了《中国地方志联合目录》。本书是反映旧方志的集大成之作,总共收录我国1949年以前所编地方志8200多种。再以善本书领域为例,根据周恩来总理的指示,在对国内古籍善本全面普查的基础上,由上海古籍出版社于上世纪90年代出版了《中国古籍善本书目》。本书目是对全国现存古籍善本的总结性成果,共著录善本古籍6万多种,比较全面地反映了我国现存善本古籍的概貌。

纵观以上具有总结性的若干书目,它们或从某一专门方面,或从某一历史时段反映了中国的古籍文献。于是有这样一个问题跃然眼前:中国古籍资源的存量究竟有多少呢?依照学术界一般估计,现存总量大约在10万种左右。

二、古籍分类

为了管理和使用的方便,我们的先人很早就开始了对众多文献的分类工作。对古籍资源的分类,反映了不同时期的先人们对古籍资源的总体把握和理解。

我国对古籍资源进行比较系统的分类工作,最早可以追溯到汉代,标志性成果是刘向之子刘歆编撰的综合性目录《七略》。《七略》原书早已亡佚,但其分类体系被完整地保留在班固的《汉书·艺文志》中。刘歆《七略》中共有七个类目:辑略、六艺略、诸子略、诗赋略、兵书略、数术略、方技略。由于辑略属于概论性质,所以《七略》其实属于"六分法"。具体来说,六艺略反映儒家经典,诸子略反映儒墨道法等诸子之书,诗赋略反映文学类著作,兵书略反映军事领域文献,数术略反映天文五行之类的书籍,方技略反映医药养生方面的著作。

魏晋南北朝时期,又先后出现了诸如荀勖、李充、王俭等一批目录学家。相比之下,南朝齐梁时期阮孝绪编纂的总结性书目《七录》更具特色。本书目比较全面地反映了流传到当时的文献典籍的概貌。试看《七录》分类体系的类目名称:

经典录(儒家经典)

纪传录(历史著作)

子兵录(诸子军事)

文集录(文学著作)

术伎录(五行占卜)

佛法录(佛教典籍)

仙道录(道教典籍)

隋唐时期,在文化事业空前繁荣的背景下,也出现了图书分类空前水平的总结性书目。这部"总结性书目",就是唐初由魏徵等人编写的《隋书·经籍志》。《隋书·经籍志》最大贡献是,认真分析了以往书目分类情况,积极借鉴前人的宝贵经验,最终以"经""史""子""集"的四部分类形式确定了下来。从此以后,中国古籍的"经史子集"四分法世代继承,"以为永制"。甚至一直到了今天,也没有彻底退出历史舞台。所谓"经史子集"四部分类,具体来说,就是:经部,儒家经典和阐释这些经典的著作;史部,历史著作;子部,诸子百家以及相关典籍;集部,文学领域著作。

虽然唐代确立了四部分类法,但在长期应用过程中,这种分类法还在不断的改进和完善。清代乾隆时期,在编纂《四库全书》的背景下,同时又编撰了反映这部丛书的《四库全书总目》。毋庸置疑,本书目是中国古代"四分法"中体大思精的杰出代表。

分类法是客观反映文献资源的一种方式。从《七略》《七录》《隋书·经籍志》,直至清代《四库全书总目》,通过前人在古籍资源分类体系中的变化,不仅可以从中了解中国不同历史时期的文献概况,还可以从中了解到各种类型图书文献的此消彼长。

三、常用古籍

中国古籍类目纷繁,数量之巨更是浩如烟海。倘若从这些古籍资源中,筛选出当代最常用、最基本的典籍,则是以下八种类型的重要文献。

(一)十三经

所谓十三经,特指古代文化领域中最能代表儒家思想的十三部经典著作。十三经,乃是逐渐发展演变而来的。最初是六经:《诗》《书》《礼》《乐》《易》《春秋》。西汉时,因为《乐》经散逸而成五经。东汉时,因为增加了《论语》《孝经》而成为七经;唐太宗时,学界以《五经正义》为蓝本,将《礼》和《春秋》各析为三,遂成儒家九经:《易》《书》《诗》《仪礼》《周礼》《礼记》《春秋左传》《春秋穀梁传》《春秋公羊传》。唐文宗开成年间,因为又增《论语》《孝经》和《尔雅》,遂成为十二经;至赵宋时期,因再增《孟子》入列,遂最终成为十三经。

现有汇集历代名家注本丛书《十三经注疏》,中华书局影印清刻本。"十三经"正文总计64万字,最长《左传》19万字,最短的《孝经》1780字。

(二)二十六史

中国史书有很多体裁,例如编年体、纪传体、纪事本末体等等。所谓"二十六史",属于纪传体史籍中最著名的系列丛书。这套大型丛书也是经由历代积累而成的:曾先后出现过"前四史""十七史""二十四史""二十五史""二十六史"等称谓。所谓"二十六史"即《史记》《汉书》《后汉书》《三国志》《晋书》《宋书》《南齐书》《梁书》《陈书》《魏书》《北齐书》《周书》《隋书》《南史》《北史》《旧唐书》《旧五代史》《新唐书》《新五代史》《宋史》《辽史》《金史》《元史》《新元史》《明史》《清史稿》。"二十六史"规模宏大,上起传说中的中华始祖轩辕黄帝,下止公元1911年辛亥革命,洋洋洒洒,上下五千年,规模巨大,令人叹为观止。

(三)《诸子集成》

自明代以后,前人往往将代表性的诸子之书汇刻为丛书,成为学界一时风尚。《诸子集成》是一部反映子部文献的大型丛书,曾于20世纪30年代由世界书局出版。本书汇集了由先秦到南北朝时期一些具有代表性的子书,涉及儒家、道家、阴阳家、法家、名家、墨家、纵横家、杂家、农家、小说家等诸多学派,涵括了比较重要的著作28种:《论语正义》《孟子正义》《荀子集解》《老子本义》《老子注》《庄子集解》《庄子集释》《列子注》《墨子间诂》《吕氏春秋》《淮南子》《盐铁论》《论衡》《潜夫论》《世说新语》等等。为了适应现代学界需要,中华书局依照更高标准,又于2009年编辑出版了《新编诸子集成》40种,反映了历代学者校勘注释成就与新时代的研究成果,由于这套丛书资料集中、内容丰富,所以成为当代学术界学习和研究子部书籍的首选著作。

(四)总集、别集

古代"四部分类"中的"集部",主要反映诗赋文学类典籍。集部本身又分两部分:总集和别集。所谓"总集",乃是对中国古代多人诗文作品的统称。明清两朝曾编辑过很多著名总集,例如明代所编《古诗纪》《汉魏六朝一百三家集》,清代所编《全上古三代秦汉三国六朝文》《全唐诗》《全唐文》等等。在编辑通俗文选类总集方面,清代也有很高成就,最具代表性的成果当推孙洙的《唐诗三百首》以及吴楚材、吴调侯的《古文观止》了。

所谓"别集",乃是中国古代对个人诗文作品的统称。其中有本人自行编辑者,例如(唐)孙樵的《孙樵集》凡三十五篇,十卷;也有经他人编辑者,例如(唐)李汉编辑的《韩昌黎集》,凡四十卷,含文三十卷,诗赋十卷。(唐)刘禹锡编辑的《柳河东集》计四十五卷,外集二卷,又附外集补遗,本书当属柳宗元作品的全集。如此等等,还有其他形式的"别集"。

(五)丛书

所谓"丛书",系指将多种图书汇集为一种书,并且冠以总名的一套书。以上提到的几种大型图书——"十三经""二十六史"、《诸子集成》等等,显然都属于丛书。追溯丛书之源,可达宋代。宋人俞鼎孙、俞经两人合编的《儒学警悟》首开丛书先河,此后丛书编制不绝如缕。清代是编辑丛书的鼎盛时期,杰出代表作当推乾隆时期官修《四库全书》。民国以来丛书的编纂方兴未艾,其中颇具影响者如中华书局《四部备要》,商务印书馆《四部丛刊》《丛书集成》等等。新中国成立后,丛书编纂曾经一度沉寂。但是进入90年代以来,出现了空前的"丛书热"。最引人关注者,除了以上所说与《四库全书》有关的三大丛书(《续修四库全书》《四库全书存目丛书》《四库禁毁书丛刊》)外,其他名重当代者亦为数甚多:例如《汉译世界学术名著丛书》《走向世界丛书》《现代西方学术文库》《中国思想家评传丛书》《当代经济学系列丛书》《诺贝尔文学奖丛书》《世界文豪书系》等等。

这里还要特别提及《中国丛书综录》,这是一部专门反映历代所编丛书的工具书。本书系上海图书馆编纂,由中华书局分三册出版,总共收录了2797种丛书,其中包括了38891种著作。

(六)类书

所谓类书,系指博采群书各种原始资料,按照分门别类方式编写而成的资料性工具书。中国类书历史悠久,可以一直上溯至汉末。三国曹魏时期,刘劭、王象等人奉命编出《皇览》,这就是中国第一部类书。此后由于文化发展的需要,类书编纂连续不断。尤其自唐宋以后,不仅类书内容日益丰富,类书体例日益完善,类书的卷帙也日益惊人。据学术界估计,中国古代所编类书达到五六百种,流传至今者尚有二百多种。古代编纂的丛书不仅服务当代,也为后人所重。在享誉学林的丛书中,例如隋代虞世南的《北堂书钞》,唐代欧阳询的《艺文类聚》、徐坚的《初学记》、宋代李昉等人的《太平御览》、宋代王钦若等人的《册府元龟》、明代解缙等人的《永乐大典》、清代陈梦雷等人的《古今图书集成》。其中,《永乐大典》是我国古代规模最大的类书,共有22877卷,分装成11095册,字数达到3.7亿字,至为遗憾者是大部分已经亡佚。《古今图书集成》是我国古代现存规模最大的类书,计一万卷,字数达1.6亿字。本书分类体系为由"汇编""典""部"三级类目构成。首先区别为六大"汇编":历象汇编、方舆汇编、明伦汇编、博物汇编、理学汇编、经济汇编,尔后在诸"汇编"下分列若干个"典",再在每个"典"下分列若干个"部"。由于利用了相当清晰的体例结构,于是自然界和人类社会万事万物便方方面面地尽现于读者眼前。

(七)政书

所谓政书,系指反映古代各类典章制度的史籍。这种史籍主要反映政治、经济、军事、文化等各方面典章制度的沿革与发展,也是按照分门别类方式编成的资料性工具书。

政书的渊源可以追溯至汉代,司马迁《史记》中的"八书"和班固《汉书》中的"十志",都是附属于正史、记录古代典制的专篇。但是,要探讨真正意义的独立性政书,则始于唐朝杜佑编纂的《通典》。因为政书适应了社会强烈需要,此后历代编纂不绝如缕,影响最大者是"十通"。所谓"十通",特指唐代以下的十部政书,即杜佑《通典》、郑樵《通志》、马端临《文献通考》、清乾隆官修的《续通典》《续通志》《续文献通考》《清朝通典》《清朝通志》《清朝文献通考》,以及刘锦藻编纂的《清朝续文献通考》。"十通"资料丰富,是全面系统反映历代典章制度的文献宝库和工具书。

这里还需要指出一点:"十通"在性质上虽然属于历史著作,但并未按照通行之工具书形式编纂,故而检索起来有一定困难。为了解决检索这一重要问题,商务印书馆在影印出版"十通"的同时,还特意编制出了可以全面揭示"十通"内容出处的《十通索引》,从而为查找史实资料提供了极大的便捷。

(八)地方志

地方志简称"方志",这是以一定地域为中心的百科全书式的资料性著作。凡属一地之政治、经济、学术、人物,以及名胜古迹、风土民俗等等,均为方志反映之内容。

中国地方志不单历史悠久,而且内容非常丰富。自隋唐以降,地方志体例已经逐渐完备,所涉领域也日益增多。尤其明清时期,地方志步入空前繁荣时代。翻阅这一时期地方志,举凡涉及一地之疆域、沿革、山川、名胜、古迹、物产、建制、寺观、城镇、乡里、田赋、关税、户口、职官、兵事、民情、风俗、人物、艺文、逸闻趣事等等,可谓历历在目,尽收眼前。

中国是世界上的地方志大国。由古迄今,中国地方志文献究竟有多少呢?根据1985年中国科学院北京天文台编写的《中国地方志联合目录》统计,当时国内180多家图书馆、博物馆、文化馆的馆藏方志,总共收录了1949年之前编写的各类方志8200多种。基于彼时统计的欠缺和以后社会的发展,自1996年以后又有空前规模的《中国地方志总目提要》陆续出版。本"总目"由金恩辉、胡述兆担纲,联合海峡两岸学者200余人,经过艰苦细致的调研,历时八年完成。本书分为上下两部:上部从古代至1949年,总计收录旧方志8577种;下部从1949年至1999年,收录了全国正式出版的省、市、县、乡、镇等各类新编地方志3402种。全书总计收录新旧方志11979种,书中绝大部分方志附有简明提要,为后人查阅利用提供了极大的方便。

毋庸置疑,中国是世界上文明发达的古国,也是文献资源极具代表性的大国。几千年来的古籍资源浩如烟海,内容丰富,类别惊人,重叠交叉。由于计算方式各异,统计结果也往往不尽相同。试问:中国目前的古代典籍存量到底有多少呢?要回答出非常确切的数字固然困难,但学术界还是有一个基本估算:现存古籍总量当不少于10万种。

参考文献

1. 周有光《汉字和文化问题》第二编"汉字和传统文化"

研究汉字,必须认清汉字的性质。

汉字是汉族的"自源"文字,既非"借意"文字,也非"借形"文字。自源创造要经过原始阶段才能达到古典阶段。甲骨文是相当成熟的文字,还可以看出些微原始形态。参看纳西族的东巴文,可以想象汉字更早时期的状况。参看云南、四川和贵州的彝文,可以想象汉字在"书同文"之前的文字异形情形。

文字在长期使用中成为民族图腾是通常现象。汉字也成为汉族和汉文化的图腾。不少民族一再更改文字,因为他们的文化是借入的。汉族有自己的文化,引进佛教只是补充汉文化之不足,没有废除固有的汉文化,所以能长期保持传统的汉字。"文字跟着宗教走"的规律,在汉族不适用。

(辽宁人民出版社,2000.1)

2. 裘锡圭《汉字的起源和演变》(节录)

由于缺乏资料,对汉字形成过程从何时开始的问题,目前还无法进行认真的讨论。我们在第二小节里曾推测大汶口文化晚期(约前2800—前2500)的乙类符号(引者按,即具有较高图画性的符号)有可能曾对原始汉字的产生起过某种影响。按照这种推测,汉字形成过程开始的时间可能在公元前第三千年的中期。

下面我们来讨论汉字大约在什么时候脱离原始文字阶段而形成完整的文字体系。由于前面屡次讲到的研究资料的局限性,我们只能主要根据商代后期汉字的发展水平来推测汉字形成完整体系的时间。

…… ……

《尚书·多士》记载西周初年周公对商朝遗民的训话说:"惟尔知,惟殷先人有册有典,殷革夏命。"周公特别强调殷的先人有典册记载"殷革夏命"之事,也许我国就是从夏商之际才开始有比较完备的记事典册的。汉字形成完整的文字体系,很可能也就在夏商之际。前面说过,原始汉字可能开始出现于公元前第三千年的中期。大约到这一千年的末期,夏王朝建立了起来。我国进入了阶级社会时期。统治阶级为了有效地进行统治,必然迫切需要比较完善的文字。因此原始汉字改进的速度一定会大大加快。夏王朝有完整的世系流传下来这件事,就是原始汉字有了巨大改进的反映。汉字大概就是在这样的基础上,在夏商之际(约在前17世纪)形成完整的文字体系的。

(阴法鲁、许树安主编《中国古代文化史》
第一册,北京大学出版社,1989)

3. 王宁、何九盈、赵诚、费锦昌、曹先擢《汉字与文化丛书·总序》(节录)

汉字与文化的关系,古代和近、现代都有人作过一些研究,但从来没有成为系统之学、专门之学。将汉字与"文化"连在一起而且冠以"学"的名称并明确表示要作为专门学科来建设,至今还不到十年历史……十载经营,这门学科已显示了自己的生命力。它的成就至少有以下三个方面:

第一,重新评价汉字。从19世纪末开始,汉字一直处在受批评的地位。从"汉字落后"进而发展到要"废除汉字"。中国也要走拼音文字的道路,似乎已成定论。直到20世纪80年代,人们重新反思汉字的优越性,才不再盲目附和,并进而打破了舆论一律的僵化局面;同时,也否定了以往把汉字改革生硬地纳入社会改革、政治革命轨道的错误思想和做法。只有在这样的形势下,汉字文化学的研究才有可能;汉字文化学的及时提出,又为发展这种大好形势起了推动作用。

第二,揭示汉字本身蕴藏着的丰富的文化信息。目前已出版的汉字文化学著作无不注意发掘个体汉字所包含的文化信息。曹先擢最早出版的《字里乾坤》就是对汉字蕴涵的文化信息进行分析的;何九盈等主编的《汉字文化大观》分上下两编,下编是分析汉字本身的文化信息的;刘志基的《汉字文化综论》分上中下三编,上编为"文化蕴涵考",其内容都是分门别类探索挖掘具体汉字的文化内涵的;刘志诚的《汉字与华夏文化》,其目的也是"从汉字形体结构证明华夏史前文化"……1935年陈寅恪给沈兼士的信说:"依照今日训诂学之标准,凡解释一字即是作一部文化史(《沈兼士学术论文集》第202页)。"从考古学的观点来看,汉字的确具有"文字生物学"的价值,我们可以把它看作是古人留在龟甲、牛骨、陶器、青铜、简帛等载体上的"活化石",利用这些"活化石"考察古代文化的方方面面,其可信程度不亚于另外一些出土文物,甚至高于其他的文物。众多的汉字文化研究工作者,一起步就在"文字生物学"方面下工夫,这不是没有道理的。

第三,提出了许多边缘性质的问题,将汉字研究引进前人很少涉足的宏观世界,突现了汉字与汉人、汉民族、汉文化、汉文化圈的种种深层关系,如汉字与意识形态、汉字与思维方式、汉字与汉语及其方言、汉字与原始文化、汉字与境内少数民族境外的其他民族的关系……

这些问题,一般的汉字学是很少能顾及到的。只有顺时而生应运而起的汉字文化
学才能将这类问题集合在一起,放在统一的框架之中,分门别类进行研究。

(辽宁人民出版社,2000)

4. 张秀民《中国印刷史·自序》(节录)

印刷术、火药、指南针,被西人称为我国的三大发明。英国费朗西斯·培根在17世纪曾说:"这三种发明将全世界事物的面貌和状态都改变了,又从而产生无数的变化。印刷术在文学,火药在战争,指南针在航海。历史上没有任何帝国、宗教或显赫人物,能比这三大发明对人类的事物有更大的影响力。我们现在很清楚地知道发明是来自中国的。"若加入造纸术,则成为中国的四大发明,对人类社会做出伟大贡献,产生无比深远的影响。

5. 肖东发《中国图书出版印刷史论·印刷术发明前的图书与出版》

　　进一步探求"图书"一词的渊源，可追溯到《周易·系辞上》记载的"河出图，洛出书"这个典故上来，它反映了图画和文字的密切关系，虽然是神话传说，但却说明了这样的一个事实：文字起源于图画。

　　在我国古代，人们曾对"图书"下过不同的定义。例如，从图书内容方面出发的，就有"百氏六经，总曰书也"；从图书形式出发的则认为"著于竹帛谓之书"。显然，这些定义是时代的产物，是就当时的实际情况而言的，不可能对以后的发展做出全面的概括。

　　到了今天，我们已经不把一切文字记录都称作"书"了。如文书、书信、诏书、盟书，虽然都带有"书"字，但不包括在图书的范围之内。上古的文字记载，其内容多是记事的性质的，如甲骨卜辞、青铜器铭文等都是属于这一类，其作用主要是为了帮助记忆，其性质相当于后世的档案。但此后不久，人们便从实践中认识到，这些记录的材料可以加工成总结经验、传播知识的工具，于是便出现了专为传授知识、供人阅读的著作。这样，图书一词便取得了较新而又较严格的意义。到后来，凡不以传播经验、传授知识、供人阅读为目的的文字记录就不算图书了。随着生产力的发展和社会的进步，人们开始有意识地运用文字来宣传思想、传播知识，同时也逐步地形成了一套书籍制度，而处理日常事务的文件又形成了一套文书制度。于是，图书与档案就逐渐被区分开了。

（北京大学出版社，2001）

参考书目

1. 郭沫若《中国古代社会研究》，《郭沫若全集》第一卷，人民出版社，1982。
2. 唐兰《中国文字学》，上海古籍出版社，1979。
3. 李学勤《古文字学初阶》，中华书局，1985。
4. 张秀民《中国印刷史》，上海人民出版社，1989。
5. 潘吉星《中国科学技术史·造纸与印刷卷》，北京，科学出版社，1999。
6. 肖东发《中国图书出版印刷史论》，北京大学出版社，2001。
7. 王锦贵《中国纪传体文献研究》，北京大学出版社，北京，1996

思考题

1. 你对汉字起源及改革问题有何看法？
2. 汉字是什么性质的文字？有哪些主要特点？
3. 我国古代书籍有哪些主要形制？
4. 我国常用古籍主要有哪些类型？试举例说明类书的现实作用。

第二章 科学技术(上)

科学技术是第一生产力。在科学技术这个复合词中,科学是人们关于自然、社会和思维发展规律的知识体系;技术则是人们为了有效实现其目的而采用的方法和知识系统。前者回答"是什么"和"为什么",后者则回答"做什么""怎么做";前者提供物化的可能,后者提供物化的现实;前者以后者为手段,后者以前者为根据。科学之中有技术,技术之中有科学,科学与技术是辩证统一的整体,有时很难绝对区别彼此,所以人们往往把科学与技术连称为科学技术。

从一定意义上说,现代所谓国际间的竞争,就是综合国力的竞争,甚至可以理解为科学技术的竞争。中国古代科学技术,无愧为世界科学技术宝库中的奇葩。早在三千年前的殷商时期,中国科技领域已经开始放射出耀眼的光辉。至迟在汉代时期,中国以农(学)、医(学)、天(学)、算(学)四大学科为主体的实用科学体系已经基本形成。在几乎整个古代时期,中国的许多科技领域,都曾长期走在人类科学技术发展的最前列。

第一节 天 学

中国古代天文学非常发达,这与特定的国情有密不可分的关系。我国自古就是以农立国的国度,没有日益发达的农业经济,国家要存在、要发展,是不可想象的。于是,一切与此有关的天学研究由此展开:要发展农业经济,需要建立历法以确定季节;要完善历法,需要对天体进行认真的考察和观测;而准确的天体观测,不仅需要精密的天文仪器,还需要先进的天体理论来指导。中国古代的天文学就是在这一背景下发生、发展起来,并在长期实践中形成自己的特色,取得了辉煌的成就。

一、天象记录

在天象记录方面,中国古代观察之早,范围之广,记录之详,保存之善,都长期居于世界一流。

在我国现存最古的两部文献《尚书》和《诗经》中,都有最早的天象记录。例如,唐尧时期,"乃命羲和,钦若昊天,历象日月星辰,敬授人时"(《尚书·尧典》)。虞舜时期也有明确的观测记录,"在璇玑、玉衡,以齐七政"(《尚书·舜典》)。倘若按照汉人的理解,"璇玑、玉衡,浑天仪也。七政,日月五星也"(《史记集解》引郑玄语),则此句便是时人用仪器观察七星的简单记录了。在我国第一部诗歌总集《诗经》中,也有火、箕、斗、昴、参、毕、牛、女诸星之名。例如"七月流火"(《豳风·七月》)中的"火"字,又称"大火",便是特定的星名。以《诗经》《尚书》发其端,有关天象的记录,在《史记》《汉书》等正史中的"天官书""天文志"中,在《文献通考》等政书的"象纬考"中,都有详细的一如既往的系统记录。

翻阅古代有关文献,各种珍贵的天象记录扑面而来,其中甚至不乏古代天文史上罕见的"客星"资料。按现代科学的界定,光度突然增至原来的几万、几十万甚至几百万倍的爆发性的变星,被称为"新星";光度突然增至原来千万倍以上的爆发性变星,被称为"超新星"。还在殷商时期的甲骨文中,就已经发现关于新星的记录:"七日己巳夕有新大星并火","辛未酉殳新星"(《殷墟书契后编》)。其时约在公元前14世纪,这是世界天文史上第一次有关新星的记录。另据《汉书·天文志》记载:元光元年(前134)五月,天蝎星座头部出现新星,这是中国也是欧洲都有记录的一颗新星。然而,两种记录差异很大:欧洲的记录,无月份,又无方位。因而,法国学者比奥在他的《新星汇编》中以中国记录的这颗新星作为第一星。在《宋会要》中,还记载宋至和元年(1054)在金牛星座天关星附近爆发一颗超新星。七百年后,欧洲才开始发现,这就是著名的"蟹状星云"。据统计,从有文字记载的殷代算起,直到公元1700年,我国古代大约记录了九十颗新星和超新星。不只数目多,有些记录还很详细。例如《后汉书·天文志》记载:延熹四年(161),"五月辛酉,客星在营室,稍顺行,生芒长五尺所,至心一度,转为彗"。古代这些有关"客星"的记录,对现代银河系射电源和超新星对应关系的研究,都有重要的现实意义。

在古文献中,还有丰富的彗星资料。早在鲁文公十四年(前613)七月,《春秋》一书中已留有"星孛入于北斗"的记载。这是世界历史上最早的哈雷彗星记录。哈雷彗星在周期彗星系列中是最明亮的,我国古代关于它的记载相当多。据统计,在春秋以下的两千多年间,有关哈雷彗星的记录竟达三十一次之多。至于有关彗星的总记录,有史以来多达五百次。记录的认真也是罕见的。例如《史记·秦始皇本纪》记载:"七年(前240),彗星先出东方,见北方,五月见西方","彗星复见西方,十六日"。文中所记年、月、日及其位置,与后来推算完全一样。《晋书·天文志》甚至还记下了彗星之尾总是背向太阳的重要发现,欧洲直到公元1532年才发现这一规律。

古文献中也保留了有关日食、月食、流星、太阳黑子的记录。考古学家董作宾在甲骨文中发现,武丁二十九年十二月望日有月食的记载。以公历换算,则相当于公元前1311年11月23日。经现代科学方法推算,当年当日午夜时分在殷都安阳地区,确曾发生过月全食现象,距今已有三千多年,这是世界上最早的月食记录。太阳黑子的资料也令人振奋。据《汉书·五行志》记载,河平元年（前28）"三月乙未,日出黄,有黑气大如钱,居日中央",这是世界公认的太阳黑子的最早记录。《汉书·五行志》还记录了永光元年（前43）四月"日黑居仄,大如弹丸"等。与欧洲公元807年发现的黑子记录相比,这两则记录早出了八百多年。

此外,中国还是全世界最早记录陨星现象的国家。据《春秋》记载,鲁庄公七年（前687）夏,"恒星不见","星陨如雨",这是世界上天琴星座流星雨的最早记录。

二、天体测量

在天体测量方面,中国古代的成就举世瞩目。世界上最早的星表,首先是由中国古代天文学家测定编写的。早在战国时期,就有许多以观测星宿运行著称的作品问世。其中,尤以齐人甘德的《星占》八卷和魏人石申的《天文》八卷最负盛名,这两部作品被后人合编为《甘石星经》。这部著作记录了黄道附近120颗恒星位置以及这些恒星同北极的度数。这个出现于公元前4世纪的恒星表是全世界最早的恒星表,它比古希腊天文学家依巴谷测编的星表早出了二百年。其中,石申在观测中使用的赤道坐标系已与现代相差无几,而欧洲直至16世纪才开始使用推广。

星图的出现,也以中国最早。所谓"星图",就是把观测到的星辰,依其位置画于图上。中国早在先秦时期已出现了星图,以后发展很快。东汉初期的星图记载恒星783颗,三国时陈卓的星图增至1464颗。唐代敦煌星图有1350颗。留传至今的苏州石刻天文图乃是宋元丰间（1078—1085）观测结果,上有恒星1434颗。至元代,天文学家郭守敬又有所发现,他的恒星记录已达2500颗。可以说,世界上现存最早的一些星图,均系中国古代天文学家所绘制。目前可见的最早星图,是保存于英国伦敦博物馆的中国唐代绘制的敦煌星图。敦煌星图对赤道区域与北极附近之星采用两种不同画法,前者为圆柱形投影,后者以天极为中心,将球面投影于平面。国外这种画法,大约比中国晚了六百多年。

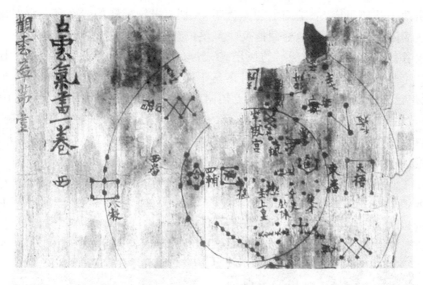

敦煌星图

在古代天文学家的刻苦努力下,对许多天体测算的数据已达相当精密程度。以行星观测为例,湖南长沙马王堆三号汉墓出土的《五星占》就令人惊叹!《五星占》中测量的金星会合周期为 584.4 日,而现代科学方法所测为 583.921 日,古今对比,仅仅多出 0.48 日;土星绕太阳一周的周期为 30 年,比现今所测仅多 0.54 年。南北朝时,祖冲之在《大明历》中公布的火星会合周期已相当接近于现代,误差已小于 0.01 日。而隋代张胄玄在《大业历》中公布的水星误差更小,仅为 0.001 日。在古代,对太阳黑子的观测也取得重要成就。据 1975 年云南天文台统计,从公元前 43 年到公元 1638 年,我国古代关于太阳黑子的观测记录共有 106 条。正是根据这些资料,推算出太阳黑子的周期是 10.6 ± 0.34 年。美国天文学家海尔对此称赞说:"中国古人测天的精勤十分惊人,黑子的观察,远在西人之前大约二千年。历史记载不绝,而且相传颇确实,自然是可以征信的"。

三、测天仪器

我国古代之所以十分重视制造和改进天文仪器,并使之长期处于世界领先地位,这与天象记录、天体测量和历法制定的实际需要有极为密切的联系。中国古代的天文仪器有很多,而最著名者则是以浑仪、浑象、圭表、漏壶为代表的传统天文仪器系统。

古代观测天象的仪器主要是浑仪。浑仪的历史相当悠久。春秋战国时期的浑仪由两个圆环组成,一是固定的赤道环,一是绕极轴旋转的赤经环。那时的构造虽然简陋,但利用赤道坐标便能反映恒星位置。公元前4世纪,魏国人石申和齐国人甘德编制的全世界最早的恒星表,当与这一时期浑仪的使用有关。最早见诸文字具体记载者,乃是汉武帝时由落下闳制造的浑仪。当时的制作亦比较简陋,但已有观测之用的窥管,支架上还附设圆环若干,分别代表地平、子午圈、赤道、黄道、时圈、黄径圈等。至唐代,天文学家李淳风在汲取前人成果基础上,将浑仪由两重改为三重,计有地平、子午、赤道、四游、黄道、白道、赤道等七环。环的增加,是适应天文概念增加的需要,但因为彼此交错的环圈遮掩部分区域,也缩小了观测范围。至元代,著名天文学家郭守敬进行了重大改革。他制作的简仪取消了白道环、黄道环,又把地平坐标与赤道坐标分别安装,于是除了北极天附近以外,几乎全部天区一览无余。郭氏简仪比欧洲整整领先三世纪。西方天文学家约翰逊指出,"元代仪器所表现的简单性,并不是出于原始粗糙,而是

浑仪

圭表　　　　　　　　　　　　汉仪铜漏壶

由于它已达到了省事省力的熟练技巧。这比希腊和伊斯兰地区的每一种坐标靠一种仪器测量的做法优越得多——无论是亚历山大里亚城或马拉加天文台,都没有一种仪器,能像郭守敬的简仪那么完善、有效而又简单。实际上我们今天的赤道装制并没有什么本质上的改进"(李约瑟《中国科学技术史》第四卷)。不难看出,古代浑仪的改造,呈现出由简单到复杂,然后又由复杂到简单的发展趋势。

  与浑仪同享盛名的天文仪器是浑象,浑象亦称浑天仪,是专门用来演示天体运行的仪器。古时一度将浑仪、浑象统称为浑天仪,隋唐以后才真正使二者区别开来。古代的浑象,以汉代张衡(78—138)的"浑天仪"最负盛名。他的浑天仪立黄道、赤道相交24度,分球体天空为365又1/4度,球面遍

《尚书·禹贡》书影

列二十八宿和其他恒星。为使其自行运动,张衡以漏壶之水转动齿轮,推动球体运转和星宿出没。据说当年蔡文姬之父蔡邕看到后赞叹不已,他表示愿意终生偃卧于如此精制的浑天仪中。至北宋时期,天文学家苏颂、韩公廉等人又在前人基础上,于公元1000年建成水运仪象台。这台大型的复杂仪器高12米,宽7米,分为上、中、下三层。上层放浑仪,中层置浑象,下层是机构系统。苏颂的《新仪象法要》一书详述了其中构造和原理,是反映古代天文学成就的优秀著作之一。

  圭表和漏壶也是中国古代的重要测天仪器。其中,圭表又叫土圭。在古代,它是具有测定日影、正四时等特定功能的测天器具。据文献记载,早在春秋时期,圭表就被用来测量回归年的长度了。漏壶,又名漏刻或刻漏,这是专门用来计时的一种器具。如同浑仪的实用性在实践中不断改进一样,前人通过改变温度、水位对流量产生影响等措施,也使漏壶计时的准确度得到不断的提高。据儒家经典《周礼·夏官》记载,周代已有专人掌管漏壶以计时,足见有关漏壶的理论与技术在那时已得到应用。

长沙马王堆出土　驻军图

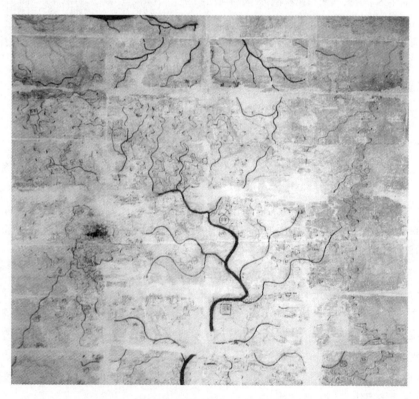

长沙马王堆出土　地形图

四、古代历法

中国古代历法起源之早、研究之精，堪称举世罕见。据《世本》佚文记载，早在黄帝时期，就曾任命容成造历法。到颛顼时，已改造成一年为12个月的新历。《尚书·尧典》云："乃命羲和，钦若昊天，历象日月星辰，敬授人时"，"朞三百有六旬有六日"。这就是说，还在唐尧时候，羲氏与和氏便奉命依天数及日月星辰运行规律，制定出了一周年为366天的历法。

全世界历法种类虽多，最主要者则是阴历、阳历、阴阳历三大类。其中，以朔望月为单位的历法是阴历；以太阳年为单位的历法是阳历；以回归年和朔望月并列为基本单位的历法是阴阳历。中国古代历法属于阴阳历。夏代修订尧历时，因为是以月亮围绕地球形式推算，故称阴历。以其创始于夏代，又有"夏历"之称。自殷代起，岁实为365.25日的四分历开始推行，这是当时世界上最精密的历法。相比之下，与中国四分历匹敌的古希腊卡利巴斯历，整整晚了一千多年。据不完全统计，从春秋时期到近代，我国前后出现过一百多种历法。中国古代历法中确定的岁实，在当时的全世界是相当精确的。例如公元426年推行的《大明历》的岁实是365.2428日，公元1199年南宋杨忠辅在《统天历》中将岁实精确到365.2425日，这是世界历法史上一项极其伟大的成就。后来元代天文学家郭守敬于至元十七年(1230)编出中国古代最优秀的历法《授时历》，亦采用了这一数值。岁实为365.2425日的精确度数值，与地球绕太阳公转一周的实际时间相比，仅仅相差26秒！即使经过3320年后也才相差1日，与当今世界通用的公历相比完全相同。而公历直到公元1582年才公之于世，比《统天历》《授时历》整整晚了三百多年。

中国古代历法置闰的思想和方法也相当先进。由于我国古代使用阴阳历，这样以朔望月的长度作为一个月的平均值，全年12个月就与回归年相差11天左右，因而必须置闰。关于置闰的思想，先秦文献中已有反映。据《左传》记载："期三百有六旬有六日，以闰月定四时成岁。"《尚书·尧典》中亦云："一岁有余十二日，未盈三岁足得一月，则置闰焉。"在中国古代，为使历法符合季节变化周期的置闰举措，至晚在商、周时期已经实行了。当时闰月置于岁末，所以有"十三月"之称，甲骨文中即可见到这种字样。秦代以十月为岁首，闰月置于九月以后，称作"后九月"。汉武帝改用《太初历》，把闰月分插于一年中各月之后。古代的四分历以一回归年为365又4分之1日，一朔望月为29又940分之499日，采用的方法是每十九年七闰。至祖冲之制作《大明历》时，又进一步改进置闰法，将十九年七闰改为391年144闰。这一改进，使历法更加符合天象变化的实际了。

在我古代历法中,"二十四节气"的出现具有特别重要的意义。为了使历法更好地为发展农业经济服务,中国古代对历法与天象、自然季节之间的关系进行了深入的研究,举世闻名的"二十四节气"就是在这一背景下逐步完善起来的。最初是春、秋二季,接着是"二分""二至":即春分、秋分、夏至、冬至。到了战国时期,《吕氏春秋》中已出现了八个节气:立春、春分、立夏、夏至、立秋、秋分、立冬、冬至。至西汉初期,《淮南子》中已出现了全部的二十四个节气。汉武帝时期,史学家司马迁与星官射性、历宫邓平等制定出著名的《太初历》。《太初历》不仅制定了135个月的日食周期,还把"二十四节气"第一次列入历法。一般来说,二十四节气依照农历的顺序是:正月立春、雨水,二月惊蛰、春分,三月清明、谷雨,四月立夏、小满,五月芒种、夏至,六月小暑、大暑,七月立秋、处暑,八月白露、秋分,九月寒露、霜降,十月立冬、小雪,十一月大雪、冬至,十二月小寒、大寒。"二十四节气"的出现,对发展农业生产起到了非常重要的作用。

五、天体理论

自古以来,人们无不生活于地球上的特定空间。这个空间在古代被称作"六合",它包括东、西、南、北及上、下各个方位。"六合"之中,古人的观感很有些不同:平面的四个方向固然不能穷尽,但活动区域还是可以延伸很长距离的;下面的土地经常接触,似乎也熟悉不过;唯有被称之为"天"的"上方",最令人难以捉摸:既不解日月星辰之行,又惑于风雷雨电之变;天公威力令人敬畏,无法接近使人奇想。这个现实应该是古人研究天体宇宙的缘起。

日月星辰是什么关系?茫茫天体何以运动?就像其他许多民族的神话传说一样,在我国古代的许多神话故事中,也反映了我们的前人对天体结构的原始认识。例如《列子·汤问》说:"共工与颛顼争为帝,怒而触不周之山,折天柱,绝地维,故天倾西北,日月星辰就焉。"《淮南子·本经训》中有后羿"射落十日",《山海经·海外北经》中则有"夸父

张衡

逐日"的典故。尤其是在战国诗人屈原的长诗《天问》篇中，上穷宇宙之始，下究人文之初，一开头劈面就是："遂古之初，谁传道之？上下未形，何由考之？"在其一口气提出的172个问题中，有许多疑问直接涉及天体结构。这首诗反映了古代中国人对天体研究的浓厚兴趣。

然而，由于时代的局限，人们认识天体的方法各式各样：可视者由直接观察入手，不可视者则间接推理研究。于是出现两类理论：一类是缺乏实践基础，主要依靠推测所得的属于唯心主义的天体理论；另一类是源于直接观察，又能不断得到检验的带有唯物主义性质的天体理论。不言而喻，后者是古代天文学说的精华。大约问世于秦汉之际的我国最早一部解释词义、名物的工具书《尔雅》，是这样释天

候风地动仪

的："天，显也。在上高显也"；"天，坦也，坦然高而远也"。没有把"天"视为人格神，而是直接解释为高远而无界限，显然具有早期朴素唯物的成分。

古代影响最大的天体结构理论，当推"谈天三说"：盖天说、浑天说、宣夜说。这"三说"皆兴起于先秦，至汉代，由谈天家形成较为系统的学说。

盖天说不只起源最久，而且说法多种。最早一种说法是"天圆地方"说。《吕氏春秋·圆道》及《大戴礼·天员》皆主此说，所谓"天道圆，地道方"。相继又有"天如车盖"的"车盖"说（《太平御览》引《天文录》），"天象盖笠，地法覆盘"的"盖笠"说（《周髀算经》），如此等等。这些学说在春秋战国时期已影响很大。屈原的"圆则九重，孰营搜之？八柱何当，东南何亏？"（《楚辞·天问》）宋玉的"方地为车，圆天为盖"（《大言赋》）便是例证。以上几种说法中，"天圆地方"说最早，也最原始。"车盖"说与"盖笠"说内容近似，而"盖笠"说顾及天体之高低，似乎更具影响。

浑天说也源起于古老学说。至东汉，该说以为"浑天如鸡子，天体如弹丸，地如鸡中黄"，"天转如车毂之运也，周旋无端，其形浑浑，故曰浑天"（《张衡浑天仪》，《经典集林》卷二七）。与盖天说相比，浑天说明显更进一步，故多为史官所用，影响超过盖天说。

宣夜说稍微后出,但其科学性堪称三说之冠。据《晋书·天文志》记载,此说以为"天了无质,仰而瞻之,高远无极,眼瞀精绝,故苍苍然也。譬之旁望远道之黄山而皆青,俯察千仞之深谷而窈黑,夫青非真色,而黑非有体也。日月众星,自然浮生虚空之中,其行其止皆须气焉"。宣夜说道出了宇宙的无限性,认为日、月、星辰存在于虚空之中而无所根系。著名科学家李约瑟曾对宣夜说予以高度的评价:"这种宇宙观的开明进步,同希腊的任何说法相比,的确都毫不逊色。亚里士多德和托勒密僵硬的同心水晶球概念,曾经束缚了欧洲天文学思想一千多年。中国这种在无限的空中飘浮着稀疏的天体的看法,要比欧洲的水晶球概念先进得多"(《中国科学技术史》)。

第二节 算 学

当今所谓数学,中国古代多称为"算学"。众所周知,与其他学科相比,数学具有很强的抽象性。因而从一定意义上说,数学是对人类社会实践的高度概括和总结。尤其自17世纪以后,数学和各种科学的数学化已经成为近代科学的主流,因而数学获得了"科学之王"的美称。算学是中国传统文化的重要组成部分。通过历代劳动人民的拼搏耕耘,中国古代算学园地出现了不少位居世界一流的数学家和世界一流的成果,在数学的许多分支领域中长期遥遥领先,为世界的文明进步做出了卓越的贡献。

祖冲之

一、算学家与算学著作

中国古代辉煌的数学成就中,凝聚了历代数学家的心血。在中国传统数学发展史上,随着累累数学硕果的产生,曾经涌现出许多伟大的数学家。虽然由于种种原因,历史的年轮已经抹去了一些人的名字,后人熟知的那些数学家仅仅是古代众多数学家中的一部分,但他们的功绩和事业却永远留存在后人的记忆中。

中国古代著名算学家,前赴后继,代不乏人。在秦汉以降的数学领域里,三国时代的赵爽、刘徽堪称较早涌现出的两颗耀眼明星。他们都曾经为古代算学名著《周髀算经》作注,发展了数学理论。尤其是刘徽的《九章算术注》有很多重要的创造发明,建立起了比较完整的数学体系。南北朝时代,出现了祖冲之、祖暅父子及何承天等数学家,其中尤以祖冲之的圆周率贡献最大。北魏时又有张丘建著《张丘建算经》,此书被唐代列入"十部算经"之中。至唐代,著名数学家出现更多,其中最知名者如历算家王孝通,他的《缉古算经》在三次方程解应用题方面取得突出成就。又如刘焯、僧一行,二人在内插法方面皆有突出成就。宋代以后,中国古代数学又登上一个新台阶,先后有许多数学家做出了世界一流的贡献。号称"宋元四大数学家"的秦九韶、李冶、杨辉、朱世杰,可称其中代表。南宋数学家秦九韶在《数学九章》中的"大衍求一术"和"正负开方术"遥遥领先于世界。同一时代的李冶在

数学经典《周髀算经》

其《测圆海镜》中,元代的朱世杰在《四元玉鉴》中,杨辉在实用数学等方面,都做出了惊人的成就。这一时期,对于杰出笔记体著作《梦溪笔谈》的作者沈括,应该而且必须大书一笔。沈氏的这部百科全书式的不朽作品,在数学方面也具有惊人的建树。例如在体积方面讲到"隙积",在面积方面讲到"割圆术",对高阶等差级数也做出了深入的研究,关于确定圆弧长度的方法则成为后来郭守敬研究球面三角学的基础,如此等等。日本数学家三

秦九韶

上义夫曾由衷称赞说:"沈括这样的人物,全世界数学史上也找不到,唯有在中国出了这样一个人。"李约瑟认为,《梦溪笔谈》是"中国科学史的里程碑"。在明清时期的众多数学家中,应该特别提及的是清代算学大家梅文鼎。按照阮元的观点,自梅文鼎以来,"通数学者先后辈出,而师师相传,要皆本于梅氏";依照清人钱大昕的观点,梅文鼎无愧为"国朝算学第一人"。梅氏在中西学术交流之际,不卑不亢,中西并用,他的《勿庵历算书记》在古代算学史上占有重要地位。

由于历代数学家的不懈努力,为后人留下了一大批极其珍贵的数学名作。

早在汉代时期，我国已有著名数学专著面世，其中影响最大者首推《周髀算经》和《九章算术》。《周髀算经》，又名《周髀》，大约成书于西汉中期，是一部以反映盖天说为特征的天文历法著作。这部书中记有"勾三、股四、弦五"的勾股定理、测量术、绘图法，以及许多复杂的分数四则运算和开平方运算法，在当时都具有先进水平。西方人曾经认为，勾股定理最早是由希腊数学家、哲学家毕达哥拉斯证明的。然而根据考证，《周髀算经》中勾股定理部分的成书时间不晚于春秋时期，因而中国人揭示这一定理显然不在毕氏之后。《九章算术》完成于东汉前期，由张苍、耿寿昌二人整理问世。本书内容极为丰富，依类别分为"方田""粟米""衰分""少广""商功""均输""盈不足""方程""勾股"等九章，故名"九章算术"。书中列有246个应用题，并附有相关解法，这是一部当之无愧的世界一流的数学著作。书中所记分数四则运算和比例算法是当时世界上最先进的水平。对面积、体积的计算，勾股定理的测量，以及开平方、开立方，求解一元二次方程、联立一次方程，正负数概念的产生和应用等，都具有世界先进水平。当年希腊数学家欧几里得的《几何原本》曾影响了整个欧洲数学界，而东汉面世的《九章算术》也对中国数学领域产生深远影响。

我国古代数学著作之多，可谓林林总总。据有关方面统计，中国古代全部数学著作（包括已经散逸者在内）当不少于2500多种，仅仅流传下来的也有2100多种，更不待说在天学、地学、测量学以及某些具体科技著作中，还蕴含着不少高水平的数学成就。翻阅古代的有关数学之书目文献，很能反映这方面的基本情况。仅以宋人尤袤的《遂初堂书目》为例，其中正式著录的数学著作就多达95种。又如根据梅文鼎《勿庵历算书记》成书的《畴人传》中共著录88种著作，除去62种是历书外，其余26种均为数学著作。

二、算学专业

放眼中国古代科学技术发展史，以农、医、天、算四大学科为主体的实用科学体系至晚在汉代已经形成，但是算学之成为专业则始于隋唐时期。隋唐时期正式为数学设立专业，这不仅在中国数学史上属于前所未有，在世界数学发展史上也是一件大事。

国家设立算学专业，正史中有明确记载。据《新唐书·选举志上》记载，唐高宗龙朔二年（662），"东都置国子监，明年以书学隶兰台，算学隶秘阁，律学隶详刑"。这就是说，唐代的算学从龙朔三年，已经直属秘阁统管了。其实，作为一门专业学问，早在隋代已经设立了"算学"。例如《新唐书·选举志》记载："唐制，取士之科，多因隋旧""其科之目，有秀才，有明经，有俊士，有进士，有明法，有明字,有明算"。其中所谓"明算",就是关于"算学"的考试科目。算学是为国家培养天文、数学人才的学校,校址设在京师长安。根据文献记载,唐代的"算学"专业并非简单一设了之:既明确了入学对象,还规定了学习内容。唐代规定:凡八品以下官员子弟及普通地主子弟中有算学专长的人,皆可攻读算学。使用的教材也很明确,以《十部算经》教授生徒。所谓《十部算经》,包括汉唐时期十部重要数学著作。计有:《周髀算经》《九章算术》《海岛算经》《五曹算经》《孙子算经》《夏侯阳算经》《张丘算经》《五经算术》《缉古算经》《缀术》。这"十部算经"分为两部分供生徒选修:学习《周髀算经》《九章算术》等著作者为一部分;学习《缉古算经》和《缀术》者为另一部分。此外,《唐六典》中还记载了另外两种需要兼习的著作:《数术记遗》《三等数》。不仅规定了必修教材,甚至规定了算学科考中的评判标准,对何为"通",何为"第",皆有具体说明。例如《选举志》云:"凡算学,录大义本条为问答,明数造术,详明术理,然后为通。试《九章》三条、《海岛》《孙子》《五百》《张丘建》《夏侯阳》《周髀》《五经算术》各一条,十通六,《记遗》《三等数》帖读十得九,为第。"由此可见,隋唐时期设立的数学专业,从入学对象、教学内容,直至步入仕途之考试,已经初步形成了一个系统工程。

隋唐时代创立了算学,决不是由于统治者对算学专业一时的心血来潮,而是基于社会发展的根本需要。早在隋唐以前,这种征兆已经在社会实践中显露无遗。汉代以后,由于适当调整了生产关系,社会经济得到很大发展。在人类文明进程中,算学的积极意义不仅作用于民间日常用度,对于整个国家的建设和发展更是具有不可或缺的重要影响。因为精于算学而受到国家重视者,史书中多有明确记载。汉代的张苍、桑弘羊之所以史上留名,无不与此有关。据《史记·张丞相列传》记载,西汉初期萧何担任相国时,正是基于张苍精于算学,"自秦时为柱下史,明习天下图书计籍","又善用算律历",所以将他从御史大夫升任为"计相"。《汉书》中亦有关于汉武帝时期桑弘羊的记载:桑氏因精于算学,任治粟都尉,领大农丞,推行"重农抑商"政策,"自以为国家兴榷筦之利"(按,即尽笼天下盐铁作平准法),国家由此富强起来。然而,朝廷需要的是大量精于算学的重臣,少数人的提升并不能完全满足国家对算学的日益需要。

正是在这一背景下,算学作为一个专业首先在隋朝应运而生。由于国家正式设立了这一专业,从而为社会培养了一大批算学专门人才,在一定程度上缓解了国家对算学需求的矛盾,有力地推动了实用数学的普及和发展。但是在算学职业化的同时,也带来了两方面的弊端:一是使数学局限于下层。这是因为在中国特定社会条件下,从事算学工作者多为"俗吏"阶层,他们日常事务简单琐屑,社会地位不高,并且常有上级部门约束。这对以抽象思维著称的数学的发展,其负面影响之大,不言而喻;二是使数学隔绝于文化层面的众多精英。古代掌握文化知识者为士大夫,然而国家的大政方略尤其是科举制的政策导向,使大批士大夫阶层与"算学"分离。于是在唐代以后社会上居然长期出现了这样一种普遍现象:许多算学名家或吏,或僧,或道,或其他之非科班出身者,真正出于算学专门者反而少之又少,岂非泱泱大国之奇怪现象欤?

三、数学成就扫描

在中国古代数学园地中,可谓奇才辈出,群星争辉,硕果累累,贡献卓著。中国古代的数学成就,除了前面有关著作(如《周髀算经》《九章算术》等等)中的个别论述外,大而言之,在以下几个方面尤为引人瞩目。

(一)十进制记数与零位置

我国是世界上最早使用十进制记数法的国家。所谓十进制,即十十为百,十百为千,十千为万,满十向上进一位。在殷代的甲骨文和两周金文中,可以看到用一、二、三、四、五、六、七、八、九、十、百、千、万等十三个数字记十万以内的自然数。在先秦文献里,也不乏可资佐证的资料。例如《尚书》中常可看到"兆民""亿兆"之类的数字,《诗经》中也出现过"千亿"之类的字眼。汉徐岳《数学记遗》中曾说:"黄帝为法,数有十等。"如果"黄帝为法"之说可以成立,则中国使用十进制的时间还将向上追溯到极其遥远的古代。在春秋战国时期,一度盛行的筹算计数法就严格遵循十进位值制记数法。例如"〣Ⅲ〢𝍫"(3927)中的"〣"代表3000,"Ⅲ"代表900,"〢"代表20,"𝍫"代表7。这一形式与现代阿拉伯数字相比,几近相同。所差异者,不过是符号不同罢了。中国使用位值法,在春秋战国时期已经相当普及。相比之下,古代巴比伦人使用的是六十进位值制,玛雅人使用的是二十进位值制,古印度从6世纪末才开始使用十进位值制。因而李约瑟认为"在西方后来所习见的'印度数'的背后,位值制早已在中国存在两千多年了"。"如果没有这种十进位制,就几乎不可能出现我们现在这个统一化的世界"。(《中国科学技术史》第三卷)

零的出现,在数学发展史上具有划时代意义,而中国古代早就使用了与"0"的作用完全一样的空位表示法。过去有一种说法,元帝国建立后,零字由印度传入中国。但是,进一步的考证否定了这种观点。南宋蔡沈《律品新书》中把"0"写作"□",用传统的缺文方法与空位是一样的。后来为了书写方便,才把"□"写成了"0"。例如南宋秦九韶《数学九章》中就是用此圆形符号代替空位的。美国学者罗伯特·坦普尔对此明确指出:"使用空位来表示零,这种做法是中国人的发明。在中国的筹算盘上用空位表示零,至少可以追溯到公元前4世纪",而

"按照西方传统说法,用符号'0'来表示零,是印度在公元9世纪发明的,它出现在公元870年瓜寥尔的碑文中"。但是,符号"0"实则在此前的柬埔寨和苏门答腊碑文中都曾出现过,这一符号"是由中国传过去的,而他们又将这符号传到印度去的"(罗伯特·坦普尔《中国:发明与发现的国度》)。

(二)割圆术与圆周率

在解决求圆周长、圆面积、球体积等类问题时,不可避免地要利用圆周长与直径的比值π。可以说,π的精确值达到什么程度,是可以作为数学水平的衡量标准的。魏晋南北朝时期的刘徽和祖冲之是数学界的两颗巨星。刘徽不仅为数学概念下了定义,为数学定理和数学公式作了证明,用极限法证明了圆面积公式,用无穷分割证明了方锥体积公式,还用割圆术计算了圆周率。在刘氏之前,先有汉人刘歆测得圆周率为3.1547,复有张衡所测为10的平方根,王蕃为3.1555等。刘徽以为,"割之弥细,所失弥少。割之又割,以至于不可割,则与圆合体而无所失矣"。他从圆内接正六边形算起逐渐加倍,最后以内接192边形推导出 π = 3.1416,把圆周率的精确度从《九章算术》中的所谓"周三径一"向前大大推进一步。这一研究成果,为圆周率的进一步精确研究奠定了坚实的基础。刘徽采用圆内接多边形而不用外切圆面积的计算方法,与希腊数学家阿基米德以圆内接和外切正多边形计算方法相比,更显得简单而科学。

继刘徽之后,南朝刘宋时期又崛起了一位大数学家祖冲之。祖冲之在刘徽研究的基础上继续研究圆周率。据《隋书·律历志》记载,祖冲之求得的圆周率有不足近似值和过剩近似值之分:其不足近似值为3.1415926,过剩近似值为3.1415927。也就是说,π的实际数值处于这两个数值之间:$3.1415926 < π < 3.1415927$。祖冲之研究的圆周率具有以下重要意义。其一,祖氏所求的π值在3.1415926与3.1415927之间,这是第一次在数学史上把圆周率精确到小数点以后第七位。一千年后,15世纪的阿拉伯数学家阿尔·卡西、16世纪法国数学家维叶特才打破了祖氏一千年前创造的纪录。其二,明确圆周率的上、下限,以两个固定数为界碑,规定了圆周率的误差范围,这是前所未有的科学创举。此外,祖氏还计算出圆周率的密率是355/113,这是分子、分母在1000以内的最佳值。同样是时过一千年后,16世纪的德国人奥托和荷兰人安托尼兹才求得这一密率。因为祖冲之在世界上最早公布了如此精确的圆周率,故而后人多称圆周率为"祖率"。

(三)中国剩余定理

被誉为"中国剩余定理"的发明者秦九韶(1208—1261),字道古,南宋人,与李冶、杨辉、朱世杰,并称为宋元数学四大家。他的代表作是撰成于淳祐七年(1247)的《数书九章》。

《数学九章》分为九类:大衍、天时、田域、测望、赋役、钱谷、营建、军旅、市易。以习题集形式写成,每题之中均有答,有术,有草,计81题。本书主要学术成就是高次方程的数值解法。书中的"正负开方术"和"大衍求一术"引人瞩目,尤其是"大衍求一术"产生了深远的影响。

所谓"大衍求一术",就是整数论中的一次同余式解法。在以前的《孙子算经》中,曾有一题叫"物不知数"。其原题曰:"今有物不知其数","三三数之剩二,五五数之剩三,七七数之剩二,问物几何?"就是说,有一个"不知其数"的物,三个一数余二,五个一数余三,七个一数又余二,试求物的总数。前人虽有研究,但不能令人满意。秦九韶经过深入钻研,在前人基础上,提出了"大衍求一术",将这类问题统统归纳为求一次同余。秦九韶的"大衍求一术"在数学史上占有重要地位。经过五百年后,欧洲数学家欧拉和高斯才取得这类问题的解法。19世纪,德国数学家康托尔认为秦九韶是"最幸运的天才"。美国科学史家萨顿也对秦氏称赞有加:在"他那个民族,他那个时代,确实是所有时代最伟大的数学家之一。"秦九韶的"大衍求一术",后人誉为"中国的剩余定理"。

(四)筹算与珠算

筹算和珠算,是中国古代人民在长期生活和生产劳动实践中发明的计算工具。筹算和珠算都有悠久的历史,都是劳动人民智慧的结晶。尤其是珠算,自古代问世起,沿用至今,长盛不衰,一直受到中国人民和世界人民的由衷喜爱。这既是世界数学发展史上的一大奇迹,也是中国古代人民做出的一大贡献。

筹算是珠算的先驱。据文献考证,我国古代的筹算大约出现于春秋时期。虽然由于以后珠算的使用和普及,此前之筹算已不再使用,但在古典文献中依然可窥筹算早期使用之轨迹。例如《道德经》中有"善数者不用筹策",《史记·高祖本纪》中有"运筹策帷帐之中,决胜于千里之外"云云。先秦筹算的形制已难查考,所幸汉代筹算的有关情况还保留于《汉书·律历志》:"其算法用竹,径一分,长六寸,二百七十一枚而成六觚,为一握。"换算为今日尺度,即算筹是直径一分(23mm)、长六寸(1386mm)的圆形竹棍,它们放在被称作"六觚"的六角形筒状容器中,以271根为"一握"。具体使用方法分为纵式、横式两种形式:

纵　　式: | || ||| |||| ||||| 丅 丅丅 丅丅丅 丅丅丅丅
横　　式: 一 二 三 亖 亖 ⊥ ⊥ ⊥ ≡
现代数字: 1 2 3 4 5 6 7 8 9

当表示多位数时,纵、横二式可以交互使用。古代数学名著《夏侯阳算经》记载道:"一纵十横,百立千僵;千十相望,万百相当;满六以上,五在上方;六不积算,五不单张。"前四句是关于多位数的说明,后四句是关于个位数的方法。筹算记数遇到零空位,例如要书写6708时,就是⊥𝍥 𝍫。它严格遵循十进位值记数法,计算程序与后来的珠算已很接近。

珠算显然是在筹算的基础上发展而来的。但它最早出现于何时,学术界尚有不同看法。传统的观点是,宋元时期发明了珠算。还有一种说法,至晚在南北朝时已经发明了珠算。理由是,那时成书的《数学记遗》中记载了有关珠算的使用方法。特别是其中的第12法——珠算法所用算器,与后世的珠算不仅名称一样,构造也极为相似。"不过那时珠算还只是个别隐居深山的算学家的发明,在他们的私淑弟子间辗转传授,少为外人所知。大约经过三百多年,至宋元时期,由于商业的发展,四则运算成了商品市场中频繁使用的科学知识,而传统的筹算法不但使用不方便,计算速度也远远不能满足需要",正是基于特定的社会背,"这时珠算才很快流传开来,成了与筹算同样重要的运算工具。"(刘洪涛《中国古代科技史》第三编第二章)平心而论,这一诠释可谓言之成理。

宋元以来空前普及流传的珠算,以上二珠、下五珠的形式构成。上一珠当五,下一珠当一。计算原理固然与算筹一样,但是熟记珠算口诀运算起来,更加方便、快捷。关于珠算的具体使用方法,早在宋元时期的数学专著中已有详细论述,甚至已经出现了计算口诀。试看南宋数学家杨辉的《乘除通变算宝》,其中就记有"归数求成十,归除自上加;半而为五计,定位退无差"四句,然后又将其演绎为三十二句。例如"归数求成十"八句:九归,遇九成十;八归,遇八成十;七归,通七成十;六归,遇六成十;五归,遇五成十;四归,遇四成十;三归,遇三成十;二归,遇二成十。在元代朱世杰的《算学启蒙》中,已经出现了与现代相差无几的口诀:"一归如一进,见一进成十;二一添作五,逢二进成十;三一三十一,三二六十二,逢三进成十……九归随身下,逢九进成十。"

珠算在中国本土广为流传的同时,不仅先后传入了日本、朝鲜等周边国家,还广泛地流行于亚洲和西欧各国。这种独特的计算工具在古代具有重要意义,在现代仍然具有使用价值。它不只构造简单,物美价廉,而且经久耐用,无须电源。还应指出的是,在简单的加减运算等方面,珠算的速度超过了电子计算机。

第三节 地 学

随着社会政治、经济和文化的日益发展，人们对地理环境的认识逐步加深，地学由是兴起并发展起来。在中国古代，因为地学研究的历史相当悠久，有关著作也就非常丰富。翻阅古代书目文献，无论是在《隋书·经籍志》、两"唐志"等史志目录中，还是在《崇文总目》《四库全书总目》等官修目录中，抑或是在《郡斋读书志》《直斋书录解题》等私修目录中，无不设置地理类。这些地学方面的著作不仅为数众多，而且内容丰富多彩。它们或立足于山川自然的描述，或着眼于各地经济的反映，或侧重于疆域政区的勾勒，或潜心于地图的研究，如此等等。它们从不同角度，以不同形式为后人再现了中国古代的地学风貌。

一、自然地理研究

在古代不胜枚举的地学著作中，最古老而又最具代表性的专著非《禹贡》《山海经》莫属。

《禹贡》是现存最早的史料汇编《尚书》中的一篇，因而也是我国已知的较早地理学专论。《禹贡》大约成书于战国时代。该书假借大禹治水事迹，以高山、河海为标志，将全国划分为雍、徐、青、豫、冀、兖、梁、荆、扬等九州。范围所及，包括了黄河、长江两大流域广大地区。记述了许多山岭、薮泽、物产、贡赋、交通，以及流经九州的重要河流。书中许多内容成为后人宝贵的研究资料。以其中水系为例，"导水"部分涉及九条水道：弱、黑、汉、江、济、淮、渭、洛、河。而且还有具体指向，诸如"导弱水至于合黎，余波入于流沙"；"导黑水至于三危，入于南海"；"导河积石，至于龙门；南至于华阴，东至于底柱；又东至于孟津；东过洛汭，至于大伾；北过降水，至于大陆；又北播为九河，同为逆河，入于海"云云。文中对水系论述的格式，对以后两千多年的地理著作产生深远影响。复以其中山脉为例，"导山"部分将天下诸山区别为四大部分，也就是：岍、歧等十二山，西倾、朱圉等八山，荆山、内方等四山，岷山、衡山等三山。将孤立的山峰联系起来，注意到它们之间的关系，反映了明确的山系观念。

《山海经》也是一部自然地理书。本书十八卷，主要包括《山经》《海经》《大荒经》三部分。《山经》五卷，文字古朴，约当成书于春秋末叶。它把中国区分为南、西、北、东、中五个地区，分别以《南山经》《西山经》《北山经》《东山经》《中山经》反映其概况。《山海经》中的《海经》和《大荒经》系西汉及西汉以后所作。《海经》区分为《海外南经》《海外西经》《海外北经》《海外东经》《海内南经》《海内西经》《海内北经》《海内东经》;《大荒经》则分为《大荒东经》《大荒南经》《大荒西经》《大荒北经》,另有《海内经》一卷。《山海经》是一部以神话传说为主流的地理书。全书虽然仅3.1万字,却以不同地域为脉络,直接或间接地涉及宗教、历史、天文、民族、民俗、哲学、动物、植物、矿物、医药卫生等许多学科,可以说是简略反映古代人民社会生活的一部比较原始的"百科全书"。

以上两书同为考察先秦历史地理的重要参考资料,故研究校释者不乏其人。如清毕沅的《山海经新校正》,郝懿行的《山海经笺疏》等,均有一定的代表性。至于《禹贡》一书,研究者更多。其中影响最大者首推清人胡渭的《禹贡锥指》,这是古代《禹贡》研究的集大成之作。

在以后的自然地理著作中,有两个流派引人注意:第一是水道研究,第二是游记著述。

关于水道研究方面的专著,以《水经》最早,大约问世于汉代。书中记述大小河流137条,分叙其源流及沿途所经之处。尽管所叙繁简不一,且有疏漏,但它开启了以水证地之先河。此后研究《水经》者甚多,最有成就者当推北魏学者郦道元。郦道元(约470—527),北朝北魏地理学家。他的《水经注》凡四十卷,显示三个特点:一是规模大。郦氏之注,徵引资料达437种之多,记述河流1252条,计30万字,相当于《水经》原文的20倍,名曰注解,实则创新;二是内容丰富。《水经注》并不是纯粹记江河,举凡水道所经之山川、都市、名胜,乃至怪异、歌谣等,均在涉猎范围;三是详北略南。本书记黄河用五卷,记长江仅用三卷。《水经注》是研究南北朝历史、地理的重要文献。以其文字典雅清丽,故在古代文学史上也有一定影响。继《水经注》之后,宋单锷的《吴中水利书》、明潘季驯的《河防一览》、归有光的《三吴水利录》等,都有一定参考价值。至清代,齐召南的《水道提纲》、徐松的《西域水道记》以及傅泽洪的《行水金鉴》等著作,均在社会上有很大影响。在正史里也不乏水道专篇。以司马迁《史记》之《河渠书》首开先河,紧接其后者是班固《汉书》中的《沟洫志》,此后在《宋史》《金史》《元史》《新元史》《明史》《清史稿》中也都有《河渠志》,这些著作是反映古代水系的宝贵文献。

关于游记方面的著述,最典型者当推唐释玄奘的《大唐西域记》和明徐宏祖的《徐霞客游记》。释玄奘(602—664)于贞观三年(629)由长安西行,历经千辛万苦,到达印度那烂陀寺,于19年后携经卷东归。本书反映了作者亲身经历的一百多个城邦、地区和国家的情况。其范围东起我国新疆,西至伊朗,南抵印度、斯里兰卡,北及阿富汗诸国。有关这些地区的关防、道路、城邑、山川、风土、气候、民俗等等,皆有清晰记述。此书对研究7世纪中亚、南亚各国历史、地理情况,具有重要参考价值。徐宏祖(1586—1641)青年时代,曾外出壮游,三十年间走遍西南、华北和华东。《徐霞客游记》不只查清了一些山脉水系,纠正了长江源于岷山之类的谬论,还历史上第一次揭示了滇、桂地区的岩溶(喀斯特)地貌。其他的类似著作,诸如东晋释法显《佛国记》,明马欢《瀛涯胜览》等,也有一定成就和影响。

二、经济地理研究

在古代,正史中包含的经济地理资料相当丰富。司马迁的《史记》首开记录,其中的《货殖列传》是专门反映古代各地经济的专篇。书中对各地物产的叙述,可谓娓娓道来,如数家珍:"夫山西饶材、竹、穀、纑、旄、玉石;山东多鱼、盐、漆、丝、声色;江南出枏、梓、姜、桂、金、锡、连、丹沙、犀、玳瑁、珠玑、齿革;龙门、碣石北多马、牛、羊、旃裘、筋角;铜、铁则千里往往山出棊置:此其大较也。"司马迁还通过为著名货殖家范蠡、子贡、白圭、猗顿、卓氏、孔氏、师氏、任氏等人设立传记,在叙述他们致富之道的同时,也表述了自己的经济思想。此文是《史记》中的精品,史公之识,卓绝千古。叙事行云流水,议论奇伟雄浑,为后人研究经济地理树立了光辉榜样。《史记》中的《平准书》虽然在内容上主要是记述封建经济中的法外掠夺,但于中也反映了各地大量经济资料。继司马迁《史记》之后,《汉书》也模仿《货殖列传》设立了《货殖传》,并仿照《平准书》设立了《食货志》。此后,《食货志》成了正史中反映社会经济的专篇。以后的正史如《晋书》《宋书》《魏书》《隋书》《旧唐书》《新唐书》《旧五代史》《宋史》《辽史》《金史》《元史》《新元史》《明史》以及《清史稿》等,都以《食货志》这一特定平台反映了各个时期全国各地经济情况。

古代还有许多名家致力于各地社会经济的研究,并做出了突出的贡献。沈括、顾炎武就是杰出的两位代表人物。北宋沈括是我国历史上著名的科学家,他的代表作《梦溪笔谈》几乎是一部包罗万象的百科全书。沈氏的经济地理思想在本书中也有鲜明反映。例如在卷一一中,作者把公私通行的食盐区别为四类:末盐(海盐)、颗盐、井盐、崖盐。同时还指明这些食盐产于何地,它们的食用范围如何,甚至计算出定课以及岁入之钱若干等等。本书卷二四中,还写了有关石油的记录。我国是世界上发现石油及其用途的最早国家之一,早在《汉书·地理志》中就已注明陕西延安地区的高奴县内"有洧水"可以燃烧。而沈括的描述则更为具体,他还为鄘、延(今陕西富县、延安)境内的石油展示了光明前景:"此物后必大行于世,自予始为之。盖石油至多,生于地中无穷,不若松木有时而竭。"以今日观点看,石油自然不会如同沈括所说的那样"生于地中无穷,不若松木有时而竭"云云,但在九百年前的宋人发表这样的即时观感,仍不失为独具慧眼。名著《天下郡国利病书》,是清初著名学者顾炎武的代表作。本书一百二十卷,150万字,是一部内容丰富的经济地理专著。本书可贵之处有两方面。第一,徵引了大量的重要文字资料。例如"直隶部分中的幻克家《文安县序》,山东部分中王圻《平赋答问》、孟习孔的一串铃法《十二款》,江南部分中的《歙县风土论》,泗州有关军屯的一些记载,河南部分摘引武陟人何瑭的《均徭私论》和《均粮私论》,陕西部分中的《巩昌三论》和《平凉徭租十三弊》,浙江义乌部分的《矿防》《民兵》《编户》《田户》——所谓四书,四川部分所引王廷相的《严茶议》等等"(赵俪生《顾炎武天下郡国利病书研究》),这些都是研究经济的珍贵文献。第二,本书用较大篇幅反映了赋役和屯田两个重要问题。顾氏按各府、州、县的具体情况,将徭役、赋役过重、准备改革的措施等,都一一予以反映。同时,本书还记述了北直隶、山西、陕西、河南、凤阳、泗州、福建、湖广、贵州、云南等全国许多地区有关屯田的设置,土地的分配、管理、征取制度,以及商业交换行为对屯田制的破坏情况,这些资料对研究明代历史和社会经济制度都有重要意义。此外,本书还系统反映了各地水利、粮额、漕运、兵防、马政、盐政、关隘等内容,这些文字都是与国计民生密切相关的珍贵资料。

三、政治地理研究

在地理文献中,以疆域政区为宗的政治地理文献也是一个大家族。这种文献涵盖面广,它主要包括地方志、地理总志、正史地理志等著作。

地方志是以特定地域为中心的一地之全史,属于地方性的百科全书。地方志源起先秦,历史悠久。秦汉以后,各地政府皆重方志,著述无休时。仅在《宋史·艺文志》中即著录许多相关著述,惜乎年代久远,赵宋以前方志传至后来者甚少。以宋代为分界线,以前的方志多侧重于疆域、山川、物产等自然地理的反映。自宋代始,诸如风俗、艺文、人物典章等人文特色大大加强。历经唐、宋、元、明、清各朝,方志的编纂日益兴盛,至清代步入鼎盛时期。据统计,留存至今的方志大约有八千多种,其中的五千多种乃清人所作。方志反映范围极其广博,大自省、府、州、县,小至乡镇、村社、寺观,乃至一井一树,皆系涉猎对象。在各种形式的地方志中,保留了丰富而原始的历史地理资料。

地理总志乃是政治地理文献中的一个重要系统。从历史上看,全国性地理总志始于秦朝统一之后。唐代李吉甫的《元和郡县志》是我国古代现存最古、编写质量较好的一部地理总志。本书反映唐朝元和时期(806—821)全国各地户口、沿革、山川、贡赋诸项,"体例亦为最善,后来虽递相损益,无能出其范围"

(《四库全书总目》卷六八)。在宋代,编纂地理总志更加兴盛。例如当时乐史的《太平寰宇记》、王存的《元丰九域志》、欧阳忞的《舆地广记》,南宋王象之的《舆地纪胜》、祝穆的《方舆胜览》等,都有很大成就。例如《太平寰宇记》二百卷,增补了人物和艺文。"后来方志必列人物、艺文志,其体皆始于(乐)史,盖地理之书载至是书而始详。体例亦自是而大变"(同上)。至元代,国家创修的地理总志《大元一统志》规模更大,惜乎亡逸无存。此后,明清两朝相继推出《大明一统志》《大清一统志》,其内容翔实与体例之善,皆超迈前代。

"正史"地理志也是政治地理文献中的一个子系统。首开先河者当是班固《汉书·地理志》。《汉书·地理志》不限于西汉一代,上起《禹贡》《周官》之九州,下及战国秦汉疆域。书中重点反映了汉代郡国行政区划、历史沿革、户籍数字、当地物产、风土民俗及海外交通等内容,是我国古代第一部以疆域政区为主体的地理著作。此后,其余正史亦多仿《汉书》设置《地理志》。例如《后汉书》之《郡国志》,《宋书》《齐书》之《州郡志》,《魏书》之《地形志》,《旧五代史》之《郡县志》,《新五代史》之《职方考》,《晋书》《隋书》《旧唐书》《新唐书》《宋史》《辽史》《金史》《元史》《明史》《清史稿》之《地理志》等等,也都是这种类型的地理志。

四、历史地图研究

关于历史地图的研究,在中国也有悠久历史。古代的地图至晚可以上溯到周代。据《周礼·夏官》记载,大司徒"掌建邦之土地之图","职方氏掌天下之图"。周代之后,有关地图的记载很多。例如在《史记·廉颇蔺相如列传》中,蔺相如奉和氏璧使秦,秦王"召有司案图",以"十五都予赵"。这里的所谓"图",即指秦国地图。又如《史记·刺客列传》中,荆轲呈图至秦王面前,"图穷匕首见"。这里的"图",则指燕国地图。由于地图很难保存,上述所说地图早已荡然。

1986年在我国甘肃天水放马滩的先秦墓葬中,发现了公元前238年的七幅木刻地图,这是目前可见的全世界最早的地图。其中既有政区图、地形图,也有经济图,比例尺大约为三十万分之一。此外,1973年在长沙马王堆三号墓还出土了汉代长沙国三幅地图——《地形图》《驻军图》《城邑图》。《地形图》尤为引人注目:面积96平方厘米,范围涉及湘、粤两省及广西壮族自治区相关地域,其中所绘地貌、水系、交通线与实际相似。其中九嶷山地区采用等高线的画法,全图特征是详主区而略邻区。这三幅地图绘制于2100年前,比以往世界公认最早的罗马帝国时代托勒密《地理学》一书中的地图早三百年。

公元3世纪,中国地图的研究登上了一个新的台阶。晋人裴秀绘制出《禹贡地域图》十八幅,还提出了绘制地图的六项原则。裴氏是中国古代地图学的奠基人。至唐代,地理学家贾耽绘制出《海内华夷图》《陇右山南图》。他绘制的地图很有特点:一是规模大。"广三丈,纵三丈三尺";二是用两种颜色。以朱、墨二色区别古今郡县,"古郡国题以墨,今州县题以朱"。这是我国以不同色彩绘制地图的最早记录。唐代以后,绘制技术进一步提高。其中宋代沈括的《天下州县图》、元代朱思本的《舆地图》、明罗洪先的《广舆图》,以及茅元仪《武备志》中所附《郑和航海图》等,都很典型。至清代,绘制技术博采中西之长,质量更高。例如康熙十八年聘请法国传教士协助绘制的《皇舆全览图》,规模巨大,长宽数丈,内省地名用汉文注记,满、蒙地名用满文注记。绘制过程中,还采用地圆理论为基础的经纬图法和梯形投影法,这是我国最早使用新法绘制的一幅中国地图。以后又有乾隆时期的《皇舆全览图》、同治时期的《大清一统舆图》相继问世,它们都是中国古代地图中的珍品。

五、地震灾害研究

自古以来,地震就是人类生存的大敌。这种由于地壳内部的瞬间破裂变化而引发的大地突然震动,对人类生命财产构成了极其严重的威胁。因而,早在遥远的古代,中国人就已开始对地震进行认真的观测和研究。有载籍可考者达3500多次,记录完备者有二百余次。晋代出土的《竹书纪年》记载了帝舜时"地坼及泉",这是世界上最早的一次地震记录。《吕氏春秋》中还记述了"周文王立国八年,岁六月,文王寝疾五日,而地动东西南北,不出国郊"。这是我国古代说明地震具体时间、范围的最早记录。在先秦文献《诗经》《春秋》《左传》《国语》中也都留下许多有关地震的记载。秦汉以后,特别是从《汉书》开始,历代的地震信息在正史"五行志""灾异志"中的记录更是史不绝书。

为了把地震的损失减少到最小的限度,对地震的预测和预防成为人类用以积极应对的基本措施。东汉著名科学家张衡是测报地震的杰出代表,他的"候风地动仪""以精铜铸成"(《后汉书·张衡传》,详见第三章第四节),这是当时全世界最先进的地震观测仪器。

我国古代关于地震的信息和知识,不仅在正史中的《地理志》《五行志》《符瑞志》里有记载,在各具特色的地方志里更有详尽的描述。例如清宁夏《隆德县志》中记录了地震先兆的六条经验,名曰"地震六端":一是井水异常,二是池沼异常,三是海面异常,四是夜半异常,五是白天异常,六是盛夏异常。每种"异常"都有具体的说明。例如其中之第四条:夜半晦黑,天忽开朗,光明照耀,光异日中,势必地震;又如其中之第五条:天晴日暖,碧空清静,忽见黑云如缕,宛如长蛇,横亘空际,久而不散,势必地震;又如其中之第六条:时值盛夏,酷热蒸腾,挥汗如雨,蓦觉清凉,如受冰雪,冷气袭人,肌为之栗,势必地震。在我国陕西省地方志中,有关古代以来地震的记录非常详细而系统。在上起公元前12世纪,下至1936年的三千年间,累计记录403次。其中,破坏性的地震62次。最大的一次地震发生于明代嘉靖乙卯年十二月十二日(1556年1月23日)的华县地区。这次大地震影响及于九省,死亡人数"八十二万有奇"。

上述各类文献中极其宝贵的信息资源,是我们的前人在与地震长期斗争实践中总结出来的。它们不仅是智慧的结晶,更是用鲜血和生命为代价换来的伟大成果。前人记录的资料和信息,为现代科学研究提供了宝贵的数据。例如1956年中国科学院地震工作委员会就是在5600多种地方志中辑录了大量资料,编成《中国地震资料年表》,1980年又增补为《中国地震历史资料汇编》。我国安徽省文史研究馆根据安徽省、府、县各种志书的记载,也系统整理出本省近千年来的自然灾害资料,其中之一便是《安徽地区地震历史记载初步整理》。

第四节 农 学

我国农业的历史相当悠久。至晚在春秋战国时期,中国已由原始农业过渡到传统农业。随着农业生产的发展,旨在研究农业生产知识的农学应运而生,并在社会实践中发展起来。因而,还在先秦时期,"农家"已自成一系,为诸子之一家。与同时代的其他国家相比,中国的传统农业雄踞前列,不论是在农具、农业技术方面,还是在农作物等其他研究方面,都保持着很大的优势。

一、农具

由于高度重视农业生产,我国古代制作的许多农具也长期处于世界领先地位。

铁犁与犁壁的使用,对我国古代农业经济的发展具有典型意义。大约公元前16世纪已经使用青铜犁铧。公元前6世纪,真正意义的铁犁开始大量使用起来。公元前2世纪,犁的得力辅助部件——犁壁也开始应用。利用它,可将犁起的土翻到一边,使土落成整齐的垄坎而不致堵塞。这种形式不同的犁壁可以将土壤翻成不同形状,它是当时全世界最先进的犁具。直到中世纪晚期,欧洲才知道有犁壁这种东西。这种带有犁壁的中国犁于17世纪传入荷兰与英国,尔后又从英格兰传到苏格兰,从荷兰传到美国和法国。

直至 16 世纪,西方人播种方式依然是最原始的徒手点播式。这种方法要把收成的一半当作种子,因而造成很大浪费;出芽的植株聚集一起,又大大影响生长。而早在公元前 2 世纪的中国,世界上最先进的"播种机"耧车已经问世。这种耧车只需要一头牛或是一匹马来拉,就可以按照控制的速度把种子均匀地播撒在土壤中。

旋转式风扇车也是当时引以为自豪的先进农具。谷物收割以后,不可避免地要有一个把糠秕、碎稻秆与籽粒分开的工序。公元前 2 世纪,中国发明了一种叫做"扬车"的旋转式风扇车(详情见下章第二节动力技术中之"风力"部分)。中国先进的扬谷法比西方领先大约两千年,由此可以再一次看到中国先进工具对西方农业革命的推进作用。

二、农作物

中国古代农作物之丰富,历史之悠久,堪称举世闻名。据考古发现,在西安半坡遗址的陶罐中,有保存完好的粟粒,这说明 7000 年前的黄河流域已经出现了以种粟为主的种植业。早在商代时期,禾、黍、麦、稻、稷等主要粮食作物已经开始大量种植,这些粮食作物的名称,以及与此有关的农、畴、疆、田、井、圃等字眼,在殷代甲骨文中反复出现就是明证。

两周时期,后世种植的主要农作物已经大体齐备。当时的大田作物及瓜果蔬菜等品种,在古代重要著作《左传》《周礼》《礼记·月令》及《尔雅》中不仅均有记录,并且名目繁多。例如在大约二十多种大田作物中,除了黍、稻、稷、粱等传统品种外,还出现了许多新的品种。其中黍有黄黍、白黍之分;麦有大麦、小麦之分;粱有黄粱、白粱之分;豆有大豆、小豆之分;稻有粳稻、水稻与陆稻之分。在《周礼》等文献中,甚至有五谷、六谷、九谷乃至百谷等称谓,足见品种之多。

在古代经济作物中,我国的茶叶和蚕丝的历史非常悠久,早在遥远古代已经誉满海外。唐德宗时期的陆羽独立完成了《茶经》,这是世界上第一部研究茶叶的专著。中国又是蚕丝的故乡。据考古发现,早在新石器时代,中国的先辈已经开始在中原地区养蚕缫丝了。在安阳殷墟中曾经发现带有

陆羽

花纹的丝绸残片。西汉以后,中国精美的丝绸开始西运,所经道路被后人称为"丝绸之路"。

三、农业技术

在长期的农业生产过程中,中国古代总结了一整套先进的生产技术。

其一是辨别土壤。还在先秦时期,我国对土壤的研究已经相当深入。例如《禹贡》中不只论述了九州土壤的性质,还依土地的特点区分等级。在《管子》一书中,还依地力的肥瘠程度,把土地区分为上、中、下三个等级,每等之中又分为六类。到宋元时期,研究水平又上新的台阶。元代农学家王祯系统研究了我国南北地区土地的土质、纬度、气温、干湿情况,还指出适宜的农作物。

其二是用田养田。大约在西周时期,我们的祖先已经创造了轮流休耕的三圃制。其做法是,每年将可耕地之三分之一留下来休耕,旨在培养土地的肥力。在汉代还实行过"区田法"。即将各种地势的土地分成小区,集中使用水、肥,"不耕旁地,庶尽地力"(《氾胜之书》)。这样可以节省人力、物力,提高单位面积产量。至明代,又发明了一种新的方法——"亲田法"。即把所有土地分为五部分,每年对其中的一部分中使用水、肥,精心管理,以后逐年轮换。

其三是选种与栽培。庄稼能否长好,种子非常关键。中国古代早就有精选良种的传统。据《氾胜之书》记载,所谓"穗选",就是要以粒大、饱满而纯净的粮食作种子。为了保护良种,还提出用药水浸拌的办法。《齐民要术》甚至总结出一套明确的规则:精选的种子应单收;单收之后,还要单独保藏。中国古代的栽培技术也是当时世界上最先进的。中国人至晚在公元前6世纪就已经采用了分行栽培作物的技术。欧洲直至公元18世纪才采用这种方法,比中国整整晚了二千二百多年。

其四是田间管理。中国古代在这方面的技术也引以为自豪。例如中国人早就懂得土地施肥的重要性。早在战国时期,《荀子·富国》中便提到"刺草殖谷,多粪肥田"。这表明春秋战国时代劳动人民已经深知粪肥和绿肥的妙用。北魏农学家贾思勰就特别强调因时制宜、因地制宜,他根据北方春季多风缺雨特点,在《齐民要术》中论述了保墒的重要作用。

另外,关于时令的利用和研究也很有成就。中国古代人民从切身体会懂得农业与时令之间的密切关系,所以非常注意总结这方面的经验。早在战国时期,已经知道把握农时是农业丰收的关键。"二十四节气"就是在"不误农时"这一指导思想下的产物。"二十四节气"把季节、气候与农时巧妙地结合起来,所以千百年来受到中国人民、特别是广大农民的由衷赞赏和喜爱。

四、农学研究

由于中国古代一贯地重视农业生产,故而农学著作连续问世。北魏贾思勰的《齐民要术》、元代王祯的《农书》和明代徐光启的《农政全书》堪称是其中之

魏晋南北朝时期的家耕画像砖

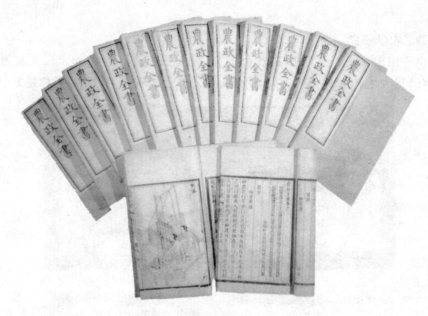

《农政全书》

佼佼者,这些专著既是古代众多农学著作中的代表作,也是中国传统文化宝库中不可多得的璀璨明珠。

《齐民要术》凡十卷,九十二篇。本书记述了当时各种农作物的栽培,经济林木的生产,野生植物的利用,家禽、家畜的饲养和疾病防治,还有农、副、畜产品的加工制作,以及文具、日用品的生产等等。其中,在家禽饲养方面,马、牛、猪、羊的饲养方法是留传至今有关畜牧业的最早记载。本书初步建立起农业科学体系,是我国和全世界现存最早的农学专著。

《农书》是元代著名农学家王祯的代表作。这部著作称得上继贾氏《齐民要术》之后的又一部内容广博、系统的农学专著。全书分二十二卷,13万字,并附有各种插图300幅。不仅系统反映农作物栽培技术,还反映古代以来各种农具(其中包括王祯本人制造)257种。同时附有文字说明,介绍有关农具构造、演变及性能。王祯论述的地区涉及南方、北方17个省区,就范围而言,也是以往其他农书不能相比的。

《农政全书》六十卷,50多万字,主要内容依农本、田制、农事、水利、农器、树艺、蚕桑、蚕桑广类、种植、牧养、制造、荒政(备荒)等十二目次第展开。本书不唯博采众家,徵引丰富,而且时有评注用以申明个人见解。特别是对于农事、水利及荒政诸项,给予重点论述,篇幅几占半数以上。此外,本书对于动植物的属性有一定的研究,对于果树的嫁接技术有一定的创见,对于新驯化的动物及新引进的作物也都有详细的论述。《农政全书》无愧于中国和世界古代农学史上伟大文献的光荣称号。

第五节 医 学

传统医学是中国文化宝库中的一颗璀璨明珠。这是古代劳动人民长期生活、劳动实践的结晶,不仅为保障中国人民的健康体魄做出了巨大的贡献,也为中外文化交流,特别是为中国走向世界、发展中国与世界各国人民之间的友谊,起到了极其重要的作用。

一、医学理论

中医理论基础是中医学的核心部分。它是在长期的医疗实践中逐渐产生,也是在长期的医疗实践中日益发展起来的。

中医学理论形成于战国时期,《黄帝内经》是最具代表性的著作。《黄帝内经》简称《内经》。它是一部医学理论与临床实践相结合的古典医学名著。在理论方面,确立起颇具特点的生理学说和病理学说。《内经》详细论述了脏腑、经络、气血、精神、津液的作用及生理功能;还确定了虚、实、寒、热四种基本病理变化,为以后的辨证施治打下了基础。在治疗方面,《内经》特别强调"治病必求于本"和"救其萌芽"的思想原则。它通过阴阳五行说、四时六气论,使中医学整体观念和朴素的辩证法思想得到充分的反映。所谓"阴阳五行说",包括了阴阳说和五行说。"阴阳说"在战国时期已经相当流行。这一学说把一切事物和现象都看作是相反相成的统一体,含有朴素唯物主义思想。"五行说"导源于《尚书·洪范》,书中认为自然界万物由水、火、木、金、土五种元素构成。至战国时期,经阴阳家邹衍鼓吹,形成五行相生、五行相胜(克)学说。对应于人体医学,则是:肝属木,心属火,脾属土,肺属金,肾属水,尔后次第相生、相胜。所谓"四时六气论",是四时与六气的统称。"四时"特指春、夏、秋、冬四季,"六气"则有不同说法。质言之,"四时六气论"是把疾病纳入季节时令(乃至风、雨、晦、明)背景下的综合考虑,它是一个科学的系统观念。

中医学理论并不是固定不变,事实上它在以后的历史中不断地得到发展和提高。

两汉三国时期,中医理论一方面在实践中进一步验证,同时临床医学理论中的辨证施治也开始得到发展。汉张仲景在《伤寒杂病论》中强调,应当区别病变的表与里、阴与阳、虚与实、寒与热等情形以决定治疗原则,同时还把《黄帝内经》中的许多抽象概念具体化。比如表证用汗法,里证用下法,虚证用补,实证用泻,热证用清,寒证用温等,为中医学在临床实践中的辨证施治开辟了道路。

宋元时期,中医学的理论研究进入新的高潮。受到理学的影响,以"五运六气"预测疾病轻重的所谓"运气学"在医学领域流行起来;对张仲景《伤寒杂病论》的注释、整理和补充等研究工作全面展开;医学界的争鸣也空前活跃起来,号称"金元四大家"的医林巨星刘、李、张、朱各是其是,各展其长。"四大家"之一的刘完素一派号称"寒凉派",以应用寒凉药物见长;李杲一派号称"补土派",强调"人以胃土为本",治疗以补脾胃之气为宗;张从正一派号称"攻下派",力主以汗、吐、下三法驱逐"邪气"为主;后起的朱震亨虽然师承刘完素,但与乃师有很大不同。他以为人体中,"阴常不足而阳常有余",故而应当泻火养阴,是为滋阴派。由于医学界学术空气的空前活跃,使得《黄帝内经》和《伤寒杂病论》奠定的中医基本理论和临床理论基础进一步完善、系统化,并且也大大加强了与临床实践的紧密联系。

二、药学理论

在中国古代,与中医学密切相关的中药学也取得世人瞩目的伟大成就。

我国最早的药物学专著当推汉代成书的《神农本草经》。在这部书中已经出现了药学基本理论的论述:"上药一百二十种为君,主养命;中药一百二十种为臣,主养性;下药一百二十种为佐使,主治病。用药须合和君臣佐使。"在这里,通过主药与辅药之间的君、臣、佐使理论,已经反映了药物配伍原则。此外,对书中所记录的三百余种药物,不仅介绍了药物的性质和功用,还介绍了药物的生产地。汉代以后,药物学专著陆续出现。南北朝时期,我国最早的制药学专著《炮灸论》问世,本书记载的制药理论与方法对后世产生重要影响。及至陶弘景的《神农本草经集注》问世,已经创立了当时较为科学的药物分类:一是将药物区别为玉石、草木、虫兽、果、菜、米食、有名未用七类;另外是依药物性能及疗效为标准,区分为八十多类。

明代李时珍的《本草纲目》是一部对中国 16 世纪以前的本草之学的集大成著作。全书五十二卷,记载药物 1892 种,附图 1162 幅,载有药方 11096 个。本书批判了以往不合理的传说,吸收了宋元以来进步的药理学说,记载并肯定了最新发现的药物(例如三七、曼陀罗、大风子等),还保存和介绍了以往本草方面的理论。李时珍在陶弘景《神农本草经集注》分类的基础上,依水、火、土、金石、草、谷、菜、果、木、服器、虫、鳞、介、禽、兽、人等 16 部,分为 62 类。而且每药首标正名为"纲",附释为"目",此后依集解、释疑、正误、气味、主治、附方为序,次第展开。这是当时世界上最科学的一部药物分类法。由于《本草纲目》内容广博,图文并茂,对中国药物学和自然科学做出了重大贡献,在海外也产生了深远影响。

中国利用动植物药物已有数千年历史,具有丰富的经验和理论。中药是天然的动植物药物,具有巨大的发展潜力。日本医师会会长武见太郎曾预言:21世纪将是中医药的世纪。事实证明,"中国医药学是一个伟大的宝库,应当努力发掘"。

三、临床技术

在传统中医学中,临床科学领域的成就相当显著。最引人注目者首推针灸学。中国的针灸学具有极其悠久的历史,其源头可以上溯至新石器时期。在那个生产力相当低下的时代,人们常常以石针作医疗器械,为患者解除痛苦。这种被后人称为"针砭"或"砭石"的疗法,就是以后针灸的前身。针灸疗法发展到春秋战国时期,已经相当普及。湖南长沙马王堆出土的帛书中就有《足臂十一脉灸经》《阴阳十一脉灸经》。医学经典《黄帝内经》中的《灵枢》九卷专讲针灸技术,素有"针经"之誉。两汉以降,针灸学的研究进一步提高,还涌现出一批针药并用的医林高手,淳于意、张仲景和华佗可说是其中的代表人物。隋唐时期,有关针灸的著作也大量出现,据《隋书·经籍志》《旧唐书·经籍志》和《新唐书·艺文志》著录,单是针灸方面的专著就有二十多种。隋唐以后,针灸专用图开始出现。孙思邈绘制了三幅五色针灸图,王焘绘制了十幅针灸图。为了便于教学示范,北宋王唯一还特意制造了一个极为精致的针灸铜人。正是在日益广泛的临床应用实践中,中国的针灸技术和针灸学著作逐渐在亚洲和世界各地传播开来。

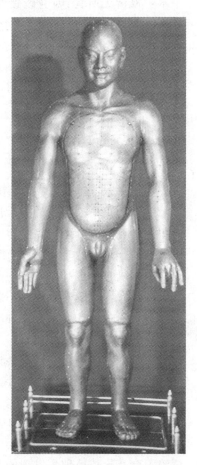

针灸铜人

人工呼吸法、免疫法等技术的应用也有悠久的历史。汉张仲景在其《伤寒杂病论》中，便有人工呼吸急救法的记载，这种抢救措施1897年才开始出现于国外，比中国晚了一千六百多年。在晋代葛洪《肘后备急方》中还有"疗猘犬咬人方"的记载：被狂犬咬伤，可立杀狂犬以取其脑髓，敷于伤口即能防治犬病。

传统的中医学在内科、外科、妇科、儿科各领域也都取得了骄人的成就。譬如早在战国时期，中医学各科已有明确的分工。司马迁在《史记·扁鹊仓公列传》中记载，当时号称"扁鹊"的名医秦越人，在赵国作"带下医"（妇科），在秦国任"小儿医"，到了洛阳又当起"耳目痹医"（五官科）。中医的外科成就也有辉煌的记录。早在公元2世纪，名医华佗就曾让病人以酒服麻沸散，然后做腹部大手术："既醉无所觉，因刳破腹背，抽割积聚；若在肠胃，则断截湔洗，除去疾秽。既而缝合，敷以神膏，四五日创愈，一月之间皆平复。"（《后汉书·华佗传》）我国现存最早的伤科专著《仙授理伤续断秘方》由唐代蔺道人编著，书中有关骨折的治疗方法和步骤（如复位后用衬垫板固定并注意关节活动等），至今仍有借鉴意义。本书被后人视为中医伤科的经典著作。

参考文献

1. 坦普尔：西方受惠于中国

迄今为止尚未披露的最大历史秘密之一是，我们所生活的"近代世界"原来是中国和西方成分的极好结合。"近代世界"赖以建立的种种基本发明和发现，可能有一半以上源于中国，然而却鲜为人知。这是为什么呢？

中国人自己也和西方人一样不了解这一事实。从公元17世纪起，中国人对欧洲的技术专长越来越迷惑不解，有很长一段时间反而遗忘了自己的成就。当耶稣会士向中国人展示机械钟时，他们竟然感到敬畏。中国人忘记了，首先发明机械钟的正是他们自己！

中国人和西方人一样都会惊讶地看到，近代农业、近代航运、近代石油工业、近代天文台、近代音乐，还有十进制数学、纸币、雨伞、钓鱼竿上的绕线轮、独轮车、多级火箭、枪炮、水下鱼雷、毒气、降落伞、热气球、载人飞行、白兰地、威士忌、象棋、印刷术，甚至蒸汽机的基本结构，全部源于中国。

如果没有从中国引进船尾舵、罗盘、多重桅杆等改进航海和导航的技术，欧洲绝不会有导致地理大发现的航行，哥伦布（Colombo）也不可能远航到美洲，欧洲人也就不可能建立那些殖民帝国。

如果没有从中国引进马镫,使骑手能安然地坐在马上,中世纪的骑士就不可能身披闪闪盔甲,救出那些处于绝境中的少女,欧洲也就不会有骑士时代。如果没有从中国引进枪炮和火药,也就不可能用子弹击穿骑士的盔甲把他们打下马去,因而就不可能结束骑士时代。

如果没有从中国引进造纸术和印刷术,欧洲可能要更长期地停留在手抄书本的状况,书面文献就不可能如此广泛流传。

上述关于欧洲的发明与发现的神话以及类似的其他神话,都被我们所发现的确实起源于中国的许多事物一一推翻了,而过去还想当然地认为这些事物产生于我们周围。我们有些最大的成就,原来根本算不得成就,不过是简单的借用。然而,即使承认人类进步的天才创造源于中国而非欧洲,我们也没有任何理由感到自卑或懊丧。因为认识到东方和西方在精神上并不像人的外表差距那样大,相信东西方早已在各个方面牢固而深刻地结合为一体,是很令人鼓舞的。我们的日常生活就处于这种结合之中,任何事物都逃脱不了。现代世界正是东方和西方密不可分的组合。我们普遍未认识到这一点,可能是人类对历史茫然无知的最主要表现之一。

为什么我们还不知道这些重大和明显的事情的真相呢?主要原因确实是因为中国人自己没注意到这些。如果做出这些发明和发现的主人自己都不再要求得到发明和发现权,如果连他们自己对这些发明和发现的记忆都淡漠了,那么这些发明和发现的遗产继承人何苦还要替他们去争回丢失了的权利呢?时至今日,是否许多西方人还想要知道这些真相,恐怕都很有疑问。因为我们总满足于认为,我们现有的地位是靠自己经过孤立无援的努力而达到的,我们是一切才能和技能的值得夸耀的主人。

发现这些事实真相,是杰出学者李约瑟博士毕生辛勤劳动的成果,他是鸿篇巨制《中国科学技术史》的作者。公元 1937 年,李约瑟 37 岁时,就已经是英国皇家学会最年轻的院士之一,又是剑桥大学出类拔萃的生物化学家。那时他已经发表许多著作,包括弄清了胚胎学史的著作。有一天他会见并结交了一批中国学者,特别是其中一名来自南京、名叫鲁桂珍的年轻女性,她的父亲传授给她许多关于中国科学史的极为深刻的知识。李约瑟从此开始听到中国如何成为一件又一件重要事物的真正发现者的故事。而最初他并不相信,但当他进一步深究时,他开始从中国文献中发掘出证据,他的新朋友赶忙帮他翻译这些文献。

李约瑟后来迷上了这个课题,像他坦率承认的那样。在对汉文只字不识的情况下,他开始学习这种语言。公元 1942 年,他被派到中国,在几年时间里一直担任英国驻重庆大使馆的科学参赞。他得以周游中国,深入学习汉语,走到哪儿,就去会见科技界人士,并搜集了大量珍贵无比的中国古代科技书籍。这些书籍后来由皇家空军运送到英国,今天已成为在中国之外在剑桥李约瑟研究所内的关于中国科学、技术和医学历史的最优秀图书馆的基础。二次大战后,李约瑟是说服联合国教科文组织在关心教育和文化之外还要关心科学(即把 S 加进 UNESCO)的人士之一,他成为该组织第一个分管自然科学的副总干事。

公元 1946 年 7 月,李约瑟在伦敦的中国学会讲演时说:"现在真正急需的是一部论述中国科学技术史的合适著作,尤其还要谈到中国人生活的社会与经济背景。这样的著作将不是纯学术著作,而应该是广泛接触思想和概念的通史。"

李约瑟回到剑桥后就领头撰写他所设想的这部著作,至今尚未辍笔。与原先设想的不同之处是,事实上这部著作学术性很高。一般读者很少有人能啃得动哪怕是迄今已出版的《中国科学技术史》的 15 册中的一册。实际上这部著作比初看起来要易读得多,当然它是很昂贵的,甚至连许多图书馆都买不起。然而李约瑟从未忘记原先关于这本书"绝对不是纯学术著作"的设想:他始终想采用一切可能的办法使自己的著作更易为读者阅读。因此,当我在公元 1984 年找到他,自荐要以他半个世纪的劳动为基础,写一本供一般读者阅读的通俗读本时,他欣然同意,比我预先想象的更爽快。现在很清楚,这是他早已想到,而他觉得他不能再指望自己去做的一项工作。年届 86 岁高龄的他,仍然每周满七天从事自己的主要工作,他有一大群合作者的协助,还有他的研究所及其工作人员的鼓励和支持。我认为他是公元 20 世纪最伟大的学者,所以我以能和他建立联系为荣。

对于可能会参考李约瑟原著的读者,我应说明,我在本书中采取了一些小小的自由行动:在我的引文中谈年代时,我采用标明"公元前","公元"的惯例,而不是像他那样标以"-""+"符号。我删掉了原著中某些段落,特别从汉文翻译过来的一些汉字、有时是括号内的注解以及其他与一般读者无关的专门文字等。我还根据李约瑟博士的建议,在汉字拼音中删去附加字母"h",这是他引入用以代替送气音符(')的。因此李氏所用的 Chhien 变成 Ch'ien(相当于汉语拼音 qian)等。因此本书中所用音译系统是纯粹的威妥玛-翟理斯系统(Wade-Giles system)。近年来中国政府及报纸一直在世界上采用的汉语拼音系统不适于此,因为对非专家而言,这将无法引用李约瑟原著。

本书有意不使用脚注和其他学术性附注。而在书后附有供进一步阅读的简要书目,主要是李约瑟的作品。这样做的主要目的,是使非中国问题专家的一般读者更易于看到李约瑟原著。但是,本书对研究中国问题的学者也有裨益,因为它包含许多从李约瑟及其合作者的著作中得到的资料,而这些著作可能要经过多年才能发表。我得到了《中国科学技术史》打印稿、排出的校样,以及对该书尚未写出文稿部分的许多口头或书面的说明材料,还根据其他来源补充我的说明。例如,本书关于中国人完成了1463米的深井钻探以及应用石油产品和天然气为燃料等资料,就是从李约瑟博士的打印稿摘出的,这些打印稿至少还要过十年才能发表;关于瓷器部分的资料,完全可能需要更长时间才能公布,因为还没有写出;关于马镫和弩,以及所有那些有关枪炮和火药的传奇般故事,都还没有发表过,但这些资料已纳入本书。

李约瑟博士在公元1946年发表对他未来工作充满预见性的讲演中说:"我个人相信,所有西方人,所有属于欧美文明的民族,都下意识地自我庆幸,都有些自满地认为,发展近代科学技术的毕竟是欧洲及其在美洲的延伸。同样,我认为我们所有亚洲朋友对这个问题又下意识地产生忧虑不安之感,因为他们的文明确实没有发展出近代科学技术。"因此,我们需要从两个极端纠正这种状况。我认为再没有比农业发展史中的经验教训更能说明西方人愚蠢的骄傲自满了。今天确有少数西方国家粮食自给有余,且可供应世界其他国家。当亚洲挨饿时,西方可以出口粮食。我们可以说,在充分利用土地促进食物增长方面,西方农业可算是登峰造极了。然而我们要牢记这样一个令人吃惊和不安的事实:奠定工业革命基础的欧洲农业革命,只是由于引进了中国的思想和发明才得以实现。分行耕种、强化除草、"近代"种子条播、铁犁、使用犁壁翻转犁起的土以及采用有效的马挽具等技术,都是从中国引进的。在从中国引进胸带挽具和肩套挽具之前,西方人是用皮带勒在马的喉结上,勒得马喘不过气来,尽管古代意大利生产的谷物有余,但是因为缺少满意的挽具而无法从陆路运送粮食到罗马。当时的罗马是靠海运从埃及等地得到粮食的。至于播种方法,在中国人的种子条播思想引起欧洲人的注意之前,欧洲每年大约要浪费一半以上的谷种。整个欧洲历史上说不清有多少百万农民靠笨拙可笑的犁来耕地,累弯了腰背,消耗了精力,而中国人享用比较有力的耕作方法已有两千多年。的确,就在两个世纪以前,西方的农业还比中国落后得多,与当时中国这个发达国家来比,西方还是个不发达世界。现在情形已经倒过来了,然而才过多久呢?如果认识到西方今天得以丰衣足食要归功于两个世纪前采用的中国发明,我们倒应感到惭愧才是。

如果世界各国和各民族能更深入地相互了解,使东西方的思想隔阂得以消除,那就好了。东方人和西方人毕竟在好几百年间在共建一个世界文明的事业中一直是亲密伙伴。今日的技术世界是东西方文明相结合的产物,其结合的紧密程度至今还令人难以想象。现在是东西方都要承认和尊重中国贡献的时候了!而且最重要的是,要让今天的小学生认识到这些,他们将是把这种结合注入到最基本的世界观中的新一代。如果能做到这一点,中国人和西方人就能够无愧地相互正视对方,竭诚相待,成为亲密的伙伴。

(罗伯特·K.G.坦普尔《中国:发明与发现的国度》,
陈养正等译,21世纪出版社,1995)

2. 司马迁:扁鹊列传

扁鹊者,勃海郡郑人也,姓秦氏,名越人。少时为人舍长。舍客长桑君过,扁鹊独奇之,常谨遇之。长桑君亦知扁鹊非常人也。出入十余年,乃呼扁鹊私坐,间与语曰:"我有禁方,年老,欲传与公,公毋泄。"扁鹊曰:"敬诺。"乃出其怀中药予扁鹊:"饮是以上池之水,三十日当知物矣。"乃悉取其禁方书尽与扁鹊。忽然不见,殆非人也。扁鹊以其言饮药三十日,视见垣一方人。以此视病,尽见五脏症结,特以诊脉为名耳。为医或在齐,或在赵。在赵者名扁鹊。

当晋昭公时,诸大夫强而公族弱,赵简子为大夫,专国事,简子疾,五日不知人,大夫皆惧,于是召扁鹊。扁鹊入视病,出,董安于问扁鹊,扁鹊曰:"血脉治也,而何怪!昔秦穆公尝如此,七日而寤。寤之日,告公孙支与子舆曰:'我之帝所甚乐。吾所以久者,适有所学也。帝告我:"晋国且大乱,五世不安,其后将霸,未老而死。霸者之子且令而国男女无别。"'公孙支书而藏之,秦策于是出。夫献公之乱,文公之霸,而襄公败秦师于殽而归纵淫,此子之所闻。今主君之病与之同,不出三日必间,间必有言也。"

居二日半,简子寤,语诸大夫曰:"我之帝所甚乐,与百神游于钧天,广乐九奏万舞,不类三代之乐,其声动心。有一熊欲援我,帝命我射之,中熊,熊死。有罴来,我又射之,中罴,罴死。帝甚喜,赐我二笥,皆有副。吾见儿在帝侧,帝属我一翟犬,曰'及而子之壮也以赐之。'帝告我:'晋国且世衰,七世而亡。嬴姓将大败周人于范魁之西,而亦不能有也。'"董安于受言,书而藏之。以扁鹊言告简子,简子赐扁鹊田四万亩。

其后扁鹊过虢。虢太子死,扁鹊至虢宫门下,问中庶子喜方者曰:"太子何病,国中治穰过于众事?"中庶子曰:"太子病血气不时,交错而不得泄,暴发于外,则为中害。精神不能止邪气,邪气畜积而不得泄,是以阳缓而阴急,故暴蹶而死。"扁鹊曰:"其死何如时?"曰:"鸡鸣至今。"曰:"收乎?"曰:"未也,其死未能半日也。""言臣齐勃海秦越人也,家在于郑,未尝得望精光侍谒于前也。闻太子不幸而死,臣能生之。"中庶子曰:"先生得无诞之乎?何以言太子可生也!臣闻上古之时,医人俞跗,治病不以汤液醴洒,镵石挢引,案扤毒熨,一拨见病之应,因五脏之输,乃割皮解肌,诀脉结筋,搦髓脑,揲荒爪幕,湔浣肠胃,漱涤五脏,练精易形。先生之方能若是,则太子可生也;不能若是而欲生之,曾不可以告咳婴之儿。"终日,扁鹊仰天叹曰:"夫子之为方也,若以管窥天,以郄视文。越人之为方也,不待切脉望色听声写形,言病之所在。闻病之阳,论得其阴;闻病之阴,论得其阳。病应见于大表,不出千里,决者至众,不可曲止也。子以吾言为不诚,试入诊太子,当闻其耳鸣而鼻张,循其两股以至于阴,当尚温也。"

中庶子闻扁鹊言,目眩然而不瞚,舌挢然而不下,乃以扁鹊言入报虢君。虢君闻之大惊,出见扁鹊于中阙,曰:"窃闻高义之日久矣,然未尝得拜谒于前也。先生过小国,幸而举之,偏国寡臣幸甚。有先生则活,无先生则弃捐填沟壑,长终而不得反。"言未卒,因嘘唏服臆,魂精泄横,流涕长潸,忽忽承睫,悲不能自止,容貌变更。扁鹊曰:"若太子病,所谓'尸蹶'者也。夫以阳入阴中,动胃缠缘,中经维络,别下于三焦、膀胱,是以阳脉下遂,阴脉上争,会气闭而不通,阴上而阳内行,下内鼓而不起,上外绝而不为使,上有绝阳之络,下有破阴之纽,破阴绝阳,色废脉乱,故形静如死状。太子未死也。夫以阳入阴支兰藏者生,以阴入阳支兰藏者死。凡此数事,皆五藏蹶中之时暴作也。良工取之,拙者疑殆。"

扁鹊乃使弟子子阳厉针砥石,以取外三阳五会。有间,太子苏。乃使子豹为五分之熨,以八减之齐和煮之,以更熨两胁下。太子起坐。更适阴阳,但服汤二旬而复故。故天下尽以扁鹊为能生死人。扁鹊曰:"越人非能生死人也,此自当生者,越人能使之起耳。"

扁鹊过齐,齐桓侯客之。入朝见,曰:"君有疾在腠理,不治将深。"桓侯曰:"寡人无疾。"扁鹊出,桓侯谓左右曰:"医之好利也,欲以不疾者为功。"后五日,扁鹊复见,曰:"君有疾在血脉,不治恐深。"桓侯曰:"寡人无疾。"扁鹊出,桓侯不悦。后五日,扁鹊复见,曰:"君有疾在肠胃间,不治将深。"桓侯不应。扁鹊出,桓侯不悦。后五日,扁鹊复见,望见桓侯而退走,桓侯使人问其故。扁鹊曰:"疾之居腠理也,汤熨之所及也;在血脉,针石之所及也;其在肠胃,酒醪之所及也;其在骨髓,虽司命无奈之何。今在骨髓,臣是以无请也。"后五日,桓侯体病,使人召扁鹊,扁鹊已逃走。桓侯遂死。

使圣人预知微,能使良医得早从事,则疾可已,身可活也。人之所病,病疾多;而医之所病,病道少。故病有六不治:骄恣不论于理,一不治也;轻身重财,二不治也;衣食不能适,三不治也;阴阳并,藏气不定,四不治也;形羸不能服药,五不治也;信巫不信医,六不治也。有此一者,则重难治也。

扁鹊名闻天下。过邯郸,闻贵妇人,即为带下医;过洛阳,闻周人爱老人,即为耳目痹医;来入咸阳,闻秦人爱小儿,即为小儿医:随俗为变。秦太医令李醯自知伎不如扁鹊也,使人刺杀之。至今天下言脉者,由扁鹊也。

(《史记·扁鹊仓公列传》,中华书局 1959 年)

3. 刘洪涛:徐光启《农政全书》

徐光启(1562—1633)字子先,号玄扈。祖上中原人,移家江南。曾与利玛窦共同研究、翻译西方科技著作。于"天文、地理、形性、水利诸学,罔不探究"。

《农政全书》是徐光启晚年著作。曾经御览,奉旨梓传,今传本共六十卷,分农本、田制、农事、水利、农器、树艺、蚕桑、桑蚕广类、种植、牧养、制造、荒政十二门。书的格式还是按传统方法,将以前农学书分类汇辑,略加评注。虽然于评注中时可见作者的新意,从总体看,仍近于是资料汇编书,引书总数竟达 225 种之多。虽然这样,在汇编与剪裁资料时也可看出作者的情趣、意识之所在。

首先,以"农本"为书首,杂引经史与诸家论述,是儒学传统思想的反映。应注意者徐氏分农为本农、末农、奸农三种,实指农、工商和"盗"。他认为本富是根本,而"末富,未害也",奸富是为"大蠹"。他的施政方针是"使末富、奸富之民,皆为本富之农"。对于工商的态度,与以往有所不同,但终究还是守旧的。

其次,他把"水利"看得很重。以能否用水浇灌作为区分成田和荒田的标志,认为"凡地得水皆可田";"土力不尽",农业生产搞得不好的根本原因在于"水利不修也"。与前代农书相比,这是《农政全书》识见过人处。也是明朝整个时代认识的特征。明中期以后,很多人致力于研究经世致用之学,言水利者代不乏人。徐光启生当其时,又一贯注重于济世救民之学的研究,对于水利之重要必有同感。书中收集了许多人对于兴修水利的畅想和规划(也有一些是实际经验),有的至今仍有参考价值。这是《农政全书》的重要贡献之一。

再次,徐氏重视救荒。这是明末政治形势岌岌可危的反映。救荒一门占全书分量的三分之一。但恰恰这一部分徐氏用力最少,其中救荒本草部分多引自于周献王《救荒本草》。此书对科学的重要贡献除收集了大量治水规划(这些规划有的具有跨时代的实践意义)以外,还有以下诸点:一,《荒政》门中论除蝗的部分,虽然文字不多,是徐氏经过长期考察和研究的,讲蝗虫的生殖过程及除蝗法都具有较高的科学水平。二,《水利》门中引《泰西水法》两篇,上篇讲汲水具三种:《龙尾车》《玉衡车》和《恒升车》。尤其后两种与中国传统汲水具(如戽斗、筒车、翻车之类)相比,具有较高的科学水平(使用了活塞这一元件),其中的恒升车至今被北方农村广泛使用着。三是关于木棉、番藷等记载,作者都经了一番考证功夫且有一定见地。

徐光启是中国士大夫中接触西方科学比较早的人物。西方的治学方法和科学思想对他有较大影响,这在书中也有所反映。首先他重视实验,这是他以前的中世纪科学家很少具备的优秀品质,论种番薯,他亲自做了种植的实验,然后才下"南方可种,北方亦可种"的断语,"救荒本草"记某物可食,下多载:曾经"尝过"等等。其次,选收资料时,有意剔除其中的迷信成分,表现了他的科学精神。如《农事》门中"占候"部分,引《田家五行》资料,只引《气象占》,即有关气象与农业丰歉关系的农谚部分,剔除了巫卜之类的迷信内容。

但是徐光启是一个封建士大夫,限于他的出身、经历、传统教育等对他的影响,他的科学思想也不是彻底的。《农政全书》仍然是一部属于旧农业科技体系的著作。

(刘洪涛《中国古代科技史》,南开大学出版社,1995)

参考书目

1. 阴法鲁、许树安《中国古代文化史》,北京大学出版,1989。
2. 唐得阳《中国文化的源流》第三章,山东人民出版社,1995。
3. 刘东《中华文明》,社会科学文献出版社,1994。
4. 张岱年、方克立《中国文化概论》,北京大学出版社,1995。
5. 胡世庆《中国文化通史》,浙江大学出版社,1996。

思考题

1. 二十四节气是怎样形成的?它有什么现实意义?
2. 与同期国外相比,中国古代天体理论研究有何成就?
3. 以祖冲之、秦九韶为例,评价古代数学成就。
4. 试谈中国古今不同时代在地震研究领域成就。
5. 简谈明代农学领域研究成果。
6. 中医基本理论有哪些内容?如何理解中医的辨证施治?

第三章　科学技术(下)

中华民族是勤劳、勇敢的民族,也是具有高度智慧和伟大创造能力的民族。在古代动力技术、信息技术领域中,中华民族曾经创造了众所周知的泽及全人类的"四大发明"(指南针、火药、造纸术、印刷术)以及其他许许多多走在世界最前列的先进技术,而且在诸如青铜冶炼、冶铁、炼钢等材料技术中,在铸造、纺织、陶瓷、造船等制造技术领域中,也曾创造了举世公认的一系列辉煌成就。

放眼世界近现代史,有不少落后的民族和国家,由于注重教育,善于采用人类先进科学技术,在不太长的时间里实现了社会经济腾飞。现代中国拥有优越的社会制度,坚持改革、开放的基本路线。只要一心一意,不懈奋斗,坚持"科教兴国"路线,发扬创造发明的优良传统,振兴中华的理想一定能实现。

第一节　材料技术

此处所谓材料,就是人类用来制造有用物品的物质。为了有效地生产这种"物质",必须采用一定的方法和知识系统,这就是材料技术。

当今世界一致认为,材料技术、能源技术和信息技术是现代文明的三大支柱。其实,即使在遥远的古代,这"三大技术"对于推动社会的文明进步同样具有极其重要的意义。"三大技术"中,尤其是材料技术至关重要。因为材料既是人类赖以生存和生活的物质基础,也是征服自然和改造自然的基本条件,因而材料及材料技术产生得最早,发展也最充分。而材料技术的每一次重大突破,都会直接或间接地推动社会生产的发展,大大加速社会的进步。

根据生产工具形式的变革,考古学上将人类古代社会区分三个时代:石器时代、青铜时代、铁器时代。在相当遥远的石器时代,由于当时生产力极其低下,整个人类所用之石质工具极其原始粗糙,因而彼时之"石器"材料究竟具体如何,无须在此多说。仅就青铜时代、铁器时代状况而言,不论是青铜冶炼技术,还是冶铁技术、炼钢技术,中华民族的祖先都在这些领域中为人类的文明进步做出了辉煌的贡献。

一、青铜冶炼

从世界范围考察,铜金属的发现当属最早,大约在原始社会末期或奴隶社会初期就已经出现了。在"铜"这种金属中,其中之青铜与人类文明的发展具有最为密切的关系。因为自然界的天然铜极其有限,而且硬度不高,远不及青铜可以加工成各种器具,从而可以广泛地应用于社会各个方面。因此在被称为"铜"的家族中,青铜冶炼技术特别重要。青铜不同于"黄铜",也有别于"白铜"。"黄铜"是铜、锌合金,"白铜"是铜、镍合金,而"青铜"则是铜、锡合金。

在人类掌握的冶金技术中,青铜冶炼技术应该是最早的技术之一。这门技术的起源与早于它的制陶有关。人们在新石器时代已学会了烧制陶器,从中也发现了以火炭为燃料可以达到950℃—1050℃的高温。这样的温度已经接近于铜的熔点,以这种温度冶炼出比纯铜熔点还要低的青铜,自然可以实现预想目的。正是在这一背景下,青铜冶炼技术孕育而生,揭开了人类历史上青铜时代的灿烂篇章。

究竟青铜时代始于何时,其说不一。以往有一个传统观点是:在世界文明古国和地区中,中国步入青铜时代的时间是"相对较晚"的:古埃及大约在公元前5000年开始进入青铜时代;美索不达米亚地区在大约公元前7000年已开始利用自然铜,至公元前4000年开始步入青铜时代;爱琴海地区大约在公元前3300年开始进入青铜时代;印度大约在公元前2500年开始进入青铜时代;中国大约是在公元前1500年左右才开始进入青铜时代。这一传统观点是否正确姑且不论,有一个不容忽视的现象是:"由于中国在冶铸技术方面的发明和创新,使中国的冶金业很快就后来居上,跃升世界的前列"(阴法鲁、许树安《中国古代文化史》,北京大学出版社1991年)。

在当今学术界,对于中国古代包括青铜冶炼在内的冶金术"跃升世界的前列"这一事实大都认可,而对于中国青铜时代"相对较晚"的说法则持有疑义,特别是近年的考古发现以及有关文献记载,对传统观点提出严峻挑战。《史记·封禅书》中有"闻昔泰帝兴神鼎一"的记载,《汉书·郊祀志》中则说"黄帝作宝鼎三"。泰帝乃太昊氏,黄帝亦上古帝王,他们都是大约五千年前的人物,其生活年代与埃及青铜时代相近。又如《左传·宣公三年》云,夏代时"贡金九牧,铸鼎象物","桀有昏德,迁鼎于商","商纣暴虐,鼎迁于周"。从夏禹以"金"熔铸九鼎以及九鼎世代流传的记录看,在与埃及大体同时的中国夏代以前,已经开始使用青铜器了。考古发现也印证了这一点。1973年在陕西临潼姜寨遗址出土的残铜片中,含铜65%,锌25%,还有锡、铅等成分。经碳十四测定,其年代为

4675±135B.C.。在甘肃东乡林家遗址中出土一把青铜刀,其年代约为公元前3000年左右。与之同一时期的同类遗物,在山西榆次源涡镇及山东大汶口等地也都有发现。至于在出土铜器的龙山文化遗址(公元前26世纪至前21世纪之间)里,更是繁星点点,几乎遍布黄河流域地区。以上事实表明,"我国至迟在公元前3000年前后已经能冶炼青铜,并用以铸造生产工具了"(刘洪涛《中国古代科技史》,南开大学出版社1991年)。平心而论,这一观点不无道理。不然的话,中国古代"很快就后来居上"的冶金术,以及出现后母戊鼎的奇迹就无法解释了。

要冶炼就要选矿石,青铜冶炼的矿石多用氧化铜。关于这种矿石的分布,在古代的许多文献中已有记载。《周礼·夏官司马》云:"东南曰扬州","其利金锡竹箭"。《管子·地数》云:"出铜之山四百六十七山,出铁之山三千六百九山","上有丹砂者下有黄金;上有磁石者下有铜金;上有陵石者下有铅锡赤铜"。由于远古时代工具原始,那时的矿石一般是就地采、就地炼。在辽宁林西县曾发现一座西周时期矿井,深度十米左右。将采出的矿石用石锤击碎,就地造炉冶炼。冶炼所用的木炭燃烧起来后,可以达到熔化青铜所需要的1000℃的温度。明代科学家宋应星在《天工开物》中即有此记载:"凡山林无煤之处,锻工先择坚木烧成木墨(俗称火矢),其炎更烈于煤。"也就是说,用坚木烧成的炭温会高于煤温。

天工开物

关于具体的冶炼技术,春秋战国的古文献已记之颇详:"凡铸金之状,金与锡黑浊之气竭,黄白次之;黄白之气竭,青白次之;青白之气竭,青气次之。然后可铸也。"(《考工记》)所谓"黑浊之气",是由于初炼时杂于矿石中的炭粉未能充分燃烧造成的。锡焰白,铜焰青,黄焰表明温度不够。只有全都是青焰时,青铜始成。成语中有"炉火纯青"者,其本义即来源于此。这段文字记录说明,古代已经可以用火焰的颜色判定青铜冶炼是否达到精纯的程度,这是以后化学中火焰鉴别法的源头。在冶炼技术中,还有一种叫做胆铜法的湿法炼铜技术。它是把硫酸铜或碳酸铜(古代称之为曾青、石胆等)溶在水里,成为胆水后,再把铁块投入。由于铁的化学性质比铜活泼,铁的离子会把铜置换出来。这种方法最早是由炼丹家发现的,它是世界上最早的湿法冶金技术。与青铜冶炼相匹配,在当时的选矿、燃料、筑炉、熔炼等方面,也都逐渐积累了相应的经验和技术。

青铜冶炼技术有重要意义。它不单标志材料技术的进步,也标志能源技术的进展。因为只有这时,火不仅仅再局限于熟食、照明等生活方面,还被作为一种强大的自然力,用于制造工具的生产能源中。此外,因为铜是出现最早的金属,铜器制品使原始人打破了石制、木制原始工具的束缚,所以大大推动人类文明的发展进步。因而在学术领域中,铜一直是作为区分原始社会与奴隶社会的一个基本标准。

二、冶铁

铁的出现和使用,的确是在人类文化史上值得大书一笔的盛事。诚如恩格斯所说:铁"是人类历史上起了革命作用的各种原料当中最后者和最重要者。铁使人有可能在广大面积上进行耕作,把广阔的森林地域开垦成耕地,它所给予手工业者的工具,其坚牢而锐利的程度是无论什么石头或当时所有的任何金属都不能与之匹敌的"(《马克思恩格斯文选》两卷集二卷309页)。这种前所未有的有效工具,不只是提高了社会生产,还成为奴隶制向封建制过渡的要素之一。铁是整个封建社会最基本的工具材料,因而它的冶炼和器具制造程序也就自然地成为封建社会最基本的材料加工技术。

我国古代的冶铁技术始于何时,迄今尚无定论。从文献研究方面看,持夏代说者,多引《尚书·禹贡》《诗经·公刘》为据;持西周说者,则以《尚书·费誓》《诗经·秦风》资料为准;主张春秋时代说者,则引《管子》《左传》等有关文献为依据。而从考古发现来看,较早的冶铁实物则是春秋晚期遗物:1972年在江苏六合程桥春秋晚期墓中,发现用白口生铁铸造的铁丸。其他如长沙识字岭出土的铁锄,长沙杨家山和窑岭出土的鼎形铁器和铁鼎等等,都是这一时期遗物。这些发现与其他文明古国相比,相差数百年的距离:两河流域(底格里斯河和幼发拉底河)大约四千年前已经出现了铁器,古希腊人于公元前16世纪到公元前12世纪从西亚学会制造铁器,印度人在公元前9世纪到公元前8世纪也开始使用铁器。以上这些文明古国使用的铁器都是块炼铁。我国目前考古发现的冶铁实物虽然是春秋晚期产品,但是发展水平却相当惊人。中国的冶铁技术一经出现,很快造出了生铁,可谓后来居上,远远超过其他文明古国。

早期的冶炼技术主要是两类:块炼法和高温液体还原法。所谓"块炼法",就是在大约800℃—1000℃的低温下,从经过冶炼的矿石中获得一种海绵铁,俗称"块炼铁""可锻铁",又名"熟铁"。所谓"高温液体还原法",就是在大约1100℃—1300℃的高温下,把矿石熔炼成液态铁,这种铁没有块炼铁的可锻性,含碳量在2%以上,俗称生铁。相比之下,块炼铁问题很多:以其呈海绵状固体形态,不能从炉中流出,取出时须破坏炉膛,故无法连续生产。这种形态的铁块须反复锻打,方可使用,故生产效率低下。以其只可锻造,不可铸造,故只可局限于简单的器具,并且因其含碳量低,质地柔软,不便使用。而相比之下,生铁冶炼技术的出现,则大大提高了生产效率。为什么会这样呢?这是因为生铁是从1100℃—1300℃的高温下冶炼出来的液体状态,不仅能连续生产,还可浇铸各种形式的工具。因此,生铁冶炼技术从根本上提高了铁器的质量,发展了一整套生铁铸造工艺,使铁器制造和铁器的广泛使用发生了质的飞跃。1972年,在江苏六合程桥发现了一枚春秋晚期的铁丸。经分析研究,此系白口铁,它是迄今为止中国出现最早的生铁实物,也是迄今为止全世界最早发现的生铁实物。由此可以证明,全世界生铁冶炼技术的故乡在中国。随着中外文化的交流和发展,这项技术也传到了西方世界,欧洲直至公元14世纪才掌握了生铁冶炼技术。

在人类冶炼发展史上,中国的冶铁技术长期处于世界领先地位。还应该说明一点的是,为了改善生铁脆硬和不便使用的性能,中国在战国时期便发明了生铁柔化技术。这项技术分为两种:一是在氧化环境下,对生铁进行脱碳热处理,使其成为白心韧性铸铁;一是在中性或是弱氧化的条件下,对生铁进行石墨化热处理,使其成为黑心韧性铸铁。在世界其他地方,直到1722年法国才开始掌握白心韧性铸铁技术,而黑心韧性铸铁1831年才出现在美国。我国自汉代以后,铸铁柔化技术继续发展,又掌握了更为先进的球墨铸铁生产技术。1974年,在河南渑池一座北魏古墓中发现一柄铁斧。经科学化验:大部分组织相当于含碳0.4%的碳钢,其中没有发现絮状石墨,而在斧的銎部居然发现有现代球墨铸铁中才有的球状石墨约30颗,每颗直径20微米。世界公认现代球墨铸铁1947年研制成功,而中国早在北魏时期已经采用了这一世界领先的高超技艺,这是我国先人们所作出的又一伟大贡献。

在冶铁过程中，中国古代还掌握了与冶铁相关的许多方面的先进技术。这些先进技术除冶炼过程本身外，诸如选矿、燃料、筑炉、鼓风以及铸造等方面，也都积累了极其丰富的经验。试以燃料为例，早期主要使用木炭，尔后又开始使用煤（郦道元《水经注》）。为了克服燃煤杂质多、稳定性差等缺点，又有了将燃煤干馏为焦炭的发明，南宋末期已将这项发明成果在冶铁中广泛应用，而英国使用这一技术比中国整整晚了五百年。再以筑炉为例，我国早在春秋时期已经用竖炉炼铜，用高炉炼铁，在当时处于世界领先地位。至于冶铁所必需的鼓风设备，古代文献反映更多。据史料记载：还在先秦时期，就开始使用皮囊鼓风，即以人力挤压空气入炉。《吴越春秋》言之甚详，当年吴王阖闾曾命干将铸剑，干将"采五山之铁精"，多次冶炼未成。后以三百童男女协同"鼓橐装炭"，其妻莫邪则以"断发剪指"投炉中，其剑乃成。这段文字说明，没有鼓风之助，仅靠自然通风，一般炉温炼不出好铁。而以三百童男女"鼓橐装炭"，居然能使炉中的温度可以提升至1100℃—1200℃，以这样的温度冶炼自然可以达到目的。根据文献记载，早在东汉时期，就先后出现了用于鼓风之用的"马排""人排"和"水排"。《后汉书》卷三一记载：当时的"水排"是由东汉初年南阳太守杜诗发明的。杜诗"造作水排，铸为农器，用力少，见功多，百姓便之"。汉代发明的水排，远远领先于欧洲一千多年。宋代以后，中国又陆续发明并使用了更加便捷的活门式木风扇、活塞式木风箱。

三、炼钢

放眼古代炼钢技术领域，中国在世界上长期处于遥遥领先的地位。

所谓炼钢技术，完全是在冶铁实践基础上发展起来的。按照历史上的先后顺序，最早出现的钢是块铁渗碳钢和铸铁脱碳钢。所谓块铁渗碳钢，就是用含碳量比较低的块炼铁经过多次锻打渗碳而成的钢。中国发明这项技术的时间，大约是在公元前4世纪的战国晚期或公元前3世纪的西汉早期。所谓铸铁脱碳钢，就是把含碳量较高的白口生铁放在氧化条件下，经过脱碳退火处理，得到生产低、中、高碳的各种钢材。至汉代，这项技术已相当成熟。在河南渑池地区发现的汉魏时期铁镰、铁斧、铁犁铧等器具，都是经过脱碳退火处理这一工艺的制作实物。

中国古代人民在以后的大规模连续生产的炼钢工艺中，又陆续发明了炒钢、百炼钢、灌钢等炼钢技术。

炒钢技艺大约发明于西汉后期，这是一种将生铁变成钢的技术。具体做法是，把生铁加热成液态或半液态后，不断搅拌、翻动，使生铁中的碳成分和杂质不断氧化，由此得到所需要的钢。因为这一过程中一直需要像炒菜那样不断地翻动和搅拌原料，故习称为"炒钢"。这种先炼生铁尔后成钢的方法，是近代两步炼钢法的开端，在炼钢历史上具有划时代意义。在东汉成书的《太平经》中已有明确记载："使工师击治石，求其中铁，烧冶之，使成水，乃后使良工万锻之，乃成莫邪。"这是炼制"莫邪"宝剑的一段记述，由这段文字可以看到有关炒钢的工艺技术。中国古代炒钢技术不仅操作简单，原料易得，可以连续大规模生产，而且所炼钢材质量很高。直到公元18世纪中叶，英国人才掌握这一技术。

百炼钢是中国古代炼钢技术中的重要技术。这项技术肇始于公元前4世纪到公元前3世纪之间的块铁渗碳钢，并有所发展。即将炒钢反复加热、反复锻打，通过锻打除去其中杂质，使其成分均匀、细密，大大提高钢的强度，是为"百炼钢"。晋人刘琨《重赠卢谌》诗云："何意百炼钢，化为绕指柔。"这或许是"百炼钢"定名的起始，也应当是成语"百炼成钢""千锤百炼"的滥觞。1976年在湖南长沙曾出土一把春秋末期的铜剑。经检测，这把剑是由多次锻打而成的百炼钢制作的，它是我国现存最早的钢制品。1974年在山东苍山县出土一把东汉钢刀，上有四字"卅炼大刀"。古文献中关于百炼钢的记载也所在多有，例如《华阳国志》说，曹操曾命工匠制作"百辟利器"。《刀剑录》中说，刘备也曾下令"蒲元造刀五千口，皆连环，及刃口刻七十二炼"云云。即此可知，彼时之炼钢技术已经达到相当先进的水平。

灌钢技术，是中国东汉末年至魏晋南北朝时期的又一项重大发明。灌钢属于含碳量较高的优质钢。它是把含碳量较高的生铁和含碳量较低的可锻铁一起冶炼，使生铁中的碳成分向熟铁中扩散，形成均匀分布，同时除去部分杂质，从而获得优良之钢材。有了这种钢材，非常适用于制作刀剑的锋刃。在《重修政和经史证类备用本草》一书中，南朝梁代的陶弘景曾留下了用生铁、熟铁合练而成的关于灌钢技术的最早记录："钢铁是杂炼生（生铁）柔（熟铁）作刀镰者"。以后随着灌钢技术的提高和日益广泛的应用，有关文献的记录也更为具体而详尽。例如沈括《梦溪笔谈》云："世间锻铁所谓钢铁者，用柔铁屈盘之，乃以生铁陷其间，泥封炼之，锻令相入，谓之'团钢'，亦谓之'灌钢'。"这里所说的"用柔铁屈盘"，就是要扩大生铁与熟铁接触面积，使碳成分形成均匀地分布。至于"泥封炼之"，既有保护作用，又可促使出渣、除去杂质。正是由于灌钢材料质地优良的性能，我国古代许多有名的刀剑都是用它制作的。

如同冶铁技术的发展必定有相关技术的支撑那样，中国古代的炼钢技术也不是孤立存在的。美国科学家罗伯特·坦普尔曾就此发表见解：中国冶炼钢铁技术成功秘诀的另一重要因素是,他们还发明了诸如鼓风用的特制风箱以及水力驱动活塞式风箱之类的许多工具,"因此,我们不应该忘记,中国在钢铁技术方面的成就,总是伴随着许多其他方面的互相依存的发明与技术成就"。正是因为这样,"中国人是掌握钢铁材料的大师,他们用无数方法来获得他们所需要的各种类型的金属。在现代社会以前,中国在钢铁技术方面一直处于世界的领先地位。他们最先从铸铁中脱碳制钢,这在当时是任何其他国家所不能做到的,因为除了中国,其他地方根本就没有铸铁"(罗伯特·坦普尔《中国:发明与发现的国度》)。毫无疑问,美国学者的这番议论是客观而公正的。

第二节 制造技术

无论过去还是现在,人们的生活用品和生产资料,大都是由制造业加工制作而来的。为了在节时省力的前提下,以最少的消耗、最低的成本和最高的效率,实现多出产品、快出产品、出好产品的目的,先进的制造技术是一条不可逾越的生命线。随着社会的发展和科学的进步,制造技术的意义日益重要。它是一个国家创造财富的标志,也是为科学技术发展提供先进手段的能力和保障。

在古代制造技术领域中,中国是长期走在世界前列的国度。如果说远古时期诸如轩辕黄帝"作指南车以别四方,遂擒蚩尤"(虞喜《志林》)之类的相关记载属于传说而不足凭信的话,那么中国古代人民在具体的陶器、铸造、造船、纺织、建筑诸方面的先进技术,则是有目共睹、斑斑可考。这些昔日的辉煌不只在推动古代社会的进步中曾经起到过极其巨大的作用,即使对于今日改革开放的中国乃至整个人类世界,也有重要的启迪和研究意义。

一、陶瓷

这里所谓陶瓷,乃是陶器、瓷器的合成。不言而喻,陶瓷与中华民族具有极为特殊而密切的关系。中国陶瓷素以历史悠久、民族特色浓郁、技术精良著称于世,因而出口最早、出口最多,有着极其悠久

唐三彩

的历史影响。特别是其中的瓷器影响更大,以至于中国很就博得"瓷器之国"的美誉,英文中的"China"将瓷器与中国合二而一,可以说是最好不过的例证。

(一)陶器

中国的陶器有悠久的历史。至晚在六千年前的氏族公社时期,我们的祖先已经开始生产出彩陶、红陶、灰陶、黑陶、白陶等多种陶器。陶器的出现是人类历史上的一项伟大创举,它是人类最早以化学形式将一种物质改变成另一种物质的界标,表明了新石器时代的来临。关于这方面的情况,在许多古典文献中有大量的文字记录为证。例如《逸周书》中说,"神农耕而作陶";《世本》"作篇"中则说"舜始陶",也就是说,远古时代父系氏族社会后期的部落首领虞舜发明了陶器;《史记·五帝本纪》中也有"舜耕历山,渔雷泽,陶河滨"的记录,如此等等。倘若认为这些文字资料是后人追叙而难于确凿征信,不过是从古典文献层面透露出来的一些远古文字信息的话,那么大量的考古发现则是无可否认的事实。在大量新石器时代的陶器中,既有仰韶文化时期遍布于黄河中上游地区的大批彩陶,也有以后龙山文化时代同一地区和相近地区的大量灰陶和黑陶。这些陶器不仅在器形上已有罐、盆、瓮、碗、钵、杯、盒、瓶等种类,而且还注意模仿动物、植物乃至人类活动,具有一定的艺术特色。

在从公元前21世纪到公元前5世纪之间的奴隶制社会夏商周时期,中国的制陶技术得到了很大的发展。作为夏文化典型代表的河南偃师二里头文化遗址和山西夏县东下冯遗址,50年代后期曾经在这里发现了很多陶器。这些陶器都是以未加选择的普通陶土为原料,并且一般加工不细,烧制温度约在800℃左右。从类别上看,既有作为炊器的鼎、罐之类,也有三足盘、平底盘、小口高领罐以及瓮、缸等食器和容器,同时还发现有觚、爵等酒器。与夏代陶器相比,商周陶器有了明显进步。首先是所用原材料都是经过了选择和加工,夹砂陶中掺和的细砂,也相当匀实。其次是生活用品方面的陶器种类更多,且制造精美。据《周礼·考工记》记载,当时的"抟埴之工"被分为两种人:一曰陶人,专门制造盆、甑、鬲等炊器;二曰瓬人,专门制作簋、豆、斝之类的礼器和容器。商周时代、特别是在商代,因为饮酒之风盛行,故而酒器之多令人惊讶,其中最常见的就有盉、斝、爵、罍、尊、壶等等。商周陶器上的图案,无论是自然现象还是动物形象,大都能反映得体,表现得和谐而自然。在工艺陶器上的龟、鱼、虎、鸟等动物,也大都塑造得稚拙而生动。还要特别提及的是,考古发现商代已能生产原始的青瓷了,这是一个划时代的飞跃。

秦汉时期,陶塑艺术中的一大杰作是秦俑和汉俑。被世人誉为世界第八大奇迹的秦代兵马俑，人数众多，规模壮观。除陶制兵俑七千多尊外，还有战车百余辆，战骑数百匹，构成了威风八面的军阵。汉俑的制作又有发展，它们形神兼具，栩栩如生，更富有艺术情趣。汉代陶器主要以灰陶和硬陶制成。其中灰陶为青灰色，烧制均匀，质地坚实。硬陶流行江南，以当地的黏土烧制而成。因为其烧制温度高于灰陶，且更具硬度，故取其名曰"硬陶"。

从唐代开始，中国陶器的发展又进入一个新的时期。在前代制作的基础上，唐代制陶技术水平已经发展到惊人的程度。其中最具代表意义的品种，就是誉满中外的"唐三彩"。唐三彩的主要产地，是以河南巩县为核心的中原地区。其制作工艺，是用高岭土或黏土等原料造型，以1000℃的高温烧制，冷却后施以釉彩，然后再烧至900℃的温度即成。唐三彩制品光泽明亮，熠熠生辉，表现了唐代的高超工艺水平。在宋代制作的各类陶器中，紫砂陶可谓其中的珍品。用以制作紫砂陶的原料紫砂泥，不仅相当细腻，还有很强的可塑性。紫砂陶的艺术特色不像三彩陶那样借助釉色取胜，而是通过紫砂陶原料中固有的紫、红、绿三种颜色以及独特的造型，达到相当完美的艺术反映。在名目繁多的紫砂陶器皿中，以紫砂壶最为著名。明清时期，紫砂壶不只造型更趋多样化，由于壶上多有文人书画篆刻，大大提高了紫砂壶的文化品位。

（二）瓷器

在汉语中，陶、瓷往往合称为"陶瓷"，其实陶者为陶，瓷者为瓷，陶与瓷是有区别的。从原料上说，陶器的原料陶土多含氧化铁，而瓷器的原料瓷土（或曰高

宋代定窑孩儿枕

岭土)中氧化铁含量很低,含量较多者是氧化铝;从温度上说,陶器的烧制温度约为900℃,硬陶的温度也只是1000℃左右。而瓷器则需要1200℃以上的高温;从表层上也有区别,陶器无釉或只有低温釉,而瓷器则有高温釉。

关于瓷器始于何时,看法不很统一。传统的观点认为,汉语中的"瓷"字最早见于晋代文献,因而断言:中国瓷器发明于公元3世纪的西晋时期。但是,20世纪50年代以后的考古发现,对这一观点提出了尖锐的挑战。河南郑州二里岗商代地层中的青釉器物的出土,以及在山西、山东、河北等黄河流域和湖南、湖北、江西、江苏等长江流域的陆续发现,表明我国早在商代已经开始制造原始的瓷器了。

从总体上说,中国古代瓷器可以区别为青瓷、白瓷和彩瓷三大类。依其先后出现的顺序为次,最早产生的瓷器是青瓷,然后是白瓷和彩瓷。三类瓷器中,青瓷的历史最悠久,从先秦到元代,乃是青瓷流行时期。白瓷产生于北朝时代,在河南安阳的北齐武平六年(575)范粹墓里便发现了一批白瓷。这些瓷器釉呈乳白,薄而透明。白瓷的出现,堪称中国古代瓷器发展史上一大创举。在同一时代的北朝晚期,又出现了彩瓷,这在造瓷工艺上是继白瓷之后的又一重大突破。青瓷、白瓷和彩瓷,可谓春兰秋菊,各具特色,同属中国瓷器宝库中的珍品。

唐代是中国瓷器全面发展的时期,青瓷、白瓷、彩瓷的制作工艺都得到长足的进步。在青、白、彩三种瓷器中,青瓷可谓久负盛名。在青瓷中,尤以越窑产品最佳。所谓越窑,主要是指浙江余姚上林湖地区及浙江东北部地区,它们是以生产青瓷为主的瓷窑系统。越窑瓷器品类众多,胎体灰色,釉色或青黄,或青绿,晶莹剔透。唐代许多著名诗人有感而发,留下不少千古绝唱。试看陆龟蒙《秘色越器》诗中如何描述:"九秋霜露越窑开,夺得千峰翠色来。好向中霄盛沆瀣,共嵇中散斗遗杯。"徐夤《贡余秘色茶盏》诗中亦云:"巧剜明月染春水,轻旋薄冰盛绿云。古镜破苔当席上,嫩荷涵露别江濆。"所谓"千峰翠色""巧剜明月",可说是对越窑青瓷惟妙惟肖的描绘。在唐代,产于河南邢窑、江西景德镇、四川大邑的白瓷,其成就影响也并不比青瓷逊色。这有杜甫《又于韦处乞大邑瓷碗》诗句为证:"大邑烧瓷轻且坚,扣如哀玉锦城传。君家白碗胜霜雪,急送茅斋也可怜。"唐代彩瓷多是在瓷坯上施以彩绘,而后涂釉烧制而成。彩瓷含蓄温润,状如彩霞,给人以美的享受。在唐代,虽然青、白、彩三种瓷器均有很高水平,但就全国形成的产地布局而言,却呈现出"南青北白"两大体系的鲜明特点。换言之,南方长江流域所生产的瓷器以青瓷为主,北方黄河流域所生产的瓷器以白瓷居多。

至宋代,以往形成的"南青北白"的基本格局已经被彻底打破,各种类型的瓷器不再局限于某一产地。在北方的生产基地中,有所谓官、汝、定、钧四大瓷窑。"官"指官窑系统,是专为宫廷烧制瓷器的窑场。其窑址,北宋时在汴京,南宋时在杭州;"汝"指汝窑,传统说法在河南临汝,但近年在河南宝丰县也发现窑址;"定"指定窑,地处河北曲阳;"钧"指"钧窑",地址以河南禹县钧台八卦洞为中心,故称其瓷曰"钧瓷"。官窑、汝窑、定窑、钧窑制作的瓷器各具特色,争奇斗艳。后人称北方生产的青瓷是:"青如天,明如镜,薄如纸,声如磬。"在南方的生产基地中,以浙江地区的龙泉窑独擅瓷窑工艺盛名,龙泉窑中又以章氏兄弟的"哥窑"和"弟窑"为最。哥窑青瓷灰黑似铁,弟窑青瓷青莹如玉。与此同时,景德镇瓷器也有很大发展,它的影青瓷名扬天下。

明清时期,是由青瓷时代进入彩瓷的时代。但是,明代白釉瓷器的制造水平超过了以往任何时期。人们甚至赞美宣德白瓷是"汁水莹润如堆脂",还以"纯净无杂"以及"透亮明快"等字眼,分别称颂嘉靖瓷和万历瓷。在整个明代,瓷器生产中仍然是以青花瓷器为主流。其中景德镇生产的永乐青花更是"开一代未有之奇"。在清代,彩瓷得到很大发展。除了发扬传统色调外,创新的色釉还有胭脂水、珊瑚红、秋葵绿、乌金釉、天蓝釉等。器物制作也极尽精巧,工艺水平被誉为继宋代之后的又一高峰。

中国古代的瓷器,至晚在公元前9世纪的唐代后期已销往国外。基本根据是,在日本、东南亚、南亚以及非洲等地都曾出土中国唐代的瓷器碎片。当然,大规模地销往国外是在宋代以后。有关这方面的具体情况,在宋人赵汝适的《诸蕃志》以及元代汪大渊的《岛夷志略》中均有记载。

中国人发明和生产瓷器,是对世界文明的一大贡献。"欧洲最终于公元18世纪也制成了瓷器,但已经是中国人发明瓷器一千五百年之后。早先的欧洲'瓷器'还不是真正瓷器,因为如果将它放在火炉中,处于焙烧中国瓷器的高温下,这些欧洲'瓷器'还会融化。制成中国瓷器的目标最终总算达到了,但中国最大的秘密之一是被西方人持续攻关了许多世纪之后才攻下的"。(罗伯特·坦普尔《中国:发明与发现的国度》)

二、铸造

因为铸造与冶炼关系密切,故而人们常以"冶炼铸造"连称,或径直以"冶铸"称之。其实,铸造技术是与冶炼技术有很大不同的另一类技术。所谓铸造,就是把金属加热融化后倒入砂型或模子里,使其凝固冷却为特定器物的技术。我国古代的铸造技术历史悠久,成就辉煌。其影响之大,甚至连我国语言中常说的"陶冶""模范""镕铸""就范"等词汇,都是由"铸造"技术派生出来的。

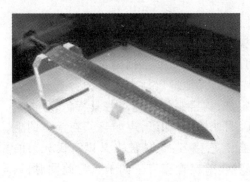

越王勾践剑

公元前3000年左右,在黄河流域文化层发现的刀、斧、凿、锥等铜制工具中,有些是冷锻制作,有些是用单范或合范铸成。这表明当时已经掌握了一定的铸造技术。中国的铁器时代即便像某种观点所说那样(晚于埃及、印度等国,直至公元前500年左右才步入铁器时代),但是铸造技术后来居上,令世人瞩目。

中国古代的铸造工艺,主要包括泥范、铁范和熔模铸造三大铸造技术。泥范一般是用耐火泥和火砖屑制成。特别是迭铸法,功效更为明显。所谓迭铸法,就是把许多范块迭加起来,然后经过共同的通道浇注,如是则一次可得几十乃至上百铸件。战国时期齐刀币即用这项技术,后来应用范围日广。在近代砂范铸造之前,泥范一直是中国的重要铸造方式。铁范出现于战国时代,由于它具有反复使用、易于冷却、铸件规格齐整等优点,所以很快普及开来。特别是在农具、手工业工具、生活用品和兵器铸造方面,得到了广泛的应用。战国时期的铁范已经出现比较先进的复合范和双型腔。为了预防铸件变形,还采用了金属型蕊,以加强结构。除铁范外,以后还出现了用以铸造铜币的铜范。熔模铸造又称"失蜡法"。所谓失蜡法,依宋代赵希鹄《洞天清禄集》记载,首先把蜡制成的模放入桶状容器里,以澄泥浆多次浇淋,撤去桶板,加入含有盐及纸筋的细泥成为铸模,然后出蜡浇铸。这一种技术,适用于铸造大型铸件或复杂的艺术铸件。

我国古代先进的铸造技术,在不少文献中留有清晰的记录。例如青铜器的成分、配比非常复杂,人们通过长期实践,掌握了一套科学的青铜器配方。《周礼·考工记》所记甚详:"金有六齐:六分其金而锡居一,谓之钟鼎之齐;五分其金而锡居一,谓之斧斤之齐;四分其金而锡居一,谓之戈戟之齐;三分其金而锡居一,谓之大刃之齐;五分其金而锡居其二,谓之削杀矢之齐;金、锡半,谓之鉴燧之齐"。这段文字是说,由钟鼎到鉴

战国编钟

燧,根据器物硬度的增加,应该逐渐加大锡的含量。关于钢铁制品的铸造工艺,《北齐书》中记录了綦母怀文的制刀技术。为提高含碳量,他把融化的生铁浇灌到可锻铁制造的刀刃上,并采用动物脂肪和五牲尿液淬火,制成了能"斩甲过三十札"的宿铁刀。

后母戊鼎

大量的考古发现,表明了中国古代拥有世界一流的铸造技术。在铜器制品中,商代的后母戊鼎和战国编钟是最杰出的代表。1939年发现于河南安阳武官村的商代后母戊鼎重达875千克,这是迄今为止全世界发现的古代最大青铜器物。经测定,其铜、锡、铅的含量分别为84.77%、11.64%和2.79%,鼎耳与鼎身分别浇铸。其中,鼎足、鼎耳均为空心,鼎耳是先铸好后放在陶范内,再浇铸时与鼎身连为一体。这么大规模的青铜器物和如此高超的铸造技术,在同一时期的文明世界实属罕见。1978年在湖北随县战国曾侯乙墓中发现的编钟,又是一大惊世杰作。这套铜制编钟共有65件,总重量达5000余斤。每钟可发两个音阶,音色优美,音域宽广,总音域跨五个八度,中心音区十二个半音齐备。如此精制的编钟乐队,不仅反映了先秦乐律研究的先进成就,也展示了中国古代超一流的铸造水平。在考古发现的金属制品中,被誉为"天下第一剑"的越王勾践剑,也堪称一大奇迹。1965年在湖北古墓发现该剑:剑长557mm,柄长84mm,剑宽46mm,环形手把,剑身有菱形花纹,嵌有"越王勾践自作用剑"字样。这把宝剑已经埋葬地下两千多年,依然寒气逼人,锐利异常。经测定,剑上的黑色菱形花纹采用了硫化处理技术,既美观,又抗腐蚀。表面上的这种"钝化层"仅有1%毫米,由于这件"外衣"的保护,此剑虽长期置于阴湿地下,至今不仅没有任何锈迹,仍然闪闪发光。毫无疑问,无论是商代巨鼎后母戊的问世,还是春秋时代勾践剑的出土,或是战国编钟的重现风采,它们都是中国古代拥有先进铸造技术的有力例证。

三、纺织

纺织技术是中国传统文化的重要组成部分之一。它不仅是人类摆脱愚昧状态的一个明显标志,而且随着印染着色的发展,还把人们的生活装扮得五彩缤纷。因而从一定意义上说,古代纺织史也是一部古代服饰文化史。

古代纺织图

中国古代先进的纺织技术，在纺织工具、印染工艺、纺织品种等方面都有鲜明的体现。

首先是先进的纺织工具。中国的纺纱工具具有极其悠久的历史。原始时期的纺纱方法，一是利用双手搓捻和续接，一是利用原始的纺纱工具纺坠和纺专抽出细线。纺专分为专盘、专杆两部分，利用陶质或石质原料制作而成。可以想见，用这种生产方式纺线费力而缓慢。于是，至晚在汉代已出现了手摇单锭纺车。与原始的纺专相比，纺纱能力提高了20倍。到了东晋时期，为了适应织机的需要，在手摇的基础上，又创造出脚踏纺车和水力纺车。晋代画师顾恺之就曾画过利用偏心轮制成的脚踏三锭纺车，这种纺车的纺纱效率又有很大提高。尤其应当指出，宋末元初时期的黄道婆，为此做出了特别的贡献。她把海南岛黎族人民的先进技术带回家乡松江乌泥泾，把纺麻的脚踏纺车改为三锭棉纺车，总结出一套纺纱技术，还革新了轧棉、弹棉工具。中国的织机也有悠久的历史。最原始的织机,可以追溯到6000年前河姆渡文化中的管状骨针、打纬木刀、绕线棒之类的原始工具。原始的方法称为"手经指挂",将纵向的经线与横向的纬线交织而成。大约在先秦时期,脚踏提炼的斜织机已经出现。这种织机利用了杠杆原理,双脚踏动一长一短两块踏板时,被牵动的绳索便拉动了"马头",马头前仰后合,综线上下交替,把经纱分为上下两层,形成三角形织口。由于用双脚替代了用手提综的动作,可以腾出双手用于引纬和打纬。这种织机的生产效率,能达到原始织机的十倍以上。为了生产色彩斑斓的纺织品,人们还制造出提花机。提花机是专门织造提花织物的机械装置,这种机械发展较快。据《西江杂记》记载,至晚在汉宣帝时已经出现"一百二十综,一百二十蹑"的提花机。三国时的马钧更进一步,他把提花织机改为十二综,十二蹑,生产率大大提高。宋元时期,提花织机又有进一步改进。与此同时,专业技术也有很大提高。例如黄道婆的"错纱、配色、综线、絜花"技术在松江地区相当流行,所产"乌泥泾被"风靡全国。英国科学家李约瑟博士深信,纺车及与纺织品有关的其他机械,是在元代时期通过旅游中国的意大利人传入欧洲的。他在《中国科学技术史》中指出:"因为我们发现,从那以后不久,在意大利的卢卡等城市,缫丝厂使用的机器酷似中国的。由此推测,是那时到东方旅游的某个或某些欧洲商人把设计图样装在鞍囊中带回国的。"

其次是先进的印染工艺。我国印染技术也有悠久历史,我们的祖先很早就懂得利用矿物、植物的染料染色。用矿物原料着色,俗称"石染",如以赤铁矿、朱砂染红色,石黄染黄色,石青染蓝色等。植物染料也有多种,其中一种是从空气氧化后的蓝草中得到的还原氧化染料——靛蓝。荀子所谓"青出蓝而青于蓝",其源盖出于此。根据《周礼》记载,染色在周代已成为一门专业,职掌染草,"掌以春秋敛染织物,以权受量之,以待时而颁之"。商周时期已可从植物中获取红、黄、蓝三种染料,并可从中套染出许多色彩。汉唐时期,染料色谱得到长足发展。例如新疆出土的刺绣中,仅底色就有正黄、大红、翠蓝、宝蓝、湖蓝、叶绿、绛紫、藕荷、古铜诸色。明代时期,染色工艺更是得到空前发展。有关具体情况,在一代名著《天工开物》中记之颇详。在印染业中,印花技术相当引人注目。这种技术的操作过程是,在刻有花纹的木板或石板上,先涂以各种颜色,然后印于纺织物品上。古代的凸板印花技术反映了中国人民的聪明才智,近代欧洲出现的凹板印花是从中国凸板印花演变而来的。中国古代的蜡染也有悠久的历史,至晚在我国晋代时期,用蜡染法已可染出十几种色彩。蜡染的特点是生动朴实,虽只有蓝白二色,但层次分明,色调饱满。

第三是美丽的纺织品。我国古代纺织的原料在唐以前基本是丝和麻两类,唐代以后开始引进棉花。当时麻织品称为"布",丝织品称为"帛"。在中国古代,美丽的纺织物以丝织品最具代表性。早在商周时期,我国已出现缯、帛、素、练、纨、缟、绢、绮、罗、锦等多种产品。秦汉时期,丝织物已达相当高的水准。其中素纱织物"薄如蝉翼",令人叹为观止。长沙马王堆汉墓出土的一件素纱蝉衣仅重48克,其经线密度为每厘米80—100之间,最多达到164根。唐代的丝织品中主要是绫和锦。许多锦是以两组纬线与一组经线交织而成。这种技术,因为以纬线起花,受织机限制较小,故可大大增加色彩,丰富纹样内容。这种织物色彩艳丽,制作不易,故有"锦金"之称。宋元时期,纱、罗、锦、缎等丝织物的织造方法和提花技术达到空前水平。例如罗在花样上已由以前的图案花纹趋向写实的花卉鸟兽,这是一个重大突破。织锦达到四十多个种类。其中云锦浓艳厚重,金锦富丽华贵,很有特点。织缎是最细致也是最华丽的丝织物,制作衣物光彩夺目,极具特色。古代丝绸通过著名的"丝绸之路"和东南沿海港口,远销西亚、欧洲和非洲,中国丝绸的精美和发达的技术饮誉全世界。

四、造船

我国自古疆域辽阔,不独河流纵横,而且海域宽广。在长期的生产和生活实践中,由于水上开发利用的需要,造船业应运而生,取得了骄人的成就。

中国的造船史可以上溯到原始社会。造船意识的萌生显然是源于自然现象的启发:"古者观落叶因以为舟"(《世本》),"古人见窾木浮而知为舟"(《淮南子》)。大抵正是在这样的启发下,先人们创造了一种用树干或竹子捆扎起来原始工具筏子。或许是基于更牢固耐用的原因,以后又有了"刳木为舟,剡木为楫"(《周易》),即将一段树干挖空的独木船。1977年浙江余姚河姆渡文化遗址中,出土了一柄新石器时代的木浆,这说明早在公元前5000年独木舟已开始在中国使用了。

随着生产的发展,筏子、独木舟愈来愈不能适应社会的需要,于是,更为先进的水上交通工具木板船开始问世。由筏子、独木舟一跃而为木板船,这是一个重大变革,在造船史上意义深远。关于木板船产生的时代,一般认为最晚始于商代,因为在甲骨文中可以看到关于舟船(舟)的几种象形字。

应当指出,舟船出现之初,本是作为满足日常生产、生活需要的普通交通工具,但是,由于利益的驱使和政治斗争、阶级斗争的需要,它也很快成为水上战争的必备器具。前者是民生、民用,后者则是服务于军事。两种性质和两种用途,在中国古代造船史上刻下了两道深深的痕迹。

秦汉时代,我国造船业进入第一个大发展时期。这一时期不仅船只种类多,规模大,而且船舶动力、系泊设施也相当完备。据有关文献记载,秦汉时代根据不同需要,已能制造多种船只。常用者,如艑、艇、舲、舫、舢、舨、舴艋、海舶、舳舻、斗舰、艨艟、楼船等等,可谓不一而足。其中既有艇、舨、舴艋那样的内河小舟,又有海舶、尖底船那样用于航海的大船;既有舲、舫、舳舻那样用于民间的各种运输船,也有斗舰、艨艟、楼船之类的用于军事的战船。当时的行船设施也已相当可观,例如在用于推进船只的工具中,常见者就有篙、浆、橹、帆、桅等。为了能使船只依人的意愿停泊水中,还发明了靠泊工具——矴与锚。

　　隋唐时代,是我国古代造船业继续发展时期。其中,隋代造船业的发展与南北大运河及其他河湖水系的运输有关,更与当时军事战争的需要和统治者的物质享受密不可分。据《隋书》记载,为了伐陈的需要,隋大臣杨素监造战舰"名曰五牙,上起楼五层,高百余尺,左右前后置六拍竿,并高五十尺,容战士八百人"。隋炀帝基于南下之需,"自糟渠出洛口,御龙舟。龙舟四重,高四十五尺,长二百丈;上重在正殿、内殿、东西朝堂;中二重有百二十房,皆饰以金玉;下重内侍处之","又有平乘、青龙、艨艟、艚艟、八棹、艇舸等数千艘"(《资治通鉴》卷一八○)。在唐代,沙船的出现和水密舱的应用具有重要意义。据专家考证,沙船始造于唐代的崇明岛。这种船属于方头平底型,因有宽、大、扁、浅等特征,故稳定性强,吃水浅,航速较快,受到广泛采用。水密舱的设置至晚出现于唐代。所谓水密舱,就是用木板或其他材料把船体分隔成若干个独立密闭的船舱。这样的船即使局部因触礁漏水,其他舱完好如初,仍有浮力,大大增加船只安全系数。美国学者坦普尔曾对此深有感触地说:"迟至1824年,海军作家们还在不遗余力地宣传这个简单的技术奇迹。那一年,在《力学杂志》上有一篇文章报道说:'有一个办法几乎可以使轮船不沉没,这个办法现在中国人在使用。那就是船的底层舱分隔成若干个水密舱,这样,即使船底有漏缝或船边穿孔,船还能浮着'。"(《中国:发明与发现的国度》)

　　宋元明时代是我国造船业又一辉煌发展的时代。宋诗中所谓"黄田港北水如天,万里风樯看贾船",就是对当时海上贸易的形象描绘。随着内河航运和海上贸易的蓬勃发展,造船技术飞速提高,造船业出现了前所未有的兴盛局面。这一时期,造船业有以下三个特点:其一是数量多。当时中国造船数量相当惊人。据《宋史·食货志》记载,宋太宗至道间(995—997)间,"诸州岁造运船"多达"三千二百三十七艘";元世祖至元七年(1270),一次造船即达5000艘(《元史·世祖纪》)。至明代,龙江、清江、北清河三大船厂各领风骚。龙江船厂建造大小黄船及战船,尤以建造大型海船闻名,年产量达二百余艘。清江船厂专造漕运船舶,在弘治三年至嘉靖二十三年的54年间,总计造船28534艘,年均519艘(据

《漕船志》)。其二是规模大。据有关方面考证,在郑和每次出洋的百艘以上船队中,大、中型"宝船"约有五十艘左右。其中大型宝船"长四十四丈四尺,阔十八丈,中船长三十七丈,阔十五丈"(《郑和家谱》),因为船体巨大,所用篷帆锚舵"非二三百人莫能举动"(巩珍《西洋番国志》自序)。明人宋应星《天工开物》记载:"战船、海船,有(锚)重千钧者"。也就是说,那时所用的锚是重达3万斤的巨锚。其三是附属设备有进一步改进。与以往相比,这一时期有明显改进的设备很多,例如有用于消浪和减缓船只摇摆的竹囊,有用于控制航向的平衡舵,有用于测量水深的水砣等等。尤其是导航设备,更具重要意义。例如用于航向的指南针,以及泉州关锁塔之类的导航标志,都是前所未有的新生事物。

中国古代的造船业长期走在世界前列,所以,与此紧密联系的航海业也具有辉煌的历史。一位美国学者说得好:在古代,"中国的航海事业一直处于遥遥领先的地位:中国人和欧洲人曾以不同的方向绕道好望角,但中国人到那里的时间早于欧洲人;第一个发现澳大利亚的也是中国人,他们登陆的地方就是现在的达尔文港","至今在坦桑尼亚和莫桑比克的海岸,仍可以发现许多世纪以前的中国陶瓷的碎片"(罗伯特·坦普尔《中国:发明与发现的国度》)。

第三节 动力技术

随着材料技术、制造技术的发展,随着相应的生产工具的改进,不仅要求人们应该不断地发现和应用可以取代人力的动力,而且还应该不断地开拓更为强大的能源以适应新的需求。就是从这样的生产和生活实践中,中国古代人民充分发挥了自己的聪明才智,在许多方面有所发现,有所发明,创造了一系列令人赞叹的光辉业绩。

一、火力

在人类由野蛮迈向文明门槛的时候,"火"的出现和人工取火技术起到了极其重要的作用。还在远古时期,人类就已懂得:经过撞击或摩擦的机械能可以转化为热能。那么能否把热能转变为机械能,把火转变为动力去使用呢?中华民族在古代的诸多发明和应用率先向全世界作出了响亮的回答。

其一:火药。

火药之称为"药",是因为构成火药的主要成分硝石、硫黄等物都曾作为"药材"使用过。古代把药物分为上、中、下三品,"上药令人身安命延","中药养性,下药除病"。《神农本草》由此曾把硝石列为上品药,把硫黄列为中品药。火药的发明肇始于古代道家炼丹,方士曾把丹砂之类的上品药作为合炼"仙丹"的主要原料。他们以丹砂、金银、"众芝、五玉"等物,配以各色药石。经年累月"合金丹之大药,炼八石之气英",试图制造出奇效仙药。然而就在对有关配料加热使其改变性状的时候,这些物质之间因相互作用而引发的强烈化学反应,往往导致冲天大火的爆发。这一奇异现象的出现,便是以后火药的先声。根据文献记载,中国人至晚在唐代已经掌握了火药配制的方法。唐初著名医学家孙思邈在《丹经内伏硫黄法》中,就曾具体地记录了控制硝、硫、炭混合物剧烈燃烧的方法。这一记录表明,当时的人们并不是十分清醒地知道自己实则已经能够配制火药了。确切揭示这一重要发明的文献,是唐代中期的丹书《真元妙道要略》。该书明确记载,以硝石、硫黄、木炭三物混合不仅能够燃烧,可以发出强烈火焰,甚至还会由此造成"烧手、面及烬屋舍者"。这段文字

放爆竹　清

记录,应当是迄今所知中国历史上的第一个火药配方,也是世界历史上最早的火药配方。

其二:火器。

中国古代火器出现很早。大约五代以后,火药便首先在军事上得到应用。根据路振《九国志》记载,割据江淮的杨行密于公元904年围攻豫章(江西南昌),部将郑璠"以所部发机飞火烧龙沙门,率壮士突火先登入城,焦灼被体"。这里所谓"飞火"就是火箭、火炮之类的火器(许洞《虎钤经》卷六)。到了宋代,火箭、火炮在战争中已经开始广泛应用。宋仁宗时,在曾公亮所编的《武经总要》中还介绍了火箭、火球、霹雳火球的制作方法。后来在宋、金、元三方交战中,还产生了以纸管、石灰、火药为原料的霹雳炮以及叫做火枪的管形火器。北宋末年,负责防御开封的老将李纲曾用爆炸性武器霹雳炮,成功击退来犯金兵。绍兴三十一年(1161)金兵拟由采石南下渡江,宋兵又以霹雳炮炸敌取胜。火枪是一种以巨竹或长筒填充火药的管状杀伤火器。这种火枪的制作方法是"以敕黄纸十六重为筒,长二尺许,实柳炭、铁滓、磁末、硫黄、砒霜之属,以绳系枪端。

军士各悬小铁罐藏火,临阵烧之,焰出枪前丈余,药尽而筒不损"(《金史·蒲察官奴传》)。

13世纪以后,火药、火器随着蒙古人的西征渐次西传。首先学到火药技术的是阿拉伯人,接着是欧洲人。阿拉伯人称制造火药的原料硝末为"中国雪",在伊斯兰各国的军事著作中,曾经长期使用"契丹火箭""契丹火轮"之类的名称,这是火器源于中国的最好说明。火药和火器的发明,是人类从冷兵器时代向使用火器全新时代过度的重要开端,也是把燃烧的热能转化为机械动力的一次非凡的技术进步。诚如恩格斯所说:"火药和火器的采用决不是一种暴力行为,而是一种工业的,也就是经济的进步。""现在已经毫无疑义地证实了,火药是从中国经过印度传给阿拉伯人,又由阿拉伯人和火药武器一道经过西班牙传入欧洲。"(《反杜林论》)在诸种火器中,尤须提及的是中国古代的多级火箭,它至迟可以追溯至公元14世纪初。《武备志》中就记载了一种叫做"火龙出水"的武器,其二级火箭可自动点燃。直到20世纪,液体燃料火箭才创制成功,最终使地球人走向外星成为现实。因此李约瑟指出,火箭是中国人的重要发明,是对人类做出的最大的技术贡献。事实说明,没有中国古代的火药和火器为先导,便不可能出现今天的各式火箭,所谓人造飞船、航天飞机之类也只能是一句空谈。

其三:爆竹。

爆竹的故乡在中国。当然,中国爆竹的产生和形成具有久远的历史。最初是南朝梁宗懔《荆楚岁时记》有关"爆竹"的记载:在火中燃烧竹子,使其破裂发出劈啪之声。大约到了唐代,在竹筒内装上硝末,引导爆炸,此乃人造炮竹之始。以后有了火药,又以纸筒替代竹子,便形成了后来所说的爆竹。宋代时期,各地多有制作爆竹的作坊。将许多小爆竹用药线串联起来,点燃后此伏彼起,响声不断,这就是后人习见的鞭炮。爆竹之被用于吉日喜庆活动,至晚在北宋时代已相当流行了。据《东京梦华录》记载,宋代宫廷演出百戏,每一出毕,"忽作一声霹雳,谓之'爆仗'"。爆仗是爆竹的别称,因为采用含硝量不高的火药来引爆,声音很响。除夕之夜,"禁中爆竹、山呼,声闻于外"。其实燃烧爆竹的时节,并不限于除夕夜,它是逐渐由除夕、元旦而扩大到各种节庆活动的。当然,最能体现神圣气氛者,则是除夕至元旦。因为这时"比户放爆竹昼夜",而且"天光愈黑,鞭炮益繁","合衣少卧,已至来朝,旭日当窗,爆竹在耳","满城迭响,如崩瓦裂石"。正所谓"爆竹声中一岁除,春风送暖入屠苏",爆竹为美化节日营造了浓郁的喜庆气氛。

其四:烟火。

烟火的故乡也是中国。它的源起比较久远,《荆楚岁时记》中已有记录,"今正腊旦门前作烟火、桃神、绞索……逐疫,礼也"。烟火,又称烟花,焰火,或礼花。烟火由三部分构成:引信、发射药、炮药,引信是导火线;发射药点燃后,将炮药射向空中;炮药在空中燃烧爆炸,混杂其中的盐类在高温下与氧气发生化学反应,出现各种艳丽的火花。烟火在北宋时期已很流行,《东京梦华录》中不乏演戏时点放烟火的描述。其表演杂艺者,"或竿尖立横木列于其上,装神鬼吐烟火,甚危险骇人"。大约从南宋时候起,施放烟火的元宵灯会开始勃兴,长盛不衰。烟火种类繁多,其中有起轮、走线、流星、水爆,还出现一种点燃后贴地面旋窜的"地老鼠"。后来,点放烟火突破了元宵之夜,诸如元旦、冬至以及皇城中行大朝会,"晚筵于庆瑞殿,用烟火、进市食、赏灯并如元夕"。明代以后,民间施放烟火之风更为盛行。明代《宛署杂记》曾述当时烟火类别:"有声者曰响炮,高起者曰起火,起火中带炮连声者曰三级浪,不响不起、旋绕地上者曰地老鼠;筑打有虚实,份两有多寡,因而有花带人物等形者曰花儿,名几百种。"烟火是中国古代劳动人民的伟大发明,它为人们欢度佳节平添许多乐趣,现已成为全世界人民举行盛大庆典中的一道分外亮丽的风景线。

二、水力

尽管就顺序而言,人类在掌握自然能源方面应当是火在前而水在后,但因为将火转化为动力需要相当复杂的过程,而水力则是在本质上直接利用其机械能,故水力开发相对容易。中国古代在水力技术方面的一系列开发和利用,是劳动人民智慧的结晶,也是对世界文明做出的伟大贡献。

其一:水车。

中国古代的水车,又名龙骨车。利用这种方形板叶链式的抽水机,可以把大量的水由低处提升到高处。龙骨车不只可以用来灌溉农田,还可用于土木工程及各地区的排水和饮水供应。

我国水车始于何时,迄今尚无确切定论,但至晚在东汉时期已经得到应用了。著名思想家王充在其《论衡》一书中,就有关于龙骨车的

水排鼓风箱

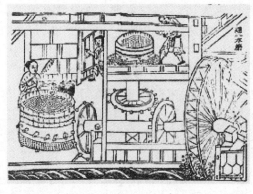

水磨

记述。在以后的正史《后汉书·宦者列传》中也有清晰的记载:中常侍张让曾命匠师毕岚解决洛阳缺水之患,毕氏"又作翻车渴乌,施于桥西,用洒南北郊路,以省百姓洒道之费"。此处所谓"翻车",即方形板叶链式的龙骨车。

由于龙骨车对发展农业生产和在人民生活中的重要作用,所以,还在古代时期便引起世界各国的高度重视。根据李约瑟博士的考证,早在中世纪的时候,中国发明的龙骨车便在朝鲜、越南等周边国家的农业灌溉中发挥了巨大的作用。欧洲出现最早的龙骨车,是公元16世纪按照中国模式设计的。公元17世纪末,英国海军仿制了中国的龙骨车,用以排除船舱污水。以后,荷兰人又把龙骨车介绍到美国,得到了广泛的应用。甚至"近至公元1938年,古典式的龙骨车再次由中国传入美国,用于从犹他州的大盐湖中抽出可结晶的盐水"(罗伯特·坦普尔《中国:发明与发现的国度》)。

张萱《捣练图》(赵佶摹本)

其二:水排。

水排是中国古代又一重要发明,这是一种利用水力推动革囊鼓风的冶铁装置。这种装置的发明者是东汉南阳太守杜诗。在《后汉书·杜诗传》中,曾有杜氏"造作水排,铸为农器"的文字记载。唐代章怀太子李贤特别于此加注:"冶铸者为排以吹炭,令激水以鼓之也,'排'当作'橐',古字通用也。"

关于水排在生产过程中发挥的重要作用,正史中早有记载。《三国志·魏书》说:当时的乐陵太守韩暨担任冶金总监,很有作为。以往旧法是用马力带动鼓风箱,每担熟铁需用一百匹的马力;若是使用人力,也十分昂贵。韩暨则改用长流水驱动熔炉鼓风箱,结果"计其利益,三倍于前。在职七年,器用充实"。随着以后对鼓风水排的不断改进,这种机械便代代流传,越来越广泛地应用于全国各个地方。

直到公元12世纪,欧洲才开始在冶金工业中应用水力。最早的记录是用水力带动锻铁锤,至于采用鼓风水排则是从公元13世纪才开始,比中国整整晚了一千三百多年。毫无疑问,通过一定的水力装置,将强大的水力应用于工业加工的技术发明,称得上现代社会以前开发能源中的一项重大突破。

其三:水下打捞。

中国人的聪明才智反映于各个方面,先进而科学的水下打捞技术同样是中国古代的又一杰作。

宋代僧人怀丙堪称最突出的代表人物。怀丙,真定(河北正定)人。关于他发明的水下打捞技术,《宋史·方技传》中记述颇详:宋英宗治平元年(1064),山西蒲州附近有一座横跨黄河的浮桥被洪水冲毁。该桥主体部分是一条巨大的铁链,铁链两端分别系于八头硕大的铁牛上,"一牛且数万斤"。洪水暴涨不只冲毁浮桥,重达"数万斤"的铁牛也冲入河中,沉于河底。如何把"铁牛"从河底捞出来呢?怀丙想出一个绝妙办法,解决了许多人无可奈何的这一天下难题。他的做法是:先用土装满两只大船,以绳索一端系于船上,以绳索另一端系于河底铁牛,然后逐渐铲除船中之土。于是,随着"徐去其土,舟浮牛出"。

怀丙发明的令人赞叹的打捞技术,是历史上的第一次。这一技术充分利用了水的浮力性质,在以后国内外的水下作业中发挥了重要的作用。甚至在20世纪50年代,当巨型远洋船"安德烈·多利亚号"沉于大西洋中后,也是将几条装满矿石及水的船只与沉船系在一起,然后采用"逐渐铲除法"实现了目的。很显然,这是九百年前中国人怀丙打捞技术的又一典型应用。

其四:水碾之属

在中国古代,以水流作为动力的机具或设施,不惟历史悠久,而且品类繁多,其中尤以水碾、水磨以及水转百戏最为知名。水碾是利用水力带动碾子,用以压碾谷物的一种农具。我国古代利用水碾的情况,文献中多有记录。《魏书·崔亮传》说,清河人崔亮在雍州时,"读《杜预传》,见为八磨,嘉其有济时用,遂教民为碾。及为仆射,奏于张方桥东堰谷水造水碾磨数十区,其利十倍,国用便之"。因为南方水力条件优于北方,故南方水碾亦较北方普遍。清初顾炎武《与潘次耕书》云:"彼地有水而不能用,当事遣人到南方,求能造水车、水碾、水磨之人。"

水磨,又名水硙,是一种利用水力带动石磨,主要用于磨制面粉的机械装置。因为水磨很早就成为人们社会生活中的重要工具,所以中国古代常把水磨与土地一起作为衡量田宅财产的参照物。例如《隋书·杨素传》中就记载:杨素"负冒财货,营求产业,东、西二京,居宅侈丽","及诸方都会处,邸店、水硙并利田宅以千百数"。在明人王圻的《三才图会·器用》篇中图文并茂,精细描绘水磨运作机理,可以作为详细之资参考。

水转百戏为三国时代马钧创造。据《三国志·魏书·方技传》中裴松之注记载,魏明帝得一木制玩具,百戏造型优美,但不能动。马钧予以改造,并做木轮置于平地,用水驱动,各种造型一齐活动起来:"设为女乐舞象,至令木人击鼓吹箫;作山岳,使木人跳丸掷剑,缘絙倒立,出入自在;百官行署,舂磨斗鸡,变巧百端。"通过马钧的水转百戏,既反映了他对齿轮传动原理的熟练运用,也反映了中国古代劳动人民巧用水力的高超智慧。

三、风力

人类最先学会使用的动力大约是畜力。继畜力之后,人类最早掌握的自然动力恐怕就是风力了。由于不分时间,不分地域,随时都有风的出现,随时都能形成风力,所以勤劳智慧的中国人民早在遥远的古代就已经非常注意开发利用"风"这种动力了。

其一:风帆。

风帆是古代航船的重要辅助设施之一。它以自然界的风力为动力,替代了撑篙、划桨和摇橹的艰苦劳动,因而,发明风帆是人类应用自然力的一个重要标志,也是古代航运发展史上的一个里程碑。中国的风帆始于何时?或曰夏代,或曰殷商,至今莫衷一是。有关风帆的早期描绘,见于汉马融致汉安帝的《广成颂》:"然后方余皇,连舼舟,张云帆,施蜺帱,靡飓风,陵迅流,发棹歌,纵水讴,淫鱼出,著蔡浮,湘灵下,汉女游。"(《后汉书·马融列传》)

中国的帆船曾长期走在世界前列。早期的帆是以竹条做骨架,然后牢牢地铺上一层竹席子。这样的帆比后来西方使用的帆布帆方便得多,它可以像百叶布帘一样很容易地拉上拉下。风向改变时,没有必要爬上卷起或打开,只消拉动升降绳即可;而当风力变化时,还可以根据情况调整风帆的数量。在风帆中,四角帆的影响很大。西方人认为,"中国的平底帆船上的四角帆是世界上迄今为止最好的帆"。四角帆大约在东汉时代已经问世。在万震《南州异物志》中就记有这种帆装的船,其中有些船可载七百多人和大量的货物。著名航海历史学家史密斯认为,"作为在狂风骇浪的海上或宽阔的内河航道上运载人和商品的工具,很难说还有比中国平底帆船更加合适的船了。无疑,就平稳和方便而言,中国帆装是无可比拟的。"(罗伯特·坦普尔《中国:发明与发现的国度》)李约瑟也指出:"中国的平衡四角帆的确是人类利用风力方面取得的第一流的成就。"(同上)

其二:风车。

所谓风车,也就是扬谷器,它是利用风力扬除糠秕的一种农业机械。明人宋应星《天工开物·攻稻》曾解释道:"凡去秕,南方尽用风车扇去。"发明这种机械的背景是,中国古代人民既不满足于自然界刮风的恩赐,又不甘心于原始、费力的筛谷法,于是旋转式风扇车(又称扬车)便应运而生。

旋转式风扇车基本原理是,把带糠秕的谷物倒入加料斗,当风扇因曲柄摇动而产生气流冲击时,糠秕通过扬车尾部的漏孔被冲到地上,而籽粒则落到扬车中部外侧下面的容器里。这一机械的设计是如此精妙,以致宋代著名文学家梅尧臣写诗赞曰:"白扇非团扇,每来场圃见。因风吹糠秕,编竹破筠箭。任从高下手,不为暄寒变。去粗而得精,持之莫言倦。"

18世纪初期,中国的风扇车传入欧洲。欧洲人在中国风扇车的基础上,又作了适合当地情况的改进。在此之前,他们一直是用扬锹扬谷和用簸箕簸谷。中国的扬谷法比西方领先了两千年。

其三:风筝。

风筝的故乡在中国。明陈沂《询蒭录·风筝》中说,风筝,"即纸鸢,又名风鸢。初,五代汉李业于宫中作纸鸢,引线乘风为戏,后于鸢首以竹为笛,使风入作声,如筝鸣,俗呼风筝"。陈氏此文用以解释风筝名称之源似无不可,至于风筝的发明当远比五代为早。根据有关文献记载,早在春秋时期,巧匠公输般与同一时期的墨翟都曾制作过风筝。其中,由公输般制造的鸟状风筝甚至可以在空中飞行三天之久。早期风筝的具体情况如何,有待进一步考证;后来风筝的制作日益精美、种类也日益繁多,则是不争的事实:除了最常见的鸟状风筝外,还有模仿蜈蚣、青蛙、蝴蝶、飞龙等几百种动物形状的风筝。再后来,甚至出现了载人风筝。

直到公元16世纪,欧洲人才知道风筝。公元1589年,科学家贾姆巴蒂斯塔第一次在《自然魔力》一书中提到了风筝,他那时称风筝为"飞帆"。或许是由于历史的原因,"公元1910年以前有关航空学著作都在序言部分提到了风筝。在本世纪初,最初的飞行员甚至喜欢用俚语'Kites'(风筝)来称呼飞机。这正好说明飞机源于风筝,而中国制作风筝要比欧洲早2000年"(罗伯特·坦普尔《中国:发明与发现的国度》)。

四、能源开拓

古代中国不单是火药的发祥地,也是近代三大燃料——煤、石油和天然气的最早发现国和使用国之一。在遥远的古代便认识和宣传"三大燃料",再度展示了中国人民的智慧,也再次表明中国人民为人类文明做出的伟大贡献。

其一:煤

在中国古代,有关煤的发现和使用的历史相当悠久。中国显然是世界上最早以煤为燃料的国家。13世纪来华的意大利马可·波罗居然不知中国人用作燃料的煤究系何物,他十分惊奇地说:整个中国"到处都发现有一种黑色石块,它挖自矿山,在地下呈脉状延伸。一经点燃,效力和木炭一样,而它的火焰却比木炭更大更旺。甚至可以从夜晚燃烧到天明,仍不会熄灭。这种石块,除非先将小块点燃,否则平时并不着火。若一旦着火,就会发出巨大的热量。""这些黑色石块,却取之不尽并且价格又十分低廉"(《马可·波罗游记》)。

中国人使用煤的历史,自然远远不是从马可·波罗感到大惑不解的那个元代开始的。煤,古称"石炭""石墨"或"石涅"。若从文献中考证,用煤的较早记录见于北魏郦道元的《水经注·河水》篇。唐宋以后,用煤日益普遍。例如宋代的河北、河南、山东、山西、陕西、安徽、江西各地,都有煤的开采。据《宋史·陈尧叟传》记载,山西地区的农民转而采煤,"仰石炭为生"。庄季裕《鸡肋编》中所说更是惊人:"昔汴都数百万家,尽仰石炭,无一家燃薪者。"若是放眼考古发现,则用煤之初当远非郦道元所在的北魏时代。1955年春在河南洛阳地区的东汉粮仓遗址中发现了煤屑、煤块,同时在郑州东汉烘范窑和巩县西汉冶铁遗址中也发现许多煤屑、煤块。这些发现作为汉代用煤的例证,自然不成问题。然而后来发现尚远不止此。1956年在陕西沣西的西周墓中,出土了用煤雕成的圆环;1975年在宝鸡地区的两座西周昭穆时期的大墓中,又发现煤雕二百余枚。煤雕的原料,来自一种叫做"煤玉"的稀有煤种。由此可知,中国古代用煤的时间,应该远远出现在汉代之前。为了冶铁的需要,中国人在南宋末年还掌握了将煤干馏为焦炭的技术。焦炭既保留了煤的长处,又克服了煤的渣多、气孔度小、易爆裂等短处,极便冶铁生产。英国人于1788年才采用焦炭冶炼,比中国晚了五百多年。

其二:石油

在中国古代,有关石油的发现和使用的历史也相当悠久。作为一个新鲜的名词,石油首见于宋代沈括的《梦溪笔谈》。不过,这绝不意味着石油仅仅发现于沈括所在的时代;因为石油还有石漆、石脂水、水肥等别称,而这些名称大约在汉代已经出现了。例如《汉书·地理志》上郡高奴县(今陕西延长)条下便记录说:"有洧水,可燃。"这就是说,早在西汉时期,人们已发现浮于延河水上的石油可作燃料。东汉时又于酒泉延寿县发现了石油,因为这种液体有如漆状,故称"石漆"。这种石漆"燃之极明",且"膏车甚佳"(《后汉书·郡国志》)。晋人张华《博物志》记述道:"水肥亦所在有之,非止高奴县洧水也。"及至北魏和唐代时期,在新疆库车和甘肃玉门关一带也陆续发现了可以燃烧的"石脂水"。至宋代,科学家沈括不单为"石油"正式命名,以石油之烟作墨,还为石油指出光明前景。石油除了用作一般性燃料外,隋唐五代时还广泛应用于军事。在北宋汴梁的军器监中,就特别设有"猛火油(石油)作",专门制作火器。当时还发明了用石油产品沥青控制火药燃烧速度的技术,这一发明大约早于国外一千年。

中国不止是很早发现和使用了石油,还是全世界开凿油井最早的国家。明代正德十六年(1521),在四川峨眉山麓的嘉州(今乐山)开凿出一口石油竖井,深度达到数百米。美国直到1859年才钻出一口油井,井深仅21米。中国开凿油井比北美和欧洲提前三百多年,这是当时任何其他国家都不可比拟的。

其三:天然气

在中国古代,有关天然气的发现和使用的历史也相当悠久。大约西汉时期,中国人已经发现了天然气。据《汉书·郊祀志》记载,汉宣帝神爵元年(前61),"祠天封苑火井于鸿门"。"鸿门"地址,在今陕西神木县西南。这就是说,在当时的鸿门地区已发现了天然气。或许是唯恐后人不明就里,甚至在《汉书·地理志》西河郡鸿门县条下特别说明:"有天封苑火井,祠火从地中出也。"有关天然气开发和利用的情况,当以中国西南之四川地区为最早。还在汉代的时候,当地人民因为穿凿盐井便发现了这种气体,当地人把它作为煮盐的燃料使用。汉人扬雄《蜀王本纪》记述说:"临邛有火井,深六十余丈。"这里所谓"火井",就是后人所说的天然气井。西晋人张华《博物志》也提及临邛火井,"昔时人以竹木执以取火","执盆盖井上煮盐(水)得盐"云云。如果说有关照明的情况,仅以张华所谓"以竹木执以取火"犹言之未详的话,则西晋以后其他文献的记述就具体得多了。东晋学者常璩在《华阳国志》写道:"民欲其火,先以家火投入(火井之口),顷许,如雷声,火焰出,通耀数十里。以竹筒盛其光藏之,可拽行终日不灭也。"唐代的《十道要记》中也有类似记述:"火井有水,郡人以竹筒盛之,将以照路,盖似今人秉烛,即水中自有焰耳。"自汉代以降,我国四川地区的天然气开发从未间断。至清代道光年间,已经出现了1000米深的气井,这是当时世界上有案可查的最深的天然气井。

第四节 信息技术

信息时代发展到今天,除了各种自然资源、生产工具外,作为一种重要资源和财富的信息资源,正在日益明显地影响着整个社会的运转。从宏观的角度看,人类今天的文明是由农业社会、工业社会,而后逐步进入信息社会的。信息时代与农业时代固然不是一个层次,但是人类不会忘记、也不应当忘记:中国古代的许多先进技术,特别是造纸术、印刷术、指南针以及地动仪等多项伟大发明,为人类信息技术的发展和腾飞起到了重要的奠基作用。

以上所说的造纸术、印刷术、指南针、地动仪等四项伟大发明,分属于两个不同的范畴:造纸术和印刷术属于信息载体领域的技术发明;而指南针和地动仪则属于空间领域的信息技术。同属载体领域的信息技术,造纸术与印刷术又各不相同:前者属于信息载体的革新,后者是复制技术的发明。同属于空间领域的信息技术,指南针与地动仪也各有特点:指南具有示向功能,表明方位;地动仪则具有示址作用,表明处所。

造纸术

一、造纸术

纸的发明是文字载体的一次深刻革命,造纸术是中国人民对人类文明做出的又一重大贡献。

文字产生以后,采用什么样的载体以记录文字,成为制约信息传播的根本因素。在中国发明造纸术之前,文字载体可谓五花八门,落后而原始。无论是苏美尔人的泥板、迦勒底人的砖刻、巴比伦人的石刻、古罗马人的铜板、古埃及的纸草、柏加曼人的羊皮、古印度人的贝多叶,还是中国殷商时期的龟甲、兽骨、金石及战国秦汉时期的竹、木、缣帛等等,都说不上是理想的书写材料。因为上述这些文字载体很不适用,它们或失之不坚,或失之累赘,或失之昂贵,或失之笨重。据有关方面统计,中世纪的欧洲制造一部羊皮纸的《圣经》,至少需要三百多张羊皮!

中国古代造纸的历史相当悠久。20世纪50年代以后,就有多次关于纸的重大考古发现。例如1957年在西安灞桥、1974年在甘肃居延、1978年在陕西扶风、1979年在敦煌马圈湾、1986年在天水放马滩,都曾发现西汉时代的麻纸。其中,1986年发现的放马滩纸是文景时期(前179—前141)的造纸,也是迄今为止全世界发现最早的纸。由此可见,中国早在公元前2世纪或更早一些时候已经发明了造纸术。经过历代劳动者的不懈努力,造纸术由粗而精,特别是公元105年经过东汉宦官蔡伦之手,实现了造纸术的重大革新。据《后汉书·宦者列传》记载:"蔡伦字敬仲,桂阳人也","和帝即位,转中常侍"。自古以来,书契材质多用竹简缣帛。由于"缣贵而简重,并不便于人。伦乃造意,用树肤、麻头及敝布、鱼网以为纸。元兴元年奏上之。帝善其能,自是莫不从用焉。故天下咸称蔡侯纸"。所谓"元兴元年"(105)上奏的"蔡侯纸",实为劳动人民长期生产实践的结晶。由于它兼得纸草之便而又不易于破损,兼得竹木简册之廉而又无其累赘,兼得甲骨金石之坚而又无其笨拙,兼得羊皮缣帛之柔而又无其昂贵,因而在社会上很快推广开来。东汉以后,中国造纸业并未就此止步。由于不断地补充和改进造纸原料,不断地提高和革新工艺技术,因而不仅使纸的种类日益增多,纸的质量也大大提高。例如魏晋南北朝时期已开始以桑皮、藤皮为原料,隋唐五代时期甚至把竹、麦秆、稻秆、檀皮等也都用来造纸。这一时期已开始利用帘床设备捞纸,使纸张具有一定规格,也提高了工效。为了防止虫蠹,这一时期还发明了通过黄檗和雌黄等物的加工处理,以防纸张蛀蚀的"潢治法"。唐宋以后,造纸业蓬勃发展,各地纸张自具特色。其中例如宣纸、苏纸、歙纸、蠲纸、胡纸等都享有很高知名度。尤其是宣纸,堪称纸中之冠,不仅洁白光艳,且韧性很强,以"纸寿千年"的雅号饮誉天下。

由于纸张在古代是最经济、最适用和最易于普及的书写材料,在思想交流、文化传播方面具有任何其他载体都无法取代的作用,因而,很快得到世界各国人民的认同和接受。大约在公元3世纪,中国的造纸术首先传入越南,4世纪传入朝鲜,5世纪传入日本,7世纪左右传入印度。大约8世纪中叶,由于唐王朝与大食交战的缘故,造纸术西传阿拉伯。公元1150年阿拉伯人再传西班牙。当时,西班牙曾在本国南部的萨地瓦建立了欧洲第一家造纸厂,而此时上距蔡伦造纸已有一千多年了。此后,公元1276年在意大利、1320年在德国、1323年在荷兰、1460年在英国、1567年在俄国、1575年在墨西哥、1690年在美国等地,都先后建立起造纸厂。也就是说,经过一千多年,中国的造纸术传遍了世界各个角落。纸张对于人类文明的影响是如此之大,以至美国学者德克·卡德发出由衷赞叹"纸对后来西方文明整个进程的影响无论怎样估计都不会过分",就此而论,"世界受蔡侯的恩惠要比许多更知名的人的恩惠更大"(《中国物品西传考》)。

二、印刷术

印刷术是中国古代劳动人民继造纸术之后的又一项伟大的信息技术革命。在印刷术出现之前,一般的图书都是手抄形式。手抄书籍不独费时费力,而且相

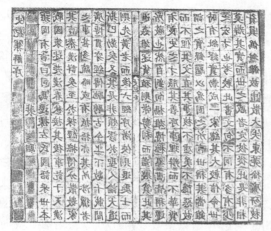

活字印刷

互传抄,极易出现差错。中国印刷术的发明,开创了书籍的历史新纪元。所谓印刷术,就是对原稿的图文进行复制的技术。它的最大优点就是能够经济地、大批量地复制,便于广泛、迅速地传播知识和信息。

中国古代印刷术主要包括两种形式:雕版印刷和活字印刷。

关于雕版印刷。我国古代的石刻和印章堪称雕版印刷的滥觞。在总结前代印章、石刻经验的基础上,晋代人发明了墨拓技术,隋代人则在墨拓技术的基础上发明了真正的印刷术——雕版印刷。最初多半是雕印佛像、佛经,后来逐渐雕印一般书籍。据明陆深《河汾燕闲录》记载:隋文帝"开皇十三年(593)癸丑十二月八日敕:废像遗经,悉令雕刻印刷"。可见,当时官方已经掌握了雕版技术。隋代以后,雕版技术开始在民间流传、应用。据《旧唐书·文宗本纪》载:大和九年(835)十二月"丁丑,敕诸道府:不得私置历日版。"意思是国家下令禁止民间私自刻印日历。由此可见,唐代民间已经掌握了雕版技术。五代以后,雕版印刷日益流行,不仅书坊刻书、私人刻书,还有大量的官府刻书。据《五代会要》卷八记载:后唐中书门下冯道、李愚诸人,曾"奏请依《石经》文字刻《九经》印版",这是政府出面组织雕印儒家经典的开始。至宋代,雕印经卷之风更炽。太祖开宝四年(971)张徒信在成都雕印了整部《大藏经》,共1076部,雕版达13万块。宋代以后,又陆续出现铜版印刷和彩色套印技术。明清时代饮誉天下的许多套色版画,就是这些技术的优秀产物。

中国的雕版印刷术最先传播到周边邻国。公元8世纪东传日本,此后日本雕印了《陀罗尼经》。10世纪传入朝鲜,此后朝鲜雕印了整部《大藏经》。大约13世纪中叶传至越南,13世纪

毕昇

末从土耳其传入伊朗,14世纪又从伊朗传到埃及和欧洲。中国作为雕版印刷术的故乡,应该是不争的事实。1900年在我国的敦煌地区,发现了唐懿宗咸通九年(868)雕印的《金刚经》。这部作品是一个长约16尺的卷子,由六个印张粘缀而成,卷首附有《祇树给孤独园》画图,表现当年释迦牟尼在祇园精舍向长老须菩提说法的故事。卷尾刻有"咸通九年四月十五日王玠为二亲敬造普施"的字样。《金刚经》刀法纯熟,雕刻精美,墨色匀称,印刷清晰,表明雕版印刷术发明已久,技术已臻成熟。20世纪60年代以前,国内外学术界本来已经达成共识:唐代咸通九年雕印的这部《金刚经》是现在所见的有确切日期的全世界最早的雕版印刷品。然而自1966年在韩国发现《无垢经》后,韩国部分学者认为该经卷为新罗所刊,是现存世界最早木版印本,由此向传统观点发起挑战。中外许多学者对此予以批驳,尤其在90年代以后的许多场合,中国学者以大量的事实为根据,表明这部大约雕印于公元8世纪初的《无垢经》乃是来自中国唐代物品,从而维护了中国雕版印刷术的发明权。

关于活字印刷。随着印刷事业的日益兴盛和雕版数量的剧增,雕版印刷的缺点也逐渐暴露无遗:每印一部书就要雕印一次版,有限的文字重复使用时便重复雕刻,而且一版一页,一旦有错,很难更改。所以这样做的结果是,既浪费了人力、财力,也延长了印刷周期。于是在雕版印刷术全盛时期的宋代,平民毕昇在长期雕版实践的基础上,大约于公元1041—1048年间发明了活字印刷术:以胶泥刻成单字后烧硬,然后用活字排版印刷。采用活字印刷术可以大大节省人力、缩短印刷周期,堪称是印刷史上又一次伟大的技术革命。文学家苏轼曾对这一现实发出由衷感叹,"余犹及见老儒先生,自言其少时,欲求《史记》《汉书》而不可得","近岁市人转相模刻,诸子百家之书,日传万纸,学者之于书,多且易致如此"(《文献通考》卷一九四引)。继泥活字之后,元代又出现了木活字、锡活字、铜活字。与此同时,还发明了转轮排字架,这种辅助设施减轻了劳动强度,提高了排字效率。元代发明的锡活字、铜活字,以及明代发明的铅活字,都是当时世界上最早使用的同类金属活字。

中国的活字印刷术大约在14世纪传入朝鲜和日本,15世纪传入欧洲。德国谷登堡于公元1456年出版的《圣经》是欧洲第一部活字印刷出版物,比中国活字印刷晚了四百年。自公元1460年意大利建立了欧洲第一家印刷厂之后,欧洲各国印刷厂陆续建立和发展起来。

印刷术传入欧洲后,为意大利文艺复兴、德国宗教改革和反封建斗争提供了必不可少的条件。诚如恩格斯所说:"印刷术的发明以及商业发展的迫切需要,不仅改变了只有僧侣才能读书写字的状况,而且也改变了只有僧侣才能受较高级教育的状况。"(《马克思恩格斯全集》第七卷)很显然,无论是对欧洲传播资产阶级思想文化,还是对近代科学技术的腾飞,中国的印刷术都具有难以估量的重要意义。

或许印刷术的伟大发明原本就应该在中国薪火相传:公元11世纪中叶,宋代的布衣毕昇发明了活字印刷术;九百年后的1979年,北京大学的王选教授等人又发明了计算机激光汉字编辑排版系统。正所谓:古有毕昇,今有方正;告别铅与火,迎来光与电。北京大学方正集团揭开了中国印刷技术的一场深刻革命,为中国和世界出版事业做出了新的不可磨灭的贡献。

三、指南针

信息技术是一个广义的概念,它不仅包括信息贮存技术和信息传递技术,也应该包括信息获取技术和信息转换技术。对于自然界中人类感官不易接受的信息,就必须采用某种手段使其转换为可以感知的信息形式。指南针就是把人类无力感知的地磁信息转换为视觉可见的空间形式的一种伟大发明。

中国是世界上最早发现磁铁具有指极性能的国家。还在春秋战国时期,文献中已开始记述。《管子·地数篇》中说:"上有慈(磁)石者,下有铜金。"《吕氏春秋·经通篇》更是明确指出:"慈(磁)石召铁,或引之也。"这是世界上有关磁

指南针

石性能的最早记录。或许也就是在这个时候,中国人开始利用磁铁的这种指极性,发明了一种叫做"司南"的磁性指向仪器。《韩非子·有度篇》云:"先王立司南以端朝夕。"这里所谓"司南",就是指南针的古称。关于司南的制作形状,东汉学者王充《论衡·是应篇》云:"司南之构,投之于地,其抵指南。"这就是说,司南是以天然磁石磨制而成,状如勺形,置于平滑地方,勺柄会自动转向南方。这是人类历史上关于指南针的最早文字记载。

由战国秦汉到宋代,中国古代的司南经历了漫长的演进过程,终于发展成为指南针。这时的指南针与以往的司南有很大不同:它已从直接采用天然磁石发展为利用人工磁化技术制造更高级的指向仪器。至晚在宋代,已经掌握了两种人工磁化的技术。第一种技术是"磁石磨针锋"的方法。北宋著名科学家沈括《梦溪笔谈》卷二四记之甚详:"方家以磁石磨针锋测能指南,然常微偏东,不全南也。水浮多摇荡。指爪及碗唇上皆可为之,运转尤速,但坚滑易坠,不若缕悬为最善。其法取新纩中独茧缕,以芥子许蜡,缀于针腰,无风处悬之,则针常指南。其中有磨而指北者。予家指南北者皆有之。"这里不只是透露了"磁石磨针锋"的技术,还详细反映了四种装置方法(水浮、置指甲上、置碗唇上和悬丝)及其长处与短处。沈氏所说的"常微偏东",表明他已精明地注意到了磁偏角。第二种技术是利用地球磁场的磁化方法。北宋曾公亮《武经总要》中所记"指南鱼"就是利用此法:以薄铁剪鱼形后烧红,以尾部没水中,鱼尾指向正北,稍微向下倾斜,然后取出。经过磁化的铁片鱼浮于水面,这样就成为可以指向的"指南鱼"。欧洲人也曾用同样方法做人工磁化,但比中国晚了四百多年。至于磁偏角现象,则直到公元1492年哥伦布航海探险时才最终发现。

宋代以来,指南针的一项伟大成就是应用于航海。我国航海历史悠久,但早期行驶海上仅靠天文导航,凭借日月星辰辨认方位。晋代僧人法显在《佛国记》里,就记述了由印度返国途中唯靠天文指向的艰苦行程。指南针的出现,为航海事业带来划时代的影响。北宋朱彧《萍洲可谈》中的描述则是另一番景象:"舟师识地理,夜则观星,昼则观日,阴晦观指南针。"及至南宋罗盘问世后,指南针在航海中的重要性更为突出。吴自牧《梦粱录》云,"风雨晦冥时,唯凭针盘而行","毫厘不敢差误,盖一舟人命所系也"。这是世界航海史上有确切记载的使用指南针的最早记录。

在宋代,由于中国商船经常来往于南洋、印度洋以及波斯湾一带,于是同时航行于红海和波斯湾的阿拉伯人,便从中国人那里学会了指南针导航技术。在阿拉伯地区,中国人的指南针被称为"水上之友"。大约在公元12世纪下半叶,指南针又经阿拉伯人之手西传至欧洲。

指南针的应用,为海上远航作出了重大的贡献。从这个意义上说,倘若没有指南针的发明,那么肇始于15世纪之后的一连串海上壮举——无论是中国的郑和下西洋,还是意大利的哥伦布发现新大陆,抑或是葡萄牙的麦哲伦的环球航行,都终将是不可思议的。诚如英国著名哲学家弗兰西斯·培根所说:中国人发明的印刷术、火药和指南针,"这三种东西已经改变了世界的面貌。第一种在文学上,第二种在战争上,第三种在航海上。由此又引起了无数的变化。这种变化如此之大,以至没有一个帝国、没有一个宗教教派、没有一个赫赫有名的人物,能比这三种发明在人类的事业中产生更大的力量和影响"(弗·培根《新工具》)。

四、地动仪

自古以来,地震就是人类生存的大敌。这种由于地壳内部的瞬间破裂变化而引发的大地突然震动,对人类生命财产构成了极其严重的威胁。因而,早在遥远的古代,中国人就已开始对地震进行认真的观测和研究。有载籍可考者达3500多次,记录完备者有200余次。例如在晋代出土《竹书纪年》中,记载了帝舜时期"地坼及泉",这是世界上最早的一次地震记录。《吕氏春秋》中还记述了周文王立国八年(前1177),"岁六月,文王寝疾五日,而地动东西南北,不出国郊"。这是我国古代说明地震具体时间、范围的最早记录。在先秦文献《诗经》《春秋》《左传》《国语》中,也都留下许多有关地震的记载。秦汉以后,特别是从班固《汉书》以后,在历代正史"五行志""灵徵志"中有关各个时期的地震信息更是史不绝书。

正是在地震灾害巨大影响和前人大量观测研究的双重基础上,东汉时代的张衡发明了地动仪。张衡(78—139),字子平,南阳西鄂(今河南省南阳市北)人,是我国古代著名科学家和文学家。他任太史令后,掌天象观测,撰写天文著作《灵宪》,画出我国古代第一张完备星图,创造出第一架利用铜壶滴漏带动的浑天仪。阳嘉元年(132)又制造出全世界第一架观测地震的仪器,被英国科学家李约瑟称之为"地震仪的鼻祖"(《中国科学技术史》)。据《后汉书·张衡列传》记载,这架地动仪"以精铜铸成,员(圆)径八尺,合盖隆起,形似酒尊,饰以篆文山龟鸟兽之形"。仪器内部设有中枢机械"都柱",柱的旁边设八条通道,每条道上都有发动机关。仪器的外部铸有八条龙,嘴中含有铜丸。它们垂直向下,分别朝着东、西、南、北以及东南、东北、西南、西北八个方向。与八条龙一一对应的是地面上蹲伏仰头的八只铜蟾蜍。每只蟾蜍都张着嘴,随时准备迎接上方掉下的铜丸。"如有地动,尊则振龙机发吐丸,而蟾蜍衔之。振声激扬,伺者因此觉知。虽一龙发机,而七首不动,寻其方面,乃知震之所在。验之以事,合契若神,自书典所记,未之有也"。张衡发明的这台仪器,被安置在当时的首都洛阳。据记载,它曾成功地观测到永和三年(138)发生于陇西的一次六级以上的地震,开创了人类科学仪器观测地震的新纪元。中国古代这项技术发明遥遥领先于世界各国,西方直到一千七百年后才制造出同类观测仪器。

在张衡先进事迹的鼓舞下,汉代以后的中国人再接再厉,还根据地光、地声、前震、地下水异常、天气异常、动物异常等前兆,掌握了发生地震以前的许多测报方法。这些方法在大量地方文献中,特别是在各地的地方志中,都有详细的记载。例如在清代宁夏《乾德县志》中,就曾总结出地震之前的所谓"地震六端",对震前征兆做了非常具体的描述(详见第二章第三节地学)。

作为地动仪故乡的中国,现代地震预报技术正在探索中大步前进。自从1975年成功地预报了海城大地震后,此后又对松潘、龙陵、孟连、伽师、白玉、宁蒗等十多次地震做出了一定程度的临震预报。改革开放以来,地震部门更是为全国几千个大中项目及民用建筑的抗震设防提供了科学依据。然而,研究地震任务异常艰巨,今人仍须继续努力。试看自1999年9月21日在中国台湾南投县发生7.3级大地震以来,全世界达到惊人规模的地震连续不断:2001年在印度,2004年在印尼西海岸,2008年在中国汶川,2010年在所罗门群岛,2011年在日本等等。这些来自许多国家和地区的地震灾害,不仅一次又一次地为人类带来巨大灾难,也一次又一次地从反面昭示着人类:世界人民多么渴望能够涌现出更多像张衡那样的伟大发明家!

在1800年前的东汉时期,太史令张衡为了探索地震规律和保护人民生命财产,发挥中国人的聪明才智,孜孜不倦,刻苦研究,在报导地震信息方面做出了巨大贡献。这位伟大的科学家是1800年前中华民族的伟大精英,也是1800年后全世界人民永远爱戴和学习的杰出榜样!

第五节　传统科技的基本特点

中国古代科学技术具有数千年的悠久历史。在漫长的历史岁月里,由于受到中国特定的政治、经济和文化的影响,尽管各个科学技术领域的具体内容各不相同,但在它们身上却反映出了令人惊讶的大体相同的思维方式,存在着同一的价值取向和基本特点。归纳起来,这些基本特点就是实用性、直观性和整体性。

如同任何事物都有其发生发展的经历一样,科学技术领域也有一个发生发展的过程。今天的科学技术是昨天科学技术的发展和继续,没有古代的科学技术,就不可能有近现代的科学技术。探讨中国古代科学技术的基本特点,不仅有助于从正面深刻了解其何以在古代社会长期繁荣昌盛,也有助于窥知其在封建社会晚期何以渐次落伍?何以除中医学一花独秀外,中国的其他传统科技领域大都未能步入近代世界科技殿堂的大门?知其然,犹须知其所以然。这对于中华民族以史为鉴、扬长避短、不卑不亢、完善自我,在现代科技领域中重振雄风、再现昔日风采,具有极为重要的意义。

一、实用性

中华民族是一个注重实际,具有鲜明"入世"特色的民族,因而中国古代传统科学技术一般也都是注重实用效果,充满务实精神,在形态上属于典型的实用型而非理论型。实用性是中国古代科技的一大特点。

中国古代科学技术的实用性表现于各个领域。

古代天文学领域的实用性可谓典型。它在以下两个方面的表现相当突出:第一,天文研究是服务于生产管理的工具。古代研究天文,从一开始就以"历象日月星辰,敬授民时"为宗旨,反映出强烈的实用性和实践第一的指导思想。因而,古代天文学领域里的一系列活动,例如观测天象,把握物候,研究天时季节以编订历法,特别是从汉代《太初历》以后还把"二十节气"与十二个月相对应,形成固定不变的关系,有利于生产季节的推算等等,无不与发展农业经济有着密切的联系。第二,天文学研究是古代统治者的政治需要。古代天文观测,修订历法,在很大程度上又是为统治者宣扬"王权神授"或"授命于天"的政治目的服务的。惟其如此,在天文理论中,天人感应说、阴阳五行说和分野论几乎随处可见。天人感应说把天象与人事紧密联系,如《易》曰"天垂象,见吉凶"(《系辞传上》);阴阳五行说把王朝更替对应于神秘的五行循环之中;分野论则硬是把某一天区所发生的天象与某一地区出现的事变相呼应,所谓"阴阳之精,其本在地,而上发于天者也。政失在此,则变观于彼,犹景之象形,响之应声"(《汉书·天文志》)。因为"历法乃国家要务,关系匪轻"(《清圣祖实录》卷三九),即使在大动乱的魏晋南北朝和五代时期,即使在偏安一隅的非"正统"的政权下,天文研究也从未中断。在封建皇帝钦定的"二十四史"中,其他种类的史志缺漏者甚多,惟有《天文志》居然达到了十六种之多。产生这一现象的原因就在于:统治者认为"自古有国家者,未有不致谨于斯者也"(《元史·天文志》)。

古代的数学、医学、农学、地理学各领域的实用性也很典型。中国的传统数学以算学见长,原因就在于紧密地服务于生产实践。古代的生产实践始终是解决基本生活的根本途径,因而围绕生产实践问题而滋生出来的实用观念也就自然而然地成为人们普遍的社会心理,支配着与生产实践密切联系的古代算学的发展。例如《周髀算经》中有相当一部分内容,原本是用来解决、计算天文问题的。《九章算术》中的方田、粟米、衰分、少广、商功、均输、盈不足、方程、勾股等九章,共有246道应用题,无不与生产实践有密切联系。又如圆周率是为了解决圆面积、球体积,"大衍求一术"是为了解决生产实践中的剩余问题,勾股定理是为了解决土石方的体积等等。中医学的起源与发展,同样是古代社会、特别是封建社会发展的迫切需要,国人追求健康,古今同理。随着生产的发展和科学的进步,远古时代产生的巫医逐渐衰落,先民们需要从实践上和理论上再辟强身健体、却病延年之路,中医学随之产生、发展起来。中国古代农学之所以发达,追溯其源,"民以食为天","农者,有国之本也"(杜佑《通典·食货》)。历代统治者都把重视农业发展视为立国要道,因而,林林总总的农书就有三百多种。古代地学发达同样如此。中国自古疆域辽阔,人口众多。要想对泱泱大国实施有效的行政管理,就必须熟悉山川、疆域、水利、户口、民俗、物产等情形。这一背景不仅决定了历代统治者对地学的高度重视,也吸引了许多著名学者乃至不少朝廷重臣对地理研究的纷纷参与。以至于地理文献不绝如缕:在"二十四史"中设立的"地理志"达到十六种之多;在唐代以后的官修书目、私修书目和史志书目中,无不设立"地理类",古代的地学由是兴旺发达起来。

  举世闻名的"四大发明"也具有明显的实用性特征。从一定意义上说,无论是造纸术、印刷术,还是火药、指南针,它们的产生、发展和推广都有一个共同的前提,那就是基于古代中国大一统局面的根本需要。我国自古就是一个既有悠久文明,又有广袤地域的国度。早在先秦时代,不同载体的文献就已经成为中国人民记录、贮存和传播知识信息的重要工具。秦汉以后,随着中央集权的封建帝国的巩固和发展,知识信息的传播必须在更大程度上打破以往的时空局限。然而,在封建政治、经济蓬勃发展的形势下,不只是负载知识信息的基本载体形式(竹木简册缣帛)难以胜任,那种原始的手工抄写形式也与一统局面下必须迅速传播知识信息的基本要求亦相去甚远。因而,在当时中国的这一特定社会背景下,产生造纸术、印刷术之类的伟大发明自然在情理之中。指南针的产生和推广,同样是旨在突破空间局限,适应更大范围信息交流的基本需要。惟其如此,当指南针最终从相地看墓的堪舆家手中解放出来以后,很快便在水上交通和航行海外事业中做出了辉煌的贡献。至于说火药的伟大发明,最初产生虽然与道家的炼丹有关,但是它真正的巨大作用和影响,则主要发生于尔后大一统政权下的军事活动和社会活动中。

  对于中国古代科学技术领域中的实用性,我们应当客观分析和科学对待。

  中国古代科学技术因为注重实用性而获益匪浅。所谓实用性,就是注重实际,重视效果,充满务实精神。反映在科学技术领域,就是特别注重能够直接应用于生产实践中的知识和技能。从本质上说,这种实用性有其一定的合理内核。因为不仅任何科学研究和技术开发的终极目的都是为人类社会实践服务,而且任何科学和技术的本源也无不来自于人类社会实践。中国古代遥遥领先于世界各国的传统科学和技术(例如天学、数学、农学、医学、地学等科学领域,又如"四大发明"为代表的许多重大技术发明),大都是以解决国计民生方面的实际问题为基点,因而这些领域的水平之高,成就之大,影响之广,委实令世人赞叹不已。

但是,古代科技领域鲜明的实用性也有不容忽视之短。人类科学技术的发展历程告诉我们:重视科学技术的实用性,在早期阶段确能起到促进科技发展的作用,而当达到一定阶段、亟待深层次的理性提升时,倘若仍然过于重视"实用",则极易忽视理论建设的系统性。这时的过分重视实用性不仅没有促进作用,反而会成为制约科技自身发展的重要因素。纵观中国传统科学领域,近代以来的问题相当突出:除中医学因有完整理论体系而一直生机勃勃外,其他传统学科无不由于始终重视实用、缺乏科学的理论体系建设而日渐衰落。过分重视实用性,还容易造成目光短浅、顾此失彼乃至出现科研空白区域的局面。我国古代数学素称发达,实则主要是代数学的发达,几何学就不免逊色一些,三角学、解析几何学则基本没有建立起来。反省中国古代何以没有创立解析几何学这一现象,"其原因似乎在于中国人从没有对圆锥截面做过必要的研究,而圆锥截面则可给出像椭圆、抛物线和双曲线这样的基本曲线形式。这是中国人的盲点之一"(罗伯特·坦普尔《中国:发明与发现的国度》)。

二、直观性

直观性是中国古代科学技术领域的第二个特点。所谓直观性,就是习惯于对实践经验的直接记录和对自然现象的直观描述。它重视直觉体悟,不屑于对事物进行深入细致的观察与分析。

中国古代科学技术方面的直观性表现于许多领域。

古代数学领域的直观性可谓典型。在论及中国古代数学成就时,日本著名数学家三上义夫曾高度赞扬道:"以计算之发达,包含于如此之大文明中而有如此久长之历史,世界诸国未尝有也。"诚如斯言,留存至今的2100多种数学著作本身已经说明了这一点。而我们从这些数学著作中除了可以直接感觉到实用性特点外,还可以明显地体会到直观性的特点。所谓直观性,就是说中国古代数学家比较注意结果,而不太注意过程;比较注意具体的计算,而不太注意原理。诸如西方那种一贯倡导的以公式、公理为基础的逻辑推导和证明技术,中国传统数学界则兴趣索然。例如在《九章算术》这部反映古代社会实践许多问题的习题集中,尽管都给出正确的答案,并且也作出了一定的概括,然而却没有逻辑的证明,各章之间也没有一定的有机联系。虽然它的内容相当丰富,却没有显示出以高度抽象思维为特征的符号系统。我们固然不能排除古代数学家运用的某些计算方法或许是从逻辑思考中得到,但是主要的则是来自于平时许多次锲而不舍的直观而艰苦的劳动。

古代医学、农学、地理学各领域中的直观性也很典型。在古代医学领域中不乏其例。明代李时珍的《本草纲目》称得上是中药学中的杰出代表,而即使这样一部辉煌著作,也主要限于直接记录、归纳和一般性的经验总结。又如早在战国时期《黄帝内经》中已有关于解剖知识的零星记载,但医学界恪守传统经验,严守古代基本理论,始终囿于《黄帝内经》牢笼,致使秦汉以后两千年来中国解剖学再无发展。甚至在中医学研究掀起高潮的宋、元时期,医学界也还是宁肯津津乐道于玄而又玄的五运、六气之说,也不肯坐下来深入细致地考察人体。对于中医学领域中的这一不良积习,清代名医王清任言之有理:"著书不明脏腑,岂不是痴人说梦?治病不明脏腑,何异于盲子夜行。"(王清任《医林改错》)在古代农学领域中,基础理论一直薄弱的现象也令人深思。早在北魏时代,贾思勰的《齐民要术》已经为古代农学体系构建了粗线条的框架。此后,经过历代农学家的不懈努力,特别是经过明代著名科学家徐光启的《农政全书》的总结,具有中国特色的农业科学体系大体上已经确立。但是,由于习惯于前人的直观记录,很少进行理论探讨和科学分析,所以明代以后,农学领域基本上原地踏步,始终未能在《农政全书》的基础上再向前迈进一步。古代地理学领域中也有类似表现。例如中国古代绘制地图的历史相当悠久,但绘图技术长期采用传统而直观的网格绘图法,直至清康熙五十七年(1718),才出现了由西方传教士协助绘制的中国历史上第一幅以实测和经纬图法制作的《皇舆全览图》。

中国古代的许多重大技术发明也具有明显的直观性。据英国科学家李约瑟《中国科学技术史》的记录,中国古代的技术发明远远多于科学发明。产生这一现象的一大原因是,科学与技术本身有明显的区别。科学是意识形态之一,是关于自然社会和人类思维的知识体系,它往往不仅需要系统的理论来说明,还需要相应的方法和工具来反映。技术则不然,它属于应用领域,是人们在生产活动中逐渐积累起来的知识技能。由于技能本身具有知其然而不知或不必知其所以然的特征,所以一般不需要精致的理论,只要注意在实践中逐渐积累知识,即可凭直观的经验获得。以火药这一伟大发明为例,它的合成极为简单,主要是硝酸钾、硫黄和木炭这三种固体粉末的混合物。混合前的这三种个体无须化合分解获得,也无须高深理论之说明。这一发明的意义之大自不待言,但也不能因此而忌讳最初具有"射獐中虎"的偶然性。

对于中国古代科学技术领域中的直观性,也应当客观分析和科学对待。20世纪初法国哲学家柏格森在其《形而上学导言》一书中指出,科学从对象外面去观察对象,得不到真理。只有到对象里面去认识对象,才能得到真理。中国古代科技领域固然不能说都是"到对象里面去认识对象",然而却可以无一例外的说,都是在具体实践领域中前进。正是在这样锲而不舍、看似重复的实践中,我们的先人为中国、也为全人类留下了难以估量的珍贵财富。在古代许多技术发明中的重要资料,特别是在传统科学领域中的大量记录,都是永远值得研究的宝藏。以中国古代天文学领域中的记录为例,资料之宝贵,数量之惊人,世界各国无出其右。例如《尚书·胤征》中记载的仲康日食,乃是迄今为止全世界文献中记录日食最早的一次;又如《汉书·五行志》中记述:河平元年(前28),"三月乙未,日出黄,有黑气大如钱,居日中"。这是举世公认的最早的太阳黑子记录;再比如《汉书·天文志》中记载,"元光元年(前134)六月,客星见于房"。这是世界天文史上都曾有过记录的第一颗新星;至于彗星的记录更加丰富,截止1911年,中国关于彗星近日的记载不少于2583次。这些宝贵的记录在现代科学研究中正在发挥其独特的作用。以20世纪末的中国"夏商周断代工程"为例,这是一个集合了历史学、考古学、天文学与测年技术等多个学科联合攻关的特大型科研项目。在这项科研活动中,中国古代宝贵的天文记录具有非常重要的意义。由此可见,不只是现代,即使在未来,中国古代科技领域中的许多直观记录也不会失去其存在的价值。

但是古代科技领域鲜明的直观性也有不容忽视之短。它满足于对客体对象的直观描述,忽视了深入考察和逻辑推理;满足于对经验的低层次记录整理,忽视了对事物高层次的抽象把握;"言其所当然而不复求其所以然"(阮元《畴人传》),"详于法而不著其理"(王锡阐《晓庵遗书·杂著》)。探索自然现象不是为了解释现象,而是为了可操作性的目的。因而,直观性不只在很大程度上阻碍了技术发明的继续进步,也在很大程度上影响了许多传统学科理论体系的建立和对自然本质及其内在规律的探讨。中国古代科学领域在这方面的教训是深刻的。天文学领域就相当典型。在我国历代正史《天文志》《五行志》以及其他相关文献中,关于日食、月食的记录,关于太阳黑子的记录,关于行星运行的记录,关于新星、超新星的记录,关于彗星出没的记录,关于恒星位置及其移动现象的记录等等,都有准确的多次的乃至连续不断的反映。试以哈雷彗星为例,中国人的观察和记录可谓锲而不舍,持之以恒。从鲁文公十四年(前613)"有星孛入于北斗"的春秋时代算起,直至清朝晚期的两千多年间,有关哈雷彗星的天文记录多达31次。然而,因为在传统地球观念中一直排斥球形观,从未出现过类似的日心说,更没有产生出行星椭圆轨道等理论,始终满足于直观记录而缺乏应有的理论推导和总结,最终功败垂成:我们的先人在彗星的深层次研究方面,一直未能登上新台阶。而英国天文学家哈雷的文化背景则大不一样:那时的西方不仅已经出现了哥白尼的日心说,还相继出现了开普勒的行星运动定律和牛顿的万有引力定律。正是在这样的背景下,公元1705年哈雷在《彗星天文学论说》一书中,仅仅根据公元1337—1689年间的天文现象,清晰揭示了哈雷彗星运行规律。

三、整体性

在科学研究领域中,中国人与西方人的思维方式有明显的不同。中国人注重综合,习惯于从整体上把握事物,重视事物之间联系,总是要把被研究的对象置于特定的环境中去考察。西方人注重分析,当研究某一具体事物或是事物的某一局部时,总是习惯于将它从复杂的联系中剥离出来,进行独立的具体的研究。

中国古代科学技术方面的整体性表现于各个领域。

古代医学领域中的整体性可谓典型。中医学不单以古代阴阳五行学说论述了人体的生理现象和病理变化,解释了它们彼此之间的关系,还将生理、病理、诊断、用药、治疗、预防等各个环节有机地结合起来,形成了辨证施治的一整套系统的理论。首先,中医学家始终把人体本身看作是一个有机的统一体。这个"统一体"以五脏(心、肺、脾、肝、肾)为中心,形成所谓五大系统。这五大系统通过经络的作用及气、血、津液周而复始的运行,连属为一个不可分割的整体。惟其如此,这个整体的任何一个单元也都必然反映出整体性的特点:各器官互为制约,彼此依存,局部与整体,内部与外部,无不息息相关。其次,人体的生理功能与外界的自然环境也是一个综合性的统一体。通常情况下,中医学虽然是以人体为对象,但从来不是孤立地研究人体,而是把人视为自然界中的一部分。当认识自然、改造自然时,人确实是处于自然界的对立物的位置,而当研究人体自身时,中医学则把人与自然界中的其他事物一体看待。这就是说,任何人要想却病延年,都必须适应自然界的变化,否则随时都会由于外界的风、寒、暑、湿、燥、火等"六淫"而导致疾病。此外,中医治疗方法也有明显的统一性。中医学的治疗手段,不只是以望、闻、问、切的"四诊法"审察内外,还要用阴、阳、表、里、寒、热、虚、实等所谓"八纲"理论辨证施治,高度统一。由此可见,中国传统医学领域中充满了系统论、辩证法和整体观。

古代的天文学、农学、地理学等领域的整体性也很典型。中国传统的天文学从来就不是纯粹意义上的天文研究,它是以数学为工具,兼顾反映天象、农事、政治各领域以及它们之间关系的一门综合性学问。中国古代用代数学的方法对天象观测做了大量的复杂运算,测出了许多有关日、月、行星位置及其相应变化的准确数据,所以在推动天文学发展的同时,也促进了数学自身的发展。在古代天文学领域中,天人感应、阴阳五行和分野说三大理论之所以适逢其会,长盛不衰,主要是因为适应了历代统治者竭力宣扬的"君权神授"、皇权至上的思想观念。由于坚持"历象日月星辰,敬授民时"的原则,具有中国特色的阴阳合历和"二十四节气"。时至今日仍在为农业生产服务。古代农学领域中的整体性思维集中体现于两个方面:其一,农事是天、地、人三者统一的系统工程。要发展农业生产,天时、地宜、人力三要素缺一不可。正是在这一整体意识的把握下,我们的先人萌生起难能可贵的合理开发资源的理念。例如在远古时代的"禹禁"中,要求"春三月,山林不登斧斤,以成草木之长;夏三月,川泽不入网罟,以成鱼鳖之长"。《管子》中也强调,"山林虽广,草木虽美,禁发必有时","池泽虽博,鱼鳖虽多,网罟必有正"。这说明早在先秦时期,中国人已开始高度重视环境、资源和人类生存三者之间的良性发展关系。其二,农业生产实践本身也是一个系统工程。精耕细作是中国古代农业经济的一大优良传统,为了确保农业丰收,历代农民和农学家将这一传统发展得淋漓尽致。从充分利用和改良土壤,到保护地力的养用结合、"多粪肥田"措施;从精选谷物优良品种,到抗旱保墒、深耕、锄地等一系列田间管理,环环相扣,重视每一个细节,形成一整套农业生产的技术体系。中国古代的地理学也不是纯粹意义上的地理研究。它往往冲破狭义的地理学范畴,论及与其相关的许多问题。试看以下情形:其一,在论及地理学的重要意义时,特别强调其政治意义。《周礼》中就曾说过:"惟王建国,辨正方位,国体经纬,设官分职,以民分极。"郑玄还特别在此处注释:"言建国于中,辨四方,正宫庙之位。"通过地理方位以划分社会等级,是当时政治思想在地理学领域中的具体反映,这种思想对以后宫庙、房屋的选址乃至陵墓建筑都产生了深远的影响。其二,在论及人地关系时,更加重视人的因素。即使处于较差的地理环境中,只要政通人和,也会前途光明。当年太公望封于营丘时,"地泻卤,人民寡",条件可谓差矣。但"太公劝其女功,极技巧,通鱼盐,则人物归之,繦至而辐辏"(《史记·货殖列传》),终成强大国家。同样的地理条件,若被不同的人所用,很可能出现完全不同的结果。明末清初杰出地理学家顾祖禹说得好:"夫地利亦何尝有之哉？函关剑阁,天下之险也。秦人用函关,却六国而有余；迨其末也,拒群盗而不足。诸葛武侯出剑阁,震秦陇,规三辅；刘禅有剑阁,而成都不能保也。故金城汤池,不得其人以守之,曾不及培塿之丘,泛滥之水；得其人,即枯木朽株,皆可以为敌难。"(《读史方舆纪要》)

对于古代科学技术领域的整体观念,也应当客观分析和科学对待。

在中国古代思想发展史上,从先秦诸子的天人之辨、西汉董仲舒的"天人合一",直至明代王阳明的"万物一体"论,整体观犹如一条红线贯穿其中。这种观念不仅对中华民族的形成、发展和凝聚起到了难以估量的作用,同时也对古代科学技术的发展产生了重要影响。整体观念,比较集中地反映了中国人客观把握世界的高度智慧。在这种观念的支配下,考虑问题往往立足宏观,顾及全局,不单注意到事物双方乃至多方之间的联系,还往往注意到事物之间的转化。也就是说,时时处处能够从总体、联系及动态中去把握事物,力求系统,力戒片面。譬如中国古代农学并非单纯的研究农业生产,而是将天时、地宜与人事联为一体。这种思维方式既是全面的,也是辩证的。由此可见,对于古代科技领域中的整体性应当给予充分的肯定。

但是,古代科技领域中的整体性也确有其短。恩格斯在《反杜林论》一书中曾经指出:"真正的自然科学只是从15世纪下半叶才开始,从这时起它就获得了日益迅速的发展。把自然界分解为各个部分。把自然界的各种过程和事物分成一定的门类,对有机体的内部按其多种多样的解剖形态进行研究,这是最近四百年来认识自然界方面获得巨大进展的基本条件。"由此可见,西方近代科学技术的产生和发展,从一定意义上说,是分析研究的伟大胜利。要进行科学研究,不仅需要一定的逻辑推导,还需要相应的实证和分析手段。西方近代实证科学在哥白尼、伽利略、培根三个伟大人物奠定基础后,曾经大行其道。虽然西方近代机械的形而上学方法违背了事物辩证的整体性,但它是科学发展不可逾越的阶段,实证和分析毕竟是科学研究的重要方法。而中国古代科学家则习惯于直觉的观察,直觉对认识事物有重要作用,但不是科学研究的基本方法。因为满足于直觉的、感性的观察,习惯于整体的、定性的综合,于是就容易忽略对个别物质实体的关注和对物质内部深层结构的研究。没有实验征信,没有定量分析,就容易导致思想上的朦胧性和认识上的不确切性。这种思想上的朦胧性和认识上的不确切性,不仅在很大程度上会限制原有科学和技术的持续发展,而且还会在很多领域阻碍新兴学科的建立。试以传统的中医学为例,倘若既能保持中医那种整体把握"森林"的综合理念,又能融合西医那种局部考察"树木"的分析思想,就一定会在医学领域里作出更大贡献。再以中国古代生物学领域为例,其中也有无法弥补的遗憾。早在汉代成书的《尔雅》中,已经有了关于植物(花、草、树木)和动物(鱼、虫、鸟、兽)的初步分类,后来历代学者也曾在实践中继续积累许多生物学知识。然而,这些知识长期包含于农学和药物学著作中,再也没有对它们进行独立的深入研究,使得我国古代最终未能形成一门独立的生物学。

14世纪以后,由于资本主义生产的发展和资产阶级文艺复兴的洗礼,欧洲告别了中世纪的漫漫长夜,最先打开了近代科学的大门。然而此前原本一路领先世界的中国诸多科学技术,由于没能跟上时代前进的步伐,最终被排斥于世界近代科技殿堂大门之外。反思这一现象,其中教训自然是多方面的,而古代科技领域上述特点中的负面教训应当是最深刻的。

20世纪已经过去,21世纪已经到来。在社会综合化趋势日益突出的新时代,中国传统文化的魅力正在越来越引起世界范围的高度重视,当代许多新的科技理论和实践也正在从中国古代哲学和古代科技领域中得到有益的启示。中华民族是勤劳、智慧的民族,只要扬我之长、避我之短,同时又能不断地吸取外来文化中的精华,东方巨龙就一定能在科技领域里重振雄风,永远腾飞于世界民族之林。

参考文献

1.《中国通史参考资料》:古代重大发明
(1)火药

火药法:晋州:硫黄十四两　窝黄七两　焰硝二斤半　麻茹一两　干漆一两　砒黄一两　定粉一两　竹茹一两　黄丹一两　黄腊半两　清油一分　桐油半两　松脂一十四两　浓油一分。

放火药箭者,如桦皮羽,以火药五两贯镞后,燔而发之。

蒺藜火球,以三枝六首铁刃,以火药团之,中贯麻绳,长一丈二尺,外以纸并杂药傅之,又施铁蒺藜八枚,各有逆须,放时烧铁锥烙透令焰出。

(曾公亮《武经总要》前集卷一二《守城》)

开宝三年五月……时兵部令史冯继升进火箭法,命试验,且赐衣物束帛。……

(咸平三年)八月,神卫水军队长唐福献所制火箭、火球、火蒺藜,造船务匠项绾等献海战船式,各赐缗钱。……

开庆元年……又造突火枪,以巨竹为筒,内安子窠,如烧放,焰绝然后子窠发出,如炮声,远闻百五十余步。

(《宋史·兵志·器甲之制》)

其守城之具,有火炮名"震天雷"者,铁罐盛药,以火点之,炮起火发,其声如雷,闻百里外,所爇围半亩之上,火点着甲铁皆透。大兵又为牛皮洞,直至城下,掘城为龛,间可容人,则城上不可奈何矣。人有献策者,以铁绳悬"震天雷"者,顺城而下,至掘处火发,人与牛皮皆碎迸无迹。又飞火枪,注药以火发之。辄前烧十余步,人亦不敢近。大兵惟畏此二物云。

(《金史·赤盏合喜传》)

枪制,以敕黄纸十六重为筒,长二尺许,实以柳炭、铁滓、磁末、硫黄、砒霜之属,以绳系枪端。军士各悬小铁罐藏火,临阵烧之,焰出枪前丈余,药尽而筒不损。盖汴京被攻已尝得用,今复用之。

(《金史·蒲察官奴传》)

(2) 指南针

方家以磁石磨针锋,则能指南,然常微偏东,不全南也。水浮多荡摇,指爪及碗唇上皆可为之,运转尤速,但坚滑易坠,不若缕悬为最善。其法:取新纩中独茧缕,以芥子许蜡缀于针腰,无风处悬之,则针常指南。

(《梦溪笔谈》卷二四)

舟师识地理,夜则观星,昼则观日,阴晦观指南针。

(《萍洲可谈》卷二)

(3) 造纸术

蔡伦,字敬仲,桂阳人也。以永平末始给事宫掖。建初中,为小黄门。及和帝即位,转中常侍,豫参帷幄。伦有才学,尽心敦慎。数犯严颜,匡弼得失。每至休沐,辄闭门绝宾,暴体田野。后加位尚方令。永元九年,监作秘剑及诸器械,莫不精工坚密,为后世法。自古书契多编以竹简,其用缣帛者,谓之为纸,缣贵而简重,并不便于人。伦乃造意,用树肤、麻头及敝布、鱼网以为纸。元兴元年,奏上之,帝善其能。自是莫不从用焉,故天下咸称蔡侯纸。

(《后汉书·蔡伦传》)

(4)印刷术

庆历中,有布衣毕昇,又为活板。其法:用胶泥刻字,薄如钱唇,每字为一印,火烧令坚。先设一铁板,其上以松脂蜡和纸灰之类冒之。欲印,则以一铁范置铁板上,乃密布字印,满铁范为一板,持就火炀之。药稍熔,则以一平板按其面,则字平如砥。若止印三二本,未为简易;若印数十百千本,则极为神速。常作二铁板,一板印刷,一板已自布字,此印者才毕,则第二板已具。更互用之,瞬息可就。每一字皆有数印;如"之""也"等字,每字有二十余印,以备一板内有重复者。不用,则以纸帖之,每韵为一帖,木格贮之。有奇字素无备者,旋刻之,以草火烧,瞬息可成。

不以木为之者,文理有疏密,沾水则高不平,兼与药相粘不可取。不若燔土,用讫再火令药熔,以手拂之,其印自落,殊不沾污。昇死,其印为予群从所得,至今保藏。

(沈括《梦溪笔谈》卷一八)

(5)地动仪

张衡字平子,南阳西鄂人也。世为著姓。祖父堪,蜀郡太守。衡少善属文,游于三辅,因入京师,观太学,遂通五经,贯六艺。虽才高于世,而无骄尚之情,常从容淡静,不好交接俗人。永元中,举孝廉不行;连辟公府不就。时天下承平日久,自王侯以下莫不踰侈。衡乃拟班固《两都》,作《二京赋》,因以讽谏,精思傅会,十年乃成。……大将军邓骘奇其才,累召不应。

衡善机巧,尤致思于天文、阴阳、历算,常耽好《玄经》……安帝雅闻衡善术学,公车特徵拜郎中,再迁为太史令,遂乃研核阴阳,妙尽璇机之正,作浑天仪,著《灵宪》《算罔论》,言甚详明。

顺帝初,再转,复为太史令……

阳嘉元年,复造候风地动仪。以精铜铸成,员径八尺,合盖隆起,形似酒尊,饰以篆文山龟鸟兽之形。中有都柱,傍行八道,施关发机,外有八龙,首衔铜丸,下有蟾蜍,张口承之。其牙机巧制,皆隐在尊中,覆盖周密无际。如有地动,尊则振龙机发吐丸,而蟾蜍衔之。振声激扬,伺者因此觉知。虽一龙发机,而七首不动,寻其方面,乃知震之所在。验之以事,合契若神。自书典所记,未之有也。尝一龙机发而地不觉动,京师学者咸怪其无徵。后数日驿至,果地震陇西,于是皆服其妙。

(《后汉书·张衡列传》)

2. 坦普尔:从生铁炼钢

由于中国人最早生产生铁,因而也首先从生铁炼钢。至迟在公元前2世纪中国人就能这样做了,最终导致了公元1856年西方贝西默炼钢法的发明。亨利·贝西默(Henry Bessemer)的工作已由威廉·凯利(William Kelly)于公元1852年在美国肯塔基州离埃迪维尔不远的一个小镇上抢先做了。凯利在公元1845年请了四名中国炼钢专家到了肯塔基,从他们那里学会了中国人两千多年前使用的炼钢方法,他又发展了这种炼钢法。

铁熔化后浇注成铁锭时含有碳。碳含量决定金属的性质是生铁还是钢。生铁比较脆,是由于含有多至大约4.5%的碳。"脱碳"就是除去一些或全部的碳。除去较多的碳可得到钢,除去几乎全部的碳则得到熟铁。中国人过去使用大量的熟铁,最明显的是造大桥和导水管。

中国人发明了吊桥,这种吊桥用熟铁链环建成,而不是用竹子编成。中国人把铸铁叫"生铁",钢被称为"钢铁",而将锻铸铁称为"熟铁"。为使铁变"熟",他们清楚懂得铁要脱去一种关键成分,而他们将其描述成为"脱去生命之计"。但是在缺乏近代化学知识情况下,他们没能判断这个成分就是碳。

中国人并不是最先制造出钢的,不过他们确实发明了两种特别的制钢方法。其中第一种方法是从铸铁中去掉碳(另一种方法在本书的"剩磁和磁感应"一文中做了介绍)。首先,"脱碳"过程是通过向生铁吹氧来实现的("充氧方法")。我们可以在大约公元前120年的中国古书《淮南子》中读到有关的记载。

这种炼钢方也称为"百炼法",因为总要一遍又一遍地精炼,而每加工一次,钢也就变得更坚硬。用这种方法制造的宝刀得到人们高度的称赞。没有刃口的刀背通常是由比较柔韧的熟铁制成,然后再锻接上更硬的钢,以增强刀刃的砍力。钢的含碳量是可以调整的,取决向熔化了的铁中吹入多少氧。

一般地说,含碳量高的钢比较坚硬,但这使钢的脆性增加。钢的含碳量在0.1%到1.8%的范围内。古代中国人凭经验就能确定经过一定次数精炼后的钢的质量。如果希望获得很软的钢,他们就吹入更多的氧,以便除去更多的碳。同时,他们也应用了淬火这一世界性的技术,这就是当钢还处于赤热或白热状态时,将其突然放至液体中冷却,这样可以保可持钢的内部金属的微结构,而如果使钢缓慢地冷却,就会失去这些金属微结构。另一方面,使钢缓慢地冷却(回火)有其他好处。中国人是掌握钢铁材料的大师,他们用无数不同方法来获得他们所需的各种类型的金属。在现代社会之前,中国人在钢铁技术方面一直处于世界的领先地位。他们最先从铸铁中脱碳制钢,这在当时是任何其他国家所不能做到的,因为除了中国,其他地方根本就没有铸铁。

(罗伯特·K.G.坦普尔《中国:发明与发现的国度》,陈养正等译,21世纪出版社,1995)

3. 刘洪涛:宋应星《天工开物》

宋应星(1587—?),字长庚,江西奉新县人。主要著作有《天工开物》《谈天》《论气》等等。后两种可能是从《天工开物》中删去的"现象""乐律"二卷的单行本。

《天工开物》成书于崇祯丁丑(1637)。全书分上、中、下三卷,乃粒、乃服、彰施、粹精等十八目。主要内容是论述织染、农产品加工、制盐、制糖、陶、冶、舟车等手工业生产的,是世界上最早的一部关于手工业生产技术的专著。本书的出现是宋元以来手工业发展的结果,它标志着手工业作为一个独立的社会经济部门,越来越多地引起了人们的重视,即表现了人们观念意识的变化。这是《天工开物》一书的真正意义所在。

《天工开物》记载了许多明代先进的手工业技术。例如用杂交法培育桑蚕的优良物种,蜡模铸造法,刀剑的包钢法与锄镈的淋生铁法,千钧以上大锚的锻造法,火井煮盐法,火法炼锌等等。这些虽不都是自明朝才有的,但是仅仅由于《天工开物》的记载,才使我们第一次了解了这些工艺技术的详细情况。

《天工开物》还部分反映了明末中外技术的交流。例如倭缎的织造法;朝鲜、西洋棉布的染整法;西洋红夷炮、佛郎机等的冶铜法;日本、朝鲜海船制法等等。这些表明由于中外文化交流的频繁,外来文化已经成了当时人们知识结构中不可缺少的部分。

宋应星是个具有儒学传统思想的学问家,使该书带有一系列缺点。首先,只重视眼下的实用效果,对于新技术麻木不仁、蔑视疏忽。用旧士大士的话说叫做不重"奇伎淫巧"。其次,宋应星是个学问家,不是发明家。他只是以一个博物学者的身份谈技术,因而不能像祖冲之、张衡那样,对技术有自己独到的深刻的见解。此外传统的阴阳五行论的桎梏也限制了他对事物的理解。这些缺点与那个时代的认识水平有关。

(刘洪涛《中国古代科技史》,南开大学出版社,1991)

参考书目

1. 阴法鲁、许树安《中国古代文代史》第二十五章,北京大学出版社,1989。
2. 胡世庆《中国文化通史》第二十五章,浙江大学出版社,1996。
3. 刘洪涛《中国古代科技史》第二编、第三编,南开大学出版社,1991。
4. 唐得阳《中国文化的源流》,山东人民出版社,1995。
5. (美)坦普尔《中国:发明与发现的国度》第一、二、五、六、九、十一部分,陈养正等译,21世纪出版社,1995年。

思考题

1. 举例说明中国古代制造技术领域重要成就。
2. 举例说明中国古代动力技术领域重要成就。
3. 举例说明中国古代信息技术领域重要成就。
4. 如何正确看待传统科技三大特点?
5. 中国传统科技领域中,为何中医学能够长盛不衰?
6. 从总体上看,中国传统科技并未进入世界近代科技殿堂,试分析其主要原因。

第四章 文学艺术

文学艺术是一种社会的意识形态,反映着人类的审美活动。从古至今,人类逐渐懂得了美,也憧憬着美,注重情感,珍视"活着"以外的人生价值和意义,于是,人类把自己的活力、幻想和热情倾注于文学艺术,凝聚于功利目的以外的审美活动之中,也使自身的精神、情操得到了陶冶和进化,这是人类区别于动物的了不起之处。倘若没有文学艺术,我们不难想象,人类的心灵将会是怎样的呆板、干涸和萎靡,也不可能创造出丰富多彩的人类世界。因此,如果说哲学武装了人类的头脑,那么文学艺术便铸造了人类的灵魂。世界上的每一个民族,由于有其特定的社会生活方式和文化环境,有其不同的心理思维和情感表达方式,反映于文学艺术的创作和理论批评之中,便形成各不相同的文学艺术样式、内容和民族传统,这也是民族文化的重要内容。

第一节 传统文学

文学起源于人类的劳动实践和社会生活,因此,和世界其他民族一样,我国古代的文学早在文字尚未发明的原始时代,就已经产生了,形式主要是原始歌舞和神话。它们虽然简单甚至"原始",但却对后世文学艺术的发展和演变,有着重要的影响。作为综合艺术形式的原始歌舞,原本是诗、乐、舞三位一体的,其音乐和舞蹈,成为后代艺术的重要门类;而其中具有节奏、韵律的语言,则是后代文学的重要门类诗歌的源头。至于具有故事性的原始神话,则对后代叙事文学,如散文、寓言、小说、戏剧等产生了不可低估的影响。文字发明以后,依托独特的汉字为载体,我国文学又创立了散文、辞赋、词曲、小说等文学样式。这些文学样式的诞生与发展,与民族的历史、社会和文化环境息息相关,因此从表现形式到内容,都具有鲜明的民族特色。由于篇幅所限,我们在此只能选取几个最具代表性的门类,作些扼要的介绍。

一、诗歌

　　文学样式之中,诗歌起源较早。原始人类在集体劳作的过程中,为减轻疲劳或协调彼此的动作,往往会伴随动作的疾徐而发出有节奏的呼声,当这种有节奏的呼声再配合语言而发,原始的诗歌也就产生了。正如《淮南子·道应训》所说:"今夫举大木者,前呼'邪许',后亦应之,此举重劝力之歌也。"鲁迅先生在《且介亭杂文·门外文谈》中形象地阐发说:"假如那时大家抬木头,都觉得吃力了,却想不到发表,其中一个叫道'杭育杭育',那么,这就是创作;大家也要佩服,应用的,这就等于出版;倘若用什么记号留存了下来,这就是文学;他当然就是作家,也是文学家,是'杭育杭育'派。"从原始时代的"邪许"派或"杭育杭育"派开始,我国诗歌的血脉几千年间奔涌流淌,代有才人,曾经取得极为辉煌的成就,流传下来的诗篇也是难以计数,因而在世界民族中博得"诗的国度"的美誉。

　　我国真正原始形态的诗歌,由于年代久远,加之当时还没有文字,后代流传下来的极少。不过某些古籍记录下一些质朴的歌谣,从形式到内容都比较接近原始形态,虽然数量很少,但内容的丰富性已能窥见一斑。例如汉代人赵晔的《吴越春秋》中,记有一首《弹歌》:"断竹,续竹;飞土,逐宍(古"肉"字)。"过去传说此歌作于黄帝时代,恐怕不太可信,但从它二字一句且极为简短的质朴形式看,可能比较接近原始形态。歌中写道人们砍下竹子、接续竹子,做成狩猎的工具,用以弹射弹丸,去追捕猎物,描写了古代人类的狩猎生活及其愉悦和渴望。此外,大约写于商末周初的《周易》的卦辞和爻辞部分,出于巫师们解说易卦的需要,也记录并保存下一些接近原始形态的歌谣。如《屯》六二:"屯如,邅如;乘马,班如;匪(通"非")寇,婚媾。"内容是说一群男子骑着各色骏马迂回绕道而来,等到抢走了姑娘,才知道不是侵扰的敌寇,而是为了婚事,间接反映出古代抢婚制度的状况。《归妹》上六录有一首应当是以爱情为主题的歌谣:"女承筐,无实;士刲羊,无血。"歌中写道青年男女在牧场上剪羊毛和拾羊毛,但男士看起来是在刲(割)羊,却不见血;姑娘像是在用筐装着,筐内却什么也没有,形象生动地描绘出他们心不在焉、魂不守舍的样子。又如《中孚》六三记录下的是战争结束胜利归来的情景:"得敌。或鼓,或罢,或泣,或歌。"克敌获胜后,有人在擂鼓庆贺,有人坐卧休息,有人为失去亲人而哭泣,还有人在引吭高歌,寥寥十个字,就刻画出一幅动人的场面。至于战争的残酷性,《离》九四也有描写:"突如,其来如,焚如,死如,弃如。"歌中写到敌寇突如其来地袭击,造成房屋焚毁、人员死亡、弃尸遍野的惨况。由此可见,这些较多地保留原始形态的歌谣,虽然大多简短质朴,但反映的社会生活内容却是多方面的。

到了我国最早的一部诗歌总集《诗经》出现，诗为心声，可以表现丰富多彩的社会生活和人生感受的传统，体现得就更为充分了。《诗经》的三百零五篇中，大到民族发祥、迁徙、战争、衰亡的历史以及多种多样的社会生产和生活状况，小到个人的喜怒哀乐、七情六欲，甚至自然界的草木鸟兽虫鱼等等，莫不可以入诗。这样一个传统在历代诗人手中传承不绝，终于蔚为诗的洪流。值得一提的是，在我国长期的封建社会中，与此相适应并且为之服务的一些文化观念和社会制度，在诗的洪流中推波助澜，也在客观上为诗歌反映丰富多彩的生活内容创造出一些其他条件。

在自觉的文学观念尚未建立的先秦两汉时代，起初人们并未把诗歌当作抒情寓志的文学作品，而是看作观风察政、以便实施政治统治和道德教化的实用工具。所以西汉的《毛诗序》中有"治世之音安以乐""乱世之音怨以怒""亡国之音哀以思"的分类，并说："故正得失，动天地，感鬼神，莫近于诗。先王以是经夫妇、成孝敬、厚人伦、美教化、移风俗。"正是因为这个原因，诗歌应当真实地反映各种各样的社会生活状况，即所谓"饥者歌其食，劳者歌其事"（东汉何休《春秋公羊传解诂·宣公十五年》），就不仅是天经地义，更成为政治统治的必需。到了魏晋以后文学的自觉时代，虽然人们对"诗缘情而绮靡"（陆机《文赋》）的文学特性有了更多的认识，但歌诗"为君、为臣、为民、为物、为事而作"的传统早已深入人心（参白居易《白氏长庆集》卷三《新乐府序》），"缘情"只是更加拓展其表现的内容而已。隋唐时期，建立起科举考试的选拔人才制度，从唐玄宗开始，规定诗赋是人们最看重的进士科考试的必考内容。北宋王安石变法以后，进士科考诗赋的规定虽有时松动，但却又专设"宏词"一科。明代科举考试虽不考诗赋，但清朝乾隆时期开始又增试五言八韵的试帖诗一首。也就是说，从唐玄宗以后的一千二百多年间，科举须考诗赋，在除明朝而外的九百多年间，基本延续下来。这样一种制度，实质上在引导受"学而优则仕"的传统影响极深的中国所有知识分子：人人都要会写诗，而且还得写得好。当写诗的人数基数通过行政制度的手段客观上几乎包括全部读书人，当每一个人各有其"一叶且或迎意，虫声有足引心"的感受时（南朝梁刘勰《文心雕龙·物色》），诗歌内容极为丰富多彩，就成为一种可以预见的必然。

至于我国诗歌的体式，现在可以考见的最早是二言，这在前文已经谈到。这种简单质朴的样式，是与当时人们的生产、生活和文化状况相适应的。随着社会生产、生活的发展和语言、文化的进步，原有的二言体已不能满足表达内容的需要，于是我国诗歌在体式上也开始有所突破。前引《归妹》上六和《离》九四的两首，于二言中已杂有三言，后来又拓展为四言。四言的一句，字数是二言的翻倍，可以蕴涵的内容无疑也大大增加,因此沿用了相当长的时间。《诗经》的三百零五篇,包括从西周早期到春秋中叶的作品,但大多以四言为主,就是明证。战国以后,我国诗歌又出现五言、七言、杂言等体式,自南北朝至唐代,又最终创立律诗、绝句等"近体诗"的体式,在此不必赘言。但在我国诗歌体式的发展中,有两个具有重要影响的因素值得一提,一是诗与乐的逐渐分离,二是文人创作的介入。

我们在前文提到,在文学发端的早期,诗、乐、舞本是三位一体的,在世界上所有的古老民族中,情形大体相似。将诗、乐、舞三者维系于一体的共同命脉,如前所述,正是蕴涵于人们劳动生产和社会生活中的节奏:乐是用声音体现,舞是用肢体体现,而诗则是用语言体现。由于语言必须借助声音表达,与乐具有更多的一致性,所以三者之中,舞最早分离出来,而诗常可歌,歌常伴乐的现象则长期存在着。因此《诗经》的三百零五篇,大多可以入乐,而可以合舞的,大致只集中在三《颂》的三十多篇("颂"之得名,古代有一种解释是"容也""貌也",见《汉书·惠帝纪》注引汉人如淳语和东汉许慎《说文解字》,清及近代一些学者认为是指"舞容",即舞蹈的样子)。

诗乐合一现象对诗歌体式的影响,最突出地反映在句式的重叠和字数的杂言方面,这一方面是为了配合乐曲回旋往复的旋律,以造就一唱三叹的艺术效果,另一方面则是为了谐和乐律的疾徐短长。这样的诗作在配乐演唱的《诗经》和汉乐府中,都是屡见不鲜的。

诗歌创作与音乐真正分离的准确年代,现在虽已无法得知,但两汉古籍记载中,从西汉后期开始,此前那种合乐的、长短句相间的歌诗已经较少见到,这或许意味着人们已经认识到诗与乐毕竟不是一回事,不再强求与音乐的配合,转而注意诗歌创作的自身规律。随着东汉文人五言诗的出现,应当说诗与乐的分离已基本完成。比较起合乐的歌诗,这类诗作的体式变化是明显的:原先一唱三叹的回旋节奏变得直率平坦,一气到底;原先时常出现的杂言变成相当整齐的五言一句,这当然是不必再照顾到与音乐相配而导致的。自此之后,我国诗作虽然有多种体式,但节奏平坦和句式整齐的风格大体便确立了。文人们兴之所至,虽然有时也写一些杂言的作品,但题名总不外乎各式乐府或歌行,这倒正反映出是仿效原先合乐的诗体所作,而非后来的常式。

应当说,诗乐分离的明显痕迹虽然是在东汉文人诗中鲜明地表现出来,但并不能简单地认为是文人创作的介入导致这种情形发生。实际上,我国许多的文学样式,首先是在民间产生;各种样式中的许多体式变化,也首先在民间出现,文人的介入,只是加快其变化的速度,并使之向精细的方向发展而已。不独诗歌,词、曲、小说、戏剧的情况莫不如此。因此对于诗歌的体式发展而言,从先秦西汉由朝廷出面搜集民歌再为之谱曲看,诗乐分离的倾向民间应当较早出现,这不是文人介入的功劳。文人创作的介入所引起的真正重要的变化,是在诗乐分离之后,引导诗歌体式向精细发展,结果导致讲究格律的近体诗出现。近体诗萌芽于南北朝,定型于唐代,此后的一千多年间,便成为诗歌创作的主流,历代科举考试,考的也是这种诗体。这种诗体的基本特点,除了字数、句数各有定式外,便主要是字词意义的对仗、押韵的严格和字音平仄的相谐,总之,是从形式方面提高了诗的美学含量。近体诗的流弊在此无须谈论,但它使诗歌由原先"自然"的艺术转变为"人为"的艺术,由质朴浑然变得精妍新巧,没有多少文化知识的普通民众显然是不能担当此任的,这才真正是文人创作的介入引发的我国诗体的重要变化。

二、散文

我国古代散文早在先秦时期就已得到充分的发展,当时的历史散文和诸子散文等,在今日的文学史著作中,几乎无一例外地被视为文学散文的先驱。然而在当时,散文并不是一种独立的语言艺术的审美形态,而是与其他实用性或学术性的文章混合在一起,包括哲学、政治、历史、文学、经济、法律、军事等所有门类的用散行文字书写的文章。这种状况启发我们又一次深切感到,文学艺术作为人类的审美需求,总是滞后于人类的实用需求。依照这样的理由,可以说,自从人类发明文字之始,当人类第一次用它来记录实际生活中语言交流的情况,散文也就诞生了。我国现今发现的最早的文字记载,是距今三千三百年左右的殷墟甲骨卜辞,如果依据广义的散文概念,完全可以说,那一片片甲骨上的散行文字,就是一篇篇简短的散文,而已发现的约十几万片甲骨文字汇总起来,就可称得上我国最早的散文集。甚至这还不是散文的源头。如果我们比照诗歌的发展状况,并承认诗歌曾有口耳相传的阶段的话,那么也应当认同散文也有口耳相传的阶段,也就是说,当人类有了语言,第一次用来表达或交流实际生活中的需要时,散文实际上也就诞生了。

魏晋南北朝以还,随着自觉的文学观念的建立,文学开始从其他学科门类中独立出来,人们对文体的认识也日渐深化。如魏文帝曹丕的《典论·论文》把文体分为四类:"夫文本同而末异,盖奏议宜雅,书论宜理,铭诔尚实,诗赋欲丽。"晋朝陆机的《文赋》将文体分为十类:诗、赋、碑、诔、铭、箴、颂、论、奏、说;南朝梁昭明太子萧统主编的《文选》,更将文体分为三十九类;而同时代的刘勰,在《文心雕龙·总术》篇则总结出著名的"文笔说":"今之常言:有'文'有'笔'。以为无韵者,'笔'也;有韵者,'文'也……别目两名,自近代耳。"综合以上这些文体分类实践和理论阐述,我们可以感觉到,当时人对于有韵的诗赋的文学特性,认识是清楚的。这比起先秦两汉时期,已是一个不小的进步。但对于无韵之"笔",亦即散文,却没有划清文学与非文学的界限。反映于散文创作的实践,便有这样的事实:当时虽然也有一些审美性的散文出现,甚至有极重形式美的骈文问世,但占据主流的,仍然是学术性或非学术性的论议和其他实用文章,骈文的形式通常不过是用来为这类文章增加一些文学的色彩而已。不仅魏晋南北朝如此,通观中国古代社会,人们对文学散文和非文学散文始终没有清楚的认识,因此散文的文学性,通常总是依附于原本非文学的文体门类而得以体现,并随之发展,如历史散文、诸子散文、游记散文、笔记散文等等。这实质上也是对作者的一种无形引导,使他们更加深了注重实用的意识,这是我国古代散文发展的重要特点。

至于注重其文学性的、狭义的散文概念,是受着西方文艺理论的影响,在近代才建立起来的。在此之后,散文的审美特性才得以独立并得到张扬。正是在这个意义上,文学散文又或称作"美文""抒情文"等,但这毕竟是很晚才出现的事。

三、辞赋

辞和赋,本是两种不同的文学样式。辞指楚辞,赋指赋体文学;前者属诗,后者属文。不过,楚辞是具有地域特色的特殊诗体,而赋则是半诗半文、韵散结合的特殊文体,二者不仅在早期被混为一谈,在体式和表现手法上也的确有着继承发展的关系,因此不妨合并讨论。

"楚辞"的本义即楚地的歌辞,这是战国时屈原在楚国原本盛行的民歌和乐舞基础之上,发展改造而成的一种新的诗体,因此具有浓重的南方地域特色。北宋末年黄伯思所撰《校定楚辞·自序》中有段很好的概括:"盖屈、宋诸骚,皆书楚语,作楚声,纪楚地,名楚物,故可谓之'楚辞'。若些、只、羌、谇、蹇、纷、佗傺者,楚语也;顿挫悲壮,或韵或否者,

屈原

楚声也;沅、湘、江、澧、修门、夏首者,楚地也;兰、茝、荃、药、蕙、若、蘋、蘅者,楚物也。他皆率若此,故以'楚'名之。"屈原之后,楚国的宋玉、唐勒、景差等,都是楚辞名家。秦末楚汉相争,项羽和刘邦都是战国时楚地人,所以流传有垓下之围"四面楚歌"的历史典故和项羽《垓下歌》、刘邦《大风歌》等楚歌作品。刘邦建立统一的西汉王朝后,随着南北民族的融合,地域特色浓厚的楚辞,也逐渐成为历史的诗体。

"赋"这种文体,也起源于战国时代,现在可考知的最早的赋体作品,是儒家重要人物荀子所作的《赋篇》。由于包括礼、知、云、蚕、箴、诗六个主题,因此又被称为"荀卿六赋"。所谓"赋",在先秦两汉时代,与文学相关的主要是两方面的意思。一是侧重于创作手法,指铺陈直叙;二是指讽读方式,即徒口诵读而不入乐。传世的赋体作品,的确具有这两方面的特征,这是与传统诗歌的不同之处,大约也正是赋的得名由来。

如上所述,楚辞和赋分属不同的文学样式,但在汉人的眼里,却被看成是一种东西。最为典型地反映着这种观念的,莫过于《汉书·艺文志》。其《诗赋略》中,不仅把屈原、宋玉、唐勒等人的楚辞作品,都归为"屈原赋之属",还把楚辞和赋的创作混为一谈:"大儒孙卿(即荀况)及楚臣屈原,离谗忧国,皆作赋以风(通"讽"),咸有恻隐古诗之义。其后宋玉、唐勒,汉兴枚乘、司马相如,下及扬子云,竞为侈丽闳衍之词,没其风谕之义。"这当然是不科学的,但倒也从某个侧面反映出楚辞对赋体文学的影响。

楚辞对赋的影响,首先表现在体制上。楚辞以前的诗歌,风格往往是写实的,篇幅相对也比较短小。而南方的楚国"信巫鬼,重淫祀"(《汉书·地理志》),民间流行的祭祀乐歌时常具有丰富的想象,富于浪漫情调,而且出于演唱悦神的目的,除抒情外还兼有一定的叙事性,篇幅也开始闳阔。屈原的楚辞创作深受其影响。如著名的《离骚》,驰骋幻想,八方神游,具有极为丰富的想象力和神话色彩,篇幅也因之大大加长,共三百七十三句,二千四百九十个字。后来的汉赋固然没能继承屈骚的浪漫和抒情,但却在铺陈叙事方面变本而加厉,长篇巨制屡见不鲜,故而又有"大赋"之名。如西汉司马相如的《子虚赋》《上林赋》、扬雄的《羽猎赋》、东汉班固的《两都赋》、张衡的《两京赋》等等,时常从东西南北、上下左右等各个方面大肆铺叙渲染,想象着每一方的珍奇和富庶,穷形尽相,造就出宏大的场面。

其次,楚辞汲取南方楚歌的特点,又借鉴诸子散文讲究辞藻以求动人的风格,追求文辞的芜雅绮丽,并有意使用对偶、排比等修辞技巧,更增添了文采。如屈原《九歌·湘君》:"采薜荔兮水中,搴芙蓉兮木末。心不同兮媒劳,恩不甚兮轻绝。石濑兮浅浅,飞龙兮翩翩。"用六句排成三组工整的对偶,流畅清丽。汉赋继承了楚辞的文辞特点而踵事增华,争相以富丽雅赡为能事,如司马相如的《上林赋》说:"撞千石之钟,立万石之虡,建翠华之旗,树灵鼍之鼓;奏陶唐氏之舞,听葛天氏之歌;千人倡,万人和;山陵为之震动,川谷为之荡波。"的确有千态万状、层见叠出的艺术效果。

最后,楚国或曾经生活在楚地的作家,也为赋的创立或发展,做出过直接的贡献。例如荀子,虽本是赵人,但他曾适楚为兰陵令,免官后就居家兰陵,一生主要的政治和创作活动大多在楚地进行(参《战国策·楚策四》及《史记·孟子荀卿列传》),因此,他最早用赋体写作,决非偶然。再如相传是屈原学生的宋玉,既是楚辞的名家,又是作赋的能手,他所创作的《高唐赋》《神女赋》《登徒子好色赋》《风赋》等,为后人广为传诵。他将此前屈原和自己楚辞创作的经验,自觉或不自觉地用于写赋,在荀子原本质朴古拙的赋体基础上,发挥想象,扩大造篇,移植富丽奇艳的文采,在赋体文学方面开拓出一片新的天地,实为汉赋之滥觞。

四、词曲

词最初产生于民间,确切时间已不可考。不过,近代以来发现的一百六十多首敦煌曲子词,大多是从盛唐到五代时的;而文人词历来又以相传是李白所作的《菩萨蛮》(平林漠漠烟如织)和《忆秦娥》(箫声咽)为最早,据此推断,词应当起源于盛唐之前。大约是中唐以后,词逐渐引起文人的注意,创作者渐多。经过五代时的发展完善,到了宋代,产生了一大批卓有成就的词作家和脍炙人口的词作品,词遂成为宋代的典型文学样式,博得与"唐诗"并称的美名。

词的产生和兴起,与音乐有着密切的关系,也适应着社会发展的新的需求。唐宋以来,随着社会经济的发展,出现了许多繁荣的商业城市,也形成了为数众多的市民阶层。为满足城市居民的休闲娱乐需要,因而兴起多种说、唱、表演的新形式。其中,合着乐曲演唱新词,就是市民们喜爱的一种休闲娱乐方式。乐工歌女们起初用一些文人创作的格律诗来入乐演唱,但格律诗字句严整,有时不能很好地配合乐曲的疾徐短长,于是民间的

李白

乐工歌女,还有一些落魄文人,就自己动手写作一些配合乐律的长短歌词,这样,词也就产生了。因此,词的兴起,可以说是两汉以后诗和乐彻底分离之后,在新的环境、新的条件下,以新的方式实现的一次回归。直到南宋末年,由于种种原因,词才脱离了对音乐的依附状况,实质上成为格律诗的一种。

为着谐乐演唱的目的,词形成了自己独特的体制特点。例如,诗总是有诗题的,而且诗题大体总是与诗的内容有某种关系。然而词却没有词题,有的只是表明乐调的词牌。因为词最初总是要依谱填写,并合谱演唱的,标明这些不同乐调名称的,便是词牌。对于词而言,这是比概括内容的题目更重要的。又如,两汉以后与音乐分离的诗歌,无论或长或短,通常总是自成起始,一段到底。而词大多分段的,有双调、三叠、四叠等,尤以分为上下两阕的双调最为常见。原因也很简单,就是为了利用乐律的回旋往复,造成"浅斟低唱""一唱三叹"的艺术效果。此外,词押韵的句子间隔比诗灵活,用韵也比诗粗泛些,对仗没有硬性的规定,但对平仄的要求却比诗更严格,这些体制方面的特点多少也都与词的音乐表演特点相关。

和词一样,曲最早也是在民间流行,它产生于宋词式微之际。宋词作为广大民众喜闻乐见的艺术形式,曾经在两宋时期盛极一时。但自从众多文人加入到词的创作之中后,一方面固然提高了词的艺术价值,但另一方面,也使得词因为日趋高雅,而日渐失去其原有的群众基础。到了南宋后期,由于许多词调逐渐失传,不复可歌可唱,更是成为只能供少数文人学士把玩之物,于是逐渐走向僵化。恰在此时,北方的女真、蒙古等少数民族日渐强盛,并先后建立起金、元政权。随着他们的南侵,原本流行于他们居住的北方地区的一种新的乐曲,逐渐引起中原人民的兴趣,并试图创作新的长短句歌词来与之配合演唱,这样,元曲也就产生了。南宋时期,在民间曾配合着南方乐曲的特点,产生过一种"南曲"。南曲虽然在宋代未成气候,但在明代却勃兴一时,文学史上为与南曲区别,于是又把元曲称为"北曲"。

传统上所谓元曲,实质包括两个性质不同的文体:一是所谓"散曲",即一种可配乐演唱的长短句,又分为小令和散曲,属于诗歌的体式;另一种以曲词为主,但有说白,有故事情节,有人物动作,类似后代的戏剧,因此又称为剧曲,或称杂剧。其实,无论散曲还是剧曲,皆萌发于辽、金时代,然而却以"元曲"名之,这是因为元代奉行的民族歧视政策,客观上倒促进了曲的繁荣昌盛。

元朝一统天下后,把人民分为蒙古人、色目人、汉人、南人四等,汉人和南人本就处于被歧视和迫害的境地。加之元代初年统治者不懂得知识和知识分子的重要,在几十年间停止了科举考试。广大汉族儒生们仕进无门,又别无他能,于是大批参加到元曲的创作之中。他们的抑郁不平激发了创作的热情,他们的困苦生活提供了创作的素材,他们较高的文化修养为提高元曲的艺术质量提供了保障,因此元曲的创作被推向前所未有的高潮,遂成为代表时代的文学样式。但到了元朝后期,由于科举制度的恢复,许多文人学士复又钻研举业,致力于元曲创作的人数大为减少,作品的艺术性也大大降低,此后元曲中的杂剧逐渐为南曲中剧曲代替。到了明代,南曲中的剧曲形式传奇更是风靡全国。

曲与诗词在体制上的最大不同,主要体现在两个方面。一是诗词总是隔句押韵,而曲则句句押韵,韵脚则可平仄通押。如《秋思》,"鸦""家""马""下""涯"五字是韵脚,其中"马""下"属仄声韵。二是多用衬字,而且所用衬字大多带有北方民族的语言特色,这是讲格律的诗词中绝不会出现的。

五、小说

"小说"一词,最早见于《庄子·外物》篇:"饰小说以干县令,其于大达亦远矣。"这里指的是不合大道的琐屑浅薄之言。作为专类文体名称的"小说",始见于东汉班固的《汉书·艺文志》,属《诸子略》所记"九流十家"之一:"小说家者流,盖出于稗官。街谈巷语、道听途说者之所造也。孔子曰:'虽小道,必有可观者焉,致远恐泥,是以君子弗为也。'"虽然这里所说的"小说",与唐宋以后作为文学样式的传奇小说、话本小说、长篇章回小说等还不是一个概念,不过还是透露出其文体起源及早期价值的某些信息。

我们在前文提到,文学艺术发源于劳动,"小说"也不例外。早在远古时代,劳动群众就根据劳动和生活实践,以"街谈巷语、道听途说"的方式创作了大量反映自己生活或理想的神话传说或故事。当文字发明以后,被记录了下来,这就是后世小说的源头。这些"小道"之说虽然在总体上被认为不能体现统治阶级提倡的"大道",但是其中的某些内容却引起统治阶层人物的注意,认为可以辅助政治教化。如西汉刘向采摭周秦佚闻编成的《列女传》,在述及古代妇女妊娠期生活的注意事项时:"古者妇人妊子,寝不侧,坐不边,立不跸,不食邪味,割不正不食,席不正不坐……夜则令瞽诵诗,道正事。"这里所谓"正事",应当就是取自"街谈巷语道听途说"中有关妇德的杂说、故事等;"道"的目的,当然是为了进行妇德说教。这正可以作为孔子所言"虽小道,必有可观者"的注脚。

大概正是因为同样的原因,战国秦汉以还,宫廷中的"俳优侏儒"们称说"街谈巷语""里巷风俗"的记载多了起来。他们往往用诙谐戏谑的语言谈述这些杂说琐议,以供帝王们取乐,有时也意寓讽谏。《史记·滑稽列传》记载的"优孟衣冠",就是著名的表演故事。而西汉的东方朔更是大名鼎鼎,《汉书》说他的事迹流传于民间,"童儿牧竖,莫不眩耀"。魏晋时喜好并能亲自演述者扩展至统治阶层成员,陈思王曹植一次就能"诵俳优小说数千言"(参《三国志·魏书·王粲传》裴松之注引《魏略》);又如《南史·始兴王叔陵传》载始兴王"夜常不卧,执烛达晓,呼召宾客,说人间细事,戏谑无所不为"。统治阶级的嗜尚,刺激了文人创作的加入,写作文言小说几乎成为一种风气,作品的数量也大大增加。这时的文言小说,通常按内容分为两类:一类是"志怪小说",以东晋干宝的《搜神记》为代表;一类是记录人物轶闻琐事的"志人小说",以南朝宋刘义庆的《世说新语》为代表。

有了这些发展的铺垫,到了唐代,一种真正接近后来独立的文学样式的小说——"传奇"诞生了,这意味着我国小说的发展进入新的阶段。鲁迅先生在《中国小说史略》中说:"小说亦如诗,至唐代而一变,虽尚不离于搜奇记逸,然叙述宛转,文辞华艳,与六朝之粗陈梗概者较,演进之迹甚明,而尤显者乃在是时则始有意为小说。"唐代传奇小说的兴起,与唐代城市经济的发展、社会阶级矛盾的尖锐、科举考试的"温卷"风气及文学自身的发展规律等,都有着错综复杂的关系,它对于宋元话本小说及明清章回小说的重要影响主要表现在思想意识和艺术方法两大方面。在思想意识方面,传奇小说是第一批着重反映当代社会矛盾的小说作品,其作品的主人翁有不少是下层市民男女,所表现出的情感也比较接近普通民众的立场和愿望,因此,虽然为文人创作,却大多具有"市民意识",被视为"市人小说",这为此后小说向通俗化的方向发展,并取得极大成功,准备了意识形态基础和基本道德趋向。在艺术方法方面,传奇小说大多以人物为中心,却又跳出了真人真事的限制,有很大的虚构性,所以是文人有意的创作。在此基础之上,它设计出生动感人或紧张曲折的情节,具有完整的故事性,注重通过真实的细节刻画人物性格,用优美富丽的语汇词藻连缀成章,某些传奇作品还兼用诗赋、议论等多种文体。所有这些,都被后代的小说创作所借鉴。

宋代的话本小说,就是承继传奇小说之余绪,又借鉴其他多种艺术表演形式和手法,为适应当时进一步繁荣的城市经济和生活需要而发展起来的。它最初以说讲的形式向公众表演,"话本"就是说话时所用底本。"说话"在北宋时期已相当兴盛,当时的勾栏瓦舍、茶馆酒楼、宫廷私宅,甚至街道空地等,到处可见说话艺人的踪迹。他们依据各自的专长有所分工,于是话本在内容上又有"讲史""说三分""说浑话""小说"等分类(参胡士莹《话本小说概论》第四章"说话的家数",中华书局,1980)。这类话本小说,在元明清时代基本沿着两条线索发展:一条是直接导致文人拟话本作品的出现,著名者如明代冯梦龙的《三言》和凌濛初的《二拍》;另一条是启发后人在此基础之上改革体制、扩展规模,最终创作出我国的长篇章回体小说,这大约是元末明初的事。

第二节 传统艺术

在我国悠久的文明发展史中,传统艺术的门类众多,而且内容极为丰富多彩,一般的专著也难以尽述,更非本节所可概括。鉴于这样的情况,本节只能挑选极为有限的几个门类略作讨论。考虑到书法和篆刻虽然是我国特有的传统艺术门类,为省烦冗,本节只选择音乐、戏曲、舞蹈、书法、绘画、雕塑六个艺术门类。即便如此,面对各个艺术门类丰富多彩的内容和交相辉映的艺术成就,我们仍然不可能在简短的篇幅内有令人满意的概述,于是,我们决定把目光主要聚焦在这些艺术门类的诞生和早期发展方面。

调琴啜茗图

一、音乐

早期诗、乐、舞三位一体,先秦两汉古籍中多所记述,其中最为系统、后来时常为人所引用的,是《吕氏春秋·古乐》篇的记载:"昔葛天氏之乐,三人操牛尾,投足以歌八阕:一曰《载民》,二曰《玄鸟》,三曰《遂草木》,四曰《奋五谷》,五曰《敬天常》,六曰《达帝功》,七曰《依地德》,八曰《总万物之极》。"在这里,有乐,有操尾投足之舞,也有八阕之歌诗,正透露出三者的密切关系。《古乐》篇中另有一些记载,现在已无法分辨真伪,但记黄帝之乐名《咸池》、尧乐名《大章》、禹乐名《夏籥》、商汤作《大濩》、周武王乐舞名《大武》等,由于可与《周礼·春官·大司乐》所载"六乐"(又称"六舞")相印证,所以后人大多信从。《古乐》中还说"昔朱襄氏之治天下也","士达作为五弦瑟"。朱襄氏或说即炎帝别号,或说在炎帝之前,虽然已无可考证,但透露出的信息则是我国古代音乐起源极早,源远流长。当代的考古发掘中,曾在甘肃玉门关火烧沟发现新石器时代晚期的陶埙,一吹孔,两按孔,可发四个声阶;山东潍坊市姚官庄也出土了新石器时代陶埙,可发出小三度音程的两个音,这也都是有力的证明。

进入商周以后,我国古代音乐有了长足的进步。商汤时的《大濩》,西周初年的《大武》,都是歌功颂德的长篇乐舞,与之相配的音乐当然须相当水平。尤其是《大武》,据《史记·乐书》等多种史籍记载,其舞蹈分为"六成",即六个大的段落,可知用以伴奏的音乐也是相当繁复的。春秋战国时期,随着社会经济和人民生活的发展,音乐的发展也取得令人瞩目的成果。《吕氏春秋·侈乐》篇曾记载,春秋时宋国为了音乐演奏,曾"作为千钟",即铸造了一千口大小不一、音阶不同的编钟。无独有偶,1978年,考古工作者在今湖北随县擂鼓墩曾侯乙墓发掘出一套共65件青铜铸造的编钟。经乐律学家黄翔鹏等测试证明,只要按钟上标音位置敲击,就能发出合乎一定音阶的乐音,每钟可发两个音,音色优美。整套编钟音域宽广,跨5个八度,中心音域约占3个八度,12个半音齐全。不仅如此,曾侯乙墓编钟上的铭文还记下了曾国和楚、齐、晋、周、申等国的律名、阶名、变化音名及对应关系,以便用来演奏其他国家的乐曲。传说中周代所定的十二律,在编钟上就记有八个。曾国只是战国初年尚存的一个区区小国,乐器铸造之精美就如此令今人赞叹,当时整个社会的音乐发展成就可想而知。

能够反映出当时音乐发展水准的,还有十二律及五音的确立。十二律之"律",指音乐体系中各音的绝对准确高度及在一个音中可以划分成若干音位的准则或规律;而五音则指不同的音阶。我国大约在商代已有明显的音阶概念,至周朝,律制渐严,春秋时就已能用文字作理论的总结。相传为公元前7世纪时齐国丞相管仲所作的《管子·地圆》篇中,就有宫、商、角、徵、羽的五音名称,及"三分损益"的定位方法。后来的《国语·周语下》,记载乐官伶州鸠回答周景王问话时,不仅在五音加上变宫、变徵成为七音,还提到十二律的完整系统,即黄钟、大吕、太簇、夹钟、姑洗、仲吕、蕤宾、林钟、夷则、南吕、无射、应钟。战国末年成书的《吕氏春秋·音律》篇,不仅也记有十二律名,还用三分损益的方法,记录了十二律相生的法则。这都证明在我国古代音乐中长期起着标准作用的音律系统,至迟在战国以前就已确立了,这是一项了不起的成就。

此后我国音乐的发展,随着社会经济和文化的进步,在不同的时期各有其特点,这里不再详述。值得一提的是,我国自古就是一个多民族融合的统一国家,历史上又曾与周边及中西亚不少国家有多种形式的文化交流,反映于音乐方面,便形成善于吸收其他民族音乐,不断完善改进本民族音乐的特点。这种吸收改造活动可以说在历史上从未断绝。即以隋唐时代为例:隋朝初年随着不同民族音乐交流的增加,在宫廷中置燕乐七部乐,即国伎(西凉乐)、清商伎(中原及南方乐)、高丽伎、天竺伎、安国伎(今中亚布哈拉)、龟兹伎(西域广泛流行的音乐)、文康伎(纪念晋庾亮的音乐)。后来隋炀帝时经过整理,增加康国、疏勒,定为九部。到唐太宗李世民时,又增高昌乐(今新疆吐鲁番),成为著名的十部乐。西域的不少乐器,如箜篌、琵琶等,也先后传入中国,使我国音乐的表现力更加丰富。

二、戏曲

中国戏曲是一门综合性艺术。不单内容极其丰富,种类之多亦令人惊叹。在国内诸多工具书的著录和统计中,各种说法不一:或曰达到二百八十多种,或曰三百六十多种等等。根据上海辞书出版社 1995 年出版的《中国戏曲剧种大辞典》的统计,则是达到了三百九十种以上。

中国戏曲的历史极其悠久。戏曲的"戏"字,偏旁为"戈",由此可以追溯至当初具有武打之义。我国各地山岩上的一些岩画,凝固了当时鲜活的场景。为了祭神驱鬼,远古先人戴着面具、拿着武器,通过歌唱和肢体动作进行表演,这就是远古时期戏曲萌芽形式"傩戏"。

关汉卿

根据司马迁《史记》记载,还在春秋战国时期,已经出现了诸如优孟、优旃那样擅长滑稽表演的宫廷艺人。纵观整个先秦时期,当时的所谓表演形式还颇为幼稚,自不可与以后的戏曲同日而语。

秦汉以降,戏曲萌芽茁壮成长。秦汉时期,最引人关注的是"百戏"和角抵戏。百戏是当时民间表演的泛称,包含了许多表演形式。角抵戏,又称"蚩尤戏",反映古代两位部落首领蚩尤、黄帝之间斗争。在汉武时期,蚩尤戏尤为兴盛。隋唐时期,参军戏和歌舞戏最有影响。在参军戏中,由参军、苍鹘两角色做滑稽表演。在歌舞戏中,甚至设计了一定的故事情节,并由专人进行表演。著名剧目《兰陵王》《踏摇娘》,曾流行一时。两宋时期,具有广泛社会影响的戏曲是:傀儡戏、影戏、杂剧和诸宫调。杂剧由唐代参军戏演变而来,其中反映佛教故事的《目连救母》颇受民众欢迎。所谓诸宫调,乃是将各种不同曲调汇合在一起的综合艺术。它以唱为主,有说有唱,往往表演完整故事。两宋时期的主流艺术形式,堪称是中国传统戏曲极其重要的奠基时期。

元明清三代,艺术领域空前繁荣昌盛,由此进入传统戏曲的黄金时代。

在元代,最引人瞩目的是元杂剧。元杂剧,是在宋代诸宫调和金院本基础上发展起来的剧种。元杂剧的结构大多是"四折一楔",反映一个完整故事。从表演形式上,一般以歌唱为主,同时兼有相应对话和各种表演。此外,元杂剧还具有许多专业术语。这些都已经充分表明,元杂剧已经发展为非常成熟的剧种了。据文献记载:元代有著名剧作家二百多人,其中关汉卿、白朴、马致远、郑光祖,被誉为"元曲四大家";当时剧目七百多种,流传至今的尚有《窦娥冤》《西厢记》等150多种。

继元杂剧之后,昆曲逐渐兴起和发展起来。这个剧种活跃的时间,大抵在明代中叶至清代中叶。昆曲已有很高艺术成就,深远影响,号称"中国戏曲之母"。在这个剧种里,角色的分工已经相当精细。表演形式也多有创新,其中的"折子戏"汇集了精彩唱段于一体,颇受观众欢迎。昆曲中还形成了诸多长盛不衰的精品,例如汤显祖的《牡丹亭》、洪昇的《长生殿》、孔尚任的《桃花扇》等剧目,都有强盛的生命力。然而由于剧情大多脱离现实生活,加之唱词深奥、典故较多,以及过分追求旋律和音乐表现力,使昆曲衰落成为必然。但是昆曲有六百多年历史,2001年被联合国教科文组织评为"口述非物质文化遗产"。

继昆曲之后,又兴起了京剧。京剧又称京戏、皮黄,是中国传统戏曲最杰出的代表,素有"国粹"之誉。清代乾嘉时期,基于当时社会背景,京剧这一剧种在北京形成。清中叶,国内各种剧种空前活跃,出现了"花雅争胜"的局面:"雅",特指昆曲;"花",特指各种地方戏曲。在此期间,南方、北方形成了两个著名的戏曲重镇。北方重镇是北京,南方重镇是商业繁荣的扬州。导致京剧产生的直接契机是"徽班进京"。当时徽人戏班以扬州为核心,广泛活动于江、浙、皖、赣各地。清代中叶,出现了闻名遐迩、各具特长的"四大徽班":三庆班、四喜班、和春班、春台班。乾隆五十五年(1790),"三庆"班奉调入京献艺。这次演出相当成功,轰动了整个北京城,还催生了一个全新的剧种,由此拉了开京剧历史的序幕。

我国戏曲历史悠久,内容丰富,并且具有虚拟化和夸张性的鲜明特色。因此传统戏曲与时俱进,显示出乐顽强的生命力。无愧为中国艺术殿堂的奇葩,也是世界文化宝库中的瑰宝。

三、舞蹈

原始舞蹈虽然总要合乐表演,但却有自己的起源。在原始社会时期,人类在长期的生产劳动中,大脑逐渐发达,经过锻炼的四肢,特别是手变得非常灵巧,于是便可以利用肢体来表达复杂的情感。此时,人们在生产或生活中遇到高兴喜悦的事,有时便会不自觉地"手之舞之,足之蹈之"(《毛诗大序》)。当这种特殊的情感表达方式以固定的形式流传开来,原始的舞蹈也就产生了。由于舞蹈起源于劳动,因此起初不过是生产劳动状况与节奏的简单再现。《尚书·舜典》篇有记有"击石拊石,百兽率舞"的舞蹈场面,大约就是先民们在模仿狩猎时的情景:一部分人敲击石块,再现狩猎时的场面;另有一些人装扮成"百兽",学着动物的样子起舞。前引《吕氏春秋·古乐》所载"葛天氏之乐,三人操牛尾,投足以歌八阕",描绘的也是接近原始形态的舞蹈,"投足"就是踏足以为节拍的意思。由于文献资料的匮乏,原始舞蹈的详细情形我们难以描述。建国后,考古工作中陆续发现了一些很有价值的原始舞蹈材料,颇具参考意义。例如1973年在青海大通县孙家寨属于新石器时代的墓葬中,发现了距今5800—5000年的一件彩陶盆,陶盆上部绘有三组舞蹈图,每组5人,身躯稍侧,头上有下垂的饰物,身后还有一条装饰性的尾巴,大约是化装成鸟兽的样子。五个人手拉着手,动作协调优美。这是迄今为止发现较早的舞蹈形象,弥足珍贵。又如1972年发现的甘肃黑山岩画,除动物和狩猎外,也有一些人在做着舞蹈的姿态。

进入阶级社会以后,古籍中关于各种舞蹈的记载多了起来。《周礼·春官·大司乐》中记载的"六乐",又称"六舞",就是极为著名的。尤其是相传周公所作,表现周武王克商的《大武》,舞蹈场面最为壮观。据《史记·乐记》等古籍记载,这一大型舞蹈分为"六成",即六个段落:一是人数众多的舞蹈队伍从北面上场,气势雄壮;二是表现百万雄师攻灭了商纣;三是大军继续向南方进发;四是大军平定了南部边陲；五是舞队分两队排列，表示周公和召公的有序分治；六是舞蹈队伍重新集合，表现对周武王的崇敬之情。整个舞蹈人数众多，队形和舞蹈动作变化复杂，场面宏伟，反映出当时的舞蹈已达到相当高的水平。此外，在《韩非子·十过》中，还记载了春秋晋平公时举行的一次大型化装舞蹈表演的演出情景：当奏起第一遍乐时，由"二八"（即十六人）装扮的黑鹤从南方飞舞而来，聚集在廊门的横档上（这当然只是表演道具）。奏第二遍乐时，黑鹤分成两队排列；奏第三遍乐时，两列黑鹤"延颈而鸣，舒翼而舞，音中宫商之声，声闻于天"。看得"平公大悦，坐者皆喜"。战国时期，除中原舞乐依旧盛行外，南方楚国风行的民间舞蹈也逐渐为人所知，屈原的《九歌》，就是据此改编的。汉王逸《九歌序》说："昔楚国南郢之邑，沅、湘之间，其俗信鬼而好祠。其祠必作歌乐鼓舞以乐诸神。屈原放逐，窜伏其域，怀忧苦毒，愁思沸郁，出见俗人祭祀之礼，歌舞之乐，其词鄙陋，因为作《九歌》之曲。"

我国舞蹈后来的发展与音乐一样，不仅是大一统国家内多民族之间取长补短、互相融合、共同进步的过程，还不断吸收其他国家和民族的乐舞精华，以完善自己，这也几乎贯穿整个古代社会，因而也创作出不少闻名遐迩的舞蹈。即如唐代的《秦王破阵》《霓裳羽衣》、公孙大娘《剑器舞》等等，都是青史留名之作。

四、书法

世界上文字种类之多，可谓林林总总，不胜枚举。然而在各种形式的文字中，真正能够成为书法文字者，唯有中国的汉字。汉字素有"方块字"之称。追溯汉字渊源，最早当推象形字。或以为象形字"书画同体"，所以亦称图画文字。就此观之，中国书法艺术元素可谓与生俱来，决定了唯有汉字能成为书法要素的基本特质。

王羲之《兰亭序》

中国书法艺术的历史相当悠久。早在线条流畅的甲骨文中已经显示出了端倪,至于后来的西周晚期《毛公鼎》、春秋时期"石鼓文"以及秦代《泰山石刻》中,书法艺术的元素就更加明显了。但是从整体上看,先秦时期仍处于中国书法的萌芽阶段。

两汉时期是中国书法的奠基时期。在汉代,隶书开始广泛流行。这种字体美观易写,在书法艺术的形成过程中起到了重要作用。东汉书法家蔡邕曾校订儒家五经,并刻于石板,立于学堂,这就是闻名遐迩的"熹平石经"。

魏晋南北朝时期,书法艺术取得很大发展。这一时期,新型书体引人注目:汉末颍川人刘德升创立了行书;长社人钟繇另辟蹊径,首创了影响深远的真书(楷书)。这两种书体美观大方,切合实用,为中国书法园地再添奇葩。此时最杰出书法家,当推东晋人王羲之。王羲之(303—361),字逸少。官至右军将军,人称"王右军"。先后师从卫夫人、张芝、钟繇学习书法,融汇各家精华,集历代书法之大成,号称书圣。后人将王羲之与钟繇并称"钟王",又将王羲之、王献之父子并称"二王"。

隋唐时期是中国书法空前繁荣的黄金时代。这一时代,书法列入"书学",杰出书法家前赴后继,星汉灿烂。唐代前期,涌现出名闻当代的"四大家":虞世南、欧阳询、褚遂良、薛稷;唐代中后期,又出现一批卓越书法家:李邕、张旭、释怀素、颜真卿、柳公权。上述各家特色鲜明,影响深远。其中,虞世南(558—638)、褚遂良(596—658)深得王羲之真传,虞氏甚至成为唐太宗书法教师。张旭(675—750)与怀素(737—799)皆嗜酒,以草书著称于世:张氏挥毫狂放,激情勃发,有"张颠"之称;怀素挥笔圆转飞动,空灵剔透,与张旭齐名,故有"颠张醉素"之誉。颜真卿(709—785)正楷端庄,行书遒劲,独树"颜体";柳公权(778—865)行楷皆佳,气势豪迈,瘦劲著称,以"柳体"另起炉灶。

宋元明清是我国书法进一步继承发展时期。两宋时代,苏轼、黄庭坚、米芾、蔡襄号称书坛"四大家"。

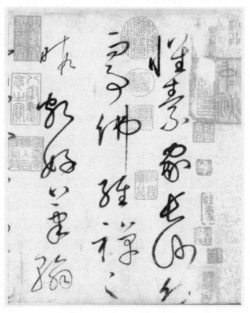

怀素《自叙帖》局部

宋徽宗赵佶创立"瘦金体",亦名重当代。在元代书家中,赵孟頫首屈一指。赵孟頫(1254—1322),字子昂,号雪松道人,赵匡胤十一世孙。他遍学晋唐诸家,篆、隶、真、行、草各书体,"无不冠绝古今"。在明朝书坛上,祝允明、文征明、董其昌、邢侗、米万钟、张瑞图、徐渭等人也以书法名重当代。晚明时期,"董、米、邢、张"素有"四大家"之称。至清代,书坛颇有中兴之势,著名书家甚多:前期有王铎、傅山、朱耷、沈荃、何焯等人。中后期则有高凤翰、郑板桥、金农、黄慎、王文治、何绍基、吴昌硕、钱泳、王澍、邓石如、林则徐等人。

中国书法以汉字为基本对象,虽然有篆、隶、楷、行、草五种形式之别,但通过汉字的笔画、结构以及章法的构思和创作,都可以鲜明地反映出作者的心灵感悟、艺术神韵和文化情趣。尤其五体之中的草书,常常是"书已尽而意不止,笔虽停而势不穷",具有极高的审美价值。书法是人类文化宝库中的瑰宝。中国书法的精髓与中国传统文化的真谛灵犀相通。

五、绘画

我国绘画的发展源远流长,它的起源可以上溯到遥远的原始时代,艺术形式则是摩崖、彩陶、帛画、壁画等各体皆备。

我国现存最早的史前绘画资料中,数量最多的是陶器上的各种彩绘图纹,既有写实性的人物、禽鸟、鱼蛙等,也有抽象的几何图纹。从所使用的工具和材料看,已开我国笔墨绘画的先河。例如在河南临汝阎村出土的"鹳鱼石斧陶缸",是仰韶文化庙底沟类型的一件艺术珍品,距今约五千年左右。画面高370mm,宽440mm,占缸腹面积近半。上面一只鹳鸟大睁圆眼,长喙高衔一尾大鱼,面对着一柄直立的大斧。西安半坡出土的仰韶文化时期彩陶器,时见人面纹和鱼纹。有的人面纹张口眯眼,鼻为长三角形,头上有尖顶饰物,两耳旁还有横画小鱼,形象生动滑稽。鱼纹的代表形象,则是头大尾小,形态自然,以网格纹表现鳞片,鱼眼描绘得极为传神,像是在游动中回目张望。

这些史前的绘画资料虽然已具有较高的艺术水准,但毕竟还不脱原始的印记。按照文化发展的一般规律,我国绘画也应随着社会的发展而不断进步,这在多种古籍中虽时有记载,但由于绘画资料的流传更多地受载体形质的限制,所以以往发现的较少,这未免是种缺憾。近几十年来,在我国的南方,数次发现了战国、秦汉时期的帛画,使我们对于我国绘画的发展情况,有了比较直观的了解。这一时期的帛画,以《人物龙凤图》和《人物御龙图》最为著名。

人物龙凤图　　　　　　　　人物御龙图

《人物龙凤图》1949年出土于湖南长沙陈家大山楚墓中。画中一女性宽袖长裙细腰,合掌侧立,像是楚国上流社会女子。其上方画有一只展翅扬尾的凤凰和一条张举双足、身姿劲健、尾部卷曲的飞龙。整个画面黑白对比鲜明,点、线、面结合和谐,墨笔线条流畅而富于韵律感,表现出我国绘画由原始渐趋成熟的进步。《人物御龙图》1973年出土于湖南长沙子弹库楚墓,开幅比上画略大。画中是一个中年男子形象,高冠长袍,一手握剑,一手拉缰,驾龙升仙。比起上图,此画用笔更富于粗细、刚柔地变化,并有意识地加强若干服饰的线纹,来表现前进的方向和速度。

晋　顾恺之《女史箴图》(局部,唐摹本)

晋　顾恺之《列女仁智图》(局部,唐摹本)

唐　阎立本《步辇图》

在我国传统的艺术形式中,绘画从未失去它在人们心目中的高雅形象,因此很早就吸引了大批知识分子或专门、或业余地投身其中,这就不仅留下了比起世界其他民族更为丰富的绘画作品,青史留名的画家更是不计其数。晋代顾恺之、唐代阎立本、吴道子等,就是公认的佼佼者,限于篇幅,这方面的内容我们无法涉及。不过,比起前面提到的乐、舞等,我国绘画的发展过程中有一个现象值得注意,即似乎较少与其他民族交流,或者说较少受外来民族的影响。这就使得我国绘画自始至终较完好地保持着自己的传统审美情趣,也长时间地保有着自己习惯的创作方法和理论。例如散点透视、写意勾勒、追求神似不求形似、讲究意在笔先、气韵生动等等。这些问题我们在下节还会谈及,此处从略。

六、雕塑

作为造型艺术之一,雕塑本是雕、刻、塑三种艺术创作方法的总称。它以各种可塑的(如黏土等)或可雕可刻的(如石、木、金属等)材料,制作出各种具有实在体积的形象。我国原始的雕塑艺术,萌芽于旧石器时代,例如在北京猿人所使用的石器中,就发现一种经过雕刻的垂直短刃的石片状石器。在新旧石器之交,出现了陶器。陶土的可塑性很强,我们的先人用它来制作各种生活和生产用具。因此可以说,到了新石器时代,雕、刻、塑的基本手法都已在我国出现。在距今八千年前的裴李岗遗址中,曾出土了粗具轮廓的陶塑羊头、猪头;在稍后的仰韶文化遗址中,还发现了陶屋模型,这都是我国较早的一些雕塑作品。

秦陵兵马俑

西方同时代的雕塑作品中有许多人体塑像,相比之下,以往发现的我国原始雕塑中同类题材的作品较少。近些年来,在不少新石器遗址中都有陶塑、石雕或玉刻的人像发现,弥补了这类遗憾。到了秦汉时代,我国的人像雕塑艺术水平已居于世界前列。

秦代的人物雕塑,当然是以号称世界第八大奇迹的秦始皇陵兵马俑为代表。秦始皇陵自1974年被发现,至今发掘的有一、二、三号坑,已出土的陶俑陶马六千多尊。人和马的大小尺寸都具有仿真特点,神态体势,栩栩如生。尤其陶俑的雕造,令人叹为观止。当时工匠制作这六千多陶俑时,在捏塑过程中运用了贴

云冈石窟

塑、刻、画等技法,塑造出各不相同的脸型、神态、发式、姿势等。就脸型而言,有长方,有宽额,有圆浑;就神情而言,有清秀,有剽悍,有憨厚,有干练;就须髯而言,有的上翘,有的短髭,有的浓髯相连,有的几缕长须;就发式而言,有的长髻,有的短髻,有的正立,有的偏斜;人的姿态则有立、跪、坐等,真可谓千面万相。汉代重要的人物雕塑作品,发现的有两次。一次在1965年,于咸阳杨家湾汉高祖

龙门石窟

长陵的陪葬坑中,发现骑马俑580多件,步兵俑1800多件,前者高70厘米左右,后者高只45厘米左右。另一次是在1984年,于江苏徐州狮子山汉高祖刘邦的老家附近,发现更大规模的兵马俑,仅清理的两个坑中,就已出土四千多个,俑高25厘米左右。这两次发现的兵马俑,虽然个头都要比秦陵兵马俑小许多,但刻画精细,色彩也很华丽。

体现我国传统雕塑艺术水准的另一个主要方面,是石窟造像艺术的成就。我国的石窟造像艺术起源于印度,公元1—2世纪,佛教沿着丝绸之路传入我国,石窟造像艺术也随之东传,现在的新疆地区首当其冲。大约在东汉末年,新疆天山南北就出现了不少石窟群。魏晋南北朝时,石窟艺术进入到玉门关以西的河西四郡,开始形成敦煌鸣沙山莫高窟、榆林窟、天水麦积山石窟、永靖炳灵等二十多个石窟。北魏太武帝于公元5世纪平定河西后,将河西人口三万多户迁到平城(今山西大同),逐渐开凿了云冈石窟。魏孝文帝迁都洛阳后,开凿石窟的热潮随之南移,又渐次开凿成龙门石窟。这样,我国的三大石窟:敦煌、云冈、龙门都初具规模。其中敦煌石窟的雕塑均为泥塑,其余二处都是石刻。

印度的石窟造像艺术传入我国以后,其风格特点经历了一个逐渐汉化的过程,这是不同的民族文化相互融合的表现。北朝初期的塑像,如敦煌和云冈的早期遗像,有不少是高鼻深目,通额卷发,显见深受印度风格影响。佛像的衣饰多是袒露右臂,内穿僧衣,外穿袈裟偏衫,下身着裙,这是犍陀罗的服饰,菩萨则大多为印度贵族富人打扮。北魏孝文帝迁都洛阳后,推行汉化政策,石窟造像也发生了显著的变化,面相变得瘦削清秀,表情自然活泼,已与南方人无异。服饰也多换上了汉族人的装束,雕刻开始变得精细圆润,有的还水袖飘飘,已不复原先粗犷质朴的形象了。

第三节 传统文艺的特点

世界上不同民族的文学艺术,当然有许多共性的东西,然而不同的生产、生活和文化环境,又必然导致不少体现着民族个性的特质生成。这种差异,不仅仅反映于文学艺术的样式、内容等物质性的方面,更在渗透于多种文艺形式的观念形态和审美趋势方面体现出来,并因此形成不同民族的文艺传统。我国文艺的民族传统,毫无疑问,与华夏民族数千年间形成的哲学、政治、美学、宗教及其他诸多文化观念或意识有着密切的关系,对此有所了解,有助于我们从整体上把握我国文学艺术的一些共性特征。

一、"天人合一"观念下的抒情文学传统

自从人类诞生以来,自然世界事实上就分成了两极,一面是"天",即包容宇宙万物的客观自然;另一面则是具有主体思维的"人"。人们在观念中与天结成怎样的关系,往往决定了一种文化的基本倾向,也深深影响着文学的样式和审美特征。

在西方文化中,天人之间的关系常常是二元的、对立的,主客体区分得很明确。人在自然面前,或者感到威严恐惧,或者欲求征服。自然对于人类而言,是

对手、是敌人,是远离自己的身外之物。之所以结成这样的关系,至少有这样一个因素:早在公元前三千至二千年左右的欧洲文明萌发期,即人们常说的"爱琴文明"时代,航海和商业就是当时闪米特人最主要的经济活动。在考古发掘的器皿和壁画中,到处可见海草、珊瑚、海豚、章鱼等形象,足见他们对海洋生活的熟悉。海洋不仅拓宽了人类生活的领域,而且比陆地更能显示自然作为人类对手的气质。对于变化无常的海洋,像内陆人群那样"靠天吃饭"是行不通的,必须求真知,必须探索,否则将会被海洋吞噬;面临狂暴凶悍的海洋,也不可能"乐天知命",必须具备冒险精神,才能争取到基本的生存权利。与此同时,商业活动的发达,使人们处于开放和竞争的状态,使人们高度重视生活的物质内容。这应当是形成西方文化中"天人对立"关系的重要因素。

在这样的观念下,既然主客体处于明显的分离对立状态,为了生存,主体就必须尊重客体、了解客体,以求掌握和重现客体的情状。古希腊德谟克利特有句名言:"从蜘蛛我们学会了织布和缝补,从燕子学会了造房子,从天鹅和黄莺等歌唱的鸟学会了唱歌。"受这样的文化氛围影响,可以说,西方文学从它最早的源头——古希腊文学开始,便是一种"模仿的文学",也称"再现文学"或者"重现文学"。它惟妙惟肖地模仿自然,模仿自然中人的活动和历史,模仿得越逼真、越准确、越接近被模仿的对象,就越能给人以美感。这种"模仿的文学"在文学样式上的表现,就是叙事文学的发达。具体而言,可举史诗和神话的昌盛为例。

世界上的一些主要民族都有自己气魄宏大的史诗,印度有《摩诃婆罗多》和《罗摩衍那》,巴比伦闪族有《吉尔伽美什》,古日耳曼人有《希尔德布兰特之歌》,法国有《罗兰之歌》,德国有《尼伯龙根之歌》,西班牙有《熙德》,俄国有《伊戈尔远征记》,至于古希腊人的《荷马史诗》,更是名闻遐迩。史诗的意义不在于"诗",而在于"史",实际上就是对民族发祥、迁徙、所经历的战斗流血以及英雄业绩的模仿或再现。在古希腊人亚里士多德关于文学样式的三种分类中,史诗是第一位的(然后才是抒情诗和戏剧)。

再看神话。众所周知,上古神话是叙事文学的源头。严格地说,神话不能算作一种文学体裁,而是代表一种特定的文学内容。西方文学中的神话,以公元前8世纪左右形成体系的希腊神话为代表,内容极为丰富。楚图南先生翻译的《希腊的神话和传说》(人民文学出版社),有803页的篇幅,包含二十九个大故事、将近二百个小故事,其中涉及天地生成、人类起源、神的产生、神的宗谱、神的各种活动等一系列内容,而且各色神祇身份明确,职能稳定,神际关系清晰。所以,希腊的神话是"体系神话",它是西方人用叙事的方法描述与人相对立的神的世界的结果。

中国的情况则很不一样。我们祖先的天人观念与西方截然不同,他们更注重天人之间渗透、融合、协调的一面。对天,只是自然地顺从,既不顶礼膜拜,也不想征服改造;既不甘作奴隶,也不想当主人。封闭的地理环境、自然温饱的小农经济、相对平淡的陆地生活,使中国古人从不把自然的"天"当作值得重视的、有自己特点的对手。既然没有了对立面,也就没有明确的主客体二元的意识。因此,古人一方面是对人事之外的自然物的忽略,如春秋时郑国子产说"天道远,人道迩"(《左传·昭公十八年》),孔子说"未能事人,焉能事鬼"(《论语·先进》),"敬鬼神而远之"(《论语·雍也》);另一方面,则将人事与天事统一起来,人事即天事,这就是西汉董仲舒概括的"天人合一"。这种"天人合一"观念作为一种基本的文化意识和心理倾向,使中国历代文学家没有多大兴趣向外探求,去把自然、历史等再现一遍,而是把注意力放在自己内在的生命意识的表达上,强调心志情感对文艺的重要作用,这就使得中国古代叙事文学很不发达。

比如,中国是诗歌高度发达的国度,然而历史悠久、人数众多的汉民族,长期没有如西方那样的史诗。《诗经·大雅》中的《公刘》,有点史诗的味道,但这首歌颂周族远祖公刘率领部落迁徙的诗歌,总共不过二百三十多字,事情的前因后果不清楚,也没什么具体细致的事件。而古希腊的《荷马史诗》,把一场持续十年的大战,以及在战争的最后关头,英雄奥德修斯的海上历险,都叙述得绘声绘色,真切细致。《公刘》很难与之相提并论。再如,中国汉民族的神话,特别是上古神话流传下来的很少,只在《吕氏春秋》《山海经》《淮南子》等书中有些零星的记载。而且内容多集中于灾难救世方面,缺乏故事的因素,叙事线索也不明确,著名的如《大禹治水》《后羿射日》《女娲补天》等,莫不如此。所以著名的神话学家袁珂曾说:"(在中国上古典籍中)没有可以称作神话的专门体裁,也没有一部可以从中发现记叙连贯和完整的神话的文学作品。"(《古代神话选释·前言》)

在我国,专门的叙事文学体裁如戏剧和小说,是从元、明开始繁荣的,此前的将近一千五百年间,抒情诗占据着文学的至高地位。从最早的诗歌总集《诗经》开始,诗人们注重反映的是真切细致的生活感受和心路历程。《小雅》中那首著名的《采薇》唱道"昔我往矣,杨柳依依;今我来思,雨雪霏霏。行道迟迟,载渴载饥,我心伤悲,莫知我哀",历来被奉为情景交融的抒情典范。中国文学沿着这条抒情的路子走下去,于是便有了忧伤的屈原、怡然的陶潜、青春的李白、沉郁的杜甫、幽婉的李清照、豪放的苏东坡等等。而中国的叙事诗数量却极为有限,著名的只有《古诗为焦仲卿妻作》(《孔雀东南飞》)《木兰诗》《长恨歌》《圆圆曲》等有数的几首,而且抒情的成分往往是其中的点睛之笔。譬如汉乐府中那首著名的《孔雀东南飞》说:"举手长劳劳,二情同依依","晻晻日欲暝,愁思出门啼","生人作死别,恨恨那可论?"一对殷殷爱侣终于生离死别,读之催人泪下。再如白居易的《长恨歌》,以安史之乱这样重大的历史事件为背景,但全诗只有三个人物,即杨贵妃、"汉皇"李隆基和临邛道士。马嵬坡事件应该是最具戏剧性的,然而具体过程在诗中几乎没有反映,倒是李杨之间"在天愿为比翼鸟,在地愿为连理枝"的情爱关系被大加渲染,成为作品中最为绚丽的部分。由此可见,在这样的叙事诗中,叙事,只不过是抒情的陪衬。

二、人文精神下的"言志缘情"内核

由"天人对立"、人神分离的观念出发,西方文化具有浓重的宗教色彩。尤其是基督教,数千年来,在西方的法律、道德、教育、哲学、文学、科学、日常生活等等方面起着无法估量的作用。宗教曾经被用来作为奴役和欺骗人民的工具,但也给西方人的精神生活带来了另外的收获,它使西方人执着于彼岸世界的探索,执着于纯正、明确的精神信仰,使他们得到一种勃发的内在生命力和抵抗战胜困苦磨难的反叛精神。那些直接或间接从宗教意识里化生出来的灵感、想象、哲理,成为许多文学作品精神上的源泉。而神性与理性、灵与肉、今生与来世、善与恶、犯罪与救赎等等,这些问题也不断地困扰、同时也激励着作家对人类自身的思考。

而中国,从来没有统一的宗教,也没有统一的宗教意识,中国文化的特点是更重人文。人文之"文",古代字形像纵横交错的线条(作"爻"),亦即后来的"纹"字,有花纹、斑纹、纹理、纹路的意思。文字、文章、文采等义,都是由此引申。用于人类社会,"人文"就指人与人之间纵横交织的人际和社会关系,例如君臣、父子、夫妇、兄弟、朋友、同事关系等等。在自然恩赐相对丰隆的内陆地区,在自给自足的小农经济之下,自然不是人类的对手和敌人,倒是人伦关系的悖常,更容易导致社会的混乱和动荡,更容易造成灾祸。因此,中国古代的思想家们虽然学派众多,有所谓"九流十家"之说,但在看重人文,亦即看重人类伦常这一点上其实是共同的,他们的分歧,实质只是在于达到目的的方法和手段不同。

在这种人文精神之下,中国传统的文学思想以"言志缘情"为其内核,这既不同于西方文学着眼于人物、情节、环境、场景的描写,也与西方的"抒情"有所不同。在中国的文学理论中,"言志"与"缘情"是先后产生的两种学说,前者导源于先秦,后者形成于魏晋。"言志"理论的提出,据现有资料考察,大致在春秋战国时期。《左传·襄公二十七年》(前546)载晋国大夫赵文子(名武)说:"《诗》以言志。"不过这里所谓的《诗》,只是专指儒家六经之一的《诗经》。到了大约成书于战国后期的《尚书·尧典》,其中说:"诗言志,歌永言,声依永,律和声,八音克谐,无相夺伦,神人以和。"这里的"歌",指悠长的歌曲;"声"指声调(宫、商、角、徵(zhǐ)、羽);"律"指音律;"八音"指八种古代乐器;与此相类,"诗"自然是泛指诗歌这一文学形式。也就是说,至此为止,"言志"理论完成了对文学领域的涵盖,成为朱自清先生所说中国历代诗论"开山的纲领"(《诗言志辨·序》),亦即中国文学理论的"开山的纲领"。而"缘情"的理论,虽然在战国道家那里已初现端倪(参吕艺《庄子"缘情"思想发微》,《北京大学学报》1987年5期),但随着两汉以后对文学特性的深入认识,在魏晋时期才最后形成。西晋陆机在《文赋》中说:"诗缘情而绮靡",便是这一理论的代表宣言。

　　从文学发生论的角度考察,在抽象意义上,"言志"与"缘情"其实并无多大区别,总之是认为诗歌产生于人的精神需要,应当抒发人的内心感受。由此我们也就可以具体地知道为什么中国的叙事文学长期不甚发达的原因:因为从中国文学理论"开山的纲领"开始,就并不认为人类是从鸟儿那里学会的唱歌,而认为诗歌是心灵的歌唱;所以文学不是要"模仿"或"再现"什么外物,而是要抒发人内在的生命意识和情感。这就从最初开始,与西方文学观念显现出差异。不过,"言志"与"缘情"的具体理论内容却有所不同。分析而言,"缘情说"比较接近西方的"抒情","言志说"则与西方的"抒情"有较大的差异。在中国文论发展史上,或者说在中国文学精神的发展史上,"言志"是源,"缘情"是流;"言志"是主干,"缘情"是附庸。所以,就中国古代的文学精神主体而言,与西方文学的差异是主要的。也正是这种差异,集中体现出中国文学注重人文的精神。

　　西方文学中的"抒情","情"泛指人类的一切情感和心理活动。而我国古代的"言志",无论理论的提出抑或实践的运用,"志"都只是指情感和心理活动的一部分,确切地说,是指经由道德价值的滤筛之后,关涉社会的伦理要求、为人准则和国计民生的那一部分。用《毛诗大序》的话来概括,这种"志"就算是"发乎情",也必须"止乎礼义"。受着这种时代思潮的影响,人们对于《诗经》及其他文学著作,更多地从道德伦常和社会政治的角度概括其创作宗旨和思想内容,更多地注重其为政和教化作用,也就不难理解。两汉以后,随着文学创作的发展,尤其是诗歌和辞赋的发展,人们逐渐认识到,文学作品不同于其他著作,抒情是其重要特性之一,即便要劝谕教化世人,靠的也是感人的形象,而不是抽象的说教。在这个时候,"情"也就从"志"的规范中挣脱出来,具有了更为广泛的情感内容。魏晋时期的"缘情说"便由此而生。

　　在中国,"缘情说"诞生以后,"言志说"并未就此消亡。对大多数文人而言,"缘情说"固然开拓了他们的文学视野,但却不足以使他们丢弃原有的"言志"阵地。他们一方面承认并且接受了文学的抒情特性，另一方面，又认为"情"必须受到"志"的辖制，这样的作品要胜过"情"有余而"志"不足的作品。例如在唐代诗坛，李白、杜甫的艺术成就难分伯仲，同为我国第一流的诗人，但此后的千百年间，杜甫却被尊为"诗圣"，俨然是唐诗宗主，因为什么？宋人张戒说："杜子美、李太白，才气不相上下，而子美独得圣人删《诗》之本旨，与三百五篇无异，此则太白所无也。"又论杜甫《可叹》诗说："观子美此篇，古今诗人焉得不伏下风乎！忠义之气、爱君忧国之心，造次必于是，颠沛必于是。言之不足，嗟叹之；嗟叹之不足，故其词气如此。恨世无孔子，不列于《国风》《雅》《颂》尔。"（《岁寒堂诗话》）这就是认为，杜甫诗继承了《诗经》的"言志"传统，忧国忧民，不仅仅是抒发个人的喜怒哀乐之情。

　　就算是仅仅抒发个人情感的作品，古人也要依据社会的伦理道德观念，亦即依据所谓"志意"的高下，划分三六九等。譬如《诗经》，到了宋代，著名学者朱熹首先提出并非所有的诗篇都是"言志"的，其中有不少男女相悦的情歌，这是符合实际情况的。但是，朱熹依据统治阶级所提倡的道德伦理"志意"去评判，于是认为这些抒发爱情的诗篇在等次上有高下。他认为，男大当婚，女大当嫁，夫妻和谐，这是人伦之本，因此，抒发夫妻之间感情的诗篇属于孔子所说的"无邪"之列。比如《卫风·伯兮》说："自伯之东，首如飞蓬。岂无膏沐，谁适为容？"这是丈夫行役在外，思妇所作之诗，朱熹《诗集传》以为"人情不出乎此"（以下引朱熹说皆出《诗集传》）。然而另外一些诗篇，譬如《郑风·野有蔓草》说："野有蔓草，零露漙兮。有美一人，清扬婉兮。邂逅相遇，适我愿兮。"一看就知出于未婚青年男女之手，这在朱熹眼中就不那么"无邪"了。因为在道学盛行的宋代，男婚女嫁必须有"父母之命，媒妁之言"，一见倾心，私订终身是不允许的。因此，《诗经》中那些青年男女自相悦慕的情歌，他给予四个字的评价："淫奔之诗"。再退一步说，如果是"有女怀春，吉士诱之"（《召南·野有死麕》），倒还可以容忍。因为古代中国是典型的男性社会，妇女地位低下，不能主宰自己的命运。但如果是姑娘主动爱上了小伙子，而且大胆地追求自己的爱情，便被认为是不守妇道，"是可忍，孰不可忍"！在《诗经》中，《卫风》和《郑风》有较多的爱情诗，朱熹评论说："郑卫之乐，皆为淫声。然以诗考之，卫诗三十有九，而淫奔之诗才四之一；郑诗二十有一，而淫奔之诗已不翅七之五；卫犹为男悦女之辞，而郑皆为女惑男之语……是则郑声之淫，有甚于卫矣。故夫子论为邦，独以郑声为戒而不及卫（《论语·卫灵公》载："颜渊问为邦。子曰：'……放郑声，远佞人。郑声淫，佞人殆。'"），盖举重而言，固自有次第也。"其实孔子所言，主要是论乐，本没有那么复杂的内容。这里品评的次第，是朱熹自己心中的"次第"，其依据，便是那受到道德伦常规范的"志"。

由此可见,在中国历史上,人文精神下的社会政教伦理生活以及符合政教伦理的个人情感,是中国抒情诗的中心主题。正如白居易在《新乐府序》中所说:"总而言之,为君、为臣、为民、为物、为事而作,不为文而作也。"散文、戏剧、小说也莫不如此。可以这么说,中国古代文化有着强烈的政治化倾向,或者叫做政治实用倾向,因而在士大夫中间,形成一种富于社会责任感的"经世致用"传统,使得许多文化人都全力关注民族国家的命运和民生疾苦,所谓"天下兴亡,匹夫有责","先天下之忧而忧,后天下之乐而乐。"然而这种"政治型"的文化也有其明显的弊端,这就是容易漠视学术文化的独立价值,使之成为现实政治的附庸,因而妨碍各个文化分支独立、自由地发展,"文化大革命"的十年可谓教训惨痛。文学理论中的"言志"和"抒情"的关系,其实正反映出文化政治性和独立性之间的关系。

三、"美善相兼"的艺术本质

我们在前面谈到,西方文艺从一开始,就把"模仿自然"规定为文艺的本质。而模仿、再现必然要讲究真实,于是,美也就从属于"真"。法国17世纪文艺理论家布瓦洛在《诗简》中说:"只有真才美,只有真才可爱,真应该统治一切,寓言也非例外。"而在柏拉图那里,艺术美始终不如现实美,因为模仿者到底还是要逊于被模仿者。因此,"写真实"的思想曾经长期支配着西方的文艺界,区别只是在于表现形式方面。而中国的文艺,我们在前面已经谈到,它在"天人合一"的哲学观念和"言志抒情"的文学主张的主导之下,更注重自己内在生命意兴的表达,不太注重描摹外物,因而也就不太注重反映外在的"真实"。人的内在的生命意兴,不同地域、不同民族、具有不同文化传统的人们便会有不同的理解和认同。由上节所举事例可以知道,在中国,它历来是要用伦理纲常去规范,使之趋于道德上的完善。所以在中国古代,"美"的概念最初与"善"的概念有着千丝万缕的联系,"美"这一词汇时常在"善"的意义上使用。如《论语·泰伯》说:"子曰:'如有周公之才之美,使骄且吝,其余不足观也已'。"周公是古人尊奉的圣人,说他"才美",就是说他才能完善。后来孟子由正统的人性论出发,说善人道德完善而充实,"充实之谓美"(《孟子·尽心下》)。其后荀子又说:"君子知夫不全不粹之不足以为美"(《荀子·劝学》),明确阐明了"美在完善"的观点,这是对先秦美学观的总结。

由此出发,我们民族在文艺本质问题上更追求"美"和"善"的兼容与统一。而且在品评作品时往往把"善"的标准放在第一位,"美"则从属于"善"。《论语·八佾》说:"子谓《韶》,'尽美矣,又尽善也。'谓《武》,'尽美矣,未尽善也。'"《韶》相传是虞舜时的乐曲,《武》又称《大武》,是周武王时的乐舞。相传尧、舜、禹时代实行"禅让制",舜的天子地位是尧"禅让"的,没有出现暴力事件,所以孔子称赞其乐"尽美"又"尽善";而周武王的天子之位,则是靠武力伐商所得。尽管世人都认为是正义之战,但毕竟以下犯上,破坏了原有的君臣关系,所以孔子认为"未尽善",比《韶》相差一等。又比如《左传·襄公二十九年》所载"季札观乐",对《诗经》诸风、大小《雅》和三《颂》的评论,总离不开政教伦理的得失。后来为他表演古乐,对于商汤时的《韶濩》,他说:"圣人之弘也,而犹有惭德,圣人之难也。"对于舜的《韶箾》乐,则说:"德至矣哉,大矣!如天之无不帱也,如地之无不载也。虽甚盛德,其蔑以加于此矣,观止矣。若有他乐,吾不敢请已。"他和孔子一样,认为商汤伐桀,虽然迫不得已,但总是以下犯上,所以"犹有惭德";而舜的《韶箾》乐,则是善与美的完美结合,所以奉为极品。

  当然,中国的文艺思想和美学观念里,并非没有"真"的概念。早在先秦道家的庄子,就曾经从道法自然的哲学观念和崇尚天工之美的美学意义上,提出过"真"的要求。《庄子·渔父》就说:"真者,精诚之至也。不精不诚,不能动人。故强哭者虽悲不哀,强怒者虽严不威,强亲者虽笑不和。真悲无声而哀,真怒未发而威,真亲未笑而和。真在内者,神动于外,是所以贵真也……真者,所以受于天也,自然不可易也。故圣人法天贵真,不拘于俗。"东汉的王充《论衡·对作》也说:"是故《论衡》之造也,起众书并失实,虚妄之言胜真美也。"但是,先秦至两汉时期,在思想、文化乃至社会生活领域里,儒家学说占据着主导重要地位,西汉武帝采纳董仲舒"罢黜百家,独尊儒术"的建议后,儒学更是一枝独秀。在文艺和美学领域,儒家的"言志说""美刺说""温柔敦厚""发乎情,止乎礼义"等等密密地挤满了殿堂,道家贵真法自然的学说被挤到可怜的一隅,很少得到世人的注目。到了魏晋南北朝时期,随着汉帝国大厦的倾覆,作为其哲学基石的、已经被神学化了的儒学,腐朽没落的性质也日益暴露出来。作为一种反动,玄学和佛学开始昌盛。魏晋的名士们不仅在生活中"放浪形骸",以个人喜恶的真实表现来挑战腐朽儒学的道貌岸然,而且在哲学的层面探讨"言意之辨",主张"得象而忘言""得意以忘象"(王弼《周易略例·明象》),追求内心世界的真实反映和真正理解。当这些理解与追求渗透于文学艺术领域时,也就丰富了人们对艺术本质问题的认识。人们豁然发现,艺术作品的形式和美感之间,也存在着这种"言意之辨"。具体说来,艺术作品就其存在方式而言是物质性的,但它只是借颜色、声音、语言文字等物质材料来表现艺术家心中的观念。人们欣赏艺术,最终是要通过艺术作品的物质性而达到对其观念意旨的领会。也就是说,艺术中真正能作为审美对象的并不是那些言语或形式迹象,而是被言语和形式迹象所暗示,但又在它之外的观念意象。好的艺术作品,虽然通过"言""象"的媒介而诉诸欣赏者的感官,但它更能在欣赏者心中启示和诱发其丰富的想象,从而使之寻绎出那有限的"言""象"之外的无穷情味来。于是,在文艺本质问题上,对"美"的界定,除了"善"之外,人们也开始求真,"真"的范畴开始丰富和充实起来。但是,中国古代美学意义上的"真"以及求真的方式,都与西方有很大的不同。

在西方古代的文艺观念中,"真"首先是物质的,其次才是观念的。也就是说,只有首先描绘出事物外在的真实,才能进而创造出内在的"美"。所以,西方绘画的代表是油画,而外形逼真是它最基本的要求。线条和造型的比例要遵循 1∶1.618 的"黄金分割律",画面也总是布的满满的,无处不施油彩,以求形貌的酷似毕肖。西方戏剧无论是舞剧或者话剧,总是分幕的,其目的只有一个,就是根据剧情的发展,随之更换人物服饰和舞台背景,使之看上去更逼真。而西方的文学,也是叙事文学特别发达,如叙事诗、小说、戏剧等等。

而在中国古代,"真"首先是观念和精神上的,是自然的内在本质,而外在的物质形式,只要能表达和体现内在的"真"就是好的,无需用外形逼真的要求去限制。也就是说,内在美的创造,并非以外在真实为前提。所以,中国古代的绘画技法,最具代表性的是"写意画"。它追求的是"传神写照"的"神似",往往用白描的手法,以简练的线条几笔勾勒即成,并不要求完全的逼真;构图上摆脱焦点透视的羁绊,采取散点透视和视觉记忆来布阵,而且画面总有许多的"留白",给人充分的想象空间。传说晋代著名画家顾恺之,画人物特别注重画眼睛,有时为揣摸人物,酝酿感情,甚至几年不点睛。他说:"四体妍蚩,本无关于妙处;传神写照,正在阿堵之中。"(唐张彦远《历代名画记》卷五引)这句话的意思是,人的身体其他部分画得美与丑或者像不像都不十分要紧,真正画得像、能反映出人的精神面貌的,关键全在这一对眼睛上。这是典型的重神似不重形似的言论。此外中国古代的文人墨客,对于"形似"不如"神似"更是有大量的论述,难以一一枚举。

中国这种追求"神韵"和"意趣"的写意画,在表现不具有外在物质形态的事物和超离外形的意境时,比起西方的油画,往往更为形象生动,出人意表。相传宋代画院有次以"踏花归去马蹄香"为题试画,一个高明的画家超越一般人所画达官显贵、文人仕女骑马在花丛中穿行的构思,只画一匹奔马,几只追逐马蹄的蝴蝶,就使人感到春风拂面,花香袭人,是以视觉艺术表现嗅觉的名作。另有位画家画"野渡无人舟自横"诗句,不画空船系在岸边,不画鸬鹚站立船头,也不画一只乌鸦栖在船篷上呱呱乱叫,却画了一个船夫坐在船尾吹笛,任小船在水中漂流。用撑船人的"有"来衬托渡河人的"无",又以渡河之人的"无",来烘托撑船人的寂寞和闲适,不惟有景,而且有情。此外,大家熟知的齐白石名画《蛙声十里出山泉》,也是以视觉艺术表现听觉的杰作。还有中国的传统戏剧,无论哪个剧种,都有一个共同的、不同于西方戏剧的特点,即没有"形似"的背景,因而也就无须像西方戏剧那样拉上帷幕来区分场次。演员站在台上,马鞭一挥,已跨越千山万岭(如京剧《智取威虎山》);船橹轻摇,已渡过大江大河(如京剧《打渔杀家》)。虽然没有形象逼真的背景和道具,却并不影响观众对剧情和人物形象的理解与欣赏。这也是追求内在真实的美学思想的反映。

至于中国的文学,尤其是诗歌,自魏晋以后,受哲学上的"言意之辨"启发和美学意趣向自然"真美"倾斜的影响,"意境说"(又称"境界")开始发展并且昌盛,成为中国古典美学和文艺理论中的一个极为重要的范畴。"境界"本来是佛学中的概念,指人通过修炼而达到一种很高的程度。运用于文艺的领域,它是指一种独创性的艺术天地,其内涵十分的精微玄妙。早在唐代,相传为边塞诗人王昌龄所著的《诗格》,就明确提出"诗有三境"之说:一曰"物境",二曰"情境",三曰"意境"。对于"意境",定义为"张之于意而思之于心,则得其真矣。"千百年来,无数的文人学者对"意境"有过许许多多的谈论和研究,人们似乎都可以在自己的创作和欣赏实践中感受到它、意会到它,但至今尚无精确的、全面的理论概括。大体而言,意境是在作品中创造出的,超乎言表或具象之外的,对自然、社会、人生的独特的美学感受。它需要创作者在忘却物我关系的状态下进行审美静观,使心境与物境互相触发、互相渗透,电光石火似的发现一片空灵活脱、深邃幽远的新天地。

抽象地解说"意境"不太好理解,我们不妨看看王国维在《人间词话》中举的两个例子。他说:"'红杏枝头春意闹',着一'闹'字而境界全出。'云破月来花弄影',著一'弄'字而境界全出矣。"但也有人却持论相反。清代著名剧作家和戏曲理论家李渔就说:"若红杏之在枝头,忽然加一'闹'字,此语殊难着解。争斗有声之谓闹。桃李争春则有之,红杏闹春,予实未之见也。'闹'字可用,则'吵'字、'斗'字、'打'字皆可用矣……予谓'闹'字极粗俗,且听不入耳,非但不可加于此句,并不当见之诗词。近日词中争尚此字者,子京(宋祁字)一人之流毒也。"(《窥词管见》)那么,王国维说的境界究竟有没有呢?"红杏"句用"闹"字,是想把事物的无声姿态描绘成好像有声音,在视觉中获得听觉的感受,用现代心理学或语言学的术语来说,叫做"通感"或"感觉移借"。上文所举美术史上用视觉艺术形式去表现蛙声、花香,也是运用"通感"于创作的范例。"红杏"句加一"闹"字,表明诗人对事物的感受突破了一般的经验,有更深刻、更细致的体会,所以用了新颖、奇特的字词(参钱锺书《通感》,载《文学评论》1962年1期)。有了这个"闹"字,既逼真地刻画出春日里满枝的红杏群花怒放的蓬勃生机,而且也透露出诗人对春色来临的满心的喜悦,是情景交融的佳句,所以有境界。至于"云破"一句,诗人把月光轻风下的花枝拟人化、舞蹈化了,不仅细腻地刻画出淡云拂月、花枝摇曳的美丽夜色,而且隐隐流露出对于春色将逝的惋惜之情,也是情景交融的佳句,所以也很有意境。

总之,意境是作品中体现的兴味或情趣,是超离言辞表象的更高层次的东西。自从人们认识它并且作为艺术的追求之后,也就对外在的真实越发地轻视甚至是漠视。作画的,要求"意在笔先"(王维《山水画论》),"画尽意在"(唐张彦远《历代名画记·论顾、陆、张、吴用笔》)。写诗的,追求"象外之象,景外之景"(唐司空图《司空表圣文集·与极浦书》),"言有尽而意无穷"(苏东坡语,见宋人姜夔《白石诗说》引)。唐人司空图在《诗品》中甚至说:"不着一字,尽得风流。"在他们看来,这才是文艺的真谛,是自然的真实、内在的真实,也是真正的真实。

由此可见,自魏晋时期开始,先秦道家"求真"的思想受到普遍的重视和充分的发展,并且形成一系列文艺主张,大大丰富了我国古代美学的园田。如果说此前"以善为美"的观念,是中国文艺注重内在生命意兴的传统在美学领域里朝着社会道德的一极延伸的话,那么可以说,"自然真美"的观念是注重内在生命意兴的传统在美学领域里朝着自然本质的一极延伸。正是在注重内在生命意兴的传统制约下,使得这种"真实"具有鲜明的"中国特色"。正是在这一点上可以说,我国古代的"善"与"真"其实有着某些相通之处。但不可否认的是,从古至今,国人在品评文艺作品时,若只论艺术方法,尽可以"唯真",但如果要评论作品的总体水准时,却从来不曾轻视"善",甚至可以说是一直把"善"放在首位,这与上一节所说把"志"放在首位是一致的。这也就是说,在文艺本质问题上,"美善相兼"始终是中国古代美学中的重要思想和主张。

当然,中国文艺的民族传统尚不止此,例如"中庸平和"的审美情趣,也有相当的典型性。

参考文献

1.《左传·襄公二十九年》(节录)

吴公子札来聘……请观于周乐。使工为之歌《周南》《召南》,曰:"美哉!始基之矣,犹未也。然勤而不怨矣!"为之歌《邶》《鄘》《卫》,曰:"美哉,渊乎!忧而不困者也。吾闻卫康叔、武公之德如是,是其《卫风》乎?"为之歌《王》,曰:"美哉!思而不惧,其周之东乎?"为之歌《郑》,曰:"美哉!其细已甚,民弗堪也,是其先亡乎?"为之歌《齐》,曰:"美哉,泱泱乎,大风也哉!表东海者,其大公乎!国未可量也。"为之歌《豳》,曰:"美哉,荡乎!乐而不淫,其周公之东乎?"为之歌《秦》,曰:"此之谓夏声。夫能夏则大,大之至也,其周之旧乎?"为之歌《魏》,曰:"美哉,渢渢乎!大而婉,险而易行,以德辅此,则明主也!"为之歌《唐》,曰:"思深哉!其有陶唐氏之遗民乎?不然,何忧之远也。非令德之后,谁能若是?"为之歌《陈》,曰:"国无主,其能久乎!"自《郐》以下无讥焉。

为之歌《小雅》,曰:"美哉!思而不贰,怨而不言,其周德之衰乎?犹有先王之遗民焉。"为之歌《大雅》,曰:"广哉,熙熙乎!曲而有直体,其文王之德乎?"为之歌《颂》,曰:"至矣哉!直而不倨,曲而不屈,迩而不逼,远而不携,迁而不淫,复而不厌,哀而不愁,乐而不荒,用而不匮,广而不宣,施而不费,取而不贪,处而不底,行而不流,五声和,八风平,节有度,守有序,盛德之所同也。"

见舞《象箾》《南籥》者,曰:"美哉!犹有憾。"见舞《大武》者,曰:"美哉!周之盛也,其若此乎!"见舞《韶濩》者,曰:"圣人之弘也,而犹有惭德,圣人之难也。"见舞《大夏》者,曰:"美哉!勤而不德,非禹,其谁能修之?"见舞《韶箾》者,曰:"德至矣哉,大矣!如天之无不帱也,如地之无不载也。虽甚盛德,其蔑以加于此矣,观止矣。若有他乐,吾不敢请已。"

(杨伯峻《春秋左传注》,中华书局,1981)

2.(汉)《毛诗序》(节录)

《诗》者,志之所之也,在心为志,发言为诗。情动于中而形于言,言之不足故嗟叹之,嗟叹之不足故永歌之,永歌之不足,不知手之舞之,足之蹈之也。

情发于声,声成文谓之音。治世之音安以乐,其政和;乱世之音怨以怒,其政乖;亡国之音哀以思,其民困。故正得失,动天地,感鬼神,莫近于《诗》。先王以是经夫妇,成孝敬,厚人伦,美教化,移风俗。

故《诗》有六义焉:一曰风,二曰赋,三曰比,四曰兴,五曰雅,六曰颂。上以风化下,下以风刺上,主文而谲谏,言之者无罪,闻之者足以戒,故曰"风"。至于王道衰,礼义废,政教失,国异政,家殊俗,而"变风""变雅"作矣。国史明乎得失之迹,伤人伦之废,哀刑政之苛,吟咏情性,以风其上,达于事变而怀其旧俗者也。故变风发乎情,止乎礼义。发乎情,民之性也;止乎礼义,先王之泽也。是以一国之事,系一人之本,谓之《风》;言天下之事,形四方之风,谓之《雅》。"雅"者,正也,言王政之所由废兴也。政有小大,故有《小雅》焉,有《大雅》焉。《颂》者,美盛德之形容,以其成功告于神明者也。是谓"四始",《诗》之至也。

(清阮元《十三经注疏》本《毛诗正义》卷一,中华书局影印,1980)

3. [法]米盖尔·杜夫海纳:《美学与哲学》(节录)

不错,在柏拉图看来,知识和智慧要求人从感性世界中挣脱出来,不再生活在被感知之物的水平,从而达至诸理念;从理念再回到与他的伙伴们的命运有关的感性世界。这些理念也可能只是心智世界中的一些虚构的实在。因为它们本身仅仅是照亮给定之物或启发行为的一束光线。它们构成一个逻辑推理的要素,却丝毫不能越出它们所构成的辩证组织,犹如词离开句子、离开语言整体,就成了毫无意义的存在,除非抽象地存在于词典之中。这些理念的存在,必须是不可确定的,因为存在要在理念所产生的涵义之中消失。可是在这些理念中却有一个例外,那就是"美",因为只有"美"才闪闪发光。《费德诺(Phedre)》(《柏拉图对话集》中的一篇)说:"唯有它获得了这一能够成为最显著、其魅力最为可爱的命运。"其他的理念,如"正义、智慧,在人世间的图画中,都有任何光彩"。当然,这只是说明美的对象比其他任何对象都更直接地把握我们,感动我们,因为它既是感性的,又是有意味的。在这无与伦比的经验中,感性不掩饰什么,反而是启迪我们。然而,这就会令人这样设想:令我们心醉神迷,能把我们从这个世界带到另一个世界的东西,它的能力来自于它模仿了自在之美。

古典主义就是这样,它借助柏拉图主义,在确实存在着一种美的理念或美的本质这个观念的基础上,建立起了一种规范性学……例如,建筑标准、"三一律"等,就是其中最著名的模式。而批评家和艺术家都必须接受这些模式;前者以它们的名义判断作品,后者应该按照这些模式去创造,犹如《蒂迈欧篇(Timaeus)》(《柏拉图对话集》中的另一篇)中的造物主,他一边凝神观照诸理念,一边创造世界。17世纪英国皇家学院所作出的种种判断,可以说就是这样表现于批评和教育之中的自发的独断主义的最好例证。让我们仅以德·香贝尼(De Champaigne)先生的题为《驳布朗沙尔(Blanchard)先生关于色彩的价值的讲演》中的一段讲演词为例。他说:"先生们,我不知道人们是否能够想象,画家除了模仿美的和完善的自然之外还应该有另一种对象。他是否应该提出某种虚幻的或不可见的事物呢?然而,事情确实是:画家的最美的品质,在于成为尽善尽美的自然的模仿者,因为人类除此之外,不可能再向前迈进一步。"

(中国社会科学出版社,1985,10—12页)

参考书目

1. 亚里士多德《诗学》,人民文学出版社,1962。
2. 柏拉图《文艺对话集》,人民文学出版社,1963。
3. 格塞罗《艺术的起源》,商务印书馆,1984。
4. 伍蠡甫编《西方文论选》,上海译文出版社,1979。
5. 朱光潜《诗论》,三联书店,1998。
6. 蔡仪《新美学(改写本)》第一卷,中国社会科学出版社,1985。
7. 李泽厚、刘纲纪主编《中国美学史》,中国社会科学出版社,1987。

思考题

1. 在文学艺术的起源问题上,古今中外有各种不同意见,你怎么看?
2. 中西方历史上对文艺及美的本质的探讨,各有哪些代表性的意见,又各有哪些合理因素?
3. 文学艺术与哲学有什么样的关系?与民族的文化传统又有怎样的关系?

第五章 史 学

中国是世界上文明发达最早的国家之一。有史以来,勤劳勇敢的中华民族在神州这块土地上生生不息,奋进不已。他们用自己的双手和智慧创造了令人叹为观止的物质文化,也创造了灿烂辉煌的精神文化。在他们创造的精神文化中,历史学是一颗分外引人瞩目的明珠。中国古代史学起源之早,记录之详,文献之富,价值之大,可谓举世闻名,罕有其匹。

第一节 悠久史学

纵观世界,除中国外,世界上许多文明古国和地区都曾有过光华暗淡的经历,出现过大幅的文化"断层"。美索不达米亚、印度河谷及尼罗河流域,无不在公元前或因异族征服,或因不同民族的冲击,先后导致了政权激烈更迭和文化衰落。欧洲文明故乡也不例外。以公元前476年西罗马灭亡于日耳曼部族的入侵为标志,希腊、罗马古典文化被宗教愚昧和神权政治所取代,西欧由此进入长达一千多年的"黑暗时代"——中世纪。

东方的中华民族则不然。她由远古而中古,又由中古而近世,稳健地一步一步地走向未来。中华民族不仅在自己身后留下了一条由清晰脚印联结起来的历史长河,还以连续不断的文字记录等形式,系统地反映了她所走过的光辉历程。

一、古老起源

要追溯历史的起源,不仅离不开考古成果,也离不开其他方面的研究。首先,必须重视早期的原始文字。因为只有出现了文字,才可能写出一条条的历史记录;有了一条条的历史记录,才可能编写出各式各样的史籍。真正的历史学,正是在记录史实和编撰历史资料的过程中逐渐形成的。换言之:有了正式文字,就意味着历史序幕的徐徐拉开;有了原始文字,则意味着历史萌芽开始透露出曙光。其次,必须重视古代传说。在没有文字的遥远古代,人们只能依靠口耳相传、结绳刻木等形式,传递信息和交流思想,许多史实正是依靠这些原始方式流传下来的。当文字出现并发展到比较成熟后,才可能把远古流传下来的史实记录下来。

(一)中国早期文字

现在可以确知的中国最早文字是殷代的甲骨文。自从"甲骨文之父"王懿荣于1899年偶然发现并证明这种文字后,甲骨文很快抖落自身尘埃,走向现代社会,成为举世瞩目的一种古老文字。迄今为止,历经官方和私人多次发掘,先后出土之甲骨已达十多万片。这些特殊文献,以当时的文字记录了从盘庚迁殷到帝辛灭亡二百七十三年间的大事。甲骨文不仅为我国文字学研究提供了宝贵的资料和线索,还补充和证实了司马迁《史记·殷本纪》中关于殷王朝的相关记载,对于商代社会组织、天文学、地理学、语言学各方面的研究,以及对古籍的考订辨伪等,都具有特殊的重要意义。

但是甲骨文决非原始文字。"原始文字应当是图画式的繁复的象形字,字汇少,文字的组织和运用也极简单。而甲骨文则不仅有简化了的象形字,还有会意字和形声字;在已经发现的甲骨文里,已有三千个以上的字汇,其中有名词、代名词、动词、助动词、形容词等,而且还有长达一百七八十字的记事文。"(杨翼骧《我国史学的起源与奴隶社会的史学》,《天津日报》1961年12月6日)既然如此,中国最原始的文字在哪里呢?通过诸多方面的研究和探讨,不仅可以表明原始文字的确实存在,而且可以判断其形成的时间远在殷商之前。

首先,殷墟甲骨信息记录不失为力证之一。将《史记·殷本纪》与甲骨文记载比对可知,司马迁《史记》不愧中国的一部"信史"。由此可以逻辑推断,《史记》中的《夏本纪》不仅也能成立,而且其中内容当以夏代文字资料为依据。

其次,古代典籍中关于早期文字的信息亦不失为力证。例如《荀子·解蔽篇》:"好书者众矣,而仓颉独传者,壹也。"又如在《韩非子·五蠹篇》《吕氏春秋·君守篇》以及《世本·作篇》中,也有类似的记述。东汉许慎甚至在《说文解字序》指出,黄帝时期有"史官"名仓颉者,"见鸟兽蹄迒之迹,知分理之可相别异也,初造书契,百工以乂,万品以察"。这些都是远在商代以前的描述,虽然还不能作为重要凭证,但远古流传下来的蛛丝马迹也不可一概否定。

其三,现代考古现场也传来相关信息。我国20世纪90年代启动的"夏商周断代工程"获得重大收获:在史前古城址中,文字符号系统已经诞生。不仅长江流域的良渚文化的陶器上已多处发现笔画工整的符号,类似情况在大汶口文化、龙山文化、石家河文化中也有发现。特别是龙山文化丁公遗址出土的陶文,计有五行十一字,结构成篇,显系一种新的文字系统。

综上所述,尚未就原始文字做出公认的结论。但是,上述信息中蕴含客观事实和依据,最终的确认不会永无穷期。即使在目前背景下,依然可以这样说:中国史学的童年时代,不仅可以从古典文献中追溯到殷商时期的文字记载,甚至可以追溯到夏代乃至更加久远的历史时期。

(二)商代以前史学

关于殷商以前的中国史学,不少典籍已有间接记载。例如《左传·昭公十二年》:楚国左史倚相号称良史,"能读《三坟》《五典》《八索》《九丘》"。经后人考证,《三坟》《五典》是三皇、五帝时期的文献,而《八索》《九丘》则分别是《八卦》和《九州志》。汉代儒家孔安国所撰《尚书序》云:"八卦说,谓之《八索》,索,求其义也。""九州之志,谓之《九丘》,丘,聚也。"《吕氏春秋·先识览》,甚至还专门述及夏代史官终古执掌史籍(图法)的正义行为:基于对夏桀残暴统治的不满,"夏太史令终古出其图法,执而泣之","乃出奔如商"。在司马迁《史记·太史公自序》追叙自身家学渊源时,也曾直达三代之前:"昔在颛顼,命南正重以司天,北正黎以司地。唐虞之际,绍重黎之后,使复典之,至于夏商。"也就是说,司马氏的远祖可以追溯得很远,甚至能追溯到颛顼时期执掌天事的南正重和执掌地事的北正黎。在公元两千年后的今天,对于历史上是否存在过《三坟》《五典》《八索》《九丘》之类的远古文献当然值得商榷,"终古"之类的史官是否存在,司马迁推算其史学家世是否确凿等等,也都可以进一步讨论,但是在没有充分根据的情况下,对此等文字记录一概予以否定,显然也是极其武断的。随着史学研究的进一步深入,不单殷商历史日益明晰,若隐若现的夏代历史,乃至更古老的中国史学之庐山真面目,或许会在不久将来展现于我们的面前。

(三)商周史学

如果说商代以前的中国史学面貌还有待于进一步的揭示,而商周时代的史学已经清晰无疑,这不仅已有古典文献的确切记载,还有考古发现的有力证明。

在商代,神权至上、巫史不分。史官是国家机构中的重要成员,在甲骨文里被称为"史""尹"或"作册",他们实际上与"卜""巫"等宗教官员并无明确的分工,都是充任神、人之间的媒介,享有很高的政治地位。商代史官负责记录先公先王世系,并记录商王言行及国家大事。《史记·殷本纪》中关于商代世系的记录,已被王国维《殷卜辞中所见先公先王考》所证实,卜辞中的有关资料便是商代史官所为。除了大量的甲骨文献外,史官们还编纂了在当时相当流行的以竹木为载体的许多文献。《尚书·多士》云:"惟殷先人,有册有典。"这里所说的"册"和"典",便是以竹木为载体、用绳子串联起来的典籍,它们是反映殷代史实的文献。这些"文献"虽然在周秦以降已荡然无存,但在"殷革夏命"后的整个商代,甚至在西周初期还是大量存世的。

到了周代,史官建置更加严密,史官执掌也显得更加重要。

周代的史官设置比较普遍,不仅中央王朝设立史官,各地方诸侯国也有史官建置。据《周礼》记载,周王室中设有大史、小史、内史、外史和御史。诸侯国的史官也屡屡见载于文献。例如从《左传》《国语》《吕氏春秋》《礼记》等文献中可以看到:鲁国有大史、外史;齐国有大史、南史;晋国有大史、左史;郑国、卫国均有大史;楚国有史及左史。即使在当时比较后进的秦国,到了秦文公十三年,也步入了"初有史以纪事"的年代。(《史记·秦本纪》)

周代史官主要负责两方面的重要任务:其一,协助天子处理政务。周代史官一般担任重要行政职务,分工已比较明确。据《周礼·春官宗伯》记载,大史"掌建邦之六典以逆邦国之治,掌法以逆官府之治,掌则以逆都鄙之治";小史"掌邦国之志,奠系实,辨昭穆";内史"掌王之八枋之法,以诏王治";外史"掌书外令,掌四方之志,掌三皇五帝之书,掌达书名于四方";御史"掌邦国都鄙及万民之诏令,以赞冢宰"。很显然,赞助政务是周代史官的重要职责。《国语》中也有反映:周天子"临事有瞽、史之导,宴后有师、工之诵;史不失书,矇不失诵,以训御之"(《国语·楚语》)。《史记》中还记述了历事文、武、成三代的著名史官佚,在周武王克商第二天的祭天活动中,"策祝,以告神讨纣之罪"(《史记·齐太公世家》)。他"博闻而强记,接给而善对",常在周王左右,以备顾问(《淮南子·道应训》)。其二,恪守传统史职。以上所说的大史、小史、内史、外史、御史等五史,虽然在国家担任了很高行政职务,但是记录时事、起草公文和掌管文书,仍然是他们的主要工作。《礼记·玉藻》云:天子"玄端而居,动则左史书之,言则右史书之"。《汉书·艺文志》也有类似反映:"古之王者,世有史官,君举必书,所以慎言行、昭法式也。左史记言,右史记事,事为《春秋》,言为《尚书》,帝王靡不同之。"《礼记》和《汉书》中关于左史、右史"记言""记事"的分工差异固然有待考证,但他们恪守传统史职的"君举必书"则是可以肯定的。

殷周时代的史官兼任国家相当重要行政职务,这固然与后世以史事为基本职责的纯粹意义上的史官差异很大,但是,他们记录时事、起草公文、掌管文书的工作,则始终与古代史学关系密切。正是在古代史官"记言""记事"的历史资料基础上,后人经过逐步研究,用一定的体例和方法将上述史料编纂成书,中国古代《春秋》《尚书》之类的著作遂由是产生。从史学的角度看,这个时期的甲骨文、金文等历史文献,大致上都已经具备了历史记载的所谓"四要素"——时间、地点、人物、事件。尽管甲骨文、金文字数不多,不可能反映出详细完整的史事,却可以补充《春秋》《尚书》等早期文献中书面记载之不足。

二、连续记录

中国古代史学不仅起源甚早,而且历史记录连续不断,这在世界所有文明国度里是仅有的一个例外。

在我国浩如烟海的历史文献中,号称"四大史体"的编年体、纪传体、纪事本末体、典志体著作是最具代表性的历史文献。这些文献都具有一个共同的特点:自有源流,自成系统,互相补充,彼此印证。它们中的任何一类,都有悠久的历史,都有大量的典籍,或从一个方面、或从多个方面,由远而近地原原本本地反映中国古代以来的历史。环视世界各国史学领域,这种情况只有在中国才能看到。

(一)编年体

编年体是以事系年、依年月陈述史事的一种史书,也是全世界几乎所有古代文明国家出现最早的一种史书形式。或许基于这个原因,在《隋书·经籍志》史部中,索性以"古史"之名列目。自《旧唐书·经籍志》和《新唐书·艺文志》始,"古史"类目改为"编年"类,此后历代相因。在古代图书分类的史部中,编年史籍历来占据重要地位,与纪传体处于并驾齐驱甚至分庭抗礼之势。

远古时期,"春秋"与"年"是同义语。"春秋"本身即含有"编年"之义。按刘知几《史通·六家》所说,周代以前已经有"夏殷春秋"了。"夏殷春秋"固然没有留传下来,但早期编年史的影子从考古成果中仍然依稀可辨。例如甲骨文叙事多以干支纪日,纪事首尾粗备,可以说,以时间为纲反映事物的编年特征已经微露端倪。迄于周代,编年史书的情况在遗存文献中已有记载。东周时,不只周王室拥有"春秋",即使地方侯国也不乏名目繁多的编年体史书。当时曾有"宋之《春秋》","齐之《春秋》",乃至"百国春秋"之说(《墨子·明鬼》)。后来,秦朝的"焚书"虽然为一度称雄史坛的编年史带来浩劫,但是,两汉魏晋六朝时期仍有很大发展。据《隋志》记载,这一时期修东汉史的有十二家,修三国史的有十六家,修魏晋史的二十三家,修十六国史的十三家,修南北朝史的三十二家。在上述各家所修史籍中,编年体占很大比例。例如撰"晋史"的编年家有陆机、干宝、曹嘉之、习凿齿、邓灿、孙盛、刘谦之、王韶之、徐广、檀道鸾、郭季产等各大名家,"或谓之春秋,或谓之纪,或谓典,或谓志,名各异,大相皆依《左传》以为的准焉"(《史通·六家》)。其他如汉代荀悦、刘宋裴子野、南梁吴均、王琰诸人,所著编年亦闻名当代。这一时期的编年史籍主要有两种类型:第一类是传统编年史籍。影响较大的有三部:东汉荀悦的《汉纪》二十卷,东晋袁宏的《后汉纪》三十卷,北魏崔鸿的《十六国春秋》一百零二卷;第二类是起居注与实录。所谓起居注,是以年月为序记录帝王言行动止的一种官方所写史料,是编纂国史和"正史"的重要资料来源。较早的起居注,例如反映汉武帝的《禁中起居注》,东汉明德皇后所撰《明帝起居注》等。所谓实录,其实是起居注的另一种发展形式,它除了记录帝王诸事外,还兼记国政大事。

由于封建文化专制的日益加强,特别是由于纪传体在史书中渐居"正史"地位,隋唐时期的编年体一度出现衰微趋势。然而自北宋形势突变,宋元明清时期又出现了编年体繁荣昌盛的局面。主要反映于两个方面:第一,编年史水平大大提高。大史学家司马光与得力助手刘恕、刘攽、范祖禹通力合作,编出了史学巨著《资治通鉴》,这是一部辉煌的编年体献。第二,"通鉴学"蓬勃兴起。继《资治通鉴》之后,社会上出现了与本书内容、体例密切相关的"续""仿""注""改""论"等各种形式的著作,所谓"通鉴学"蔚为一时风尚。

由于历代史家前赴后继的努力,先秦以来的编年史籍洋洋大观。在《四库全书总目》中正式著录的就有三十八种,计二千零六十六卷。另外,收入"存目"中的有三十七种,计八百四十七卷。这些著作仅仅是乾隆时期清政府统计的数字,既不包括乾隆以前未为官方寓目的著作,更不包括乾隆以后的继出之作。设若将这两个因素考虑在内,则编年史数量将会更多。

中国古代编年史籍是前人遗留下来的宝贵文化财富。就形式言,既有《竹书纪年》《资治通鉴》一类的通代编年,也有《汉纪》《后汉纪》一类的断代编年。通过这些以时间为纲的编年史,中国历代大事便会清晰地展示于后人面前。

(二)纪传体

纪传体是继编年体之后出现的一种新的史体。它以人物为纲反映历史,我国古代"正史"就是历代史家采用纪传体写成的。这种体裁的文献虽有正史与非正史之分,但它们的体例则基本上是一样的,主要包括本纪、史表、史志、列传、论赞等形式。"本纪"表面是专记帝王的一种体例,实则通过记帝王,以编年的形式反映一朝国政大事;"史表"是一种通过表格形式,勾勒历史轮廓和线索的体例。史表有三个方面的重要功用:一是条理清晰,二是提要纪传,三是网罗遗漏;"史志"是反映国典朝章及自然、社会历史的专篇,为后人研究古代社会有关领域提供了丰富的参考资料。《史记》中的"八书"和《汉书》中的"十

司马迁

志",在史志方面极具代表性;"列传"是反映各类典型人物的一种体例。它通过专传、合传、类传等形式,记述了除天子以外的各种社会代表人物,上自公卿显贵,下至士农工商,应有尽有,无所不包;"论赞"是纪传体中评论历史人物或事件的一种体例,它以篇前论、篇中论、篇末论以及夹叙夹议等形式表明观点,有助于后人了解史事及著者立场。

被称作"正史"的"二十四史",是纪传体文献中的佼佼者。"二十四史"是随着历代封建王朝的兴替逐渐形成的。唐代初期,曾有"三史"之说,所谓"三史",是指《史记》《汉书》《后汉书》。以后又有陈寿《三国志》列入,遂有"四史"之说。延及宋代,已出现了"十七史"。毕沅在《续资治通鉴》中曾这样记载:民族英雄文天祥被俘后,元丞相博罗问文天祥:自古至今兴废多少?文天祥答道:"一部十七史从何说起"(《续资治通鉴》卷一八四)。清代乾嘉学者王鸣盛的力作《十七史商榷》亦以此命名,可见"十七史"确曾流行于古代。所谓"十七史",系指在"前四史"基础上,又增加了房玄龄的《晋书》、沈约《宋书》、萧子显《南齐书》、姚思廉《梁书》与《陈书》、魏收《魏书》、李百药《北齐书》、令狐德棻《周书》、李延寿《南史》和《北史》、魏徵《隋书》、欧阳修《新唐书》及《新五代史》。至朱明王朝,又出现了"二十一史",即在前"十七史"的基础上,又新增了元脱脱的《宋史》《辽史》《金史》和明代宋濂的《元史》。至清代,又先后出现了"二十二史"和"二十四史"的称谓。前者系指"二十一史"之外,又增加了张廷玉《明史》;后者则又在此基础上,增加了《旧唐书》《旧五代史》。

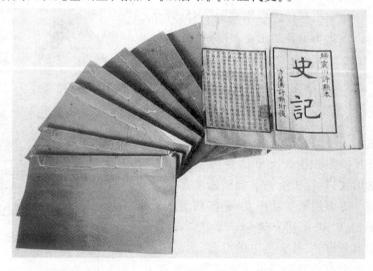

史记

民国时期，前清进士柯绍忞以《元史》粗疏多病，再撰《新元史》，北洋政府明令列为正史，遂又有"二十五史"称谓。中华民国十六年，清朝遗老赵尔巽等又奉命写出《清史稿》，此书虽非正史，但又有人将其并入以上系列，合称"二十六史"。"二十六史"规模宏大，叹为观止。其网罗范围，上自黄帝，下至清末，洋洋洒洒，多达四千余卷。自始至终，唯用纪传体例贯穿，比较全面系统地反映了中华民族五千年的文明史。

（三）纪事本末体

纪事本末体同编年、纪传二体一样，也有悠久的历史。还在先秦时代，纪事本末这种形式就已经出现在古老的史书中。当时的纪事本末有两个特点：一是记事比较简单，二是多以单篇形式散见于其他史书。《尚书》中的《金縢》《顾命》《康诰》三篇文章，就是以这种形式写成的。

两汉以降，迄于隋唐，纪事本末体有了一定发展。其记事内容更为丰富，著作形式也开始由"单篇散见"向独立著作过渡。东汉人袁康的《越绝书》及同时代人赵晔的《吴越春秋》是这一时期的滥觞。例如《越绝书》的《外传记宝剑》叙述了欧冶子与干将二人为越王、楚王铸造宝剑（湛卢、鱼肠、龙渊、泰阿）的经过；《吴越春秋》中的《勾践归国外传》和《勾践伐吴外传》则分别记述了越王十年生聚、十年教训、卧薪尝胆，最终灭吴的经过。它们虽非专著，纪事却很系统。至隋代，纪事本末专著始出，隋秘书丞王劭的《隋书》八十卷，"录开皇仁寿时事，编而次之，以类相从，各有其目"（《史通·六家》）。由此观之，王氏《隋书》堪称纪事本末专著始祖。

迄于南宋，纪事本末体一跃轰动史坛，为此立下汗马功劳者首推袁枢。袁氏"喜诵司马光《资治通鉴》，苦其浩博，乃区别其事而贯通之，号《通鉴纪事本末》"（《宋史》本传）。该书共四十二卷，上起战国，下终五代，全书以类排列，将一千三百六十二年史事归结为二百三十九个题目，每一题目内容连贯。文中各系年月，自详起讫，前后始末一览了然。此后，纪事本末体著作如雨后春笋般纷至沓来。这些著作或为通代，或为断代，所记内容遍及各个历史时期。书名有时采用"纪事本末"字样，有时以"纪略""方略"等称谓。但就著作的体例而言，皆与袁氏之书如出一辙。迄于清末，纪事本末文献已像编年、纪传二体一样，可以前后连贯、秩序井然地系统反映中国各个时期的历史。

（四）典志体

典志体亦称政书体，它是专记社会典章制度的史书。典志体史书大体分为两类：一是附见于纪传体史书中的"史志"（又称"书志"），一是典志体专著。

附见于纪传体中的"史志"，首创于司马迁。《史记》中的"八书"反映了由远古至西汉的礼乐、天文、历法、经济、水利、祭祀等各个方面的专门知识。其后，班固又以《汉书》中的"十志"反映了更为丰富的典章制度。由于"修史之难，无出于志"，在《后汉书》以下的正史中，便屡屡出现遗漏"史志"的现象。基于典章制度资治鉴戒的功能极为明显，因而古代学界尤其清代学者，开始了艰苦的"补志"劳动，诸史所缺之"志"基本补齐。这样，上自《史记》，下至《清史稿》，"二十六史"中的"史志"自成一个完整系列，也由此可以比较系统地反映历代典制。

典志体专著首创于唐代刘秩。刘氏采录经史百家之言，仿周官所职集为一书，名曰《政典》，共三十五卷。虽然本书篇制狭小，体例未精，但它开启了专著形式的先河。此后，政书专著出现了通代、断代两种形式。

最早的通史体著作是杜佑《通典》，此书二百卷，上起远古，下终唐代。以后复有宋人郑樵《通志》"二十略"，上起远古，下止隋唐。又有元人马端临《文献通考》，上起远古，下止宋室。《通典》《通志》《文献通考》各具特色，素有"三通"之称。其后，又有历代增补，最终形成了包括"三通"在内的系统反映古代典制的"十通"。

断代为书的政书专详一代典制。这种著作又有会要、会典之分：私人所修者称会要，出于官修者名会典。会要之书首创于唐人苏冕，他"缵国朝政事，撰《会要》四十卷"（《旧唐书·苏冕传》）。以后又有崔铉、杨绍复编次德宗以来事实，勒为《续会要》四十卷，宋人王溥则在此基础上写出更系统的《唐会要》《五代会要》。从此，会要体方兴未艾，特别是清代学者编出了大量的会要。迄于清末，以会要体著作同样可以系统反映我国古代以来的各种典章制度。

第二节　史学著作

重视文化、尊重传统的社会风尚，不仅使古代中国涌现出一批又一批的史学大师，也为后世遗留下数不尽的历史文献。我国古代的历史书籍之富，虽穷尽有生之年，亦莫测涯际。对于有数千年历史的中国传统文献而言，以"处则充栋宇，出则汗牛马"形容固然过于苍白，即使以"堆积如山""浩如烟海"来比喻，亦不算过分。

一、史籍分类

史籍目录是反映历史文献的重要工具，也是历史文献发展到一定阶段的必然产物。中国古代史籍目录主要沿着两条轨迹向前发展：一是正史艺文志方向，一是综合性藏书目录方向。方向虽然不同，史籍类目日益丰富则是非常明显的共同规律。

（一）正史艺文志史籍类目

在正史中首开史籍目录先河者是《汉书·艺文志》。在《汉书·艺文志》中，班固依照刘歆反映汉代国家藏书的《七略》模式，将图书分为"六艺略""诸子略""诗赋略""兵书略""数术略""方技略"等六大类三十八种的分类体系。在这部目录中，儒家经典、诸子诗赋等各归其类，唯独历史著作类目阙如。当时的史籍完全被分散于其他类目之中，例如《太史公书》（即《史记》）《楚汉春秋》《汉著记》《汉大年纪》等史书，便归入"六艺略"中的《春秋》类，而像《高祖传》《孝文传》等史籍则列入"诸子略"中的儒家类。古代第一部正史艺文志中没有为历史文献单独设类，一是因为"经史同科"（章学诚《文史通义·易教上》），史籍可以作为经书分支出现；二是因为当时史籍数量有限，不宜区分门类所致。

继《汉书·艺文志》之后的《隋书·经籍志》，是历史上第一次以经、史、子、集命名的"四分法"，也是第一部为史籍设立类目的正史艺文志。在《隋书·经籍志》中，历史著作不单统统集中于"史"部，而且史部之下设十三类目，计有正史类、古史类、杂史类、霸史类、起居住类、旧事类、职官类、仪注类、刑法类、杂传类、地理类、谱系类、簿录类。这些类目收录文献各有区域，经纬分明。关于《隋书·经籍志》各部类目之定义性质，在公元722—738年修成的《唐六典》中，曾作过言简意赅的说明。史部十三类是：1. 正史以纪纪传表志；2. 古史以纪编年系事；3. 杂史以纪异体杂记；4. 霸史以纪伪朝国史；5. 起居注以纪人君动止；6. 旧事以纪朝廷政令；7. 职官以纪班序品秩；8. 仪注以纪吉凶行事；9. 刑法以纪律令格式；10. 杂传以纪先圣人物；11. 地理以纪山川郡国；12. 谱系以纪世族继序；13. 略录（即《隋志》之"簿录"）以纪史策条目。可见，与《汉书·艺文志》相比，《隋书·经籍志》史部的建设出现了长足进步。

继《隋书·经籍志》以后，又有《旧唐书·经籍志》《新唐书·艺文志》《宋史·艺文志》《明史·艺文志》等正史艺文志相继问世。从这些"艺文志"史籍类目的数量上看，并没有增加多少，但是，凡系新增者，皆有一定特色。例如，《旧唐书·经籍志》只有大类和二级类目，而《新唐书·艺文志》则出现三级类目。在其"正史"类下，有"集史"子目；在"起居注"类下，有"实录""诏令"二子目；在"杂传"类下，有"女训"子目等，皆反映史部目录的改进。又如史钞类，有人以当年孔子曾删订《诗》《书》，成为史钞之祖。《隋书·经籍志》的"杂史类"也曾收录《史要》十卷，注汉阳太守卫飒撰，又有吴太子太傅张温《三史略》二十卷，葛洪《汉书钞》三十卷，以及张缅《晋书钞》三十卷等。然而在《隋书·经籍志》《旧唐书·经籍志》以及《新唐书·艺文志》中均未独立设类，至《宋史·艺文志》，专门在史部第四类设立"史钞类",著录了从《马史精略》到洪迈《记绍兴以来所见》各种史钞七十四部,计一千三百二十四卷。是后,《明史·艺文志》及其他官、私修书目中亦多设史钞一门。

(二)综合性藏书目录中的史籍类目

古代综合性藏书目录中,素有"官藏""私藏"之分。仅就史籍类目的设置而言,无论官藏还是私藏,都呈现出日益丰富的发展趋势,在数量增长和类目创新上很有特点。

第一个显著特点,类目数量明显增加。在这方面,官藏综合性书目具有一定的典型性。汉代刘歆《七略》是中国历史上第一部官藏书目。这部书目已经散佚,所幸班固《汉书·艺文志》基本反映了这部书目的概况。通过《汉书·艺文志》可以得知,《七略》没有为历史文献独立设类,因而所谓"类目"之说,只能免谈。由宋代王尧臣等人编纂的《崇文总目》,是官藏书目中具有一定影响的一部。本书目参照前人分类,在史部设立十三类自:正史类、编年类、实录类、杂史类、伪史类、职官类、仪注类、刑法类、地理类、氏族类、岁时类、传记类、目录类等。如果说《崇文总目》中的史部类目反映了学术的进步,那么清代编纂的《四库全书总目》的成就则更加辉煌。《四库全书总目》是古代规模最大、分类最精的一部官修书目。其史部分列了十五个类目:正史类、编年类、纪事本末类、别史类、杂史类、诏令奏议类、传记类、史钞类、载记类、时令类、地理类、职官类、政书类、目录类、史评类。尤其要指出一点,与以往官修书目相比,《四库全书总目》的史部二级类目不仅是最多的,而且还以"属"的形式,增立了许多"三级"类目。例如"传记类"下,列有圣贤、名人、总录、杂录、别录等"五属";在"地理"类下,设有总志、都会郡县、河渠、边防、山川、古迹、杂记、游记、外纪等"九属";在"政书类"下,又分列通制、典礼、邦计、军政、法讼、考工等"六属"。这些类目的设立,无疑为广大读者的利用提供了方便条件。

与官藏书目相比,私藏书目中的史部类目具有更大的典型性。战国时代,虽有"惠施多方,其书五车"(《庄子·天下篇》)的记载,但惠施所藏何书、有无书目,不得而知。唐代的私人藏书家如韦述、苏弁、李泌等人虽然家藏几达二三万卷,但也都因缺乏相应文字记录而未得其详。后人确知详情的古代私藏书目,一般是从印刷术兴起后的宋代开始的。在颇有名气的宋代学者晁公武的《郡斋读书志》中,其史部类目设有正史类、编年类、实录类、杂史类、伪史类、史评类、职官类、仪注类、刑法类、地理类、传记类、谱牒类、目录类。为历史文献设立如此类目,堪称洋洋大观。然而若与后世私家书目,特别是与清代私家书目相比,此前之类目数量还相差甚远。例如在清代学者徐乾学《传是楼书目》中,其史部书籍居然设立了三十五个类目：正史、通史、编年记录、运历、霸史、杂史、实录、起居注、时政、故事、职官、时令、仪注、法令、器用、酒茗、食经、种艺、蒙养、耆旧、孝友、忠烈、名贤、高隐、家传、列女、科第、名号、冥异、祥异、谱系、簿录、地志、别志、朝聘行役、蛮夷。虽然本书目之立类颇有"繁琐"之嫌，例如"运历、实录皆编年之属，分而为三；器用、酒茗、食经、种艺、豢养，皆食货之属，分而为五"（郑鹤声《中国史部目录学》）等等，但是，私家藏书目录据实出发，勇于打破传统的史部立类，依然精神可嘉。

第二个显著特点，类目的创新和增设。在官藏书目中，史部类目的创新相当典型。例如"时令"一目，很有设立必要。犹如《崇文总目》所说"天时者，圣人之所重也。自夏有《小正》，周公作《时训》，日星气节，七十二候，凡国家之政，生民之业，皆取则焉"。然而，宋代以前，时令之书悉入子部农家类。直至宋代《中兴馆阁书目》，始设时令类。由此，其他诸史目亦设此类，著录天文气象之书，不无道理。又如纪事本末体自南宋袁枢后大行其道，此类著作如雨后春笋涌现。《四库总目》鉴于此，遂于"二体"（编年、纪传）之外，别立一家，自为门目。凡纪史事本末之书皆著录于此，使其与"二体"呈鼎足之势。即此可见，《四库总目》此举，确是顺应了学术发展需要。纪事本末类是这样，史评类的设立亦复如是。史评之作，源远流长。其中有批评史迹者，又有批评史书者。批评史迹者以《左传》《史记》发其端，以后正史及《通鉴》皆因之。宋明之后始有专著，如吕祖谦《东莱博议》、张溥《历代史论》、王夫之《读通鉴论》；批判史书者，如唐刘知幾《史通》、宋郑樵《通志·总序》、清章学诚《文史通义》等。此类著作不绝如缕而无所归依，《四库总目》遂效法明代朱氏《万卷堂书目》，特设史评类，使有关文献居有定所。读者寻讨，颇见便捷。

同官藏书目一样，私藏书的史部类目创新也相当典型。例如关乎民生衣食日用的食货之书，古来甚多，然长期依附他类，很不科学。在《汉书·艺文志》中，食货之书入于"诸子略农家者流"，《隋书·经籍志》以下各正史也都入子部农家。真正在史部设立"食货"专类的是那些私修书目——《通志·艺文略》《国史经籍志》《补宋史艺文志》《补元史金史艺文志》《千顷堂书目》《读书敏求记》《传是楼书目》《好古堂书目》等等。仅就此事而论，私修史目显然要比正史史目高明一些。再如，宋代著名藏书家陈振孙所撰《直斋书录解题》，共收录图书三千零九十六种。它不立"四部"之名，也没有总序、大序，但对部分增设类目写有小序，用以说明类目内容范围及变化，受到《四库总目》的高度评价。

由此可知，不论是正史艺文志，还是综合性藏书目录，尽管它们编撰的背景和编撰的依据有很大不同，但史籍类目的创新增多，则呈现出明显的共同趋势。

这种趋势是社会进步和学术发展的需要,从一个侧面反映了中国古代史籍日益增多的客观现象。

二、历史文献

中国历史文献之富,举世闻名。不仅拥有数不尽的纸文献,还有无法计量的非纸文献。

(一)常用纸文献

所谓"常用纸文献",是指以纸质材料作为文字载体的常见历史著作。倘若以传统的"四分法"为标准,则中国古代所有常用纸文献可以区别为三类:史部文献;经、子、集部文献;非四部文献。

其一,史部文献

众所周知,从唐代所编《隋书·经籍志》始,中国古代文献便开始了"经""史""子""集"的四部分类方法。在"四部"之中,史部排序第二,是专门著录传统历史文献的固定平台。史部之中种类繁多,琳琅满目,各种各样的文献通过特定类目予以反映。例如若按体裁分类,其中有司马迁《史记》、班固《汉书》那样的纪传体,有孔子《春秋》、司马光《资治通鉴》那样的编年体,有袁枢《通鉴纪事本末》,谷应泰《明史纪事本末》那样的纪事本末体,有杜佑《通典》、马端临《文献通考》那样的典志体,有韩愈《唐顺宗实录》、钱若水《宋太宗实录》那样的实录体,有徐天麟《西汉会要》、杨晨庚《三国会要》那样的会要体,有朱熹《资治通鉴纲目》、徐浩《通鉴纲目前编》那样的纲目体,有欧阳询的《艺文类聚》、陈梦雷等编纂的《古今图书集成》那样的类书体,有俞鼎孙《儒学警悟》、乾隆时期官修《四库全书》那样的丛书体,有刘知幾《史通》、章学诚《文史通义》那样的史评体,有崔述《考信录》、王鸣盛《十七史商榷》那样的史考体,有李吉甫《元和郡县志》、顾祖禹《读史方舆纪要》那样的史地体,有徐学谟《湖广总志》、章学诚《永清县志》那样的方志体,有梁元帝《忠臣传》、黄金《开国功臣录》那样的传记体,有朱熹《伊洛渊源录》、黄宗羲《明儒学案》那样的学案体等等。假如以时间、空间为标准,又可区别为其他不同类别的史籍。例如以时间划分,既有司马迁《史记》、司马光《司治通鉴》那样的通史,又有班固《汉书》、荀悦《汉纪》那样的断代史;如以空间区分,既有陈寿《三国志》、崔鸿《十六国春秋》那样的国别史,又有常璩《华阳国志》、田雯《黔书》那样的地方史。如此等等,可谓不胜枚举。

在"史部文献"中,尤其要特别提到享誉学林、名满天下的两部经典,即号称"史界两司马"的两部巨著——司马迁的《史记》和司马光的《资治通鉴》。在这两部辉煌著作中:前者是中国古代第一部纪传体通史,后者是中国古代第一部编年体通史。司马迁集才、学、识、德于一身,编写出了反映秦汉文化及先秦文化的集大成之作,使汉代以前中国三千年历史第一次放射出耀眼的光明。他的《史记》被鲁迅赞扬为"史家之绝唱,无韵之离骚";司马光一生清白、朴忠,学识渊博,治学严谨。他以二十多年艰辛劳动所编写的《资治通鉴》,不仅成为中国古代以及周边邻国的治国宝典,而且在学术领域中围绕本书的"续修""节选""注释""评论"及"改编"行为,居然形成了学界罕见、长盛不衰的"《通鉴》学"。《史记》和《资治通鉴》春兰秋菊,同为中国史学宝库中的瑰宝。作为现代学人,尤其作为炎黄子孙,很有必要认真学习和研究。

其二,经、子、集部文献

依照传统观点,所谓史籍专指四部之中的史部文献,其实,群经、诸子和集部之中也不乏珍贵的史料和特定意义的史籍。诚如明人李贽所说:"《春秋》一经,春秋一时之史也;《诗经》《书经》,二帝、三王以来之史也;而《易》则又示人以经之所自出。史之所从来,为道屡迁,变易匪常,不可一定轨也,故谓古经皆史也"(《焚书》卷五《经史相为表里篇》)。诸子百家之书,也多与历史关系密切。例如其中儒家、墨家、道家、法家、阴阳家等有关著作,可视为哲学史的第一手资料,而诸如天文、历算、农学、医学、五行等方面的论述,则是研究有关学科问题及其发展历史的重要参考资料。即使不被常人留意的"小说"之中,同样也包含着具有重要参考价值的内容。至于集部文献之中,诸如奏议、游记之类的文献,本身就是直接记录史事、史迹的史料。

关于经、子、集部中的重要史料,清人章学诚议论甚精。他在《论修史籍考要略》中,为史籍确立了"十五项原则"。其中,有关经、子、集部的原则是"经部宜通""子部宜择""集部宜裁"。所谓"经部宜通",系指"经"中有"史","六艺皆掌之史官,不特《尚书》与《春秋》也。今六艺以圣训而尊,初非以其体用不入史也"。所谓"子部直择",系指诸子之书"多与史部相为表里"。例如《周官》法典,多见于《管子》和《吕氏春秋》,列国琐事多见于《晏子》和《韩非子》。所谓"集部宜裁",系指集部之书亦与史部关系至密。例如唐人文集之"间有纪事",宋元以下文集也多有"传记志状之撰,书事记述之文"等等。

其三,非四部文献

四部以外的常用纸文献主要有以下六类。

第一类是档案。中国古代官私档案浩如烟海,含有珍贵史料者极多。例如明清内阁大库和清代军机处档案中,既有实录、起居注、表章等大量资料,又有以"红笔"代替皇帝批示的题本。其中的清代军机处所存档案,一般都是最高统治集团秘不示人的机要秘书。

第二类是地方志。中国是地方志最丰富的国度,不单历史悠久,而且种类繁多。其中之区域志包括:通志、省志、州志、府志、县志、镇志等;其中之专志包括:山志、水志、关志、寺志、书院志等;此外还有内容、体例不一的所谓"杂志"。仅在 1985 年中国科学院北京天文台主编的《中国地方志联合目录》中,就收录了 1949 年前所编的各类方志 8200 多种。

第三类是类书。类书是辑录有关文献资料,按照类别或音韵统一编排,供世人检索的文献。我国所编类书极多,其中明代编辑的《永乐大典》有二二九三七卷,是中国古代最大类书。类书中,既有综合性的,又有专门性的。例如《全芳备祖》是反映植物花卉的类书,《事物纪原》则是反映事物源头的类书。许多早已散佚的古典文献,正是由于类书中的零星记录,才使得后人略窥原书之貌。

第四类是表谱、图录。表谱是用图表和谱系形式编写出来,用以反映人物或事物情形的文献。自司马迁《史记》中开创《十二诸侯年表》等史表后,历代编出了许多种表谱形式的文献。譬如其中有旨在反映时间的年表、历表,有旨在反映官制变化及人事更迭的职官表,有旨在反映不同时期地域变化的地理沿革表等等。关于图录,除各种类型的地图文献外,还有以图像形式反映事物、文物及人物形象的文献。

第五类是新史料。近百年来,我国古代史料不断有重大新发现。出土文献中,不论是因地下发掘所得,还是以往秘不示人而今公诸天下者,均有很高史料价值。在大规模发掘的出土文献中,敦煌文献和吐鲁番文书便极具代表性。尤其在甘肃敦煌文献中,不仅数量之多达到四万多件,而且时间跨度之长由晋室而及于赵宋。其内容之丰富,除了大量的宗教经典资料外,还涉及文学、语言、史地、科技等各个方面。

第六类是少数民族文献。我国自古以来就是一个由多民族构成的国家。在这个国家里,不仅拥有上述各种汉民族文献,也拥有各少数民族创造的文献。少数民族文献和汉民族文献一样,是祖国传统文化宝库中的重要组成部分。其中蒙、藏、回、满等少数民族都创造了大量宝贵的历史文献,既有许多非纸质文献,又有很多纸质文献。在纸质文献中,例如以藏文写成的英雄史诗《格萨尔王传》,篇幅宏大,语言生动,约有 1 千多万字,堪称藏文文献的杰作。又如蒙文文献,在少数民族文献中所占比例很大。据 1979 年《全国蒙古古旧图书资料联合目录》统计,共有蒙文图书 1500 多种,7000 多册。内容涉及哲学、宗教、政治、军事、经济、教育、文学艺术、历史、地理、天文、医药、民俗等各方领域。其中颇具影响的《蒙古秘史》是 10 世纪蒙古汗国的官书,采用畏兀儿文字写成,与《蒙古源流》《蒙古黄金史》并称蒙古民族三大历史著作。

（二）常用非纸文献

在中国历史文献中，不仅有极其丰富的纸质文献，还有各式各样的非纸质文献。历史上影响很大的非纸质文献数量极多，仅就其中最有代表性者撮述如次。

其一，甲骨文献

甲骨文，又称卜辞，这是以龟甲兽骨作为文字载体的特殊文献。就时间上看，甲骨文多半属于殷商后期的档案资料。甲骨文自从清光绪二十五年（1899）被发现以来，历经官方、私人多次大规模挖掘和搜集，现在的殷代甲骨出土颇丰。1977—1979年，在陕西周原地区又发现了大批周代甲骨。

经过历代学者的不懈努力，甲骨学研究已取得举世瞩目的成就。其中特别应当提及者，首推成就骄人的"四堂"：一是王观堂（王国维）。王氏经过刻苦研究，写出了中国历史上第一篇甲骨学论文《殷卜辞中所见先公先王考》。本文首次验证了司马迁《史记·殷本纪》中所用史料的正确性；二是董彦堂（董作宾）。他写的名篇著作《甲骨文断代研究例》，揭示了卜辞中确定年代的有关规律；三是罗雪堂（罗振玉）。罗氏不仅考证出河南安阳是当年的殷都所在地，并有《殷墟书契前编》《后编》等大作问世；四是郭鼎堂（郭沫若）。郭沫若考证出古代"立长立嫡"制早已有之，他的力作《卜辞通纂》《殷契粹编》等甲骨学专著以及《奴隶制时代》《十批判书》等文献中的甲骨学文章，在史界产生重要影响。特别是1979年甲骨卜辞的巨型资料书《甲骨文合集》的面世，更是非同寻常。本书收录材料5224版，41956片，分为十三册，这是我国卜辞研究登上一个新台阶的例证。

其二，陶泥文献

这是以泥制器物为载体的历史文献。从世界视角看，古代的西亚就曾大量采用以文字刻于泥板的所谓"泥板文献"。最初是苏美尔人使用，后来扩展到伊朗高原以西广大地区，它是研究古代两河流域及西亚地区的重要史料。在我国，陶文是指先秦时期刻画、压印或书写于陶器器皿上的文字。这种文字最早可以追溯至新石器时代，其中有些属于原始文字范畴，一般只有几个字。内容多半是人名、地名、督造者名、吉祥用语，以及制造年月时间等，是研究古代文字、古代史和文化史的重要资料。也有不同观点认为，我国的陶泥文不是指新石器时代绘制于彩陶上的图案、纹饰及近似于文字符号的所谓"彩陶文"，而是专指战国时期见诸陶泥器皿上的文字。因为彩陶文基本不识，至今仍为谜团。但陶泥文献是特殊的历史文献，具有重要史料价值，这一点是毋庸置疑的。

其三,金石文献

金石文献系指青铜文献(金文文献)和石质文献。为了避免朽烂缺脱,使记录传之久远,古人遂将文字铭铸于坚硬物质之上。其中的金文文献,是以彝器、乐器、兵器、钱币、印章等青铜器皿为载体的文献。这种文献从大约公元前14世纪问世,以后历代沿造,蔚为壮观。例如毛公鼎、大盂鼎、散氏盘、虢季子白盘等长篇铭文,皆系青铜文献中的佼佼者。金文文献的发现虽可追溯到遥远的古代,而大批发现并进行系统研究则是从近代以后。尤其是1923年以来,在河南的新郑、安阳、洛阳,安徽的寿县,以及山西浑源等地,曾陆续发现大批铜器群,为研究青铜文献提供了极为有利的条件。石制文献从秦代以后开始盛行。诚如宋代目录学家郑樵所说:"三代而上,惟勒鼎彝,秦人始大其制而用石鼓,始皇欲详其文而用丰碑。自秦迄今,惟用石刻。"(《通志·金石略》)秦代石鼓文是我国现存最早的石刻文献。这种文献中,最有代表性者如熹平石经(刻于汉灵帝熹平四年)、正始石经(刻于曹魏正始二年)、开成石经(刻于唐开成二年),此外,

毛公鼎铭文

还有五代蜀"广政石经"、北宋"嘉祐石经"、南宋"宋高宗御书石经"、清代"乾隆石经"等。还应提及的是，蒙、藏、女真、契丹等各少数族都曾有过丰富的金石文献。至今犹可考知者，如蒙古族的《也松格碑》《云南王上经碑》，藏族的《长庆唐蕃会盟碑》《桑耶寺碑》，金代女真族的《大金得胜陀颂碑》《宴台女真进士题名碑》等，都是有名的碑刻文献。此外，契丹族在历史上也曾以金石铭文反映辽代历史。其铭文载体类别，大自墓志、摩崖、洞穴墨书，小至镜、钱、印章，可谓形式多样。

秦石鼓文

居延汉简

其四，竹木文献

这是以竹木为载体的一种古老历史文献。古代写书所用的竹片称之为"简""策"，写书用的木板称之为"方"或"牍"。《礼记·中庸》云："文武之道，布在方策"。这里所说的"方策"，便是指古代竹木文献。与金石文献相比，因为竹木文献存在价廉、易制、易存、易携带及便于舒卷诸特点，所以在公元前5世纪到公元3世纪的大约八百年间，竹木文献相当流行。举世闻名的敦煌汉简最初发现于1900年，其中之大多数为汉代遗物，少量为晋代简牍。居延汉简1930年发现于内蒙古额济纳河流域。简牍中既有官方文书、私人信札，还有屯田、物价、边塞制度等资料。近年来,又有多批竹木文献相继发现。例如1972年山东临沂银雀山出土的竹简有四千多枚,1975年湖北云梦睡虎地秦墓出土了1155枚秦简等等。

其五,缣帛文献

由于缣帛存在轻柔、易着墨、舒卷自如等特点,所以早在竹木文献流行的同时,以缣帛为载体的文献已在春秋时期问世,并很快地流行于战国,盛行于两汉。《墨子·鲁问》便说过:"书于竹帛,镂于金石。"1973年12月在湖南长沙马王堆三号汉墓中,出土了大批古代帛书,约有十二万字。其中有《老子》(后附逸书四种)《战国纵横家书》《春秋事语》《五星占》《天文气象杂占》《彗星图》《导引图》《五十二病方》以及《地形图》《驻军图》等等,这是我国现存比较完整的古代缣帛文献。

其六,声像文献

声像文献又称视听文献。这是在20世纪以来科学技术飞速发展的背景下,存贮、交流信息技术发生巨大变革的产物。它是利用胶片、磁带、光盘等作为载体,以音响、图像等形式记录和反映知识的文献,主要包括视觉资料、听觉资料、声像资料三种类型。许多传统历史文献被制作为新型视听资料后,不仅能使原来的文字内容如实再现,还有形象逼真的动态效果。特别是借助于现代通信网络技术后,可以完全不受时间、空间限制,具有很大的发展优势。

以上所论,不过是有关常用和常见历史文献的简单概述。然而,就是在这样的简单概述中,中国古代的史籍之富仍然可以略窥一斑。

导引图

第三节 史学传统

中国历史文献起源之早,全球诸国罕有其匹。绵延不绝、著述之富,更是其他文明古国所不及。在长期的历史发展过程中,中国史学形成了许多突出的传统:官私并修、崇尚素质、会通古今、经世致用。认真了解和把握上述传统,对于更深入理解史学本质,更好地为当今社会服务,具有极其重要的意义。

一、官私并修

中国古代史学的发达和繁荣,既有赖于国家的高度重视和连续不断的官方修史,也得益于私家的踊跃参与及其直抒胸臆的"独断之学"。官修与私修长期并存,多种形式互为补充,是中国古代史学领域中的一个引人瞩目的历史特点。

(一)史官修史

说起古代史官,首先不能不论及他们的主要职责——记录史事、编修史书。史官的这一基本工作不仅可以从留存至今的许多古籍中找到明确的记载,即使从文字学的角度考察,也可以找到一定的说明。在迄今最早的文字甲骨文中,已经出现了"史"字。"史"字的本义是什么呢?许慎在《说文》中指出:"史,记事者也,从又,持中,中,正也。"清代江永《周礼疑义举要》以为,"掌故文书者谓之史,其字从又从中,右者,右手,以手持簿书也"。将"中"推断为"簿书"固然是一大进步,但是何以"中"为"簿书",则难以令人释疑。至清代学者吴大澂,彻底弄清这一历史疑案:"史,记事者也,像执简形。"所谓"中"者,"即册之省形,册为简策本字,持中即持册之象也"(《说文古籀补》)。此后,章太炎、王国维等人也都提出考证心得,使"史"字原义更加明确:"史"字者,系指记录和掌握简册的史官。这就是说,上起商周,下止明清,在有文字可考的连续不断的数千年历史中,编著历史文献始终是中国古代史官的一大重要任务。

但是,长期存在的史官修史现象属于什么性质呢?是官修,是私修,抑或是既非官修、亦非私修呢?客观地说,在官修制度确立前,很多修史行为不应纳入政府刻意组织和领导的"官修"范畴。仅仅在官修制度建立后,修史领域才充斥了国家政治的浓厚气味。因而从整体上看,古代数千年的所谓史官修史,既不是纯粹的官修,亦非纯粹的私修:它属于有官有私、官私兼具的修史性质。之所以说具有一部分官修的性质,是基于史官之设出于国家。不论是商、周时期奴隶制国家的史官,还是秦汉以下封建制国家的史官,他们的职位和权力都是帝王为首的国家政权赋予的。惟其如此,史官的修史工作必须反映以帝王为代表的国家政权的根本利益。在奴隶制时代,史官修史必须维护奴隶主和奴隶制国家的利益;在封建制时代,史官修史必须维护封建皇帝和封建国家的利益。之所以说它又具有一部分私修的性质,是指在上述特定文化背景尤其在隋唐以前背景下,专制的帝王和国家对史官尚未做到十分控制的地步,史官在修史工作中犹有坚持己见、发挥主观能动性的较大空间。因而,在这一背景下的史官修史,自不可与后来官方特意组织的官修史书同日而语。

(二)私修与官修

私修现象在中国史学史上具有悠久的历史。

以事系年的编年体史书,是中国古代也是其他文明古国最先出现的一种历史文献。先秦时代,称得上编年体独霸史坛的时代。诸如《左传》中所说,晋国韩宣子聘鲁,曾经"见《易象》与《春秋》"(《左传》昭公二年);墨子曾提及"周之《春秋》""燕之《春秋》""宋之《春秋》"、"齐之《春秋》"(《墨子·明鬼》);孟子也说"《诗》亡然后《春秋》作,晋之《乘》,楚之《梼杌》,鲁之《春秋》,一也。"(《孟子·离娄下》)以上各种文献中提到的古籍,"晋之《乘》"也好,"楚之《梼杌》"也好,乃至墨子所说的周、燕、宋、齐等"百国《春秋》"也好,全都是我国最早出现的史书——编年体文献。这些历史文献固然出自于周王室与诸侯国的史官之手,但决不可将它们等同于后世的官修史书。即使影响更大的纪传体登上历史舞台以后,私修现象也还是依然存在,第一部纪传体正史《史记》便是司马迁私修的结晶。继《史记》问世之后,随着纪传体史书社会影响的日益扩大,封建统治者逐渐加大了对史书、特别是对"正史"编纂的力度。尤其是从唐代以后,几乎所有正史的编纂工作都由官方牢牢地把持着。尽管如此,在唐代和唐代以后,仍有许多史家坚持私修。以古代"二十五史"中的私家编纂为例,在唐代有李延寿撰写的《南史》和《北史》。唐代以后,又陆续出现了欧阳修私撰的《新唐书》《新五代史》,柯绍忞撰写的《新元史》等等。由此可见,中国古代的私修史书不只历史悠久,而且从未中绝。

官修现象在中国史学史上也有悠久的历史。

中国的官修史书制度确立于唐代,而这一制度的缘起则起码应当上溯至汉代。早在东汉明帝时期,出于当时的政治需要,就曾设令史于兰台,后来又移置图书于东观。当时的著名史家和学界名流,如班固、刘珍、尹敏、边韶等人都曾参与著名史书《东观汉纪》的集体编纂。东汉以后,由官方出面组织的修史活动时有出现。至北魏时,国家一度设立修史局,以綦儁、山伟监修国史。北齐、隋代也出现过类似举措,可惜建置不够完善,影响不大。客观地说,真正使官修具有定型的组织机构及严明制度者,自唐太宗李世民始。《旧唐书》云:"历代史官,隶秘书省著作局,皆著作郎掌修国史。武德因隋旧制,贞观三年闰十二月,始移史馆于禁中,在门下省北。宰相监修国史,自是著作郎始罢史职。"(《旧唐书·职官志》)这一新型修史制度不仅打破了以往私修正史的局面,而且由此出现了后来长期以官修为主,官、私并存的文化现象。唐代以降,历代封建国家的君臣们,无不效法唐代,都把官修史书,特别是把正史的编纂大权牢牢地掌握在国家的手中。当然,所谓官修史书,并不限于狭义的历史文献,更不限于世人熟知的正史,诸如大型的类书、丛书(例如明代的《永乐大典》,清代的《四库全书》《古今图书集成》)等等,也都无一例外的包括在内。

(三)官、私之辨

从表象上看,中国古代的修史分三种形式:有官修,有私修,还有官修、私修之外类似《汉书》那样的官私兼具的撰修形式。然而,就其实质来说,中国古代的修史则主要是两家:官修与私修。对比官修和私修,可谓各有其长,也各有其短,绝对的肯定一切或否定一切,都是不对的。官修的长处很明显。以其官方出面组织,修史所需之文献资料可以通过官方各种渠道轻易取得。上自国家藏书、政府文件、档案,下至私人著述,皆可利用。必要时,还可通过国家行政手段予以征集。与私修相比,官修显然拥有文献资源的绝对优势,此其一。私家修史,往往会由于社会历史的复杂而力不从心;官修史书,则因国家和政府出面组织,可望各类专家济济一堂。唐代以后集众修书的现象日益增多,许多大型、超大型的著作都出于众人联手合作。所以官修一般没有缺乏人才之虞,此其二。自从唐代确立了真正意义的官修史书制度后,历朝历代无不效法,许多王朝都像唐代那样,以本朝人为前代修史。正是在这一文化背景下,以"二十四史"为代表的一大批历史文献才得以源源不断的编纂问世。由此可见,官修制度在客观上为保存历史文献做出了贡献,此其三。当然,官修制度也有明显的短处。首先是限制个人才学的发挥。学术发展,贵在自由争鸣,而古代的官方修史机构存在许多不利学术发展的因素。以武周时期著名史家刘知幾为例,他以"三为史臣,再入东观"的身份,面对担任监修的宰相韦巨源、宗楚客、萧至忠等人,以"五不可"痛斥官修史书之弊。其"一不可"曰:"古之国史,皆出一家,未闻藉功于众。唯汉东观集群儒,纂述无主,条章不建。今史司取士滋多,人自为荀、袁,家自为政、骏。每记一事,载一言,阁笔相视,含毫不断,头白可期,汗青无日。"(《新唐书·刘子玄传》)又如其"四不可"云:"史官注记,类禀监修,或须直辞,或当隐恶,十羊九牧,其令难行。"(同上)试想,在这样修史机构和特定的文化氛围下,个人才干又怎能得到充分发挥呢? 其次是大大削弱了人民性。由于是官方组织修史,所以在封建性大大增强的情况下,人民性必然进一步削弱。在官修史书中,无视人民群众,特别是无视下层人民群众,几乎成了通例。譬如在官修正史中,一般人士姑且不论,即使为社会做出杰出贡献的人物也常常是名不见经传:赵州桥的设计师李春不见于《隋书》,纺织技术革新家黄道婆不见于《元史》,重要科技文献《天工开物》的作者宋应星不见于《明史》。甚至为人类进步做出巨大贡献的活字印刷术的发明者宋人"布衣"毕昇,也不见于近乎五百卷的皇皇巨著《宋史》中!在官修史书中,还仇视人民正义斗争。以"二十四史"为例,除了司马迁《史记》对陈胜、吴广领导的农民起义还秉持着较为客观态度外,其余诸史,无不对农民起义抱仇视立场。试看《汉书》以下各部"正史"中,诸如"贼""盗""匪""寇"等字眼,几乎成为农民起义者的同义语。

  私修也有其长处。第一,利于"独断之学"。与官修相比,私修有一个相对宽松的学术环境。对于私修者而言,由于不存在像官修中听命于上司的行政干预,他们便易于按照学术需要,直抒己见,比较充分地反映作为一个史家的立场和观点。犹如刘知幾所说:"古来贤俊,立言垂后,何必身居廊宇,迹参僚属,而后成事乎?是以深识之士,知其若斯,退居清静,杜门不出,成其一家,独断而已。"(《史通·辨职》)第二,利于全局统筹。由于私家治史始终一人,从头至尾自出炉锤,不只文风连贯,各种情况也易于彼此照应。譬如某处出现问题,便容易迅速发现、准确纠正。但是,私家修史也存在两个问题。其一,文献资料有限。私家修史限于一家之力,多有文献不足之叹。在这方面,他们既不可能如史官那样"近水楼台"而有"得月"之便,更不可能像"移馆于禁中"的官修者那样拥有皇家藏书唯其所用之权。因而,往往由于文献资料的不足,最后难免终生之憾。其二,才学局限。随着人类社会的进步和发展,学术领域的问题也日益复杂起来。面对这一趋势,虽官家罗致各类人才犹须彼此取长补短,以私家之力便很难应付。唐代以后的官修形式远多于私修,其中原因固然不少,而私家力薄难以应对当是其中一个现实问题。

  由此可见,无论官修还是私修,它们对中国古代史学的发展都曾做出过重要的贡献。以今天的观点看,官修、私修互有长短,互为补充,我们既不能一味肯定私修而否定官修,也不能绝对强调官修而摒弃私修。

二、崇尚素质

  崇尚素质是中国古代史学一大优良传统。强调素质,说到底,就是注重史家个人的基本修养问题。作为一位史家,要不要强调必备条件?作为一位优秀史家,究竟应该具备什么样的条件呢?在古代史学领域,随着学术研究的步步深入,人们对这一问题的认识呈现出日益明晰、日益完善的发展趋势。

（一）事、文、义统一说

倘若要研究古代学者有关素质的理论，恐怕首先应当从孔子说起。当然，那时强调的所谓素质，主要表现在治学的方法上。从这个意义上说，在孔子整理的六经之一《春秋》中，就已经有所实践了。

正是在中国这部现存最早的编年史中，孔子第一次将"事""文""义"所谓治史"三要素"结合起来。这有孟子的话为证："王者之迹熄而《诗》亡，《诗》亡然后《春秋》作。晋之《乘》，楚之《梼杌》，鲁之《春秋》，一也；其事则齐桓、晋文，其文则史。孔子曰：'其义则丘窃取之矣。'"（《孟子·离娄下》）。这里所谓"事"，就是史事，亦即历史事实，这是治史的基础；所谓"文"，就是史文，亦即史著的文采，这是修饰著作的文字能力；所谓"义"，就是史义，亦即史学观点，这是从历史事实中抽象出来的基本理论。事、文、义不是彼此分立、互相割裂，而是相辅相成、关系密切："譬人之身，事者若骨，文者其肤，义者其精神也"。（章学诚《文史通义·方志立三书议》）孔子通过整理《春秋》，将事、文、义有机统一起来，打破了以往史官们单纯的所谓"有闻必录"的记史模式，后人纷纷效法，产生出远比《尚书》更为顽强、旺盛的生命力。何以至此呢？清人章学诚说得好："《尚书》《春秋》，皆圣人之典也。《尚书》无定法而《春秋》有成例"，"有成例者易循，而无定法者难继，此人之所知也"（《文史通义·书教下》）。章氏所谓"《春秋》有成例"，就是指孔子将事、文、义三者统一起来的书法，这种书法容易为后人遵循。

毋庸置疑，将事、文、义三者结合起来不易，将它们有机地统一起来更难，因为它需要以史家的远见卓识和勇于创新为前提，只有具备特定文化素质的人才能做到。事、文、义三要素虽然与史家的文化素质要求不是同一个概念，但二者之间的关系是相当密切的。

（二）"史才三长"论

在中国历史上，第一个系统而深入提出卓越史家必备条件者，当推唐代武周时期的著名史学评论家刘知幾。当时的礼部尚书郑惟忠，曾经向刘知幾提出这样一个问题："自古已来，文士多而史才少，何也？"刘氏回答道："史才须有三长，世无其人，故史才少也。三长：谓才也，学也，识也。"（《旧唐书》卷一〇二《刘子玄传》）这就是后人熟知的"史才三长"。

将"才""学""识"三个方面视为杰出史家必备条件，揭示了史界现实，反映了刘知幾的博学多识和非凡见解。所谓史才，就是修史之才，主要指史家编撰史籍的能力和文字表达能力；所谓史学，就是史家掌握渊博的历史知识和丰富的历史资料，并能辨别史料、运用史料；所谓史识，就是史家的历史见解和历史眼光，主要指明示非、别善恶的能力。那么,才、学、识三者之间是一种什么关系呢？刘知幾对此作了深刻的论证:"夫有学而无才,亦犹有良田百顷,黄金满籯,而使愚者营生,终不能致于货殖者矣。如有才而无学,亦犹思兼匠石,巧若公输,而家无楩柟斧斤,终不果成其宫室者矣。"(《旧唐书·刘子玄传》)相比之下,史才重要,史学重要,史识更为重要。诚如刘知幾所说:"假有学穷千载,书总五车,见良直而不觉其善,逢牴牾而不知失",这样的人即使才学巨富,"虽多亦安用为？"(《史通·杂说》)况且"史之为用也,记功司过,彰善瘅恶,得失一朝,荣辱千载。苟违斯法,岂曰能官"(《史通·曲笔》)。

在刘知幾的代表作《史通》里,虽然没有明确提出"史才三长"这一理念,也没有特别地论述"才""学""识"之间的关系,但是,其中许多篇目的内容事实上与此有关。例如《史通》里的《因习》《邑里》《浮词》《言语》《叙事》《模拟》《书事》《核才》《烦省》诸篇,统属"史才"范畴;其中的《采撰》《补注》《杂述》诸篇,则统属于"史学"范畴;至于"史识"方面的见解,则表现于《品藻》《直书》《曲笔》《鉴识》《探赜》《人物》《暗惑》各篇。应当指出的是,在才、学、识三者之中,刘知幾认为尤以史识为最重要,它是才与学的灵魂。

(三)"直书"与"史德"

不避强御,秉笔直书,是古代史家的一种优良品德。能够坚持无所阿容、善恶兼书的史家,历史上不乏其人。更早的无须说,春秋时代的晋太史董狐就是典型一例,他曾不避权势,行使史官职责,被孔子称赞为"书法无隐"。又如齐太史兄弟不怕杀头之祸,连书"崔杼弑其君"(《左传·襄公二十五年》)而流誉千载。司马迁的《史记》问世后,之所以如日中天、影响深远,也与作者善恶无隐的"直书"有关:"自刘向、扬雄,博极群书,皆称迁有良史之材,服其善序事理,辨而不华,质而不俚。其文直,其事核,不虚美,不隐恶,故谓之实录。"(《汉书·司马迁传》)据此可知,唐代以前,不只涌现出了一些有"良史之材"的史家,而且他们的"不虚美,不隐恶"的"实录"精神已经引起了学界的关注和颂扬。然而,"直书"作为史家修养的一种理论提出,则是从唐代刘知幾始。

刘知幾不仅在《史通》中设专篇议论"直书",还在《曲笔》《品藻》《鉴识》等相关篇目中,从不同角度赞扬了书法无隐的直笔传统。特别是在《史通·直书》中,刘知幾对"直书"精神作了比较全面的论述:对于一个称职的史家来说,无论历史人物、历史事件是美还是丑,都必须做到既"不虚美",也"不隐恶"。这既是史家应尽的天职,同时也是后人和读者的由衷愿望。当然,直书既然能使被揭露者"秽迹彰于一朝,恶名被于千载",也就自然会遭到"贼臣逆子"、特别是"淫君乱主"们的疯狂报复。从这一点上说,史官之直书有"可为之时"与"不可为之时"的区别。"为于可为之时则从,为于不可为之时则凶"(《史通·直书》)。前者造就出了如晋国董狐那种"成其良直,擅名今古"的光辉范例,后者则铸成了诸如齐之太史、汉代司马迁、吴国韦昭、北魏崔浩等人的不测之祸。在刘知幾看来,史官们能够在"可为之时"秉笔直书固然好,假如遇到"不可为之时"难以"避祸而保全",则应当像齐太史、司马迁那样"宁为兰摧玉折,不作瓦砾长存"(同上)。

如果说刘知幾就事论事,始终未能将"直书"行为提升到史家基本素质层面而有所惋惜的话,那么清代著名史学评论家章学诚则因为直言"史德"而弥补了这一缺憾。也就是说,刘知幾提出了"史才三长"论,章学诚则在其基础上,再加史德,使史家的素质要求变成为涵盖了"才""学""识""德"的"史才四长"。在章氏看来,刘知幾"史才三长"确有一定道理:"非识无以断其义,非才无以善其文,非学无以练其事",然而"犹未足以尽其理"。因为"三长"之外,必须再加"史德"。"德者何?谓著书者之心术也"。(《文史通义·史德》)那么什么又是"心术"呢?章氏云:"盖欲为良史者,当慎辨于天人之际,尽其天而不益以人也。尽其天而不益以人,虽未能至,苟允知之,亦足以称著书者之心术矣。"(同上)所谓"天人之际",就是说,史家必须正确处理史实与主观之间的关系,应当科学地尊重史实,决不可把主观的因素掺杂于客观的史实之中。强调"慎辨于天人之际,尽其天而不益以人",不只是超越了以往提倡褒贬和垂训鉴戒的历史观,比起刘知幾大声疾呼的"直书"来,也登上了一个新台阶。由此可见,这一思想闪耀着前所未有的光芒。那么"史德"在史家必备素质中处于何种地位呢?章氏指出"四"之中的"德""识"尤其重要。在章学诚看来,"载笔之士,有志《春秋》之业,固将惟义之求,其事与文,所以藉为存义之资也"(《文史通义·言公上》)。也就是说,对于一个史家而言,如果他拥有渊博的历史知识,具有突出的表达能力,然而却没有观察、判断是非曲直的史识,没有公正褒贬的史德,那么,要想写出流芳百代的史学著作是绝对不可能的。所以史学著作之优劣长短,大都与本书作者的史德有关:"夫秽书者所以自秽,谤书者所以自谤,素行为人所羞,文辞何足取重。"(《文史通义·史德》)

从今天的立场、观点看问题,无论是先秦时期早已为孔子、孟子倡导的"事""文""义"的三统一,还是唐人刘知幾提出的"才""学""识"方面的"史才三长"论,抑或是清代乾嘉学者章学诚尤其强调的"著书者之心术"的史德,无一不是关乎卓越史家基本素质的重要理论。当然,也有必要指出,在前人所说的史家必备条件中,几乎任何一条都有特定的文化背景和封建时代的局限性。尤其是刘氏"三长"中的史识和章氏特别提出的"史德",更是以儒家伦理道德作为判断是非的唯一标准。犹如荀悦《汉纪》之公然坦言:"夫立典有五志焉:一曰达道义,二曰章法式,三曰通古今,四曰著功勋,五曰表贤能。"(《后汉书·荀悦传》)很显然,所谓"达道义",就是着力宣扬儒家之伦理道德。所谓"著功勋""表贤能",就是要表彰符合那个特定时代所要求的代表人物。由此可见,不论是刘知幾的"史识",还是章学诚的"史德",其中之是非尺度,只能以是否服务和如何服务于统治者的利益为准的。

三、会通古今

"会通古今",是中国古代史家治史的一大优良传统。这一传统与儒家经典《礼记》中所说的"疏通知远",具有大体一致的文化内涵。它主要是指史学家在运用历史知识时,要具有高屋建瓴、融汇古今的见识。这其中既包括对历史经验的总结,也涉及对当前历史动向和未来趋势的把握。

不言而喻,"会通古今"的治史模式具有气势恢宏的历史视野,以及揭示历史特点的独特作用。因而,通史在博得广大读者青睐的同时,也理所当然地更受到史家的关注。中国古代史学领域中通史著作的一再出现,就是最有力的例证。在众所周知的编年体中,就有司马光主编的《资治通鉴》,此书上起战国,下终五代,将一千三百六十二年的历史冶于一炉;在纪传体正史中,有司马迁"究天人之际,通古今之变,成一家言"的《史记》,本书上起黄帝,下止汉武,反映了中国三千年历史;在纪传体"别史"中,有宋代郑樵的扛鼎之作《通志》,本书"集天下之书为一书",上起三皇,下终隋代,是一部多达二百卷的巨制;在以事件为中心的纪事本末体中,有宋代史家袁枢的《通鉴纪事本末》,本书起自"三家分晋",终于"世宗征淮南",以四十二卷篇幅系统揭示了长达一千三百六十二年间的重大历史事件;在反映典章制度的政书体中,前有唐人杜佑的《通典》(上起黄帝,下穷唐末),中有宋人郑樵《通志》的"二十略",后有元人马端临的《文献通考》(上起远古,下讫宋宁宗嘉定末年),三部书皆以"通"字点题,可谓体大思精,被后人誉为"三通";在史评体方面,则有唐人刘知幾的《史通》与清人章学诚的《文史通义》并驾齐驱。

通史著作的流行,自有其深刻的背景和意义。在古代,最推崇这一体裁者莫过于郑樵和章学诚。郑樵是通史著作的实践者,他不单充分肯定了司马迁对《诗》《书》、诸子百家的"融汇",而且高度赞扬了《史记》自远古至于秦汉的"贯通",由此对"会通"精神指导下的通史评价极高:"百川异趋,必会于海,然后九州无浸淫之患;万国殊途,必通诸夏,然后八荒无壅滞之忧;会通之义大矣哉!"(《通志·总序》)如果说郑樵还只是从原则上、宏观上赞扬通史体裁的话,则章学诚的系统总结就具体得多了。章氏在《文史通义·释通》中,以专门篇幅集中论述了通史的优点:"通史之修,其便有六:一曰免重复,二曰均类例,三曰便诠配,四曰平是非,五曰去牴牾,六曰详邻事。其长有二:一曰具剪裁,二曰立家法。"章氏引古论今,逐一讨论通史著作的所谓"六便""二长",议论之详,评价之高,可谓空前。

即使站在今天的高度,会通古今的治史方式,也有非常重要的意义。首先,会通古今的治史方式要求人们要有通变意识。所谓通变意识,就是说整个历史都是不断变化的。只有通过变化,历史才能前进。只有通过变革,社会才能发展。古代哲学著作《周易》是通变思想的渊薮,历史上的许多有识之士都曾是这一思想的实践者。司马迁不仅以通变思想写《史记》,明确标示其著述宗旨是"通古今之变",还特别强调了《周易》基本思想之可贵:"《易》著天地阴阳四时五行,故长于'变'。"(《史记·太史公自序》)戊戌变法的急先锋梁启超也发挥了《周易》的"穷则变,变则通,通则久"(《变法通议·自序》)的通变思想,还将当年司马迁"承敝通变"思想进一步具体化:"法行十年,或数十年,或百年而必敝,敝而必更求变,天之下道也。"(《论不变法之害》)通变意识中不仅具有物极必反、盛衰转化的辩证思想,也蕴含着人在其中的主导作用。只要我们以通变观点看问题,在注意到历史经验、古今联系的同时,又注意到古今的不同和当前变化,便会因应出合理的新对策。其次,会通古今的治史方式要求人们要科学地把握事物。也就是说,我们应当运用辩证唯物主义和历史唯物主义的立场、观点和方法,科学揭示以往漫长历史中的发展过程和规律,客观总结历史发展过程中的前人经验和知识,还要利用这些规律、经验和知识阐明我们时代的发展动向,最终达到为当代社会服务的目的。

四、经世致用

会通古今研究历史,说到底是一个方式、方法问题,其目的则在于垂训鉴戒、经世致用。经世致用,以史学知识为当代社会服务,是中国古代史学又一优良传统。

以古为镜,资治当代,是古代史学经世致用的一个具体体现。在古代文学作品中早有这样的记录,例如《诗·大雅·荡》:"殷鉴不远,在夏后之世。"又如《战国策·赵策》"前事不忘,后世之师"等等,至于说最早的编年史《春秋》则具有更加鲜明的例证。春秋晚期,孔子有感于现实社会的"礼崩乐坏",寄"微言大义"于《春秋》。正是通过了"一字之褒,荣于华衮;一字之贬,严于斧钺"的《春秋》笔法,实现了孔子的政治目的:"《春秋》之义行,则乱臣贼子惧。"(《史记·孔子世家》)东汉史家班固,之所以摒弃将汉朝"编于百王之末,厕于秦、项之列"

(《后汉书·班彪传》)的通史,而以断代体写《汉书》,目的就在于更好地服务大汉帝国。《后汉书》的作者范晔在《狱中与诸甥侄书》里更是直接表示,他撰修史书的目的是,"欲因事就卷内发论,以正一代得失"。平心而论,范氏是历史上第一位明确揭示修史旨在经世致用的史学家。在唐代,不仅有唐太宗的"三面镜子"(《旧唐书·魏徵传》:"以铜为镜,可以正衣冠;以古为镜,可以知兴替;以人为镜,可以明得失。")传为佳话,更有魏徵、杜佑等人的身体力行。杜佑的《通典》就是以"经邦济世,富国安民"为原则,"实采群言,征诸人事,将施有政"(《通典·食货序》)。在由宋代到明清的历史上,虽然学术领域被"徒托空言"的理学主宰着,但史学的"经世"思想仍然在发展。譬如前有"鉴前世之兴衰,考当今之得失"的《资治通鉴》的问世(司马光《进资治通鉴表》),后有一大批明清学者(特别是明末清初黄宗羲、王夫之、顾炎武诸大师)对这一传统的进一步发扬。他们"于宗社之变,类含隐痛,志图匡复,故好研究古今史迹成败,地理厄塞,以及其他经世之务"(梁启超《清代学术概论》)。即使在文字狱盛极一时的乾嘉时期,仍有继承浙东学派传统的章学诚的大声疾呼,"史学所以经世,固非空言著述也"。学者不知"经世"之义,则"不足言史学也"(《文史通义·浙东学术》)。

详今略古,重在近世,是古代史学经世致用的又一具体体现。在古代学术领域中,不知出现过多少反映中国历史的皇皇巨著。考察被历史波涛冲刷得无影无踪的一部分著作,厚古薄今、无视现实是其消亡的一大原因。而在那些世代留传的名作中,则大都具有详今略古、重在近世的优良传统。在这方面,号称"史界两司马"的巨著《史记》与《资治通鉴》具有极大的典型性。这两部通史都是立足于广阔的时空间架,最大限度地展开有关近现代的中华画卷,根本目的则是试图以宏观鸟瞰的历史经验资治当代。在司马迁《史记》一百三十卷的篇幅中,全部写和重点写近现代史的部分,约占全书的一半以上。例如"三十世家""七十列传"中,大多数传主都是当时近现代人。在司马光《资治通鉴》所反映的一千三百六十二年的巨大时间跨度中,战国及秦汉部分六百二十二年历史,仅用了六十八卷,约占全书的百分之二十二;魏晋南北朝部分三百六十九年历史,用去一百零八卷,约占全书的百分之三十七;隋唐及五代部分三百七十一年历史,用了一百一十八卷,大约占全书的百分之四十。由此可见,愈是接近于近现代,内容便愈是详尽。

中国古代史学之所以能够长盛不衰,原因固然很多,但其中一个主要原因应该是:它始终深深植根于社会实践的土壤中,以"经世致用"为根本目的,以解决现代社会重大问题为宗旨,因而永远拥有方兴未艾的勃勃生机。

第四节 史学功能

中国古代史学历史悠久，内容丰富。在长期发展过程中，不仅形成鲜明的四大传统，而且具有极其重要的四大功能：垂训鉴戒功能、思想教育功能、文化修养功能、揭示规律功能。古代史学的四大功能，对于我们今天建设有中国特色的社会主义祖国，乃至于对我们中华民族的伟大复兴，都具有极为重要的现实意义。

一、垂训鉴戒功能

政治借鉴是古代史学鉴戒功能的一大体现。以史为鉴的思想在中国古代由来已久，自《诗经》留下了周人"殷鉴不远，在夏后之世"的名言后，借鉴历史经验几乎无一例外地成了历代治国的宝训。

历史上的有为英主出于亡国的恐惧，无不重视前朝之鉴。汉高祖刘邦刚刚登上宝座，便指示谋臣陆贾，"试为我著秦所以失天下，吾所以得之者何，及古成败之国"（《史记·郦生陆贾列传》）。唐太宗君臣经常讨论历代兴亡原因，努力从中吸取教训。有谁能够否认唐太宗"舟所以比人君，水所以比黎庶。水能载舟，亦能覆舟"（《贞观政要》卷四）的名言，不是对隋王朝二世而亡的沉痛反思呢？可以肯定地说，倘若没有汉初的历史借鉴，以及由此推行的与民休息政策，倘若没有唐初太宗君臣"以古为镜"的一系列措施，所谓汉代的"文景之治"，所谓唐代的"贞观之治""开元之治"都是不可能出现的。

历史上的有为之士基于国家前途考虑，也无不重视历史的教训。唐代魏徵列举大量史实，说明了"兼听则明，偏信则暗"（《贞观政要·论君道》）的道理。明末学者王夫之甚至认为"得可资，失亦可资也；同可资，异亦可资也。故治之所资，惟在一心，而史特其鉴也。"（《读通鉴论》叙论四）即使在现代社会，政治借鉴依然很多。1944年，郭沫若总结了李自成起义成败得失，在《新华日报》发表了著名的《甲申三百年祭》。毛泽东主席结合当时胜利形势，大力推荐郭氏文章，并告诫"同志们引为鉴戒，不要重犯胜利时骄傲的错误"（《毛泽东选集》四卷合订本90页），在当时起到了相当重要的警示作用。

关于正确处理人与自然之间的关系，不止是古代哲学领域一个长期命题，也是史学鉴戒功能的杰出成就之一。人类社会发展到今天，人与自然之间的矛盾日益尖锐，中国古代"天人合一"中的环境保护意识尤为可贵。传说中的"禹禁"如何姑且不论，《管子》中是昭示世人要节制的："山林虽广，草木虽美，禁发必有时"，"江海虽广，池泽虽博，鱼鳖虽多，网罟必有正"。孟子则道出了人为节制的好处:"数罟不入洿池,鱼鳖不可胜食也;斧斤以时入山林,材木不可胜用也。"(《孟子·梁惠王上》)荀子则更进一步说明了人为节制之所以然:"草木荣华滋硕之时,斧斤不入山林","鼋鼍鱼鳖鳅鳝孕别之时,网罟毒药不入泽",旨在"不夭其生,不绝其长也"(《荀子·王制》)。其他例如在《吕氏春秋》《淮南子·主术训》等文献中,也都曾留下了令很多后世子孙汗颜的宝贵议论。

史学垂训鉴戒之处甚多,以上不过略陈点滴。但是,据此亦可窥知借鉴功能之一斑。

二、思想教育功能

重视史学之教育功能,并非自今日始。由于"古人不著书,古人未尝离事而言理,六经皆先王之政典"(章学诚《文史通义·易教上》),所以还在先秦时期,儒家的经典就已经成为思想教育的重要工具了。例如春秋时期,申叔时在与楚庄王论及教育太子方法时,就曾说过:"教之《春秋》,而为之耸善抑恶焉,以戒劝其心"(《国语·楚语》)。《春秋》如此,中国第一部诗歌总集《诗经》也如此,两千年来一直被视为一部教化人的百科全书。孔子就曾说过:《诗经》"可以兴,可以观,可以群,可以怨。迩之事父,远之事君,多识鸟兽草木之名"(《论语·阳货》)。

即使在今天,史学的思想教育功能也在许多方面表现得相当突出。

其一,优良传统教育。中华民族不单是一个勤劳勇敢、具有高度智慧和非凡创造力的民族,也是一个与人为善、胸怀宽广的伟大民族。只要认真学习中国五千年文明史,或是翻阅李约瑟博士主编的鸿篇巨制《中国科学技术史》,一个伟大民族"勤劳勇敢、具有高度智慧和非凡创造力"的基本特征,便会淋漓尽致地展现于眼前。诚如美国科学家罗伯特·坦普尔的平心而论:"迄今为止尚未披露的最大历史秘密之一是,我们所生活的'近代世界'原来是中国和西方成分的极好结合。近代世界赖以建立的种种基本发明和发现,可能有一半以上源于中国,然而却鲜为人知。"(《中国:发明与发现的国度》序言)中国数千年的文明史,也是中华民族不尚暴力、酷爱和平、"协和万邦""天下大同"的文明史。认真回顾这条由远而近、异常清晰的发展轨迹,不仅更能够正确理解当代中国海纳百川、厚德载物的博大胸怀,也更能够正确理解当代中国何以与邻为伴、与邻为善,以及睦邻、富邻的国际外交政策了。

其二,爱国主义教育。梁启超先生当年曾经说过:"史学者,学问之最博大而最切要者也,国民之明镜也,爱国心之源泉也。"(梁启超《新史学》,《饮冰室全集》)把史学看作是人民"爱国心之源泉",可谓富有见地。在中国古代历史上,爱国与卖国,历来是衡量一个人物是进步还是反动的道德标准。富贵不能淫、贫贱不能移、威武不能屈的汉代苏武,尽忠报国、收复河山的岳飞,身先士卒、"屡摧大寇"的戚继光,以及大义凛然、焚毁鸦片的林则徐等人,他们的形象名垂青史,与日月同辉。而诸如出卖燕云十六州的后晋主石敬瑭,卖国求荣、害人有术的秦桧等人,他们的丑恶行为将永远地被钉在历史的耻辱柱上。历史学过去是、现在是、将来也仍然是进行爱国主义教育的好教材。

其三,民族团结教育。中国很早就是一个统一的多民族国家。各方彼此学习,共同进步,加强民族团结,这不止是维护祖国统一的重要保障,也是中华民族的一个优良传统。在古代两千年的时间长河里,不论是汉民族建立的汉、唐、宋、明等王朝,还是少数民族建立的辽、金、元、清等政权,它们在为中国富强和发展做出重大贡献的同时,都毫无例外地被后人视为中国历史的合法继承者。举世闻名的"二十四史"里,既有汉族所建政权的历史,又有少数民族所建王朝的反映,一视同仁的"正史"名称的认定,就是最有力的说明。还应该指出的是,不仅唐太宗"爱之如一"的那种民族政策(《资治通鉴》卷一九八)业已在中华民族发展史上写下了浓浓的一笔,而且像王昭君、文成公主那样为发展民族团结做出特殊贡献的历史人物,也永远地活在各族人民的心中。

三、文化修养功能

在实施"科教兴国"的伟大战略中,全面推进素质教育,是当前我国现代化建设的一项紧迫任务,是教育事业的一场深刻变革,也是教育思想和人才培养模式的重大进步。事实已经证明,并将继续证明,史学在推进国民素质教育中具有极其重要的作用。原因很简单,举世无双的中国史学既是传统文化的重要组成部分,又是传统文化的主要载体,所以中国史学具有难以估量的利用价值,拥有取之不尽、用之不竭的精神财富。要建设有中国特色的社会主义新文化,要造就适应中国国情需要的新一代建设人才,充分开发和利用中国史学这座伟大的宝库是完全必要的。

学习和研究中国史学,有益于加强道德修养。从一定意义上说,史学教育也就是做人的教育。通过学习悠久的中国史,可以明是非、别善恶。古人所谓"多识前言往行以畜其德",其义正在于此。孟子曾说"生亦我所欲也,义亦我所欲也,二者不可得兼,舍生而取义者也"(《孟子·告子上》)。在孟子看来,生命乃是人人所追求的,但还有比生命更为宝贵的价值——义。在古代"义"与"不义"的斗争中,有许多伟人正是在明辨是非之后,或为国家,或为正义事业,义无反顾,甚至"舍生取义",为后人树立起学习的典范。"作辞以讽谏,连类以争义"的屈原虽死犹生(《史记·屈原贾生列传》),他的品德与其《离骚》一样长留人间。谭嗣同虽然只活了34岁,但他与康广仁、刘光第等"戊戌六君子",在中国历史上留下了大义凛然的光辉形象。

研究中国史学,有益于完善知识结构。在21世纪的今天,要培养有理想、有道德、有文化、守纪律的新一代各类建设人才。不具备现代科学技术固然只是一句空话,而如果只是掌握现代科技,对传统文化却漠然置之,对祖国悠久的史学一知半解,对中国古代史学著作一无所知,则其知识体系仍是残缺不全的。如上所述,中华民族拥有源远流长的古代史学,拥有丰富多彩的史学著作,拥有特色鲜明的史学传统,因而,在完善知识结构、提高综合素质过程中,涉猎史学领域是不可或缺的重要一环。

四、揭示规律功能

严格地说来,垂训鉴戒或以史为鉴有两层含义:一是如前所说的借鉴具体的历史经验,这只能算是浅层次的借鉴。二是对历史过程的理性反思,这应该算是深层次的借鉴。所谓"理性反思",即通过历史由远而近的系通考察研究后,从中找出社会发展的线索、特点甚至规律,并能对以后历史发展作出可能的预测。用《礼记·经解》里的话说,也就是所谓"疏通知远"。其实,疏通知远的思想观念,前人已有许多论述。例如元代学者胡三省就曾说过:"世之论者率曰:'经以载道,史以记事,史与经不可同日语也。'夫道无不在,散于事为之间。因事之得失成败,可以知道之万世无弊,史可少欤!"(《新注〈资治通鉴〉序》)清人龚自珍也说过:"出乎史,入乎道,欲知大道,必先为史"(《龚自珍全集·尊史》),胡、龚二人所说的"道",可以理解为不以人的意志为转移的规律。在他们看来,这个"道"不会游离于史学之外,要想明"道",就必须通过史。章学诚从另外一个角度的议论,也说明了同一个道理。他在《文史通义》中指出,历史文献的编撰可以分为"记注"和"撰述"两大类,前者"智以藏往",后者"神以知来"。也就是说,史学之中既有对历史的清晰反映,又有对未来的科学昭示。由此可见,要深刻的理解中国的今天,就不能不了解她的前天和昨天。了解了中国的昨天和前天,岂止是能够更深刻地理解她的今天,甚至还能够预知其未来。

既然读史可以明道,则通过研习中国史学,必然会更加坚定中华民族前程似锦的信念。几千年的历史告诉我们:中国社会是按一定法则变化的。从宏观上看,这个法则就是:伟大的中国不断进步,不断地走向光明的未来。不单是很多中国人早已有此共识,即使那些正直的不带任何偏见的外国人,他们也已经清醒地意识到了这一点。试看20世纪晚期外国新闻媒体的三则报道:其一,1993年

6月匈牙利《人民自由报》撰文指出,"中国本身就值得令人惊愕,自有人口统计材料以来,也就是两千年来,地球上一直是每四个或五个人中就有一个中国人"。在这个国家里,"勤劳、创造、俭朴被认为具有巨大的价值"。其二,1999年9月俄罗斯《莫斯科新闻》周报由衷祝贺中国建国五十年伟大成就:"一个只拥有世界耕地7%的国家,却养活了世界五分之一的人口",它不仅战胜了饥饿,走进了小康,还一举"跃入世界十大贸易国的行列"。其三,1999年2月新加坡《联合早报》指出,中国人民经过20年改革开放,"在享有远较以往任何时期为高的生活水平的同时,也一百多年来第一次实实在在地看到了中华民族的重新崛起"。"只要举国上下继续努力,不犯大错,中华民族在不太久的将来,很可能就要迎来中国历史上继强汉、盛唐、前清之后的第四个盛世"。在外国人的由衷认同和赞许声中,当然既包含着对中国当代发生巨变的真实感触,也包含着对几千年中国历史的反思。外国之有识之士尚且具有如此认识,作为现实生活之中的中国人,通过对本民族历史的深入学习,自然应该更加坚信:中华民族一定会拥有光明的未来。

参考文献

1. 翦伯赞:司马迁《史记》体例

司马迁唯一的著作是《史记》。《史记》所叙述的范围,上起传说中的"黄帝",下迄汉武之时。其内容为本纪十二篇、书八篇、表十篇、世家三十篇、列传七十篇,共一百三十篇,五十二万六千五百字。司马迁之著这部书,其用意是"欲以究天人之际,通古今之变,成一家之言"。实际上这部书,确是中国历史学出发点上的一座不朽的纪念碑。

用本纪、世家、列传、书、表的体裁写历史,这种历史方法,即所谓纪传体的方法。司马迁的不朽,就是因为他开创了这种前无先例的崭新的历史方法。

所谓纪传体的方法,即以人为主体的历史方法。此种方法,即将每一个历史人物的事迹,都归纳到他自己的名字下面。一个历史人物如此处理,所有的历史人物都如此处理,于是从这许多个别历史人物的事迹中,显出某一历史时代的社会内容。《史记》就是用这种历史方法写成的一部汉武以前的中国古史。

在《史记》中,本纪、世家、列传,都是以人为主体而记事的。本纪记皇帝,世家记贵族,列传记官僚、士大夫等。虽作为其主题之人物的政治地位不同,但其皆以人物为记事的主体,则是相同的。或曰:在《史记》中亦有总述文物制度的

"书",及排比年代关系的"表",这都不是以人为主体的。但我们知道,在《史记》一百三十篇中,本纪、世家、列传,共占一百一十二篇,书、表合计只占十八篇,故知《史记》是以纪传为本体;至于书,则不过是《史记》的总论,表则为《史记》的附录而已。

纪传体的历史,从今日科学的历史眼光看来,自然还是缺点甚多。这种方法最大的缺点,就是把一件史实,割裂为许多碎片,错陈于各人的纪传之中;而且同一史实,到处重复。例如司马迁下腐刑事,在《司马迁传》中必记,在《李陵传》中,也不可不提。同样,李陵降匈奴事亦然,这就是一个例子。

但是在司马迁的当时,他能开创这样的一个历史方法,是值得赞叹的。因为在当时,所有的古史资料,都是一盘散沙,正像一些破砖乱瓦混在一堆,需要有一个分类的归纳,而纪传体就是一个最好的方法。司马迁能够开创这样一个方法,并且用这个方法,"厥协六经异传,整齐百家杂语",把汉武以前的古史,归纳到一百多个历史人物的名下,"自成一家之言"。这如果不是有过人的史学天才,是不可能的。

近人或以为纪传体的历史,简直就等于家谱或墓志铭的汇编。诚然,司马迁的学生(班固在内)的著作,确有此种倾向;但司马迁的《史记》,并不如此。

从《史记》中可以看出,被司马迁纪传的历史人物,并不是毫无历史价值的人物;而是可以从他的历史行为中,透露出一些有关于他的历史时代之社会内容的人物。简而言之,即能特征历史时代的人物。例如他纪五帝,是因为这些神话人物可以暗示出中国史前社会的若干内容,他之传孔、孟及老、庄、申、韩等,是因为从他们的言论中,可以显示出先秦诸子学说的分派,他之传苏秦、张仪,是因为在他们的政治活动中,可以指示出战国时期的国际关系。一言以蔽之,司马迁纪传一个历史人物,至少可以从这个被纪传者身上,透露出若干历史的消息。所以当他写完了一百一十二篇人物纪传以后,汉武帝以前的中国古史,便第一次放出了光明。

司马迁为什么要把纪传体的历史,别为本纪、世家、列传,而又再益之以书、表?这不是随便的划分,而是一种严谨的部署。从这种分类,我们可以看出,他第一步是将他选下的历史人物,依其政治的或社会的地位之不同而别为三类,即以帝王为一类,贵族为一类,官僚士大夫等又为一类,然后分别为帝王写本纪,为贵族写世家,为官僚士大夫等写列传。于是把所有的破碎的零星的史料,分别归纳于这三类的人物的名字之下,使之各成系统。但是人各一传,没有相互的联系,于是又为之书,总述这一时代社会文物制度的演变,以为纪传的总论。尚感不足,又益之以年表,排比人与人、事与事间之时代的顺序,以为附录。

(翦伯赞《史料与史学》,北京大学出版社,1985)

2. 章学诚:史家之史德

才、学、识,三者得一不易,而兼三尤难,千古多文人而少良史,职是故也。昔者刘氏子玄,盖以是说谓足尽其理矣。虽然,史所贵者义也,而所具者事也,所凭者文也。孟子曰:"其事则齐桓晋文,其文则史,义则夫子自谓窃取之矣。"非识无以断其义,非才无以善其文,非学无以练其事,三者固各有所近也;其中固有似之而非者也。记诵以为学也,辞采以为才也,击断以为识也,非良史之才学识也。虽刘氏之所谓才学识,犹未足以尽其理也。夫刘氏以谓有学无识,如愚估操金,不解贸化,推此说以证刘氏之指,不过欲于记诵之间,知所抉择以成文理耳。故曰:"古人史取成家,退处士而进奸雄,排死节而饰主阙,亦曰一家之道然也。"此犹文士之识,非史识也。能具史识者,必知史德;德者何?谓著书者之心术也。夫秽史者所以自秽,谤书者所以自谤,素行为人所羞,文辞何足取重!魏收之矫诬,沈约之阴恶,读其书者先不信其人,其患未至于甚也。所患夫心术者,谓其有君子之心而所养未底于粹也;夫有君子之心而所养未粹,大贤以下所不能免也,此而犹患于心术,自非夫子之《春秋》不足当也,以此责人,不亦难乎?是亦不然也。盖欲为良史者,当慎辨于天人之际,尽其天而不益以人也。尽其天而不益以人,虽未能至,苟允知之,亦足以称著书者之心术矣。而文史之儒,竞言才学识而不知辨心术,以议史德,乌乎可哉?夫是尧舜而非桀纣,人皆能言矣;崇王道而斥霸功,又儒者之习故矣;至于善善而恶恶,褒正而嫉邪,凡欲托文辞以不朽者,莫不有是心也。然而心术不可不虑者,则以天与人参,其端甚微,非是区区之明所可恃也。夫史所载者事也,事必藉文而传,故良史莫不工文,而不知文又患于为事役也。盖事不能无得失是非,一有得失是非,则出入夺相奋摩矣,奋摩不已而气积焉;事不能无盛衰消息,一有盛衰消息,则往复凭吊生流连矣,流连不已而情深焉。凡文不足以动人,所以动人者气也;凡文不足以入人,所以入人者情也。气积而文昌,情深而文挚;气昌而情挚,天下之至文也。然而其中有天有人,不可不辨也。

(章学诚《文史通义·史德》,古籍出版社,1956)

3. 王锦贵:《通典》的经世致用思想

我国古代史学,从懂得史事有"垂训"作用之日起,就已经开始由简单的"记事"逐渐向"经世"方向发展了。这是古人认识历史的一次大的飞跃。但是,史学旨在"经世"这一目的,古代史家是逐渐明白,也是逐渐揭示的。孔夫子是我国第一个认识到历史有教育作用的思想家。他修订《春秋》的宗旨本来是要"正名"(《论语·子路》),为的是"《春秋》之义行,则天下乱臣贼子惧"(《史记·孔子世家》)。但《春秋》一书"微言大义",孔子没有也不可能直接表明其著述宗旨。司马迁自称写《史记》的动机是要"究天人之际,通古今之变,成一家之言"(《报任安书》,见《汉书·司马迁传》)。就是说,他的目的是要研究"天""人"之间的关系,要搞清由古及今的历史变化,以成为作者的"一家之言"。但是"成一家之言"又是为了什么?司马迁也同样没有说清著史与社会现实的关系。至南朝刘宋时,《后汉书》的作者范晔有史以来第一次明确地揭示了这一答案:"欲因事发论,以正一代得失"(今本《后汉书》附《狱中与诸甥侄书》)。这就直截了当地申明世人:写史旨在为社会政治服务。如果说由孔子到范晔,老一辈史家正在朝着"经世致用"的大门步步走去,那么,时至唐代,杜佑则不仅已经迈入了大门,而且开始登堂入室,在史学经世方面获得了空前的成功。这从作者撰修《通典》的动机中表现得明明白白。

《通典》以"经邦济世,富国安民"为宗旨,设立了《食货》《选举》《职官》《礼》《乐》《兵》《刑》《州郡》《边防》等九门,每门之下又细分若干子目。这是古代史家第一次对封建社会勾勒的一幅生动形象的素描。从门目次第和内容的组织编排上看,杜佑显然是以社会作用为尺度,对封建社会各部门作了一次深入而认真的排队。在杜佑看来,上述九门不仅都是与"国计民生"相关的"实学",因而都有其设立的重大意义,同时,有关部门之间还存在着一种内在的逻辑关系和制约关系。这从杜氏为《通典》各"典"所写的序言中可以表现得淋漓尽致。首列《食货》,是因为民以食为天,"理道之先,在乎行教化;教化之本在乎足衣食。《易》称聚人曰财;《洪范》八政,一曰食,二曰货;《管子》曰'仓廪实,知礼节,衣食足,知荣辱';夫子曰'既富而教',斯之谓矣(《通典·食货》)";次曰《选举》,是因为"设职官在乎审官才",而"审官才在乎精选举"(同上);三曰《职官》,是因为"行教化在乎设职官",但凡"职官设,然后兴礼乐焉"(同上);第四曰《礼》,是因为民需"教化",而"制礼"始能"端其俗"(同上);第五曰《乐》,是因为"立乐"方可"和其心"(同上);第六曰《兵》,是因为"制失其宜则乱危","兵由是兴",而不得不察(《通典·兵》);第七曰《刑》,是因为"教化隳",然后不得不"用刑罚焉"(《通典·食货》);第八《州郡》,是因为天下之大,需要以州郡"划野分疆","俾分领焉"(《通典·州郡》《通典·食货》);末设《边防》,是因为"前事之元龟,足为殷鉴","防遏戎狄"系"治国要道"(《通典·边防》《通典·食货》)。

从有关类目及其子目的设置和编排上不难看出,杜佑对封建社会基本结构的认识是相当深刻的。在杜佑看来,在政治、经济和文化三大领域中,经济是政治、文化的基础和前提,具有举足轻重的决定性作用。因而,他毅然突破了儒家"罕言利"的腐朽观念,对经济给予空前的重视。可以说,高度重视社会经济,实为本书一大特色。

(王锦贵《试论〈通典〉的问世及其经世致用思想》,
《北京大学学报》1987年4期)

参考书目

1. 王锦贵《中国历史文献目录学》第四、五、六、七章,北京大学出版社,1997。
2. 张传玺《中国历史文献简明教程》中各章"概述"部分,北京大学出版社,1991。
3. 仓修良《史家·史籍·史学》中有关篇章,山东教育出版社,2000。
4. 瞿林东《史学与史学评论》"论史学",安徽教育出版社,1998。
5. 仓修良《中国史学名著评介》山东教育出版社,1990。

思考题

1. 就"二十六史"的撰修,谈中国史籍反映历史的"连续性"。
2. 中国历史文献主要有哪些类别?"四部"中经、史、子、集的基本区别在哪里?
3. 如何正确评价官修与私修?
4. 谈谈古代史学中强调史家素质及其现实主义。
5. 为什么说经世致用是古代史学一个光荣传统?这一传统有何现实意义?

第六章 典章制度

典章制度,是对国家基本的政治、法律与文化等各种制度的总称。中国自夏朝建立第一个国家政权以来,典章制度经历了由疏陋到完备、由幼稚到成熟的过程,并形成鲜明的价值取向:一是典章制度与道德规范相辅相成,实现道德化的制度;二是适应大一统的发展趋势,确立全国统一的制度;三是跨越朝代,保持连续性的制度。本章主要论述官制、教育与法律三方面的内容。

第一节 职官制度

中国的职官机构开始出现于夏朝。商周时期,贵族职官制度趋于定型和成熟。到战国、秦汉时期,除旧布新,又形成了官僚制度。

一、古代官制沿革

中国古代官制的沿革,经历了夏、商、西周、春秋的贵族政治与战国、秦汉以后的官僚政治两个阶段。

(一)夏、商、西周、春秋时期

夏、商、西周、春秋诸代的制度前后因革,逐渐完善。据文献记载与古代传说,夏朝的最高官职是"后"。后之下有卜筮官、宣令官、车正、牧正、刑正等。其中,卜筮官作为现实世界与神灵世界的使者,权力最大。

商朝的官制得到了进一步充实。最高统治者是"王",王以下的统治机构分"内服"与"外服"。内服,即王畿内的地方,属于商王直接统治区;外服,即王畿外的地方,属于封臣统治的地方。畿内官大致有尹、多尹、宰、臣。尹的地位较突出,与后世的"相"相近;宰与臣,属于内廷的官职。畿外官大致有侯、伯、男、田,通常都由商王的妻子、诸子、功臣以及臣服的少数民族首领担任。

西周在政治上基本继承了商朝的制度。周王又称"天子",是国家的最高统治者。政治上仍采用畿服制度,把周王直接统治的地区称为王畿,其他地区则按照与王关系亲疏的程度分为甸服、侯服、宾服、要服及荒服五服。内服职官系称为卿事寮,其首领是师、保,下面领有众多具体的职官。外服地区由周王分封到各地的诸侯管理。诸侯多是周王的同姓及功臣。诸侯基本仿照周王朝的职官机构,设官分职。诸侯虽然享有较大的政治独立性,但是仍然需要向周天子履行一系列义务。周天子通过这种建立在宗法制基础之上的分封制,确保西周的贵族统治,实现对全国各地的有效控制。

春秋时期,各诸侯国纷纷成为独立的国家,从而形成了更为完备的职官制度。大体而言,中原国家基本上承袭西周官制而有所取舍,南方楚国和西边秦国的官制略显特殊。在王室或侯国当中,职位最重要的官职是卿士,他们是君之辅佐,当时简称为"卿"。卿在平时为最高行政官,战时还要担任将帅。卿之外,因国别不同而有不同的具体官职。

西周出现的地方组织国野制,在春秋时期继续维持。国,指周王或诸侯所居都城及近郊;野,指郊以外的地方。居住在国中的称国人,其余的称为野人。在国中和野中按什伍制将居民编制起来,然后设官管理。此外,春秋时期又出现了出于军事目的而设立的县。县的出现,为战国郡县制取代国野制,从而最终瓦解贵族统治奠定了基础。

(二)战国及秦汉以后

战国时期新的官僚政治取代了旧的贵族政治。各国中央的最高官吏称为"相邦"(因国别而有不同的名称)。相邦是百官之长,权任极重。下面是司徒、司马、司空、司寇、内史等。地方组织日益由县代替过去的国、野。县下设乡、里。县由君主直接统治,君主的政令可以通过地方的官吏一直贯彻到最基层。由于守卫边疆的需要,各国在边境地区或新占领的地区设郡,用以统辖诸县。

从相邦到地方的太守、县令,都由国君来任免。官吏的任官凭证是象征权力的玺,官吏一般都是领取实物为俸禄。战国崇尚任人唯贤,大量官吏起于平民,形成了所谓布衣将相之局。

秦朝建立了中国第一个专制主义中央集权统治的政权。它一反三代的传统,将"皇帝"作为国君的名号,以显示其至高无上的地位。皇帝之下设置丞相、太尉、御史大夫。丞相分为左右二员,掌政务;太尉掌军事,不常置;御史大夫为丞相的副贰,掌图籍秘书,监察百官。丞相、太尉、御史大夫之下,是分掌具体事务的诸卿。这样的中央官僚机构,后人概括为三公九卿制度。三公九卿讨论政务,最后由皇帝裁决。

秦朝的地方行政机构分郡县两级。郡设守、尉、监(御史)。县,万户以上者设令,万户以下者设长。令、长之下有丞、尉及其他属员。郡县主要官吏都由中央任免。县以下有乡,乡设三老掌教化,啬夫掌诉讼和赋税,游徼掌治安。乡下有里,是最基层的行政单位。里设里典,后代称为里正、里魁。此外还有掌治安的亭,亭有亭长,两亭之间,约有十里,所谓"十里一亭"。

汉承秦制,秦朝的这套制度完全被汉朝继承下来。汉初的三公是丞相、太尉和御史大夫,位望甚隆。武帝上台后,为加强皇权,有意削夺相权,同时还广开任官渠道,多方面选拔文才出众的人和一些宦官,让他们参与大政,逐渐形成一个宫内的决策机构,称为"中朝"或"内朝",以对应于以丞相为首的政务机构"外朝"。皇帝依靠中朝加强统治,进一步加强了专制统治。东汉时期的三公并无多少实权,权力转移到了尚书台。皇帝挑选亲信的三公或其他大臣"录尚书事",把尚书台直接掌握在自己手里。

汉朝九卿除个别名称有所变化外,职掌与秦朝完全一样。汉朝的地方组织也完全因袭秦的郡县制。到汉武帝元封五年(前106),出于监察地方守、令和诸侯王的需要,设置刺史。汉成帝时将刺史改为州牧。东汉时改回,但过去作为监察区域的"州",逐渐变成了统辖郡的具有地方政权性质的行政区域,刺史也成为具有统郡职能的地方最高行政长官。到东汉末年,刺史更有了领兵权,从而开汉末州牧(刺史)割据地方之渐。

魏晋时期的官制沿于两汉,但颇多变化。曹魏时,司徒、司空、太尉为三公,不过一般不参与国政。中书监、中书令取代尚书掌握机要,成为事实上的宰相。尚书只负责处理具体事务,成为一个执行机构。西晋国家重新统一,皇帝开始加强集权,形成太尉、司徒、司空三公备位,尚书(执行皇帝诏命,统领百官,处理政务)、中书(负责起草诏令)、门下(侍从皇帝左右,备顾问,掌封驳)并立、互相制约的局面,为隋唐三省六部制的出现奠定了基础。魏晋地方行政机构分州、郡、县三级。

隋唐时期,隋文帝参酌魏晋制度,建立了三省六部制的中央官制格局。这一制度经过唐代的充实和发展,得到进一步完善。"三省",指中书省、门下省、尚书省;"六部",指尚书省下属的吏部、户部、礼部、兵部、刑部、工部,每部下辖四司,共二十四司。三省具体的职掌主要是:中书负责秉承皇帝旨意起草诏敕;门下负责纠劾朝臣奏章,复审中书诏敕,如认为不当,可以封还或加以驳正,称为"封驳";尚书总领六部。这种分工原则,目的在于彼此制约,有效保证国家大政顺利推行。

隋唐除六部外,负责具体事务的中央机构还有九寺五监。九寺是:太常、光禄、卫尉、太仆、大理、宗正、鸿胪、司农、太府。五监是:国子、将作、少府、军器、都水。九寺五监接受尚书省诸司郎中、员外郎的监督。

唐代文官大袖礼服

隋唐的地方制度,将魏晋时期的州、郡、县三级改为州、县两级。州设刺史,县设县令。刺史、县令掌本级地方政府的政令。县以下在农村实行乡里制,百户为里,设里正,五里为乡,设耆老;城市居民以坊为单位,设坊正。乡里、坊是最基层的政权。

唐太宗贞观年间,为监察地方的需要,将全国划为十个监察区,称为"道"。唐玄宗时又变为十五道,并逐渐有了行政区划的性质。

宋朝官制因袭了唐后期及五代后周的官制,但变化频繁,内容颇为复杂。中央设中书门下,是为正副宰相集体处理政事的最高权力机关。枢密院是总理全国军务的最高机构,简称"枢府",与中书门下对掌文武大权。三司(盐铁、度支、户部)是北宋前期主管财政的最高机构,号称"计省",北宋前期全国财政支出大部分依靠三司。御史台专管监察,长官为御史中丞。而三省六部二十四司及寺监等,与唐朝差别不大。

宋朝的地方制度实行道(路)、州(军)、县三级制。

元朝的中央机构,主要由中书省、枢密院和御史台组成。中书省是总理全国政务的最高行政官署,统率百官。中书省下设吏、户、礼、兵、刑、工六部,各设尚书、侍郎等官,负责政府各种庶务。枢密院是中央最高军事机构。御史台是中央最高监察机构。此外,忽必烈于至元三年(1266)设置国用使司,总理全国财政,后来一度变成与省院台并立的国务机构之一。元朝为有效管理国政,还设立了许多与台、院品秩相近的府院等机构。如主持全国释教及吐蕃地区军政与民政

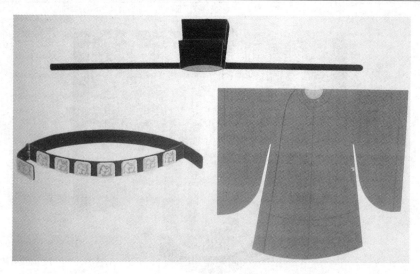

宋代官吏公服

的宣政院,负责宫廷饮食的宣徽院;主管起草诏令、奉旨撰写文字兼管撰修国史的翰林国史院等。

元朝地方行政机构,分为行省、路、府、州县及宣慰使司等。行中书省简称行省,或只称省,是元朝地方最高行政机构。行省的创建是中国地方行政制度的一大转折,省的建制一直沿用到现在。

明朝的官制出现了不少新内容。明初,中央设中书省,置左、右丞相,统六部。洪武十三年(1380),胡惟庸案发生后,废丞相一职,使六部直隶于皇帝,并命令后代不得再置丞相。明初曾设大都督府节制中外诸军事,但因其权位太重,也废罢,改由前后左右中五军都督府分掌全国各卫所,并与兵部相牵制。兵部有发兵之令,而无统兵之权,五军都督府有统兵权而无发兵权。都察院、大理寺、刑部三个机构,明朝称为三法司,分工原则是,刑部受天下刑名,负责审理案件;大理寺负责覆审、驳正;都察院负责纠察百官。

废除丞相一职后,明朝中央机构逐渐出现了实际上就是皇帝的办事机构的内阁。内阁因其设于宫内的文渊阁,阁臣又常侍皇帝于殿阁之下,故称。主要职掌是起草诏册、制诰,不置官属,不制辖诸司。阁臣渐升至学士、大学士。洪熙时,内阁权力渐重,成为协助皇帝决策的中枢机构。内阁权力的上升,完全是君主专制政治的结果。

明朝的地方制度最初因袭元制,洪武九年(1376),改行中书省为承宣布政使司,与提刑按察使司、都指挥使司合称三司。布政使掌民政、财政,提刑按察使掌刑罚,都指挥使掌兵事,各立衙门,互不统属,分别隶属于朝廷各部院。在布政使、按察使之下,设知府一级。府下为州、县,分别设知州和知县。知县,官小职卑,号为父母官。明朝在边陲地区则置行都指挥使司,或者由宣慰使司、宣抚使司统管。

清朝的中央官制系参酌满汉而形成。入关前,基本模式是设内国史院、内秘书院、内弘文院,所谓"内三院",负责草拟诏令敕谕,颁布法律政策,参与国家机务,承担了内阁的职能;以六部及都察院、理藩院为"八衙门",负责执行和处理具体的事务。入关后,官制进一步完善。为强化皇权,内阁的地位被逐步架空。康熙时,南书房协助皇帝参与机务。雍正时,设立军机处,使皇帝的秘书机构,变成处理政务的最高权力机关。六部负责执行政令,综理庶务,各设尚书、侍郎,满汉并用。都察院职掌监察,设御史、给事中等官。创设理藩院,管理少数民族事务和某些对外事务,官员由满族和蒙古族担任。另设内务府,长官为总管内务府大臣,专门负责皇室事务。

地方机构沿袭明制,大体分为省、府、县三级。清代始将明代临时差遣的总督、巡抚固定下来,成为省级最高的长官。布政使、按察使降为督、抚的佐贰,分掌全省民政、财政、刑法。在省与府县之间划分为道,分设道员,作为布、按的辅佐。府设知府,县设知县。清代疆域广阔,对少数民族地区,采用特殊办法管理。如内蒙古实行盟旗制,西藏实行政教合一制,新疆实行伯克制等。

中国秦汉以后的官制在保持继承性的同时,还注意不断调整,造成了沿革与变化有效结合的局面,并积极推进了下列政治目标的实现:

1. 削弱相权,强化皇权。相权与皇权经常产生矛盾与摩擦,为了维护皇权,皇帝总是采用下面的手段削弱相权:第一,通过建立由皇帝直接控制的顾问机构,加重其权任,从而摆脱相权的障碍。如汉朝的中朝,清朝的南书房、军机处等,都发挥了这样的作用。第二,通过另设官职和机构来分散宰相的权力。如东汉设尚书台夺走三公的权力,宋朝设参知政事作为副宰相,分化宰相的权力。第三,干脆撤销宰相机构,将其权力或者收归皇帝,或者划归别的机构。如明初朱元璋废宰相之职,将宰相的权力收归自己,后来成立内阁,成为事实上的宰相。

2. 实现中央各机构的制约。在官僚制度下,保持各个机构的平衡发展,是实现专制政治有效统治的一个重要保证。汉代三公间的牵制,曹魏中书与尚书间的制约,明清"三法司"间的制衡等,都是从制度着手进行制约具体体现。

3. 建立正常的中央与地方的关系。历史上多次出现的藩王割据、问鼎中央的政治事件,促使统治者采取措施,在中央与地方之间建立和培育正常的关系。这种关系的核心在于限制地方的权力:首先,将地方官的用人权控制在中央手里;其次,垄断盐铁,将关系国计民生的经济部门掌握起来,瓦解分裂割据的经济基础;第三,建立严密的监察制度,将地方的活动紧紧置于中央的控制之下。这些举措,客观上加强了中央与地方的联系,减少了地方分裂割据的危险,维护了大一统政局。

二、选官制度

中国古代的选官制度,大体经历了贵族世官制、察举征辟制与科举制三个阶段。

(一)贵族世官制

西周王朝政治制度的核心是建立在井田制基础上的分封制与宗法制。在这种制度下,诸侯于天子为臣,大夫于诸侯为臣,家臣亦于大夫为臣。也就是说,凡是贵族依其爵位的不同,都要承担不同的官职。由于爵位可以世袭,官职自然也就成为世袭的对象,于是导致世官制的出现。春秋中叶是贵族等级制完全成熟的时期,也是世官制盛行的时期。当时,诸侯国最重要的官职——司徒、司马、司空、司寇等,都被各国的大族垄断起来。至于一般官职,通常也都在贵族范围内分配。春秋晚期,社会发生剧烈变革,旧的政治秩序开始崩溃,世官制遂逐渐走向衰落,最终被战国出现的新的官僚制度所取代。

(二)察举与征辟

战国时期随着各国官僚制的建立,举贤授能选官方式得到普遍推行。汉朝的察举制与征辟制,就是在这种政治条件下发展起来的。

察举制是在汉武帝时期正式形成的,此后成为汉代选官的主导。它的基本内容是:

1. 确立孝廉、茂才等固定的科目,每年举行。

2. 国家视实际需要,可以临时增加一些科目,如贤良文学、方正、明经、明法、治剧等。

3. 凡被察举者都要参加政府主持的考试,考试不合格,得不到职任,但可以再考。考试的形式主要是射策和对策。通过考试后,先任郎官。经过了郎署的锻炼,增长了阅历,培养了行政能力,然后根据行能授予实际官职。通常多是到地方任县令、县长。

4. 接受察举,具有一定的资格限制。凡商人不举,赃吏的子孙不举,六百石吏员不举,巫家出身者不举。东汉又规定,年龄不满四十者不举。实际上,能够得到察举的主要是在中央和地方各衙门中任职的吏和经生,其中吏又占绝大多数。

5. 政府制定法令,维护察举制的健康运行。汉代的察举活动具有严格的程序和要求,体现了汉代依法行政的精神。政府还制定了"选举不实"的罪名,打击察举过程中以及被察举者任官以后的违法犯罪行为。

征辟制是与察举制同时运行的另一种选拔人才的制度。征,是指皇帝下诏征聘,对象都是社会上富有名望的人;辟,是指公卿或州郡征调一些人担任掾属。征辟体现的是政府对人才的礼遇和重视。征辟制作为察举制的一种辅助手段,目的是破格选拔人才。

察举与征辟制,从制度本身来说,都是较为完善的制度,汉代借此确实发现了大批有用的人才。但是,随着社会政治环境的不断恶化,到东汉晚期,这些制度完全成为保证私门利益的工具,逐渐走向衰落和腐败。

(三)九品中正制

九品中正制是魏晋时期选官制度的主导,由曹魏的吏部尚书陈群设计,于魏文帝黄初元年(220)正式颁布。这一制度的特点是综合权衡状、品、簿阀三项内容而将选士、任官合于一体的选举制度,所以又称"九品官人法"。它的基本内容是:

1. 各州郡皆置中正官。担任大小中正须有基本的任职资格:必须是现任官,必须是本地人。这主要考虑本地人因宗族乡里的关系,便于了解情况,而由现任中央官兼任,既易于发挥中央的控制作用,也便于和吏部保持联系。

2. 中正最主要的任务是品第人物,评价人才,为政府的用人提供切实的根据。中正的评价应当从被品第者的家世、品、状三个方面,对其做出总的品第评语。品共分为九等:即上上、上中、上下、中上、中中、中下、下上、下中、下下。九等又可分为二类:上品、下品。这反映了当时重家世、道德和才能的选择标准。

3. 中正品第九品,称为"乡品",和铨选官职紧紧地联系在一起。品级的高低决定了官职的大小,品级与官位必须一致。

4. 中正品第人物照例三年调整一次,中正如果定品不当,则须承担责任。

九品中正制在推行之初,上上下下严肃从事,认真对待,大体能够得到较好的贯彻,在一定程度上扭转了大族名士操纵舆论而导致的选举不实的局面,使朝廷能够选拔到一些有用人才,从而扩大统治阶级的基础。但是后来世族力量兴起,中央权威下降,门阀大族逐渐垄断了选举大权。弊端集中表现在中正官背弃公正,爱憎以私,接受贿赂,趋炎附势,造成"上品无寒门,下品无势族"的选举局面,使九品中正制完全沦为保证门阀贵族政治特权的工具。

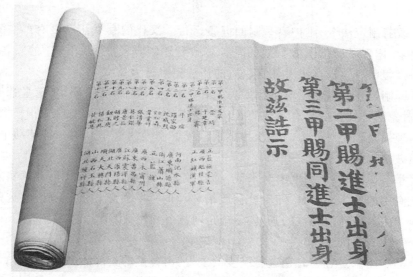

状元及第的黄榜

(四)科举制

南北朝时期,庶族地主突破了门阀贵族的限制,在政治舞台上开始发挥出越来越大的作用。然而,九品中正制不利于他们分享政治权力,于是,就在传统的察举制与九品中正制体内孕育出新的科举制的萌芽。具体表现,一是按科目考试的比重增大,二是考生可以自由投考。

科举制正式出现于隋朝。隋文帝开皇三年(583)正月,诏举贤良;开皇十八年(598)七月设志行修谨、清平干济二科举人。隋炀帝大业三年年间继续开科取士。科目中有属于临时性的特科和较为固定的秀才、明经和进士科。其中以进士科的设立为标志,宣告科举制度正式诞生。按科取士,标准略宽,录用之权收归中央掌握。科举的核心,变成了自由投考与设科考试。录取的标准专凭试卷,声名德望等不再是主要依据了。这就使中国古代的选举制度实现了根本变革,从而打破了门阀贵族对士人晋身途径的垄断,为庶族地主参政开辟了道路,对中国历史发生了深远的影响。

唐朝继续推行这一制度,并在新的社会条件下,进一步改革完善,使之完全成为士人晋身的最根本的途径。从以推荐为主的九品中正制、察举制向以考试为主的科举制转化,这是中国古代取士制度的根本变革。在科举制下,取士具有相对固定的标准,士子的真才实学成为录取的基本条件,这就为中小地主知识分子提供了晋身的机会,从而打破门阀世族垄断选举的局面,使整个统治集团增加了活力。唐代政治强大,经济繁荣,出现中国历史上少见的盛世,与此有着很大的关系。作为当时一种先进的制度,唐代的科举制对周边国家产生了很大的影响。朝鲜、日本、越南都曾加以移植,并长期推行。当然,也应该看到,在专制统治条件下,科举考试实质上也是笼络和麻痹知识分子的一种手段。知识分子将全部精力倾注到科场上,自然无心过问现实政治,也就消除了他们对统治政权可能构成的威胁。唐人诗句"太宗皇帝真长策,赚得英雄尽白头",可以说一语道破了其中的奥秘。

宋元明清时代,科举制度持续变化完善。由于明清的专制统治臻于极盛,科举制度因八股取士制度的正式确立而达到历史的高峰。当时,经义、诏诰、律令、经史和时务策等内容的考试,规定一律用八股文来表达。这种文体由宋朝的经义演变而来,须以古人的语气行文,所谓"代圣人立言"。全文用排偶句构成,称为"制义",分为破题、承题、起讲、入手、起股、中股、后股、束股、落下或收结等部分,其中起、中、后、束为议论部分,在其之下,各有两股与之对应,故称"八股文"。由于科举的成败全系于八股文上,所以八股文写作成为明清教育的核心内容。八股文形式死板,法度严苛,严重束缚了士人的精神和思想,对明清社会产生了巨大的毒害作用。这表明科举制度已经走到了尽头。

科举制从隋朝确立以来,内容逐步充实丰富,成为中国封建社会后期最基本的典制,不仅对中国历史产生了深远的影响,而且对于东亚诸国的官僚制度及近代西方文官制度产生了重要的影响。但是,到了明清时期特别是到了中国近代,科举制本身的弊病越来越多地暴露出来,它对中国教育与中国社会的有害影响日趋严重。于是在晚清维新思潮的激烈鼓荡下,光绪三十一年(1905),在中国实行了一千三百多年的科举制正式废除。

三、监察制度

严格说来,中国古代的监察制度出现于战国时期,是当时官僚制度的一个组成部分。在战国的郡县制下,郡守和县令可以集行政、军事、司法大权于一身。为了切实保证君主的诏令能够得到有效的贯彻执行,实现对守令活动的控制,加强监察就成为重要的事情。于是,御史一职遂被赋予监察职能。当时,在魏、韩等国的县级机构中,都设置了这一职官,秦统一全国后,进一步强化监察职能,全国建立了自上而下的监察职官体系:中央设御史大夫,总管全国的监察,郡设监御史负责郡县的监察。这套制度为后来封建社会的监察制度奠定了基础。

汉朝建立初期，中央百官主要由御史大夫的属官御史中丞负责督率，地方则不设监御史，郡国吏治由中央临时派出的御史负责监察。汉武帝元封五年（前106），为有效监控地方，始置刺史。规定把全国除三辅（京兆尹、左冯翊、右扶风）、三河（河内、河南、河东）和弘农以外的地区，划分为十三个监察区域，称为十三州部。每个州部设刺史一人。刺史没有固定的治所，每年八月巡视所部郡国，考察吏治，奖惩官员，断治冤狱。刺史多由六百石官选任，秩俸不高，却可以监察郡守、诸侯相，甚至还可以监察诸侯王。刺史以卑临尊，在当时收到了很好的效果。

汉成帝以后刺史逐渐改成州牧，刺史的性质也发生很大的变化。作为监察区域的州逐渐变成郡的上一级地方行政组织，刺史也成了具有统郡职能的长官。到东汉末年，刺史又有了领兵之权，更成为名副其实的地方最高军政大员，从而开东汉末年军阀割据之渐。这样的结果，完全背离了汉武帝设置刺史以加强中央集权政治的本意。

除刺史外，司隶校尉、丞相司直，也是汉朝重要的监察官。司隶校尉专门负责三辅、三河、弘农地区的监察事务。由于京师地处这一范围，所以司隶也有权监察百官。丞相司直是丞相的属官，主要职掌负责朝官的监察。汉廷通过各个方面的监察活动，来督促官员遵守国家的法纪，保证政令的畅通。

魏晋时期，全国最高的监察机构是御史台，长官是御史中丞。又置殿中侍御史、禁防御史、检校御史等，具体负责中外监察事务。

隋朝初年，御史台是唯一的监察机构，隋炀帝时始增谒者、司隶二台，合称"三台"。唐承隋制，以御史台为最高监察机构。唐高宗龙朔二年（662）将御史台改称"宪法台"，武后光宅元年（684）又称"肃政台"。御史台设有台院、殿院和察院，合称"三院"，分别由侍御史、殿中侍御史、监察御史掌其职，合称"三院御史"。三官既有合作，又有分工，共同构成一个严密的监察组织，为巩固专制皇权服务。

唐朝的地方监察以"道"为单位。唐太宗贞观年间，根据地理形势将全国划分为十个监察区域，称为"十道"。唐玄宗时又改成十五道。每道设监察御史一人，以黜陟使、观风俗使、巡察使等分巡诸道。唐后期，诸道长官虽名义上仍然是使职，但实际上已经成为统领一道军政、民政、财政、司法大权的行政长官。唐朝州县二级的行政建制，实际上已经变成了道、州、县三级建制，又一次再现了汉代刺史制度的演变过程。

宋朝因袭唐朝的制度，中央设御史台，下设三院，长官是御史中丞，副长官是侍御史知杂事，负责内外臣工的监察事务。另有负责规谏、讽喻的谏院，长官是知谏院事。谏官的职责是向皇帝提出批语和建议,但实际上难以履行其职。后来与御史台合流。宋代地方不设监察专官,监察事务由通判负责。

元朝的最高监察机构仍然是御史台,设有御史大夫、御史中丞、侍御史、治书侍御史等官,下辖殿中司和察院。从职能和地位看,都比宋金有所加强,使御史台成为与中书省、枢密院鼎足而三的机构。元朝对地方的监察也进一步加强。御史台在地方下设了相应的机构:监察东南诸省的江南诸道行御史台,简称"南台",监察陕、甘、滇、蜀等省区的陕西诸道行御史台称为"西台"。中央的御史台与两个行御史台之间还设置了二十二道肃政廉访司,负责纠劾地方官吏的不法行为。

明朝初年,因元制设御史台。洪武十三年(1380)废御史台,十五年(1382),始改都察院,设左右都御史、左右副都御史等官,并置十三道监察御史110人,分察内外百官。另设六科给事中,分察六部尚书。由于都御史与给事中是维护皇权的重要工具,所以在明代前期拥有很大的权力。明中期以后,因宦官专权,都御史权力受到限制,但在地方的职任却得到加强。明代常因镇压起义或巩固边防等特殊需要,派都御史以总督或巡抚的头衔下去督责地方事务。其中像周忱、海瑞等人在关心民瘼、纠举不法方面,建立过显著的事功。都察院在基层的官员是十三道监察御史。明朝对御史的人选非常重视,并赋予其很大的权力。与前朝相比,明朝的监察机构更加细密,凡朝廷与地方的各个部门,所进行的各种活动,都成为监察对象。后来这种监察活动与宦官亲手操纵的特务活动结合,将明朝专制主义统治推上了顶峰。

清朝因袭明朝的制度,中央设都察院和六科。都察院在地方行使监察任务的机构是十五道,分别监察不同的衙门;六科则监察六部公事。

综上所述,中国自战国以来,监察制度不断完善,逐渐形成了发达完备的监察组织体系。纵横交错的监察机构,作为维护皇权的有力工具,被赋予极大的权力,上至丞相下至县令,都在被监察之列。由于制度相对完善,监察官员认真执法,一些朝代的监察活动,在整齐吏治,保障小农利益,维护国家政令有效贯彻方面,确实发挥了重要的作用。秦汉以来中央集权的政治制度之所以能够持续运行,并不断达到新的水平,监察制度所发挥的积极作用是一个重要的因素。当然,在封建的专制统治下,监察制度说到底是为了维护皇权的至高无上的地位。监察作用能否得到积极的发挥,最终还是要看皇帝的态度。在昏君的统治下,监察机构再系统,监察官再忠直,也难以改变腐败的吏治。

第二节 教育制度

中国古代的一整套教育制度和教育规范,为中华文明的进步与繁荣奠定了坚实的基础,为中国社会的不断更新提供了强大的动力。

一、官学制度

国家建立后,由于社会事务的复杂化和社会分工的细致化,教育的有益功能开始显示出来,教育活动自然而然成为官府的重要事务,于是官学得以建立。据古籍记载,夏商时期就出现了官学。不过,学术界一般认为,官学真正形成规模,应当是西周时期的事情。

西周的官学分国学与乡学两种:国学,专为高级贵族子弟设立,按照学生入学的年龄分为小学与大学两级。小学设在宫廷附近,大学设在近郊。西周的大学有辟雍、大池、射庐、宣榭等不同名称,也是周天子率领群臣及学生习射及表演乐舞的地方。天子所设大学规模较大,分太学、成均、上庠、瞽宗、东序、西雍五学;而诸侯所设的大学规模较小,仅有一学。乡学,其教育对象主要是中小贵族子弟,因等级不同,有"塾""庠""序""校"等名称。

西周国学皆由官府兴办,而且教师也皆由官员充任。因为教育的目的在于培养懂得贵族礼制的官员,而当时体现这种礼制的典章文物与书籍都保存在官府,由专门的官员保管掌握,这些官员实际上就具有了教师的社会角色,所以"学在官府""官师合一"就成为西周官学的显著特征。

春秋战国时期,社会急剧变革,官学的垄断地位被打破,私学涌现出来与官学分庭抗礼。直到秦汉时期新的官学才重新占据了主导地位。秦朝禁绝私学,推崇"以吏为师"的教育方式,以便培养实用的人才。

汉朝建立后,拨乱反正,不仅允许私学发展,而且进一步建立起完善的官学体系,为古代的学校制度奠定了基础。汉代的官学制度建立于汉武帝时期,学校共分五级,中央设太学,地方按行政等级设学、校、庠、序四级。当然,就整个汉朝地方的实际情形来说,很多地方限于条件,学校废置无常,并未形成这种等级秩然的教育体系。太学属于大学,教授者由学有家法的"博士"担任。学生称"博士弟子"或"诸生"与"太学生",按照严格的标准从各地选拔而来。太学的教学内容是儒家的"五经"。每经各有"家法",每师各有"师法",学生必须严守,不许逾越。起初规定一年一考,及格者授官。东汉时改为两年一考,及格者授官,不及格者重修。考试的方式主要是射策。答题通常是写一篇议论文。答题不合格,称为"不中策",可以再次射策。中策分甲乙丙三科,中策者分别授予郎中、太子舍人、文学掌故等官职。除太学外,汉朝中央还设过特殊的学校,最突出的是汉灵帝时的"鸿都门学",专习书画辞赋,称得上是专门的艺术学校。

魏晋南北朝时期战乱频仍,学校时置时废,数量锐减。但西晋初年太学一度发展较快,在学人数激增。朝廷为保证贵族子弟教育,晋武帝时在太学之外另立国子学,规定五品以上官员子弟入国子学。这是古代在太学之外设立国子学之始。北魏时,在太学与国子学之外,又设立四门学,并遍置州郡学。三国时期卫觊奏请置律博士教授刑律,招收律学弟子员,培养专门的法律人才。此后,后秦与南朝的梁皆设律学,使秦汉相沿的"以吏为师"的法律教育方式为之一变。晋武帝立书博士及弟子员,教习书法。这是中国古代专门的书法学校的开始。此外,南朝宋文帝时开设医学,培养医学人才。这些专科对于隋唐时期专科教育的开展产生了很大的影响。

隋朝的教育得到蓬勃发展。隋文帝时从中央到地方普遍建立官学。在中央设国子寺,置祭酒,专门管理学校的教育工作。这是中国历史上专门设立教育行政部门和设置专门教育长官的开始。在国子寺下,设国子学、太学、四门学、书学、算学五学。在太常寺所属的太医署和太卜署设置医博士和太卜博士。另在太仆寺中设兽医博士,在大理寺设律博士。

唐朝的教育制度进一步完备,建立了庞大的学校体系。中央直属的学校有所谓"六学":国子学、太学、四门学、书学、算学、律学。六学直隶国子监,长官为国子祭酒。此外,有门下省统属的弘文馆、东宫统辖的崇文馆和太医署统辖的医学。地方按行政区划,各设府、州、县学,并设医学,作为旁系。唐朝尊崇道教,中央及地方都建立了崇玄学,专门学习道经,学生毕业可参加道举考试。

唐朝完备的学校系统,不仅唤起了国内学生的学习热情,而且也对周边国家产生了很大的吸引力。高丽、百济、新罗、日本、高昌、吐蕃相继派遣弟子来留学,有力地促进了唐与周边地区的文化交流。

宋朝的官学制度因袭于唐朝,但由于宋代有过几次兴学高潮,所以官学制度进一步得到完善。国子学是国家最高学府,太学是中央官学的主要形式。王安石变法,曾在太学推行三舍法,即按学生成绩分班升级。专科教育继续发展,除旧的书学、律学、算学、医学外,新设画学与武学。宋朝的地方官学也较为完善。按照路、州、县三级的地方行政区划制度,凡州、县两级皆设官学。在教学行政管理上,形成明显的特点,如设置主管地方教育的行政长官,政府拨给学田,保障教育经费等。

国子监

元朝是少数民族政权,学校制度带有鲜明的特色。中央官学分为国子学、蒙古国子学和回回国子学三种。国子学的管理实行积分升斋法与贡生制。积分升斋法:将学生按程度分别编入不同的斋舍,初为三斋,后改为六斋。六斋东西相向,下两斋称"游艺""依仁",程度最低,学习小学;中两斋称"据德""志道",学习"四书"、诗律;上两斋称"时习""日新",程度最高,学习"五经",明晓经义。学生每季考试,依次递升。"贡生制",就是指此种选拔优秀生员直接授官的制度。蒙古国子学,是从蒙汉官员子弟中选拔才性优异者入学,以蒙语教授《通鉴节要》一书,经考试成绩优异者量才授官。回回国子学,招收公卿大夫及富室子弟,学习波斯文,为各官署培养翻译人才。

元朝按路、府、州、县四级设立学校。诸路皆设提举学官管理教育。地方也设蒙古学,主要学习蒙古字学、医学和阴阳学(天文历算)等专门内容,目的在于为地方政府培养专门的人才。

明朝的教育制度因于元代,但更加详备。中央官学为国子监。国子监诸生按程度分为六堂:初等生员通"四书"者,入"正义""崇志""广业"三堂;修业一年半以上,考试合格者,升入"修志""诚心"二堂;再修一年半,经考试升入"率性堂"。生员学习的内容以"四书"、"五经"为主,同时要阅读《性理大全》、刘向《说苑》及《御制大诰》《大明律》。

明朝的国子监出现了两个值得注意的现象:一是扩大了教育范围。凡中小地主子弟均有机会进入国子监学习,为广大的中小地主分享政治权利提供了机会;二是监生的身份可以通过金钱获得,出现了例监与捐监。

明朝的地方学校较以前更为发达。明太祖立国之初,就在全国各府、州、县及边防卫所设学,发达的地区甚至在乡村设村学。不过,在明朝科举取士的环境中,学校教育完全成为科举的附庸,八股文的学习成为最核心的内容。明朝为加强地方教育的管理,各省设学政主管教育行政工作。学政在任三年,主要负责对生员的考试。通常是两次,第一次是岁考,第二次是科考。选取岁考一二等生员加以复试,名列上等,即获得乡试资格。

清朝的官学制度皆沿自明代,变化甚小。

二、私学制度

春秋战国时期,学在官府的格局开始发生重大的变革。私学迅速兴起,很快遍布各地。在兴办私学的伟大实践中,孔子贡献最巨,影响也最为深远。孔子开办的私学时间久,规模大,优秀人才多,而且总结出丰富的教育经验,结晶为系统的教育理论,成为中国历史上开办私学的鼻祖和最伟大的教育家。除孔子外,与孔子几乎同时的墨子也创办了私学。受孔墨的影响,子思、孟轲、荀子等著名思想家都开办了私学。私学的繁兴,直接导致了百家争鸣局面的出现。

秦统一后禁绝私学。不过,值得指出的是,秦丞相李斯等人在文化统一方面所进行的基础建设,却对后来的私学产生了很大的影响。据《汉书·艺文志》载,李斯曾作《苍颉篇》,中车府令赵高作《爰历篇》,太史令胡母敬作《博学篇》。这三部书今已亡佚,据佚文来看,属于歌括体,每句四字,便于儿童诵读。显然,这是专供学童阅读记诵的启蒙读物。从汉朝的情况来看,这些读物经过汉朝人的改造,成为最基本的小学读物,对于中国古代的私学教育与启蒙教育产生了深远的影响。

西汉从汉武帝开始,在系统建立官学制度的同时,也逐渐恢复了战国时期的私学传统。西汉时期私学的整体规模尚小,发展速度较慢。到了东汉时期,私学兴盛一时。据《后汉书》,东汉教授弟子成百上千的私学教师并不少见。特别是一些声名远播的大师,对各地的学生具有极大的吸引力,四方前来从学的人甚多,以至于出现了"师之所至,遂成市焉"的盛况。

汉朝私学就学习内容来看,可分为小学与专经两类。小学属于启蒙教育,主要任务是教学生认字,掌握蒙学,并进而诵读《孝经》《论语》等专书,为下一步的经学教育打好基础。汉代蒙学的最重要的读物是"三苍"(《苍颉》《爰历》与《博学》)和《急就篇》。《急就篇》是汉朝史游所作,也是歌括体,七字为一句。它分别部居,在介绍日用难字的时候,也介绍了各个方面的基本知识,兼具识字课本与常识课本的功能,既便于记忆,也切合实用。专经,即选取"五经"中的一部经书,按照所谓家法与师法进行学习。

魏晋南北朝隋唐时期,私学与家庭教育非常兴盛。各地的名儒经常聚徒讲学,跟随求学的弟子极多。私学教育的兴盛,对教材提出了新的要求。于是千古名篇《千字文》正式诞生。相传它由梁朝的周兴嗣编成,仍是歌括体,全篇千字,每句四字,押韵成文,成为中国传统蒙学教材的经典之作。此外李瀚《蒙求》《太公家教》《兔园册府》等也是重要的蒙学读物。

宋元时期,是中国教育史上一个辉煌时期。此时的私学依学习程度的不同而分为"蒙学"与"经馆"二类。蒙学教材除了传统的《太公家教》《蒙求》《千字文》等之外,又出现了《百家姓》《三字经》等书。《三字经》相传为南宋王应麟所作,也有人认为是宋末区适子编撰,或元初人就《三字训》改作,迄无定论。全篇只用一千多字介绍了封建时代的伦理纲常、名物器用、重要典籍、历史常识等极为丰富的内容。每三字为一句,押韵成文,极便于幼童记诵。《百家姓》相传为五代末或宋初人所编撰,专门讲述姓氏,每句四字,合辙押韵。这两部书加上《千字文》,成为后来中国最普及最流行的蒙学读物,对中国人的启蒙教育以及思想观念的养成影响极大。经馆教材主要是"五经",入元以后,开始强调朱熹的《四书集注》。除"四书""五经"外,为了练习策论与诗赋,也兼习一些史书名篇与名家的散文、诗赋。

三、书院制度

书院是中国古代一种重要的教育组织形式,大体形成于唐末五代,兴盛于宋元,延续于明清,与官学、私学构成三足鼎立的局面。

书院之名起于唐末,有官私二类:官办书院的职能主要是校勘与典藏图书文献,如丽正书院、集贤殿书院,就是当时著名的藏书机构;私人书院,是读书人自己读书治学的场所。它们都不是聚徒讲学的地方。变成一种教育机构,是从五代发展起来的。当时,涌现出白鹿洞书院、石鼓书院、嵩阳书院等一批著名的书院。

白鹿洞书院

嵩阳书院

北宋初年,官学数量有限,满足不了广泛的读书需要,于是私人书院乘势发展起来。北宋最负盛名的是六大书院:白鹿洞书院、石鼓书院、岳麓书院、睢阳书院、嵩阳书院、茅山书院。南宋时期,书院继续发展,不仅在数量上远远超过北宋,而且最终使书院的办学模式和管理制度确定下来。

岳麓书院

书院早期的组织形式较为简单,其主持人称为山长或洞主,既负责书院的管理又负担书院主要的教学任务。后来,有的开始设副山长或副协讲及其他事务人员等协助工作。书院的经费来自院田。院田有的得自私人捐赠,有的由国家拨给,一般招人佃种。此外,书院学者荟萃,藏书丰富,利用这一良好的条件,许多书院开展雕印书籍的活动。为了有效保证书院的教学、研究和组织管理,各书院多订有学规或教约,将书院的教育方向、教育方法、教育程序、教育纪律等内容以庄严的规范形式确定下来。

由于政府对书院的扶植与重视,元朝的书院继续发展。官府向书院拨充院田,体现官府的关怀;向书院山长授予官衔和俸禄,显示对山长的礼遇和优容;书院教授与学正的录用,须经政府的批准与任命,则阴寓控驭之效。通过这些措施,元朝的书院逐渐实现官学化。

明代前期,朝廷重视官学,规定非官学出身者不能应科举。于是,士人靡然向风,纷纷集中于各级官学,书院迅速衰落。直到成化以后,王守仁、湛若水等聚徒讲学,书院才又兴盛起来。书院自由讲学的风气,对于期望摆脱经学束缚的读书人具有极大的吸引力。特别是晚明时期,政治的腐败和社会危机的深重,极大地唤起士人的忧患意识。他们以书院为讲坛,指斥时政,抨击腐败,成为清议的堡垒。

清初沿袭明代的政策,继续抑制书院的兴办。到雍正十一年(1733),方许各省兴办。但是,清代书院中,私人兴办的只占极少的一部分,绝大部分为官府兴办。这样的书院,就其管理组织、管理办法、教学内容、生徒录取等,都与官学无异。它是清代加强思想控制的重要表现。

书院制度,是封建的教育制度的一部分,但由于它本身具有浓厚的民间性色彩,使它与官学相比,呈现出明显的差异。

首先,书院既是教学机构,又是学术研究机构。书院的创建者或主持人多是当时著名的学者,或者是某一学派的代表人物。书院往往是该派讲学或学术研究的基地。在一定程度上,书院实现了教学与研究的有机结合,多少摆脱了科举的干扰。

第二,书院允许不同学派的学者来讲学、辩难,宋朝称为"讲会"。讲会成为南宋以后书院重要的教学方式,对于培养学生自由思考、破除经学教条有积极的意义。

第三,书院教学以学生个人读书钻研为主,注意培养学生的自学能力,发展学生的学习兴趣。

第四,书院讲学可自由听讲,不受地域限制。

第五,书院师生的关系较为融洽。研讨问难式的教学方式,促进了师生间的交流与沟通,也多少消弭了横亘在师生中间不可逾越的等级界限。

书院制度作为中国古代教育制度中一个重要的组成部分,在长达一千多年的与官学既显示差别又保持同一的对立统一的过程中,积累了丰富的经验,培养了许多优秀的人才,为中华民族的发展做出了卓越的贡献。鸦片战争后,书院适应社会的迅猛变革,广泛设置西学内容的课程,力求与时代共同进步。随着新式教育的全面推行,书院也终于改为新式学堂,从而结束了它的历史使命。

第三节 法律制度

中国古代同样经历了由原始社会晚期的习惯法向阶级社会成文法过渡的历史进程。适应大一统政权的需要,中国古代的法律制度形成了丰富的内容,为各个统治政权提供了强大的法律保证和有效的管理手段。

一、法典

据记载,夏朝就已经出现了系统的刑法,主要罪名是"昏""墨""贼",主要刑名是墨、劓、宫、大辟等。

商朝的法律进一步发展,罪名和刑名都较夏朝更为具体,表明商代的法律制度已经定型化、规范化了,所以荀子曾有"刑名从商"的说法。

西周时期,出现了所谓"九刑"。关于"九刑"的含义,一直众说纷纭。或者认为是周公所作的"刑书九篇",或者认为是墨、劓、宫、刖、杀、流、赎、鞭、扑九种刑罚。周穆王时由于王道衰微,司寇吕侯受命制作了《吕刑》。《吕刑》见于《尚书》,从所规定的具体的法律条文来看,反映了当时的时代特点,也表明立法渐趋成熟。

春秋初期,各诸侯国基本上沿用西周的法律。春秋中后期,由于社会剧烈的变革,从而引起公布成文法的热潮。于是各国陆续公布了成文法,并由此引出战国秦汉的法治运动。成文法的公布,是新兴阶级战胜旧势力的结果,体现了新的生产关系的要求和利益,在一定程度上消除了法律专制的弊端,限制了贵族的特权,为此后的法治实践与立法活动提供了丰富的经验。

战国时期,在各种成文立法的基础上,各国根据新的社会条件,纷纷制定法典,使法律更加系统完善。其中,李悝制定的《法经》六篇是最杰出的代表。李悝,魏国人,协助魏文侯变法,是早期法家重要的代表人物。《法经》已失传,《晋书·刑法志》保存了它的篇目:1. 盗法。2. 贼法。3. 囚法。4. 捕法。5. 杂法。6. 具法。《法经》是战国法治运动的产物,早期法家所主张的"不别亲疏,不殊贵贱,一断于法"的法治原则,在《法经》中得到有力的贯彻。《法经》也体现了"重刑轻罪"的精神,这成为后来中国封建法律的基本倾向。《法经》充分吸收了长期以来各国立法实践的优秀成果,创立了编纂完整的成文法典的新体系,成为后世法典编纂的楷模。

在《法经》影响下,商鞅为秦国制定了《秦律》。从此,凡国家所颁布的法典,均称为"律"。《秦律》反映了商鞅"刑无等级""信赏必罚""以刑去刑"为主要内容的法律思想,并对《法经》进行了重要的补充和完善。秦国除了律这一基本的法律形式之外,还有令、式、比等形式,显示出当时成文法所达到的高度。

汉朝建立后,萧何参酌秦律,制定了《九章律》,即:盗、贼、囚、捕、杂、具、户、兴、厩九篇。这是汉代法律的主体和骨干。《九章律》的结构,仍然是以刑为主,兼有逮捕、断狱等诉讼法方面的规定和民事法律规范。除《九章律》之外,汉朝还有令、科、比、品等法律形式。由于汉律具有广泛的适应性,并且尝试礼与法的结合,所以对后世产生了很大的影响。

三国时,曹魏政权由陈群等人参准汉律作"《新律》十八篇",即法律史上有名的《魏律》。《魏律》在汉律基础上增加了"劫掠""诈伪""毁亡""告劾""系讯""断狱"等篇目,并将"具律"改为"刑名"置于首卷。这是中国传统法典编纂的一次重要变化,其结构更为合理,内容与条文更加统一。

西晋时期,在晋武帝泰始三年(267)完成《晋律》,又称为《泰始律》。后人对其评价较高,称为详备、简明的典范。《晋律》正式将礼制的有关内容,如"八议"、服制等写入法律,成为法律儒家化的一个标志。《晋律》为南朝所沿用。

北朝也注意修律,其中《北魏律》和《北齐律》成为上承汉魏下启隋唐的重要法典。在律之外,北朝又出现了新的法律形式——格。格始于东魏孝静帝兴和三年(541),因删定于麟趾殿,又称为"麟趾格"。

隋朝建立,先后制定了《开皇律》和《大业律》。主要特点是:1. 明确规定了优容权贵的"八议"制度。2. 将《北齐律》的"重罪十条"改为"十恶"。3. 调整刑罚规定,确立了笞、杖、徒、流、死的"五刑"制度。4.《隋律》十二篇500条,奠定了封建刑律的体例与结构,在古代立法史上影响深远。

唐朝建立后,于高祖武德四年(621)完成《武德律》。全律凡十二篇500条。李世民继位后,完成了《贞观律》。高宗李治时,又命长孙无忌等以武德、贞观二律为基础,完成《永徽律》。为了阐明《永徽律》的法意与精神实质,避免司法官吏各是其义,曲解法律,长孙无忌又主持完成了对全部律文统一的注释——《律疏》。这部《律疏》经过批准,于永徽四年(653)正式颁行,附在律文之下,与律文具有同等的法律效力,统称为《永徽律疏》,后世称为《唐律疏议》。全书凡三十卷,十二篇,在结构上分为两部分:一部分是《名例律》,相当于法律总则,是全律的基本精神和立法原则的集中体现;另一部分相当于法律分则,分别就国家安全、官吏设置与管理、赋役与田地、婚姻家庭关系、官有财产的保护、生产秩序的稳定、盗贼的处罚、军事犯罪、诉讼程序、监狱管理等进行规定。《唐律》的突出特点是:1. 封建的礼法进一步结合。《唐律》以封建的纲常礼教为根本原则,将儒家经典视为解释法律的唯一依据。2. 体系完备,繁简适中。《唐律》继承了隋朝及以前的修律成果,使整个法典体系臻于完善。全部条文502条,数量适中,基本上涵盖了封建社会主要的犯罪。3.《唐律》的法律语言更加简练、准确。

《唐律》对后世立法产生了极大影响,并且波及东亚各国。日本的《大宝律令》、越南的《国朝刑律》《黎朝法典》和朝鲜的《高丽律》等,都照搬《唐律》的结构,并直接从中采摘条文。

隋唐除律外,重要的法律形式还有令、格、式、敕。

宋朝于太祖建隆三年,由工部尚书判大理寺窦仪主持完成《宋建隆重详定刑统》,简称《宋刑统》。这是北宋第一部正式的法典,也是我国第一部雕版印刷的法典。就律文而言,《宋刑统》可以说就是唐律的翻版,但在律文之外,它则收集了自唐代开元二年(714)到宋建隆三年将近150年的敕、令、格、式中的刑事规范,对于研究唐宋法律史具有重要的价值。

宋朝经常性的立法活动是编敕。敕，是随时对特定的人和事所发布的指示或决定。南宋将编敕更名为条法事类，即以事类为中心，将敕、令、格、式分门别类地编辑在一起。保存到今天的尚有《庆元条法事类》。

元朝于世祖至元二十八年(1291)，完成《至元新格》。元仁宗时，完成《风宪宏纲》，这是一部关于整顿吏治的法典。元英宗至治三年(1323)，在《风宪宏纲》的基础上，完成《大元通制》。同时，又编成《大元圣政国朝典章》，简称《元典章》。《元典章》与《唐律》不同，它是当时中书省和地方政府发布的关于政治、经济、法律等事务的命令、文告的汇编，时间从元初到元英宗至治二年(1322)，共五十多年。全书凡六十卷，分诏令、圣教、朝纲、台纲、吏部、户部、礼部、兵部、刑部、工部十类，下分373目。此书开创了以机构为单位编纂法典的先例，成为《大明律》的蓝本。

明朝的立法活动始于朱元璋即吴王位(吴元年，1367)不久。当时，由李善长等人完成了《大明律令》。明朝正式建立后，便以此为依据，制定《大明律》。经过几次更定，《大明律》的篇目改为名例、吏、户、礼、兵、刑、工六篇，凡三十卷，460条。隋唐以来沿袭八百年的法典结构至此一变。《大明律》条例简于《唐律》，精神严于《宋律》，在立法上取得了重大的成就。

除了《大明律》，《明大诰》《问刑条例》《大明会典》等，也是明代立法的重要成果。

清世祖福临于顺治元年(1644)准刑部之请制定刑律，从而全面拉开了清朝立法活动的序幕。顺治三年，完成《大清律集解附例》，颁行全国。这是清朝第一部完整的成文法典，它基本上是《大明律》的翻版。这部法律经康熙、雍正、乾隆三朝的修订，于乾隆五年(1740)完成《大清律例》。《大清律例》，简称《大清律》，在结构上与《大明律》相同，分为名例、吏、户、礼、兵、刑、工六篇，律后附条例，因系"以例附律"，故称"律例"。至此，清朝的修律活动告一段落。

《大清律》是中国历史上最后一部封建法典，它集历代法律的大成，严密周详，无所复加。在中国社会向近代化过渡的进程中，《大清律》产生了极大的消极作用。

除《大清律例》外，《大清会典》、各部院《则例》，蒙古、西番《律例》等名目繁多、种类复杂的事关行政、民事、经济、少数民族等部门的立法，都是清代立法的重要方面。但是，鸦片战争以后，面对列强全面的入侵，清朝的包括法律制度在内的统治秩序逐渐遭到破坏。清末，在国内资产阶级变革运动的推动下，为了建立君主立宪制度，清政府任命沈家本、伍廷芳为修律大臣，参照大陆法系德、日等国的法律，修订或制定了一批新的带有浓厚资产阶级色彩的法律。修订的法律是《大清现行刑律》和《大清新刑律》；制定的法律有《大清民律草案》《商法》《诉讼法》《法院组织法》《著作权法》等。虽然这些法律并未得到充分的实施，但是在中国传统法律向近代化过渡的过程中，具有里程碑的意义。

在中国漫长的历史进程中，历代王朝特别是自战国法治运动以后，都极其重视法律主干——法典的编纂和其他门类法律的制定，并且取得了丰硕的成果。中国灿烂的古代文明之所以延续不断，中国大一统的专制主义集权统治之所以日益强大，中国多民族共存的国家秩序之所以能够长时保持，缺乏系统完善的法律控制是根本不可想象的。民刑相分、诸法共存的法律体系，是中华法系最突出的特点，在世界法制文明中具有独特的地位。

二、罪名

罪名的规定，就是为了打击处罚各种已经实施和将要实施的犯罪行为。早在夏商时代，就出现了"昏""墨""贼""不从誓命""弃灰于道"等罪名。以后，随着社会经济、政治关系的发展与社会矛盾的不断激化，新的罪名大大增加。古代罪名从大的类别来讲，主要有：

1. 危害政权罪，如谋反、大逆不道，伪造符玺、制书等。
2. 亵渎皇权、危害帝王人身安全罪，如不敬、大不敬、不奉诏、欺谩、诬罔、盗毁山陵、盗御物、闯入宫殿门等。
3. 危害中央集权罪，如阿党、漏泄省中语、盗铸钱、私煮盐、私冶铁等。
4. 侵犯公私财产罪，如盗取官田、盗卖公田、损毁官私财物等。
5. 侵犯人身罪，如谋杀、贼杀、戏杀、误杀、使人杀人、狂易杀人、斗伤、盗伤、强奸等。
6. 官吏职务犯罪，如贪污、不直、故纵、选举不实、疲软、擅军兴、逗留失期等。
7. 思想言论罪，如诽谤、妖言等。
8. 违反伦常罪，如不孝、卑尊奸、禽兽行等。

封建法律是维护皇权至尊地位强大的武器，所以凡是涉及国家政权与帝王人身安全的罪行，都决不轻贷，置于首要打击之列。传统社会贵贱尊卑的等级秩序和三纲五常的礼教规范，是统治阶级赖以存在的社会基础和精神支柱，所以凡是破坏尊卑关系和封建伦常的犯罪，也同样成为打击的重点。中国专制体制对法律的这些共同要求，造成古代罪名具有顽强的连续性和超朝代性的特点。"十恶"这个罪名，典型反映了这些特点。

"十恶"，是指封建社会最严重的十种犯罪，它直接来源于北齐律的"重罪十条"，它是对汉律以来长期形成的诸多危害国家统治基础，破坏封建纲常礼教的犯罪行为的高度概括,对维护封建政权与专制统治具有普遍的适用性。因此,隋律对此略作调整,形成"十恶"条款。唐律又使之最后确定下来,成为后来封建王朝的不赦之罪。

隋唐所确定的"十恶"条款是:

1. 谋反:企图以各种手段推翻封建国家统治。
2. 谋大逆:毁坏宗庙山陵和宫阙。
3. 谋叛:叛国。
4. 恶逆:殴打和谋杀祖父母、父母、伯、叔、姑,及夫、夫之祖父母、父母等尊亲属。
5. 不道:杀一家非死罪者三人及肢解人。
6. 大不敬:盗大祀神御物及御用舆服、器物;或制造御用药品不按本方、饮食误犯食禁;或指斥乘舆及对皇帝之使者无人臣之礼等。
7. 不孝:控告或咒骂祖父母、父母;祖父母、父母在,别籍异财或供养有缺;诈称祖父母、父母死,或闻祖父母、父母丧,匿不举哀;或于祖父母、父母丧期嫁娶作乐等。
8. 不睦:谋杀及卖缌麻以上亲属,殴打或控告丈夫及大功以上尊长、小功尊属。
9. 不义:长官杀所属府主、刺史、县令,或属吏与士卒杀本主管五品以上官长;或杀现受业师及闻大丧不举哀并作乐改嫁等。
10. 内乱:强奸小功(同曾祖系统)以上亲属及父祖妾,或与他们通奸等。

当然,除了政治罪名、刑事罪名外,传统罪名中经济罪名和民事罪名也占相当可观的比例,这反映了社会生活的复杂性与古代法律调整范围的广泛性与多样性。

三、刑名

刑名,指按照罪名所实施的刑罚的名称。中国古代刑名的发展,主要经历了象刑、肉刑与新五刑三个阶段:

(一)象刑

处于原始社会末期,阶级与私有制开始出现萌芽这个历史阶段的刑罚,中国古代称为"象刑"。不过,象刑的内容究竟如何,古书言人人殊,其中附会之论甚多。结合中外民族学的材料来认识,其实"象刑可以理解为氏族社会适用于全体成员的习俗的统治,即对违反氏族共同生活规则的人,采取异其章服的做法,以示与其他氏族成员的区别,借以增加其愧悔之心。"(张晋藩《中国古代法律制度》第12页)"异其章服",指服饰与正常人有别,使人们一见其服饰,就可判断其身份。可见,这种刑罚属于耻辱刑。早期阶级社会广泛流行的耻辱刑,就是由象刑演变而来的。

(二)肉刑

肉刑,是指以残害犯人肢体和损害犯人生殖机能的刑罚。进入阶级社会以后,原始的习惯已经不再适用统治阶级的需要,于是,产生了真正意义的刑法。中国迟至夏朝已经出现系统的主要属于肉刑的"五刑"的刑罚:

1. 墨:五刑中最轻的一种。以面或额头为受刑部位,先将皮肤刻破,再渗入墨汁。

2. 劓:割掉鼻子。

3. 髌:也称刖刑,斩足之刑。

4. 宫:使男女丧失生育能力的刑罚。

5. 大辟:死刑。

殷商的刑法因于夏朝,只是略有损益而已。文献记载商朝的五刑是墨、劓、刖、宫、大辟。刖即髌刑。西周的刑法主体仍是五刑,并且五刑制度已达到非常成熟的地步。

五刑延续到秦汉,发生了一些变化。首先,墨刑改称为黥刑;其次,肉刑尽管仍见单独使用,但更多的是与鬼薪、白粲、城旦舂等名目的劳役刑结合并用。由于肉刑严重地破坏了社会生产力,不利于整个社会经济的发展,日益遭到人们的反对。据史书记载,汉文帝在少女缇萦上书的感动下,于文帝前元十三年(前167)五月下诏,正式废除肉刑,从而使经历了夏、商、周、秦、汉达两千余年的残酷的肉刑终于被抛弃,推动中国的法制摆脱野蛮,走上文明的道路,但汉代废肉刑并不彻底。为唐以后笞、杖、徒、流、死新的五刑制度开辟了先路。

(三)新五刑

笞、杖、徒、流、死的刑罚制度由隋朝确定,后正式列入唐律。这是中国古代刑制的重大变化,对中国历史和东亚各国法制产生了重大影响。

笞:分五等,由10到50,每等加10。笞由汉朝的笞刑演变而来,汉朝笞刑用竹,唐朝用楚,用来惩戒小的过愆,受刑部位是人犯的腿与臀。在五刑中最轻。

杖:分五等,由60到100,每等加10。杖为3尺5寸长的竹杖,受刑部位为人犯的背、臀和腿。

徒:分五等,由一年到三年,每等加半年。犯人须带钳或枷劳动,地点是官府工地。

流:分三等,2000里到3000里,每等加500里。流刑里数虽分三等,但均劳动1年,称为"常流",以后有"加役流",则强迫劳动3年。

死:分绞、斩二等。与秦汉以来的腰斩、枭首、弃市、夷三族等死刑相比,这是一个明显的进步。

五刑,属于唐代的主刑。当时定罪量刑,基本是一罪一刑,国家对于刑罪的加减也有严格的规定。除"十恶"大罪外,自笞10以至死刑,都允许以钱赎免。这是统治者贯彻"明刑慎罚"原则的具体体现,也是唐律贯彻儒家思想的重要体现。

以后各朝基本沿用新五刑制度,不过也有些变化。明朝新增了充军的规定,即犯人在戍地根据不同身份,或者服劳役或者充任军士。当时广泛采用充军的刑罚。清朝的死刑分为绞、斩。其中一类为"立决",另一类为"监候"。不过清朝法外规定的死刑如凌迟、枭首、戮尸等也经常使用。其中最残酷的凌迟之刑,直到晚清沈家本主持修律时才彻底废除。

参考文献

1. 钱穆论汉唐选举制度

中国政治在秦汉以下,早已脱离了贵族政治与军人政治的阶段,全国官吏,由全国各地分区推选,这早已是一种平民政治了。不过汉代的选举,虽说是乡举里选,其权实操之于地方长官,即太守,仅由地方长官采纳乡里舆论,而最后的决定权,还是在地方长官手里。因此虽则全国政治人员均来自民间,而渐渐不免为来自民间之一个较狭小的圈子里,这样便逐步在民间造成一种特殊阶级,此即东汉末年以下之所谓"门第",我们现在则称之为"变相的新贵族"。待到三国魏晋,兵乱相寻,地方政权解体,选举无法推行,乃有临时创设的所谓"九品中正"这一制度。(略)

此一制度,用意仍与汉代之乡举里选制相差不远。只是汉代之察举,由地方长官执行,而魏、晋以下之九品中正,则为中央官吏之兼差。彼等因在中央服务,自然更不易知道地方舆论之真实情况,而那时的门第势力愈来愈盛,因此中正的九等表,终不免以门第高下为标准。如此则九品中正渐渐成为门第势力之护符。

直到隋、唐,再将此制改进,成为一种公开竞选的考试制度。地方人士有志在政治上活动的,皆可向地方官吏亲自报名应试。地方官即将此等应试人申送中央政府,由中央特派官吏加以一种特定的试验。凡中第合选的人即无异取得了一种做官的许可状,将来可以政治界出身。其不中选的,则失却政府任用的资格。如此一来，其中选权皆由公开的考试标准而决定，无论地方官或中央官，都不再以私意上下其间。

汉代的察举标准大体不外两项：

其一，是乡里的舆论，大体以偏于"日常道德"方面者为主。

其次，是在地方政府的"服务成绩"，因汉制应选者必先为吏，故此项亦居重要。

如此则汉代所得，自然仿于才德笃实之人才。魏、晋以下的中正制度，一方面因与乡里远隔，不易采取真正的舆情；又因九品簿册，不限于服务为吏的人，因此不注重其实际才能。如此则真实的"才"与"德"两方面俱忽略了，只依靠当时门第贵族盛行的庄老清谈，即带一种有哲学意味而超脱世俗的幽默谈话，用作高下的标准。

唐代科举，由中央公开考试，亦不注重乡里舆情，但应考资格有"身家清白"一条，便把道德上消极的限制规定了。只其人实有不道德的消极缺点，便可剥夺他的应考权。唐代考试，亦不限于做吏的人，则注重实际服务成绩一端亦失去了，但唐代进士中，依然要照实际的吏才成绩递次升迁，则此条亦可兼顾。

因此唐代的考试制度，实际所重，似乎只是一种"才智测验"。只要其人道德上无严重的大毛病，而其聪明才智过人者，便让他到实际政治界去服务，然后再依他的成绩而升进，这是唐代科举制的用意所在。（略）

唐代科举制度，同样为宋、元、明、清四代所传袭，延续达千年之久。这是建筑在中国近代政治的一块中心大柱石，与中国近代政治全在这制度上安顿。同时亦是近代中国文化机体一条大动脉。在此制度下，不断刺激中国全国各地面，使之朝向同一文化目标进趋。中国全国各地之优秀人才，继续由此制度选拔到中央，政治上永远新陈代谢，永远维持一个文化性的平民精神，永远向心凝结，维持着一个大一统的局面。

魏、晋以下的门第新贵族，因科举制度之出现，而渐渐地和平消失于无形。自宋以下，中国社会永远平等，再没有别一种新贵族之形成。最受全国各级社会尊视的，便是那辈应科举的读书人。（略）

中国是一个传统农业文化的国家，凭借这一个文艺竞选的考试制度，把传统文化种子始终保留在全国各地的农村。根柢盘互日深，枝叶发布日茂，使全国各地农村文化水准，永远维持而又逐步向上。几乎使无一农村无读书声；无一地方无历史上的名人古迹。农村永远为中国文化之发酵地。不得不说多少是这一制度之功效。

再从此渗透到中国人传统的家族宗教"孝"，与乡土伦理"忠"。若依近代术语说之,"孝"的观念起于"血缘团体","忠"的观念起于"地域团体"。中国人所谓"依孝作忠",即是"由血缘团体中之道德观念转化而成地域团体中之道德观念"。唯中国人又能将此两观念,巧妙而恰当地扩展,成为一种"天下太平与世界大同"的基本道德观念,以及自然哲学"天人合一"与和平信仰"善"的种种方面去。

我们只须认识到中国文化之整个意义,便不难见这一制度在近千年来中国史上所应有之地位。我们不妨说,在近代英、美发育成长的一种公民竞选制度,是一种偏于"经济性的个人主义"之表现。而中国隋、唐以来的科举制度,则为一种偏重于"文化性的大群主义"平民精神之表现。偏经济性的比较适宜工商竞争的社会,而偏文化性的则比较适宜于农业和平的社会。

(《中国文化史导论》第八章《文艺美术与个性伸展》,商务印书馆,1994)

2. 瞿同祖论中国法律之儒家化

法律之儒家化自何代开始?其经过如何?本文目的即在就此加以讨论,试从下列各点论之。

(一)秦汉之法律为法律家所拟订,纯本于法家精神。春秋、战国为封建天下,儒家政治思想以周代典章制度为依据。换而言之,其思想实以封建制度为背景。孔子自称从周,其门人亦谓其祖述尧、舜,宪章文、武。此点汉人看得最清楚,故宣帝对太子曰:"汉家自有制度,本以王霸杂之,奈何纯任儒教,用周政乎?"曰儒,曰周政,所说极为明白。但同时封建制度已由盛而衰,濒于崩溃,诸侯争霸,以富强为治国之急,于是儒家渐落伍,与时代潮流格格不入。法家则应运而生,为国君所重。此派学说完全针对当时霸主之需要,其思想为反封建的,与儒家恰处于敌对地位,这些法家在政治上既占优势,当时各国法律多由此辈制定,其所拟定之法律即法家平日所鼓吹之主张。李悝之《法经》,商鞅之秦法,固不待论,即萧何所制汉律亦全袭秦旧,为法家一系相承之正统。故文颖曰:

> 萧何承秦法所作为律令,律经是也。

秦、汉法律之渊源《晋书·刑法志》言之最详。其言曰:

> 是时[指魏明帝定魏律以前]承用秦、汉旧律。其文始自魏文侯师李悝。悝撰次诸国法,著《法经》。……商君受之以相秦。汉承秦制,萧何定律。

此乃代表法家精神,为儒家所攻击的法律。

（二）法律之儒家化汉代已开其端。汉律虽为法家系统，为儒家所不喜，但自汉武标榜儒术以后，法家逐渐失势，而儒家抬头，此辈于是重整旗鼓，想将儒家的精华成为国家制度，使儒家主张藉政治、法律的力量永垂不朽。汉律虽已颁布，不能一旦改弦更张，但儒家确有许多机会可以左右当时的法律，事虽不可详考，但在今日仍有若干痕迹可资搜索。（略）总之，当时国法（法家所拟定的法律）已经颁布，臣下不能随意修改，须说服皇帝得其同意，才能修改一二条，如贾谊之例。极为费事，且无成功把握。故汉时儒家大部分的努力仍在章句之注释及以经义决狱。

（三）儒家有系统之修改法律则自曹魏始。因事实上之限制，汉儒修改法律是零星的，已如上述。曹魏而后每一新的朝代成立，必制订一套本朝的法律。法典的编制和修订落入儒臣之手，于是他们把握此时机，可以以大刀阔斧的方式为所欲为，有更多的机会尽量将儒家之精华——礼——糅杂在法律条文里，一直到法律全部为儒家思想所支配为止。此种程序自魏晋便已开始，而北魏尤其是一大关键。可以说中国法律之儒家化经魏、晋南北朝大体完成，不待隋、唐始然。关于儒家修改法律一点因史家并无正面的记载，同时唐以前的法典又不存在于今日，无从比较搜索窜改之全貌。但蛛丝马迹犹有可寻。（略）

综上所述可知秦、汉法律为法家系统，不包含儒家礼的成分在内。儒家以礼入法的企图在汉代已开始，虽因受条文的拘束，只能在解释法律及应用经义决狱方面努力，但儒家化运动的成为风气，日益根深蒂固，实胚胎酝酿于此时，时机早已成熟，所以曹魏一旦制律，儒家化的法律便应运而生。自魏而后历晋及北魏、北齐皆可说系此一运动的连续。前一朝法律的儒家因素多为后一朝所吸收，而每一朝又加入若干新的儒家因素，所以内容愈积愈富而体系亦愈益精密。举例言之，魏以八议入律，晋代保留之，晋又创依服制定罪之新例。此二事为北魏所保留，而又加以留养及官当的条例。这些都为齐律所承受。又加入十恶条例。隋、唐承之。我不是说前一朝的尽皆为后一朝所保留，其间参校古今，斟酌损益，反复修订，经过复杂，正未易言，决不如此单纯。我不过借一简单的例子以说明当时儒家化的过程而已。归纳言之，中国法律之儒家化可以说是始于魏、晋，成于北魏、北齐，隋、唐采用后便成为中国法律的正统。其间实经一长期而复杂的过程，酝酿生长以底于成。

（《中国法律与中国社会》附录，中华书局，1983年版）

参考书目

1. 王亚南《中国官僚政治研究》,中国社会科学出版社,1981。
2. 陈寅恪《隋唐制度渊源略论稿》,三联书店,2001。
3. 陈寅恪《唐代政治史述论稿》,上海古籍出版社,1982。
4. 瞿同祖《中国法律与中国社会》,中华书局,1983。
5. [法]托克维尔《旧制度与大革命》,商务印书馆,1996。

思考题

1. 中国古代官制的价值取向如何。
2. 科学制度的社会与文化影响是什么?
3. 中国古代的监察制度对现代政治的启示。
4. 评价书院教育在中国教育史上的地位。
5. 中国古代法律的思想基础是什么?

第七章　社会习俗

社会习俗,是民俗的重要组成部分,主要指在家族基础上衍生的社会关系、行为规范和以婚丧、节序等生活礼仪为重点的礼俗习惯。它们典型地展现了鲜明的中国文化色彩,能够集中反映中华民族的文化心理。

第一节　家族礼俗

家族,是指一个大家庭,是古代中国最基层的社会单位。社会习俗主要是在家族的基础上,完成了它发生、演化和传承的全过程。

一、家族结构

古代中国社会,所谓家庭都是指数世同堂的大家庭,也就是由几个小家庭组成的大家庭,从实质来说就是家族。

家族因人口、规模的不同而有大小之分。小家族通常三世同堂,即祖孙三代共同生活,这是最普遍的家族结构。大家族则是四世同堂、五世同堂,甚至更多代人同居共爨。这样的大家族极受舆论的推崇,被称为"义居"或"义门"。宋元以后,义居的风气更加兴盛。这种庞大家族存在的前提,是占有大量的土地和劳动人手,并能够得到官府有力的支持。对于一般小农来说,这是根本办不到的。因此,此种大家族与小家族相比,所占数量是很小的。

古代家族是父系的,亲属关系注重父亲一系,而轻视母系。母亲的亲属被称为"表亲",以与"本宗"相区别。即使女婿和出嫁的女儿也均被视为外姓人,不享有家庭成员的权利。沿着父系路线,按照亲属差序向外扩大,可以包含高祖到玄孙的九个世代,便是所谓"九族"。以服制来说,包含了由斩衰到缌麻的五等服制。这是古代家族的基本结构。

作为社会的基本单位,家族承担着多种重要的职能。

首先,是物质生产的职能。组织物质生产,发展家族经济,是家族的重要任务。一方面要从事农业活动,另一方面也要发展家族副业和家族手工业。由于各家族拥有土地数量的差异,因此家族间经济实力和生产方式也不大不同。对于土地有限的自耕农家族来说,"男耕女织"是最基本的分工方式。对于田连阡陌、数世同居共爨的庞大家族来说,农业生产和家族副业、手工业的经营,一般都采取租佃和雇佣的方式,家族成员主要从事管理事务。

其次,生育后代的职能。在父系家族中,不生育后代,就意味着家族的消亡,也就意味着通过家世绵延实现福禄永存期望的彻底破灭。所以,中国古代不论大家小家,都必须履行生儿育女的职能,而且在儒家思想指导下,这种职能被推向极致。"不孝有三,无后为大","无后"被视为"不孝"的最为严重的表现。受此影响,"多子多福""有子万事足"成为中国人头脑中最深厚的观念。

第三,承担养老的职能。在中国古代,家族就是发挥养老职能的处所。中国文化对于伦理关系中长幼之序的重视,促使社会形成深厚的敬老观念。子女不仅要满足老人的物质需要,更要满足老人的精神需要,要让老人从热烈的家庭生活中,从儿孙满堂的融洽气氛中,得到精神上真正的愉快和满足。

中国的家族结构,决定了家庭职能的多样化。对于国家来说,家族的物质生产水平越高,提供的社会剩余就越多,就越能促进社会分工、推动社会发展;家族的人口资源越多,国家的兵源就越有保障,国防与镇压的力量也就越大;家族养老机能越健全,社会的负担就越小,就越利于稳定和发展。

二、家族礼仪

家礼,是指维系家族尊卑等级关系的各种礼制规范。它既包含长久以来约定俗成的习惯,也包含各个家族特别制定的规矩。它以封建的"三纲五常"为指导思想,将儒家所倡导的亲亲尊尊、父慈子孝、兄仁弟悌、夫贤妇随的精神落实到实际生活中去。家礼的类别主要有:

1. 祖孙之礼。在数世同堂的家族里,祖辈的辈分最长,地位最尊;孙辈是家族的小辈,与祖隔辈,容易对祖辈疏慢,所以祖孙之礼对之防范甚严。要求孙辈对祖辈礼敬有加,当然,也提倡祖辈慈爱、关怀孙辈。由于古代对于祖孙之礼的讲究,促进了祖孙间感情的交流和加深,从而在汉族中形成隔辈亲的传统。

2. 父子之礼。按照"父为子纲"原则建立的调整父母与子女关系的家族规范。此种礼法赋予父母掌握子女命运的权力,单向规定子女对父母应尽的义务,从本质来说,还是阶级社会中等级关系在家庭关系中的反映。

3. 婆媳之礼。家礼首先规定了婆婆在媳妇面前至高无上的地位和所拥有的无所不揽的权力。媳妇的一切活动,都要服从婆婆的安排。古代的婆媳之礼,浸透了儒家"三从四德"的封建说教,给中国女性带来了深重的灾难。

4. 夫妻之礼。夫妻之礼确立了丈夫在家庭的主人地位,他可以打骂妻子,典卖妻子,休弃妻子,而妻子必须绝对服从。家族间夫妻地位的不平等,使夫权成为束缚妇女命运最大的一条绳索。

5. 兄弟之礼。兄弟之礼即对众兄弟的地位,各应承担的责任、义务及应遵守的行为规范等所作的规定,它强调兄弟之间的友爱与团结,有利于建立健康的家族关系,是古代伦理遗产的精华。

家礼,是渗透到人们日常生活各个方面的规范,人们对它的重视、遵守和履行,固然与长辈的示范、教诲有关,不过,与国家法律制度对它的肯定和维护,从而对家族成员产生强大的威慑力,也有重要的关系。每一部家礼中,实际都包含着所谓的"家法"。一旦违反,家长可以动用各种手段,对其进行惩罚。轻者申斥、谩骂,重者棍棒相加,直至处死。处死的方式有逼其上吊、跳井,将其投河、沉塘等,手段非常残忍。在这里,温情脉脉的礼数与残酷少恩的刑罚紧紧地结合在一起,家族完全成为国家的一个缩影。生活于家礼束缚下的人们,缺乏最基本的人身自由,根本谈不到个性的发展。当然,古代家礼中,强调尊老爱幼,家族和睦、兄弟友爱、妯娌亲善、顾全大局,都是值得肯定的,早已升华为中华民族的优美品德。

三、家族宝典

家族是社会的细胞。在长期历史发展过程中,诸多家族中大都具有丰富的文化积淀,其中最为人称道者便是举世闻名的家谱。

家谱,又叫"宗谱""族谱""家乘",是记载一个家族血亲延续的基本文献。家谱的产生,历史相当悠久。早在战国时期的《世本》里就已经有后世家谱的成分了。至东汉,形成了许多既有雄厚的经济实力,又有相当的政治特权并且拥有很高文化的大姓望族。这些大族为标榜其久远的历史和高贵的门阀,往往编撰谱录,详细介绍家族的发展过程、出现的显赫人物及不凡的事迹。魏晋南北朝时期,门阀政治对社会产生了极大的影响,门第成为关系一个人前途命运的关键;另外,由于社会动乱,许多人颠沛流离,于是,撰写家谱成为非常流行的风气,从贵族之家一直到普通百姓,皆乐此不疲。风气相沿,历唐宋元明清而不衰。

因各家的实际情况不同,家谱的详略大小各异。大家族家史长,显赫人物多,其家谱自然是内容丰富,颇具规模,体例也多采用叙述式;普通家族,人物与事迹平平,内容较简,体例多采用图表式。叙述式家谱信息量大,通常要详记家族全体成员的名、字、号、婚配、生育、享年、葬地、世系以及族田、宗祠与族规等,有的还附有族中名人的列传、画像、著作、墓志和各种题跋等。图表式家谱则只限于名字、辈分、世系等。

家谱按男性辈分高低来排列,妻子不得载名,只以某氏列于其丈夫名字之后,所生女儿也不载名,只以第几女列在父母和兄弟之后。由于家族的延续与人口的变化,家谱需要不断续修。续修的时间,间隔十年、二十年不等。续修家谱是家族的大事,按照一定的礼仪与规矩进行。整个工作要由族长主持,并通知迁居异乡的族人派人回来参加其事。续谱包含着祖先崇拜遗风,借此可以增加族人认祖归宗的意识,提高家族内部的凝聚力。但也应该看到,在阶级社会中,家庭内部的分化非常剧烈。同姓同宗之人,有的田产弥望,有的则地无一垄,经济地位及社会地位根本不同。因此,续谱实际上还包含着淡化身份差异,缓和族内冲突矛盾的意义。

在中国的家谱中,孔、孟、曾、颜四姓的家谱最有特色。因孔丘、孟轲、曾参、颜回在历史上享有古代"师表"的特殊地位,他们的谱系情况较为清楚,已经做到了全国一姓同谱,而且在立谱之初,就确定了家族世系命名的辈分序列和用字。人们一听(或一看)某人的姓名,就能知道他的辈分情况。此外,历史上还有一些典范性的家谱。如欧阳修的"欧氏谱"与诞生过"三苏"(苏洵、苏轼、苏辙)的"苏氏谱",因体式完善,被推为家谱的典范。

家谱涵盖内容极其丰富。历数其中重要内容,例如揭示本族之世代更替,反映族人辈分之"字辈",撰写族内名人的传略等等,但是最具有丰厚文化内涵者首推家范。家范,又称为"家训""家诫""家规""家约"等,是家长为后辈子孙或族中成员规定的立身处世、居家治生的原则、教务。它是一种训诫活动,也是一种文献。作为文献,家范主要涉及的方面有:

第一,敬祖孝亲,主要讲如何敬祖宗、孝父母、友兄弟;第二,睦亲和宗,主要讲如何处理同宗之间关系;第三,亲里睦邻,主要讲如何处理乡里乡亲间关系和如何选择朋友;第四,忠君急公,主要讲如何处理家国关系;第五,劝学育材,主要讲怎样培养子弟读书学习、尊师重教;第六,教女训媳,主要讲女儿与媳妇如何严肃闺范、谨守妇道;第七,婚嫁延嗣,主要讲怎样选妇择婿、保持血统、正妻妾之位等;第八,居家治生,主要讲如何重本守业、勉力耕织、勤俭持家、保身健体等;第九,积德行善,主要讲如何恤穷困、矜孤寡、行义举等;第十,禁诫为非,主要讲禁讼、禁赌、禁淫、禁偷等。

家范,可以说是家长制定的,是体现家长意志的产物,但具体分析,又有多种情况。一是由全族通议,由族众共同制定,这主要是为了体现家范的公正性与权威性。二是由族长和宗子制定,这种情况最为普遍。三是由家族内的尊者或贤达制定。四是由单个家庭的家范演变而来。由于中国古代家族制度的普遍存在,从魏晋以后,家范的制定和编撰日益兴盛,积累了数量庞大的家范文献。在加强同族同宗的认同感和维护家族秩序,促进家族共同体的存在与发展,以及维护地方治安,保证国家的赋税徭役方面,都发挥了一定的作用。其中,颜之推的《颜氏家训》、范仲淹的教子《尺牍》、司马光的《涑水书仪》、朱熹的《家礼》等,为后人艳称不已,影响甚大。

第二节 婚丧礼俗

中国传统社会始终把婚姻、丧葬看得非常重要,形成了种种奇异的婚丧制度和繁缛的婚丧礼仪。这些礼俗是人生礼俗的两个基本方面,对于认识了解传统的思想观念与社会生活,具有一定的价值。

一、婚姻习俗

古代中国出现过多种婚姻习俗:

1. 买卖婚:指男方以相当数量的钱物换取女方为妻。就实质而言,这种婚姻的缔结,几乎无异于商品交易。但是,为了掩盖其金钱交易的可耻性,买妻的钱物通常都以聘礼来代替。聘礼成为衡量女子身价的尺度,聘礼越重,表明女子的身份越高。这种婚制给社会和婚姻双方都造成了很大的不幸。女方虽然得到了钱财。但却牺牲了女儿的爱情和幸福,使她成为婚姻双方承受痛苦最大的人。

2. 表亲婚:指由兄弟的子女与姊妹的子女或姊妹的子女之间构成的婚姻。这种婚俗在中国古代婚姻史上地位突出。主要是姑舅表亲婚,通常是姊妹之女嫁给兄弟之子;其次是两姨表亲婚,即姐姐的子女与妹妹的子女结婚。表亲婚是落后的婚俗。

3. 换亲与转亲:换亲指两个家庭达成协议,互换其女儿为媳的婚姻。它因生活极端贫困或兄弟有缺陷而造成。但是,由于完全出于家长包办,根本不顾女儿的意愿,因此此种婚姻难有幸福可言。转亲,指发生于家庭内部的婚姻,是古老的共夫共妻制的遗俗。通常表现为兄亡嫂嫁与弟、姊亡妹嫁与姐夫、弟亡弟妇嫁与兄、伯叔母转给侄儿和嫡子继承父妾等形式。转亲完全由家长包办,不论辈分是否合适,不论被转嫁的对象是否理想,女子皆须从命,不能违抗。

4. 招赘婚:指女不出嫁,男方进入女方的家庭来生活的婚姻。它成立的原因,一方面是由于女方无儿,需要养老接代,另一方面主要是由于男方生活贫困,不得不以身为质。中国从战国以来,多有关于此种婚姻的记载。文献上一般将这样的丈夫称为"赘婿",犹如身上的赘疣一样,极尽侮辱之意。依例,赘婿要放

婚娶图 唐

弃自己的姓氏，改用女家的姓氏，因此，不仅在家庭中处于卑贱的地位，而且还要遭受国法的贱视和乡邻的欺侮。

5. 典妻婚：指男子以财物租用已婚女子临时为妻的婚姻。典妻的男方，通常家赀雄厚，但缺乏子嗣；被典的女方，则是生活困苦，且宜于生男。于是多由女方丈夫做主，将妻子按一定期限典与别人为妻生子，收取一定的租金。租期一满，男方应将妻子归还。这种纯粹把妇女当作生育工具的婚姻，使妇女丧失人格的尊严，备受精神与肉体的折磨。

6. 童养婚：指将幼年养大的外姓女子定为儿媳的婚姻。有两种情况：一是家里有了子嗣后，同时抱养或买进别家的幼女作为养女，届时与其子嗣成婚，养女就成了儿媳；二是婚后暂无子嗣，则先抱养或买进一个女童作为养女，等到有了子嗣,再将养女转为儿媳。童养媳的境遇极为悲惨。她们从幼年开始,就要承担繁重的劳动,同时遭受严酷的体罚的摧残。童养媳,已经成为苦难与悲惨命运的象征。

7.冥婚:又称"鬼婚",指已经死亡的一对男女构成的婚姻。它是鬼魂信仰的产物,分两种情况:一是男女二人生前已经订婚,但未等结婚即已去世,于是缔结冥婚,以遂生前之好;二是男女二人生前毫无关系,死后由鬼媒撮合,以成婚姻之美。直到新中国成立前,此种陋俗一直未被扫除。

清　徐扬《姑苏繁华图》——婚礼场面

8. 指腹婚：是一种没有婚姻当事人的婚姻。当两家女人怀有身孕时，他们的丈夫指腹相约，若产后是一男一女，就结为夫妻。这种婚姻多在世交关系密切的乡邻之间进行，属于典型的包办婚姻。它的缔结要有一定的仪式，"指腹"，只是一个形象的说法。通常要割孕妇的衣襟作为信物，然后邀集亲朋喝酒庆贺。

二、六礼与七出

《礼记·昏义》说："昏（婚）礼者，将合二姓之好，上以事宗庙，而下以继后世也，故君子重之。"因此，中国自古以来一直对婚礼非常重视，创造出各种复杂的婚聘仪式。在传统的婚聘礼仪中，最典型的是"六礼"。

1. 纳采：指男家请人向女家提出缔婚的请求，也就是"提亲""说媒"。纳采时，要奉赠礼品。由于娶妻结婚是关系到整个家族的大事，因此，对于纳采对象的选择是非常慎重的。通常从官宦人家到普通百姓，共同奉行的择偶条件就是门当户对。在此前提下，再考虑家赀、家世、家风等。

2. 问名：指双方相互探问男女的姓名、年龄、生辰、籍贯、三代（即曾祖父母、祖父母、父母）、名号、官职等，以加深相互的了解，即民间所说的"请八字"。如果纳采既允，双方就应主动地将这些情况转告对方，不可隐瞒。

3. 纳吉：指男家根据双方生时年月，卜得吉日，备礼通知女家，决定订婚。问名之后，要对男女双方的八字进行考察，以最后确定双方是否可以成亲，这个过程称为"合婚"，民间称为"批八字"。"八字"，是指由天干地支配合而成的表示每个人出生时的年、月、日、时的四组干支，共是八字。八字相合与否，是一桩婚姻能否成功的重要条件。纳吉之后，婚姻关系就算确定下来，轻易不许悔婚。此后，男方逢年过节都要给女方送礼，并负担女方四季的衣服。

4. 纳征：是男家正式给女家送聘礼。这是男方能否把女方娶过来的关键，人们所说的买卖婚姻，即以此为根据。

5. 请期：指男家择定婚期，请女家同意。行过"纳征"之礼，就该考虑娶亲过门了。请期分口头与书面两种，讲究体面的门户多用书面形式，即所谓"下婚书"。

6. 亲迎：指新郎到女家迎娶新娘。这是婚聘的最后一道程序，类似于现在的结婚典礼。"亲迎"之礼是整个婚姻礼俗中最隆重、最烦琐的仪式，持续的时间也较长，并不是在一天内完成的。概括起来讲，主要分为迎亲、拜堂、入洞房三个部分，每一个部分都包含着众多的仪式和内容。这些仪式多数寓含着祝福平安吉祥，禳除邪僻灾害的意思，具有浓厚的禁忌迷信的色彩。

"六礼"是缔结"二姓之好"的规范与准则，而它的具体操作者与落实者，就是媒人。在中国古代的婚姻制度中，媒人具有重要的作用。媒人早在人类向专偶婚过渡时就已产生。以后,成为一种社会职业,受到了封建法律的保护。它们的社会地位具有明显的两面性:一方面由于它能替婚姻双方牵线搭桥,促成良缘,为社会所必须,所以受到人们的看重;另一方面由于媒人是包办婚姻的关键或要害,是迫害妇女的帮凶,甚至借说媒之机而谋财害命,所以又受到社会的贱视与诅咒。

对于婚姻,男女当事人和亲朋好友当初都希望夫妻好合、白头到老。但是,由于种种原因,不少夫妻很难走完共同的生活道路,而需要半路终止夫妻关系。于是,出现了离婚的习俗。中国古代也允许离婚,但出于稳定家族制度和维护夫权利益的考虑,对于离婚的限制非常严格,并且这种限制主要是为了满足男方的意志。所以,中国古代的离婚,称为"出妻""休妻"。具体的条件共有七条,称为"七出"。"七出",又叫"七去",始见于《大戴礼·本命》,后来写进国家的法典,为封建国家所认可。具体内容是:"一无子,二淫佚,三不事舅姑,四口舌,五盗窃,六嫉妒,七恶疾。"妻子犯了其中的任何一条,丈夫都可以将她休弃。这种规定,完全是男女地位严重不平等条件下,保证封建的族权与夫权的产物,使广大妇女陷入苦难的深渊。

封建国家从社会稳定的角度考虑,对男子休妻的权利也作了一点限制,这就是所谓"三不去",即"有所取无所归,不去;与更三年丧,不去;前贫贱,后富贵,不去"。第一条,指娘家无人,弃妇无家可归;第二条,指妻子曾为公婆服三年之丧,对夫家有恩;第三条,指丈夫先前贫贱,后来富贵,寓富贵不弃糟糠之意。它与"七出"相比,实在微不足道。中国古代妇女的地位悲惨,于此可见一斑。

三、死丧习俗

死亡,对于初民来说是一件难以理解和非常恐怖的事情。所以,世界大多数民族都有死人崇拜(鬼魂崇拜)的习俗。中国也有这样的习俗,并且受"生有所养,死有所葬"观念的影响,厚葬风气愈演愈烈,丧葬之礼的复杂化与系统化也达到了前所未有的程度。死丧之礼是全部丧葬之礼的一部分,指人行将咽气到棺材下葬后期间所安排的各种礼仪,主要包括哀悼仪式和殓殡、祭奠的仪式。

1. 停尸:指把尸体安放到规定的地方。它由"易箦"礼演变而来。据《仪礼·士丧礼》,如果正屋是北屋,那么死于北牖下床上的就要迁到南牖下床上。不过,后来各地的做法并不一样。临死时,要脱去死衣,换上寿衣。死者裸露在外的肢体,都要用布或纸包好。要给死者的口内放置含物,古礼称为"饭含"。富贵之家多用玉,一般人家多放钱币。停尸时,有的还要根据宗教礼仪采取浴尸礼,同时要修剪须发、指甲,裹尸。

2. 吊丧：指亲戚、朋友、乡邻等前来吊唁、慰问。人死后，丧家要在大门上挂出标志，这就是"纸幡"，是公开死讯的一个方式。同时，还要派孝子亲自前往亲戚、朋友及关系要好的邻里家以口头形式报讯，称为"报丧"。人们得到讣闻后，就要及时前来吊丧。由于各人与死者的关系不同，吊丧的礼数与方式也多有区别。亲朋四邻等前来吊丧、烧纸，要神情哀肃，一般都应该带礼品或礼金，称为"赙"。吊丧之礼，是丧葬礼俗中社会往来的关键仪式。

3. 入殓：是指将死者装裹，放入棺材。整个过程包括很多仪式。入棺时，一律由亲属守在左右。父母死，入殓后要等在外的儿女返家后才可盖棺，妇女则要等到娘家人到来后盖棺，以此表示对死者家人的尊重。尸体入棺后，要放入许多小的陪葬品，多是死者生前的用物或体现某种信仰的象征物。还要进行"开光"仪式。开光指死者的长子为亲人揩拭面颊，最后一次瞻仰遗容。这时，全体孝子要大哭一场，表示与亲人永诀。入殓，主要是至亲参加的仪式。

4. 下葬：指出殡，是死丧礼仪的最后一道程序。下葬前，首先要请阴阳先生破土卜吉，确定墓地。然后要请阴阳先生推算出殡的吉日，并告诉各位亲友。出殡是全部丧礼中最隆重的一项，参加的人数最多，有专门的司仪主持，场面非常隆重。棺材下葬后，要筑起坟头，在朝南的一面垒设墓门，还要树立墓碑，上面写明死者的姓名、身份、生卒年等，最后将带到墓地的各种纸扎一齐烧掉。

四、葬制与居丧

人死之后对尸体的处理方式，即通常所说的丧葬制度，是由不同的社会条件与不同的宗教观念决定的。中国各时期不同的民族，曾经创造出五花八门的丧葬制度。

1. 土葬：是中国古代最流行的葬法。据考古资料，早在距今一万八千多年的山顶洞人时期，已经出现了土葬。到距今七千年到五千年的仰韶文化时期，土葬已成为普遍流行的葬法。此后，无论是黄河流域、长江流域，还是其他地方，土葬都成为最习见的葬制。最初的土葬自然非常简陋，"不封不树"，坟墓多是一些竖穴墓，讲究的也只以一个瓮棺来放置尸体，基本没有什么随葬品。后来，开始在竖穴旁边再挖一个洞，将棺材放在洞里。随着文明的演进，阶级的分化，墓室越来越大，随葬品也越来越多，逐渐形成厚葬的习俗。现在发现的商代王室墓葬，其规模之大，随葬品之精美贵重，仍然令现代人感到惊叹。以后各个朝代帝王的陵墓形式虽不相同，追求厚葬的目标却是一致的。皇帝们一即位，就开始营建"寿陵"，从棺椁到冥器，从墓里到墓外，无不竭人民之膏脂，极奢侈之能事，营建出一座座地下王宫。受到这种风气的影响，社会的各阶层人士，也尽其所能，积极营造阴宅,将宝贵的社会财富投入到地下。土葬是一种陋习,它给中国社会带来的很大的消极影响。

2. 火葬:据《墨子》记载,西北的少数民族多行火葬。墨子曾援此为据,提倡薄葬,反对由土葬所导致的厚葬。秦汉以后,西北的氐羌等少数民族仍然实行火葬。这主要与游牧民族居处不定的生活方式和所信仰的宗教观念有关。汉族人受到少数民族习惯的影响和佛教徒生活方式的影响,同时出于节省土地的考虑,也曾实行火葬。两宋很多地区,广泛实行过火葬。但是,由于火葬从根本上与儒家所倡导的伦理道德相违背,不仅受到封建卫道士的责难,而且遭到封建法律的限制,很难长期实行。

3. 水葬:指人死以后将其尸首投入水中。中原罕见此俗,古代康藏地区曾流行。届时要举行仪式,由喇嘛诵经作法,然后将尸体投入水中。沿海渔民也有类似的习俗。人死后,装入棺材,置于海滩,等涨潮时由潮水将其冲入大海。

四川珙县悬棺

4. 天葬：又称"露天葬"或"风葬""鸟葬"，主要流行于少数民族中间。古契丹的习惯是，父母死，将其尸首置于树上，经过几年以后，将尸骨取下焚烧。入辽，契丹也改为土葬。在青藏高原，则流行裂尸于野，由老鹰啄食的习惯。

5. 悬棺葬：指在悬崖上凿打数孔，钉以木桩，将棺材置于其上。人从下面向上看，棺木悬在空中，故称"悬棺"。这是古代南方少数民族非常流行的葬制，在今四川直到福建一线的广大区域中，多有悬棺遗迹发现。从发现看，葬具与年代各不相同，既有春秋战国时期的，也有明清时期的，说明这种习俗存在过相当长的时间。棺木有的系用零散的板材加工而成，有的则由整木挖成。棺中多有随葬品。据分析，此种墓葬工程艰巨，费用浩大，恐怕只有贵族才有能力接受。

在上述葬制中，土葬延续的时间最长，影响最大，所体现的宗教信仰与礼俗也最为丰富复杂。土葬可以保持尸体的完整，对于极度恐惧死亡和怀抱灵魂不灭信仰的人来说，这是莫大的安慰。土葬的结果，自然会导致对葬式的讲究。葬式是安置尸体的姿势、位置的方式，它是人类宗教观念的具体体现。中国历史上曾出现过仰身葬、屈肢葬、俯身葬、侧身葬、交手葬、解肢葬等多种葬式。其中，仰身葬最为普遍，流行时间最长。这是睡眠的姿势，表示让死者安然入睡。从西汉以来，一直成为汉民族统一的葬式。屈肢葬，也是古老的葬式，主要流行于汉代以前的中原和关中地区。

亲人的尸体下葬后，按照古代的礼俗习惯，孝子及整个家庭还要举行追荐礼，以表示对亡人的哀悼、思念，这称为"居丧"。其中，最重要的内容是所谓"三年之丧"。

这一礼仪的理论根据是孔子所说的"子生三年然后免于父母之怀"（《论语·阳货》），意思是儿女出生后，连续三年离不开父母的怀抱，接受着父母无微不至的照顾，因此，父母去世后，儿子应行三年的居丧礼，以为报答。按规定，凡是服制属于斩衰的孝子，都要执行此礼，称为"丁忧"或"丁艰"。其间，已做官的要卸官还乡，未做官的也不能出去做官；要住在墓庐当中，不许吃肉、饮酒，不许玩耍娱乐，不许与妻妾同房。如果违反规矩，不仅要受到清议的耻笑，严重者还会受到法律的惩办。由于整个社会对于居丧之礼非常重视，笃守其制的孝子借此可以博取高名，从而猎取青紫，这就激发了许多孝子不惜做出种种过情之举，去争取舆论的好评。结果，等到服阕之后，不少人形毁骨立，完全成为一个废人。当然，也有另外的一些人，外表哀毁异常，欺骗视听，而实际上却在墓庐里花天酒地，生儿育女。

三年之丧，将使大批官员中途停职回家去守孝，这给国家的行政、军事事务带来不利的影响。为了保证国家的需要，古代也对"丁忧"之制作了一些变通。

规定,当国家需要时,正在"丁忧"的官员,可以不拘限制,出来为国家效力,这称为"夺情"。

第三节　姓名避讳

人类社会芸芸众生,数量之多不胜枚举,但每个人都有区别于他人的特定称号,这就是尽人皆知的姓名。中国人的姓名具有极其悠久的历史和非常丰富的文化内涵。从表面上看,"姓名"不过是一个相当简单的名词。但是,如果从历史层面上审视,实则蕴含着姓、氏、名、字、号等诸多方面的文化积淀。

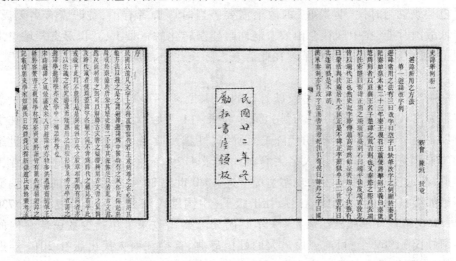

陈垣《史讳举例》

一、姓氏

在中华民族发展史上,姓氏的出现堪称文明进步的一个象征。姓氏是由姓、氏两字合成,二者都有悠久的历史,但是它们产生的时间不同,文化内涵也不一样。仅就出现的时间而言,姓在前而氏在后。姓的初始源头,最早可以追溯至原始社会母系氏族社会时期。我国许多古姓都有女字旁,例如姬、姚、妊、姒、姜、嫪、嬴等等,后人可以从这一现象中窥见母系氏族的遗痕。汉代许慎《说文解字》亦有明确解析:"姓,人所生也……因生而为姓,从女生。"既然因生而为姓,故姓之最早作用之一是"别婚姻",诚如《左传》所说"男女同姓,其生不蕃"。

古代之姓,可谓缘起多样:或以封地、采邑为姓,例如周武王封造父采邑于赵地,其后人便以赵为姓,封司寇忿生采邑于苏地,其后裔遂姓苏;或以官职为姓,例如司马、司徒、司空、司寇、史、钱、宗、帅等;或以技艺为姓,例如屠、巫、陶、甄、卜者便是;也有以所居地名为姓者,例如池、柳、东郭、东方、西门、南宫、西闾;也有由少数民族称谓转变而来者,例如宇文、尉迟、慕容、长孙之类,如此等等,不一而足。

  氏的出现显然比姓要晚些,最早可追溯至母系氏族社会末期。由于同一个母系血统的氏族子孙日渐繁衍,人口日益增多,同一母族便分为若干个支族迁徙于其他地方生息,于是每个支族都有一个区别于其他支族称号,这个称号就是"氏"。换言之,姓是具有共同血缘关系的基本标志,氏则是由姓派生出的一些分支。夏商周三代,"氏"的膨胀发展事出有因:一方面与子孙繁衍昌盛有关,同时也是奴隶制时代"明贵贱"的政治需要。当时尊贵者有氏,贫贱者有名无氏。春秋战国时期,在中国社会由奴隶制向封建制转化的背景下,意识形态领域里出现了姓氏合一的革命性变革。在此后之人际交往中,虽然也时常提及"姓氏"二字,实则专门指"姓"而言。

  中国古代陆续出现一些反映姓氏的工具书,但一般局限于汉族姓氏,数量也有很大出入。宋代所编《百家姓》,原本收录411个姓,增补后有504个姓,其中单姓444个,复姓60个。明代陈士元所编《姓觿》,收录单复姓3625个。上世纪20年代臧励龢编纂《中国人名大辞典》,收录4129个姓。无论以上哪一种姓氏辞典,都远没有反映中国的现实情况。进入20世纪80年代后,姓氏词典的编纂不绝如缕:1984年人民邮电出版社出版了《中国姓氏汇典》,收录单复姓氏5730个;1996年教育出版社出版了《中华姓氏大辞典》,收录了包括少数民族在内的中国姓氏11969个;目前规模最大的姓氏辞典,首推江西人民出版社2010年出版的《中国姓氏大辞典》,总共收录了23813个姓氏。依人口多寡为标准,《人民日报》曾于1987年公布:在汉族姓氏中,以李、王、张、刘等19个姓氏为最大,其人数之和达到了全国人口一半以上。

二、名字

  中国人不单人人有姓,而且人人有名字。名字不止是一个单纯符号,本质上也反映了一定的文化现象。倘若从历史发展演变的轨迹看,中国人的名字与姓氏一样,也具有惊人的一致性。当代中国人的"名字",形式上虽然由名、字两个单义词连缀而成,本质上却是对个人的唯一称谓。但是曾几何时,名者为名,字者为字,名与字原本具有不同的含义。

(一)名

  人人都有名。对于"名"字,《说文解字》有初始解释:名者,"自命也,从口从夕,夕者冥也,冥不相见,故以口自名。"从这段文意上看,这或许是对幼年小名的一种诠释。

　　子女初生,无一例外,都要由父母或长者取名。由于取名是人生中的一件大事,所以历来长者都很重视,往往对取名赋予一种美好的憧憬。中华民族素称礼仪之邦,崇尚道德修养成为普遍现象,以道德修养取名者也比比皆是。按照谭汝为《汉族人名文化研究》统计,名字之中带有"仁""义""礼""信""道""德""忠""孝""正""业""善""良""谦""和""敏"者,不一而足。其中崇仁者,例如王守仁、张存仁;崇义者,例如赵光义、韩尚义;崇礼者,例如高崇礼、韩安礼;崇信者,例如朱学信、孙守信;崇道者,例如陈师道、袁宏道;崇德者,例如徐敬德、张思德;崇忠者,例如赵秉忠、白履忠;崇孝者,例如曾思孝、王连孝;崇正者,例如张居正、潘必正;崇业者,例如徐敬业、杨继业;崇善者,例如孙从善、虞登善;崇良者,例如张学良、李慕良;崇谦者,例如方伯谦、梁光谦;崇和者,例如高贵和、刘永和;崇敏者,例如宋敏求、方志敏等等。

　　取名不仅赋予美好的愿望和祝福,还往往随着时代的演进,能够反映出鲜明的时代特色。众所周知,由十天干(甲乙丙丁午己庚辛壬癸)与十二地支构成的"六十甲子",乃是古人用以计算年、月、日、时的方法和制度。由于古代认识能力低下,人们在顶礼膜拜天体的同时,对"天干"概念也逐渐推崇有加,于是以天干取名的现象尤其在上层统治阶层日益显现出来。夏代后期有天子取名孔甲,开启了古代最高统治者以天干取名之先河。继夏而起的商代迷信异常盛行,涉及天干的取名现象也就更为普遍。试看商朝三十代帝王中,除了第一代取名为"汤",其余帝王名字无不与天干紧密相连:外丙、中壬、太甲、沃丁、太庚、小甲、雍己、太戊、中丁、外壬、河亶甲、祖乙、祖辛、沃甲、祖丁、南庚、阳甲、盘庚、小辛、小乙、武丁、祖庚、祖甲、廪辛、康丁、武乙、太丁、帝乙、帝辛(纣)。汉代时期,社会上崇尚黄老及长生之术,由是与此相关之人名多了起来,例如严延年、霍去病、车千秋、陈万年、毛延寿等。魏晋六朝时期,佛教逐渐流行,骈体文成为风尚,与此背景相对应的两类人名也多了起来:前者之中,例如达摩、悉达、菩提、耶稣、金刚等等;后者之中,例如王羲之、王献之、顾恺之、祖冲之、裴松之等等。唐朝时期,复古号角吹响,韩愈、柳宗元发起"古文运动",与此相关人名也逐渐增加,例如李宣古、张道古、张蕴古等等。即使新中国成立后,人名之时代特色犹存。从解放战争、新中国成立、抗美援朝、大跃进年代,一直到史无前例的"文化大革命",从许多国人的名字中,都留下了极为鲜明的时代痕迹:姚解放、李建国、孙南下、王抗美、赵援朝、毛为国、刘建设、周互助、马和平、张跃进、孙超英、王卫星、宋要武、马文革、张卫东、郑兴无,如此等等,不一而足。

（二）字

古代中国的许多人，不单有名，而且还有字。

名与字存在极其密切的联系。诚如《白虎通·德论》云："闻名即知其字，闻字则知其名。"所以人们往往以"名字"连称。然而考察"名""字"由来，毕竟内涵不同而各有其义。犹如前人所说："名所以正形体，定心意也；字所以崇仁义，序长幼也。"（《离骚》王逸注）又如《颜氏家训》云："名以正体，字以表德。"由此可见，对于一个人而言：名，是区别彼此的一种不可或缺的正式代号；而字，则是对名的一种补充形式，尤其是对如何做人这一层面的进一步诠释。

名字之间的联系，主要有以下四种形式。一曰存在相同之关系。例如楚国屈原，名平，字原，理由是平、原同义。又如三国诸葛亮，名亮，字孔明，理由是亮、明同义；二曰存在相连关系。例如晋代"竹林七贤"中的山涛，字巨源，理由是山中积聚之波涛汹涌巨大。又如南宋岳飞，字鹏举，理由是飞与大鹏展翅相连；三曰存在相反之关系。例如唐人罗隐，字昭谏，理由是昭与隐意义相反。又如宋人晏殊，字同叔，理由是同与殊意义相背；四曰存在排行之关系。例如儒家始祖孔丘，字仲尼，理由是他生于尼山，又在兄弟之中排行为二，仲系农历一季中的第二个月。又如东汉著名学者班彪生有二子：班固、班超。班固字孟坚，理由是孟系农历一季中的第一个月，而班固乃是长子；班超字仲平。

除了名、字之外，古代人还往往有号或绰号。早在先秦时期，已有某些人于名外取号的文化现象。例如春秋时期杰出政治家、实业家范蠡，字少伯，自号鸱夷子皮，又称陶朱公。魏晋以降，名外有号者日益增多，唐宋以后更是蔚为一时风尚。与取名、取字相比，取号具有很大随意性。考察取号人旨趣，可谓各式各样：或表示环境，或表示理想，或表示情趣，或径直为标新立异。例如晋代陶潜，字渊明，号五柳先生。唐代李白，字太白，号青莲居士。宋代郑樵，字渔仲，号西溪逸民。元代冯子振，字海粟，号怪怪道人。明代唐寅，字伯虎，号桃花庵主。清代朱彝尊，字锡鬯，号竹垞……如此等等。

历史上确有其人而取号者尚且如此，至于文学小说中的人物则更胜一筹。试看施耐庵笔下的《水浒传》，举凡其中之一百零八将，在名字之外又有号或绰号者，几乎人所不免。

三、名字避讳

从事物之本质上说，名字是人类社会中用来区别生命个体的符号，也是人际交往中彼此知会对方的称谓。但是，由于阶级社会是维护等级、区别尊卑的社会，所以对某些人的名字就不能直接说或直接写，甚至在为后人起名时也受严格约束,这就是避讳习俗。据儒家经典《左传》和《礼记·曲礼上》记载,当时为孩子起名,既不能用国家名称起名,也不能以日、月、山、川及畜牲、器币命名。

那么究竟什么是名字"避讳"呢？这里所谓避讳,特指古代社会中对于君主、尊长的名字,避免直接说出、写出的有关方式和制度。

名字避讳习俗可谓悠久。关于避讳起源,其说不一:或曰夏代,或曰商代,或曰周代,或曰春秋。综合各种因素,可以大致勾勒出避讳习俗发展变化的轨迹:它起源于周,形成于秦汉,盛行并日益完善于唐宋元明清各个时期,至中华民国政府成立后宣布废除。

古代避讳对象相当明确。《公羊传·闵公元年》云:"春秋为尊者讳,为亲者讳,为贤者讳。"这是一句高度归纳的话,历来被视为古代避讳的基本原则。正是在这条原则指导下,避讳习俗涉及如下诸多方面。

一曰公讳。又称国讳。系指对皇帝、皇后、皇帝父祖名字,均要避讳。例如汉文帝名曰刘恒,故改恒山为常山,改恒娥为嫦娥。汉武帝名彻,汉初曾有名士蒯彻,史书上改蒯彻为蒯通。又如晋文帝司马昭,居然因避讳祸及前人:王嫱,字昭君(汉元帝时期宫女,后嫁匈奴呼韩邪单于为阏氏),系"古代四大美女"之一,因避司马昭名讳,被改称"明妃"。又如唐太宗李世民,唐代文章避讳"世""民"二字,遂将"民部"改"户部",观世音改称"观音"。

二曰圣讳。也就是所谓"为贤者讳"。这种避讳的基本对象,特指古代最著名的圣贤人物,例如孔子、孟子、中华民族始祖轩辕黄帝、周公、老子等人,对他们的名字必须加以避讳。以孔子为例,因其名丘,故在古代文献中遇"丘"字,常常改读"某"。甚至以往有"丘"姓者,为此改其姓为"邱"。更有甚者,为避孔子名讳,宋代人改瑕丘县为瑕县,改龚丘县为龚县。

三曰私讳。或称家讳。特指在家族内部,必须对父祖之名加以避讳。这种避讳主要体现于两个方面:首先,为后人起名时必须避先人之讳;其次,在言论行事诸方面也要注意避讳。试以后者为例:西汉淮南王刘安,其父名长。在他主编的《淮南子》中援引《老子》之"长短相形,高下相倾"时,故意改为"短修相形,高下相倾"。又如《后汉书》著者范晔,父名范泰。范晔在《后汉书》中,将历史人物郭泰改作"郭太",另一位名叫郑泰者,改作"郑太"。所谓家讳,本来是对家族先人名字避讳,但有时也会延伸到为地位较高人物避讳。例如《红楼梦》中荣府管家林之孝女儿林红玉,因犯宝玉名讳,以后改称小红。

为了避讳尊者、亲者、贤者之名,先后曾经形成许多行之有效的避讳方法。在日常生活中,改换原来已经存在的称呼,便是一种习用方法。例如必须提及儒家创始人名字时,不直写孔丘,而写"孔子",或径直写为"夫子"。又如宋英宗姓赵名曙,为避讳"曙"字,当时一种习用食物"薯蓣"便改称"山药"。

古代避讳方法虽然多种多样,但概括起来最常使用者是三种形式:一是"改字法",犹如上述避讳孔丘之法;二是改变汉字结构的"缺笔法",仍以避讳"丘"字为例,也可采用减掉"丘"字中竖画的做法;三是将避讳之字一删了之的"空字法",例如唐代避讳唐太宗的"世"字,唐代文献中便将另一历史名人王世充改名"王充"。

从历史上看,古代避讳现象早已经引起学界注意。例如在洪迈《容斋随笔》、王楙《野客丛谈》、王观国《学林》、顾炎武《日知录》、赵翼《陔馀丛考》、王鸣盛《十七史商榷》、钱大昕《廿二史考异》和《十驾斋养新录》等著作中都曾论及此事,尤其在钱大昕《十驾斋养新录》中甚至设有"避讳改郡县名""避讳改姓"等专条研究。但是以往的所谓研究,一般都分散在诸书之中,未能系统整理,还说不上一门独立学问。至民国时期,陈垣先生经过系统认真研究,出版专著《史讳举例》,对掌握避讳知识具有重要参考价值。

名字避讳固然不可提倡,但掌握相关知识后,对文献辨伪有重要意义。

第四节　岁时节日

岁时节日,指人们在一年四季不同的日子集中进行的民俗活动。中国是历史悠久的文明古国,也是岁时节日资源极为丰富的国家。一年四季的一个个节日,就像一部详细的编年史,记录了中华民族的生活经历和美好愿望。

一、岁时节日的源流

岁时节日源于历法。中国的夏朝出现了历法。商朝已经创立了长时间的较为稳定的记时系统。当时把一年分为12个月,闰年为13个月;以月亮的圆缺周期来确定月,分为大月(30天)与小月(29天),并以一、二、三……的序数来计月。

月份的划分,为中国农历二十四节气的出现奠定了基础。二十四节气是根据太阳在黄道上的位置,将全年分为二十四个段落,它构成了岁时节令的计算基础,成为后来各种传统节日的起源。习惯所说的"岁时",原始意义是指历法所确定的年与季节;所说的"节日",是指每一季节所包含的节气。由于节气与生产活动密切相关,每当一个节气到来时,人们总要举行仪式举行庆祝或祭祀活动,就逐渐演化出过节的习俗。节气与节日其实是一回事情。

然而,节日并不是一成不变的。随着社会的变化,一些传统的节日可能被淡化,甚至被淘汰,而一些新的节日又不断被创造出来。在节日的发展过程中,各月的不同时间所形成的"朔""望",常常被确定为节日。朔,是各个月份的初一,为一月之首,古代称为"元日",象征着蓬勃开始之意,通常多将这一日择定节日。中国最重要的节日——旧历元旦(春节),即定在正月初一。望,是各个月份的十五。此日月圆,寄寓着团圆美满之意,也常常作为节日。举国同庆的元宵节、中秋节,就分别在正月十五和八月十五。

除以朔、望为节外,从干支纪日法中又派生出许多节日。如春秋时期就将"正月上辛",作为举行祭祀活动的节日。古代认为这些日子吉利,做节日有益。

构成岁时节日,除历法规定的时间因素外,还有信仰习俗的因素。而信仰习俗的变化,造成了节日内容的不断更新变化。许多节日起源于先秦时期,但在流传过程中,后人不断把信仰习俗的新内容加进去,使节日既能保持传统的形式,又可以展现出现实时代的色彩。周期性到来的节日,之所以能够常过常新,能持久焕发出吸引力,其原因就在这里。

在节日产生与演变过程,中外文化交流与民族融合的结果也有重要的影响。这表现在两个方面:一方面文化交流与民族融合,可以为固有的岁时节日增添新的习俗,例如腊八节,作为春节的一个组成部分,本来是中国传统的节日,但明清以后与佛教联系起来,成为一个宗教色彩很浓的节日。另一方面文化交流与民族融合也可以带来全新的节日。例如佛教为庆祝佛诞日而形成的所谓的庙会,久而久之逐渐成为中国民间的信仰节日,深受老百姓的重视。

总之,来自多种源头的岁时节日,犹如一幅五彩斑斓的画卷,展现了中华民族的美好追求。

二、重大的传统节日

中国古代深厚的大一统观念和长期的统一局面,推动古代全民性的综合节日的形成。综合节日信仰对于饮食、服饰、行为方式的统一要求,加强了全国各族人民对于中华文化的认同感,提高了中华民族的凝聚力。

1. 春节:在农历的正月初一。它是兼有一年之始、一月之始、一日之始三重意义的"元旦"。元旦的到来,标志着送往迎来,除旧布新。"元旦"始定于汉朝,后来不断增加节庆内容,形成最隆重的节日。春节由一系列节日和重要的民俗活动组成。年前有腊八节、小年(祭灶王)、办年货、制吃食、扫房子、贴春联、贴年画、除夕包饺子、守岁、放鞭炮;年后有拜年、吃喝、请客、娱乐等。春节是人们一年中最放松欢乐的时候。利用年节,可以走亲串友,联络感情;可以大饱口腹之欲,充分享受一年来辛勤劳动的果实;还可以看戏娱乐,度过欢乐的时光。年节意味着美好和希望,承载着欢乐与祥和,是人们不断奔向未来的起点。

祭灶神过小年　清《太平欢乐图册》

买年画　清《太平欢乐图册》

卖花灯　清《太平欢乐图册》

写春联　清《村市生涯图册》

第七章 社会习俗

少数民族节日欢饮图

2.元宵节:农历正月十五日,古称"上元",此日夜晚举行的节日俗称"元宵节"。起于汉朝周勃平诸吕之乱,后来又掺入佛教的因素,形成一个以张灯结彩、喜庆狂欢为突出特点的全国性节日,主要内容是张灯、观灯、吃元宵和娱乐表演。元宵节在夜晚举行,其间彩灯高悬,游人如织,亦称"灯节"。元宵,又称"汤团""汤圆"等,大约出现在北宋,到南宋,吃元宵成为一种风气。元宵是古代一种名贵的食品,平时不易吃到,只有元宵节才可以大饱口福。十五夜月儿圆,元宵正好象征美好与团圆美好的元宵。元宵节,还要进行各种精彩的娱乐活动,称为"花会"。主要内容有猜灯谜、舞狮、舞龙、踩高跷等。元宵节欢乐热闹的场面,让普通老百姓获得了暂时的精神满足。

3.清明节:一般在阳历的4月5日(农历三月)前后。它既是一个节令,又是一个节日,主要内容有寒食节、扫墓、踏青等。寒食节,纪念春秋时介子推的节日。先秦时期在晋国的范围内,人们要在农历二月吃一个月的冷食,故称。寒食一月,于身体不利,唐宋时改为清明前二日,遂成为清明节的一项内容。扫墓来源于唐玄宗的规定,后来成为定制和习俗。踏青即春游,也起于唐朝,与扫墓相伴而兴。扫墓之余,全家人在郊野游玩,既能锻炼身体,又能调整精神,一举两得。后来逐渐成为春季全民性的野外游乐活动。此外,修禊、曲水流觞、荡秋千、放风筝等,也都是清明节重要的活动内容。

4.上巳节:在农历三月初三。汉代以前,"上巳"泛指农历每月上旬的巳日,彼时并没有规定何月上旬之巳日为节日。但是自魏晋以后,社会上逐渐约定俗成,确立每年农历三月三日为"上巳节"。每逢这个节日来到,人们往往置身水边,或洁身,或嬉戏,以荡涤污秽不祥。《后汉书·礼仪志上》记载甚详:"是月上巳,官民皆絜于东流水上,曰洗濯祓除,去宿垢疢,为大絜。"这里所谓"絜",同"洁"义;"疢",指疾病。与此同时,上巳节还逐渐演变出文人雅士们的一种文化活动。宋代学者吴自牧《东京梦华录》清晰记载了这一习俗:"三月三日上巳之辰,曲水流觞故事,起于晋时。唐朝赐宴曲江,倾都禊饮踏青,亦是此意。"与其他传统节日相比,上巳节文化内涵丰富:除了上述提及的内容外,还包含其他许多活动。遗憾的是,近代以来上巳节逐渐淡出了汉族文化圈的视野。上巳节的基本精神厚重健康,昂扬向上。在振兴中华民族的今天,无论从任何角度看,都很有必要恢复和张扬其文化内涵。

5. 端午节:又称"端阳节""端午节"等,在农历五月初五。通常认为是纪念屈原的节日,主要内容是赛龙舟和吃粽子。赛龙舟,本是一项极其古老的水上游戏,后来与屈原发生了关系(传说是为了营救屈原),多在端午节举行。龙舟竞渡时,万众欢腾,人声鼎沸,比赛场面非常壮观。吃粽子,传说是为了纪念屈原。屈原沉入汨罗江,渔夫为了不使屈原的尸身变成鱼龙虾蟹的饱餐,就包了粽子扔进江里供其食用,从而形成端午节吃粽子的习俗。此外,古代的许多地区还有端午日喝雄黄酒、在小孩头和脚心抹雄黄酒、挂艾虎、佩香囊、系五色长命线的习俗,目的是为了解毒灭菌,驱除病邪。

6. 七夕:又称"乞巧节",在农历七月初七。传说牛郎与织女此日相会,因织女心灵手巧,善织色彩斑斓的天上云锦,故人间的姑娘们要趁时向她学习,乞取工巧,于是形成七月七夕的乞巧习俗。内容主要有"卜巧""赛巧"。卜巧,就是通过某些征象来卜测自己是笨是巧。以蜘蛛结网作为卜测的征候,是最习见的卜巧方式。赛巧,妇女们在七夕夜举行认针比赛,称为"赛巧"。乞巧,是一个主要以妇女为活动主体,展现妇女智慧与才艺的节日,所以又称为"女儿节"。

7. 中秋节:在农历八月十五日。农历七、八、九三月为秋季,八月居中,故称"中秋"。中秋之夜,冰轮高悬,清辉满地,人们便把月亮看作人间团圆的象征,所以中秋节又称为"团圆节"。主要内容有拜月、赏月和吃月饼。祭月,是原始的自然崇拜的遗俗,在露天进行,贡桌上要摆上西瓜、果品和月饼等。祭毕,全家一起吃团圆饭。中秋的夜晚天气高爽,月亮最圆,最适于观赏。从魏晋以来赏月习俗非常流行。吃月饼是中秋节特有的仪俗。祭月时,月饼必不可少。很多地方惯用一个大月饼祭月,祭过以后,将它切开,让全家的每一个成员都分享一份。除自己享用外,月饼也作为礼物,用来馈赠亲友。

麟堂秋宴图　明

8.重阳节:在农历九月九日,又称"重九节""登高节"。主要习俗有登高、赏菊、插茱萸、吃重阳糕。汉朝汝南人桓景在九月九日登高以避灾,后来由此引出登高的习俗。届时,人们纷纷登高远眺,以畅心神。菊花色彩缤纷,气味清香,象征高洁的人格。金秋九月,正是菊花怒放的时节,于是形成重阳赏菊的习俗。宋朝以后许多人以赏菊为乐。茱萸是一种药用植物,性燥烈,可除湿祛风、清利五脏。从汉朝开始人们就开始在重阳日佩戴茱萸。唐宋时期,此风极盛,且多见诸诗人的歌咏。重阳糕由江米或黄米等做成,不仅非常好吃,而且其名与"高"为谐音,大吉大利,成为节日的重要食品。

三、节日信仰的特点

岁时节日是由具体的时间和丰富多彩的信仰习俗构成的,反映了各民族共

同的思想意识,包含着各民族世代相传的生活经验。中国古代的节日信仰,具有下列特点:

第一,庆祝农业丰收,分享劳动成果。中国的农业文明历史悠久,灿烂辉煌,岁时节日不仅因此而产生,而且其信仰习俗也主要围绕农事活动而展开。古代农业的特点是靠天吃饭,为此,古人对天时、天气、天象等进行了仔细的观察,经过比较分析,总结出许多带有普遍性的生产经验,使之成为农事活动的指南。岁时节日的作用在于,通过特定的周而复始的信仰活动,一方面纪念神圣的知识、经验,另一方面强化对这种知识和经验的集体记忆。从古代的各种《月令》和《岁时记》来看,二十四节气几乎都是古人大过特过的节日。在文字尚是一种神秘之物并且只掌握在极少数人手中的历史阶段,节日使伟大的农业文明在全民族的范围内得到纪念、重温和永久的记忆。

农业活动是最艰辛、风险较大的行业。特别是在生产力水平极度低下,自然条件比较恶劣的环境中,农业劳动成果实在来之不易,因此庆祝丰收、分享劳动成果的信仰习俗,逐步融入各种岁时节日。在中国传统的节日习俗中,吃是必不可少的内容。当然,"鬼神嗜食",美酒佳馔必先荐于神灵,但生人自可堂而皇之地随之享受,大饱口腹之欲。可见节日之吃,不论神人都是意在享受一年的劳动实果,庆祝丰收的欢乐,祈求来岁的安康。所以,各个节日那些专门的食品,如端午的粽子、中秋节的月饼、重阳节的重阳糕(花糕)等,倘若揭去附会的色彩和象征的意义,实际上不外乎满足人们的饮食需要。这既反映了中国人乐生向善的精神,也反映了古代社会民生的艰难。

第二,适应节日生活,保持集中消费。中国古代民生艰难,财货不裕,世代以勤俭节省相劝,整个民族养成了崇尚俭朴、鄙弃奢华的生活作风。除岁时节日外,通常不与市场发生联系,家庭消费与个人消费始终限制在最低点。岁时节日对礼仪活动、娱乐活动的要求,不仅促进了一般商品的消费。而且专门的信仰习俗对饮食、材料、用具、服饰等专门的要求,更促进了专门商品的消费。例如端午节吃粽子、喝雄黄酒、挂艾虎、佩香囊,重阳节吃花糕、喝菊花酒、佩茱萸;元宵节吃元宵、张灯等等,都需要求诸市场,通过购买来解决。所以,岁时节日自然就成为人们集中进行消费的日子。传统的庙会、集市、骡马大会等总是放在节日期间举办,道理也在这里。节日商品与节日一样具有周期性,这也促进人们主动地进行消费。节日期间的集中消费,在一定程度上推动了封建的商品经济的发展。

第三,讲究卫生,预防时疫、疾病。古人在长期的生活实践中,逐步认识到气候、季节、居住环境等与人体病患的关系,掌握了不少药物的性、味、功能,并摸索出许多治疗和预防疾患的办法。这些宝贵的防病治病的知识与经验,有一部分就化为信仰习俗,被保留在集体的记忆中,通过节日一代代传承下去。由于古人对那些包含着科学道理的治病防病的知识经验,不能做出正确解释,只能归结为神灵的作用,不可避免地会附上迷信的色彩。其实,剔掉迷信的色彩,就会发现不少信仰民俗蕴含着科学道理。在传统的习俗信仰中,尤其在北方地区,过中秋节、过春节,都要对房屋进行彻底的清扫,然后用白土水粉刷一新。这样做,房子不仅干净整洁,看着美观,住着舒服,而且更重要的是可以清扫虫毒,减少疾病。彻底清扫房屋,费时费力,卫生意识不强的人平时不可能主动去干,但化为信仰习俗以后,对家家户户就会产生一定的强制力。通过这种信仰民俗,促使人们讲究卫生,预防疾病。又如,端午节悬艾虎、菖蒲,喝雄黄酒、佩香囊(内装朱砂、雄黄、丁香、木香、白芷等),实际上也发挥了消除时疫、防治疾病的作用。五月端午,时属仲夏。这时温度迅速回升,各种害虫会大量孳生,各种病菌也会加速繁殖,成为传染病高发时期。艾草、菖蒲、雄黄和其他芳香类药物,则具有杀毒、驱虫、散风、醒脑的良好功效,对于时瘟疾疫具有明显的预防作用。所以,成人喝雄黄酒可以祛湿通络,增强肌体的免疫力,给小儿在鼻子、耳朵上擦抹,也能收到同样的效果;在门户上悬挂艾虎、菖蒲和在身上佩带香囊,也都可以获得避邪驱瘟之益。在古代普遍缺乏自觉的讲究卫生、预防疾病意识的条件下,节日大搞清洁卫生,不失为一种集体性的预防疾病的活动。

第四,肯定群体价值,促进社会交往。大自然险恶的环境,迫使人类选择了群体生活的模式,依靠群体的力量,战胜自然的困难。群体生活给人类留下深刻的印象,即使后来出现了家庭,个体的生活方式占据了主导地位,但个体与群体之间仍保留着非常密切的关系。实际上,每个个体通过一定的纽带,总会与不同的群体联系起来。中国古代具有血缘关系的家庭群体,和大体属于地缘关系的乡里群体,是个体赖以生存、发展的首要的社会关系,中国传统文化曾从各个方面高度肯定其重要性。岁时节日体现出的许多信仰民俗,正是为了促进社会交往,维护群体关系,弘扬群体的价值。例如,节日信仰习俗中的亲邻友好相互馈赠和宴请,就典型地表达了这种愿望。端午节送粽子、中秋节送月饼、重阳节送花糕,这已为人们所熟知。不仅馈赠,有的节日还要设宴请客。像中秋节、春节这些大型节日,摆酒请客是非常重要的活动内容。从文化的角度来分析,这种行为都具有悠久的历史渊源,是先民的生活共同体在当时险恶的生存条件下同气相求、互相依靠的生活场景的反映。后来,演化为一种纯朴的民俗,并在岁时节日中得到规范化和精致化的调整,不断地发挥促进社会交往的有益作用。

参考文献

《中国风俗史》序例

  风俗乌乎始,始于未有人类以前。盖狉獉社会,蚩蚩动物,已自成为风俗。至有人类,则渐有群,而其群之多数人之性情、嗜好、言语、习惯常以累月经年,不知不觉,相演相嬗,成为一种之风俗。而入其风俗者,遂不免为所熏染,而难超出其限界之外。《记》曰:礼从宜,事从俗。谓如是则便,非是则不便也。圣人治天下,立法制礼,必因风俗之所宜。故中国之成文法,不外户役、婚姻、厩牧、仓库、市廛、关津、田宅、钱债、犯奸、盗贼等事,而惯习法居其大半。若吉凶之礼,则尝因其情而为之节文。无他,期于便民而已。虽然,风俗出于民情,则不能无所偏。应劭《风俗通》序曰:风者,天气有寒暖,地形有险易,水泉有美恶,草木有刚柔也。俗者,含血之类,像之而生。故言语歌谣异声,鼓舞动作殊形,或直或邪,或善或淫也。《尔雅·释地》曰:大平之人仁,丹穴之人智,大蒙之人信,空桐之人武。《鲁语》曰:沃土之民不材,瘠土之民向义。其不齐也若此。非有以均齐而改良之,则常为社会发达上之大障碍。而欲使风俗之均齐改良,故不能不先考察其异同,而考察风俗之观念以起。观念起而方法生,于是或徵之于言语,或徵之于文字,或徵之于历史地理,或徵之于诗歌音乐等。穷年累月,随时随地,以芟集风俗上之故实,然后得其邪正强弱文野之故,而徐施其均齐改良之法。《礼·王制》天子巡狩,至于岱宗。觐诸侯,见百年,命太师陈诗,以观民风俗。周秦常以岁八月遣輶轩之使,求异代方言,还奏籍之,藏于秘室。《诗》三百篇,言风俗最详,大半皆輶轩之所采也。盖已视风俗之考察,为政治上必要之端矣。而后世稗官野乘,及一切私家著述,亦于此三致意焉。亮采夙有改良风俗之志,未得猝遂,乃以考察为之权舆。又以为欲镜今俗,不可不先述古俗也。自惭荒陋,搜讨频年,东鳞西爪,杂碎弗捐。自开辟至前明,几千年风俗,粗具端末。虽芜杂谫陋,不值覆瓿,然正风俗以正人心,或亦保存国粹者之所许也。故述鄙意而举其例如下。

  前人观察风俗,其眼光所注射,不外奢俭、劳逸、贞淫、忠孝、廉节、信实、仁让等方面。而尤以去奢崇俭,教忠教孝,为改良风俗之先著。历代帝王之诏令,士夫之训戒,每兢兢于此焉。是书亦存此意,故于各章列饮食、衣服、婚娶、丧葬等条,所以觇俭奢也。列忠义、名节、风节、廉耻等条,所以励忠节也。

  诗歌乡评,为民情舆论之所发表。周采诗歌,汉魏六朝重乡评,公是公非,无所假借,此风俗之所由厚也。后世此意渐失,天子不采风,而民间亦无复存三代之直道。且见东汉党锢,成于标榜,辄引为清议之戒。不肖官绅,复以裁抑舆论为快事。故上德不宣,而民情难以上达,书中列诗歌、乡评、清议等条,欲据民情舆论,以知风俗之厚薄也。

  淫祀巫觋之盛,固由于民智未开,而医药之不讲求,实为其总因。今酬神赛会,各省皆有此俗,而吴楚尤甚。然都会之地,及商业发达之区,商人借神会以联商团,尚无足异。最可怪者,若吾萍及湖南土俗,有病必曰神为祟,辄延巫觋救治,不问其有无效验也。甚者求医药于神,冥冥何知。杂投温补,病者服之,即因而死,不归咎于神,但归之于命而已。于是木瘿石溜,动号神奇,持斋者死,辄于仙去。庙宇日增,斋匪日众,识者忧之,而当事者固置若罔闻也。故书中列淫祀、巫觋二条。

  风俗有为此时代所有,而为彼时代所无者,则仅著于此时代中。如周之阶级制度,周末之游说,魏晋南北朝之清谈,鲜卑语门第流品,明之结社,是也。有为数时代所有,而非各时代所均无者,则仅著于数时代中。如周及魏晋南北朝之氏族,周末及汉唐之任侠刺客,是也。有为各时代所均有,而不必于各时代全列此条者,则仅著于一朝代或数时代中。如周之蛊毒,周末之隐语,汉之佛道,魏晋南北朝之美术,唐之械斗游宴、斗鸡走马养鹰,明之势豪拳博,汉明之奴婢,是也。

  周末学术,汉代经学,宋代理学,亦一时风俗所趋,然究属学术史部分中。故于周末学风一条,略言其关系外,至宋代学风,则专论士习之坏焉。

  言语随时代而异,即扬子《方言》所载,今就其地求之,往往不能通晓。非已失其语,则所传多讹。是书于各章之末,系以言语,亦从其时代而别也。且风俗所传,以言语为最确。如以《仪礼》"妇人侠床"为庖牺以前之遗语,即可知庖牺以前有男女杂乱之俗。日本加藤宏之曰:蒲斯门人种,以同部女人为男子所公有。故无夫妇配偶之言。妇人处子,语亦无所区别。按《仪礼·士丧礼》"妇人侠床"注:妇人谓妻妾子姓也。此亦语无区别,与蒲斯门种无殊,可断为庖牺以前之遗语。因汉有"金不可作,世不可度"之谚,而知其俗好神仙,因六朝有"山川而能语,葬师食无所"之谚,而知其俗信风水,是也。故书中于言语一条,搜集独多。

(《中国风俗史》,东方出版社,1996)

参考书目

1. 张亮采《中国风俗史》,东方出版社,1996。
2. 乌丙安《中国民俗学》,辽宁大学出版社,2002。
3. 费孝通《乡土中国》,三联书店,1985。
4. [美]摩尔根《古代社会》,商务印书馆,1977。
5. 马林诺夫斯基《文化论》,中国民间文艺出版社,1987。

思考题

1. 试谈中国古代家庭的职能与社会意义。
2. 试谈家谱主要内容及家训意义。
3. 如何看待古代的婚丧礼俗?
4. 试谈姓、名、字的产生及名字避讳方法。
5. 简谈中国节日习俗的特点。

第八章 宗 教

宗教是一种普遍的社会文化现象,是在一定的历史条件下产生和发展的。在人类各民族的不同的社会发展阶段,有着不同形式的宗教。中国自进入文明时代以来,曾经出现了多种宗教传统与宗教,其中佛教、道教与儒家思想鼎足而立,构成了整个中古时期思想意识形态的基础。此外,伴随中西交通而传入的其他外来宗教,也在中国大地传播和发展。本章重点论述先秦时期的宗教传统与佛教、道教三方面内容。

第一节 主要流行宗教

中国历史上,夏商周三代主要流行以原始宗教为特色的宗教传统;汉代以降,土生土长的道教与外来的佛教双峰并峙,并驾齐驱。

一、悠远的宗教传统

人类学、民族学的研究材料表明,在原始社会的氏族制时期,原始人类在从事采集和渔猎的实践过程中,逐渐产生了对自然与自身的歪曲的、虚幻的概念,从而形成了原始宗教观念。随着社会进一步发展,从这种原始宗教观念中衍生出宗教传统,之后又从这种宗教传统产生了具有系统的宗教世界观、复杂的宗教仪轨和具有严密的宗教组织的成熟的宗教。

中国的宗教传统确立于夏朝。夏朝的建立,加速了自然宗教向"人为宗教"的过渡,使宗教完全成为维护君权的有力工具,并为商周二代奠定了"以神道设教"的宗教传统。夏商周三代的宗教传统主要表现在如下几个方面:

1. 天帝崇拜。这是夏商周三代宗教传统最核心的内容之一。夏朝的统治者认为,天帝为具有人格的至上神,可以发挥强大的主宰作用,而地上的君主,其所作所为完全是在遵从天命,履行天神的意志。夏禹还大兴礼制,建立起一套祭天的仪制。这表明,既有明确观念又有庄严仪制的具有浓厚人为宗教色彩的社会意识,随着夏朝国家的形成正式确立了。

商人不仅完全继承了夏人的天帝观念,而且迷信程度更加严重。不管是自然界的风霜雨雪、旱涝晦冥,还是人世间的成败盛衰、吉凶祸福,大事小事都要占卜,一卜总要连问数次。天帝,几乎成为商人唯一的精神依赖。这种迷信,当然具有统治者自愚的一面,但更深刻的一面则恰恰反映了世俗的君王要求巩固自己的权力并使其神圣化的愿望。

周人在充分肯定天帝的至上神地位的同时,创造性地提出了"以德配天"的思想。"德",主要包括敬天、孝祖、保民三方面的内容。它需要主观努力(道德修养)和客观制约(礼仪规范)共同作用才能实现。在加强主观努力方面,特别强调"敬"的功夫,被视为实现"德"的凭借。"德"与"天命"发生了紧密的联系,"敬德"成为"祈天永命"的根本条件,社稷能否求得"永命",关键在于君王的"德"是不是可以"配天"。

"以德配天"的思想,丰富了传统的天命观的内容,克服了由"天命靡常"所引起的疑天情绪,有效维护了天帝的神圣地位。同时,通过对"敬德"的强调,充分肯定了人的主观修养,以及由此种修养所指导的礼乐政刑的运用而引起的积极影响。这种既敬天帝,又重人事,把天帝打扮成一个伦理角色的宗教学说,为后来几千年的传统宗教理论奠定了基础。

2. 祖先崇拜。这是三代宗教传统的另一项核心内容。它是父权制条件下,在灵魂不死观念的作用下逐渐演成的风习。关于三代的祖先崇拜,以商周二代的形态最为典型。商人基本的祭祀方式是,同一氏族的人在宗庙祭祀,同一宗族的人在祖庙祭祀,同一家族的人在祢庙祭祀。不同的祭祀范围,体现出血缘的亲疏关系。商人虔诚地膜拜祖先,一方面是要取悦神灵,祈求其降临福祉,保佑社稷,另一方面则要向臣民显示君王力可通神的伟力,使老百姓能以同样虔敬畏惧的态度接受君王的统治。

周代的祖先崇拜开始强化宗法关系。周武王克商以后,实行祀祖配天,建立起森严的宗庙制度。诸庙皆南向,按昭穆的顺序排列,昭庙在左,穆庙在右。太祖之庙百世不迁,居中。祭祖的名目极其复杂,祭祀的仪式也非常隆重。

3. 鬼神崇拜。对众多鬼神的信仰和崇拜,是中国传统宗教的重要组成部分。鬼神崇拜的理论基础是灵魂观念。活人的灵魂在人死后变成了鬼魂,而日月星辰、山林川泽,能够昼夜变化、翻云覆雨,也皆有神灵存在。三代对鬼神的祭祀,种类甚多。鬼神不同的职能和管辖范围,形成不同的祭祀场所和祭祀方式。不过多数祭祀都与禳除灾害、祈盼丰收有关。对日月、土地、山川的祭祀,典型地反映了这种观念。

4. 圣贤崇拜。在和大自然进行斗争的过程中,勇敢、力量和智慧成为美德,逐渐受到人们的崇拜,于是产生了圣贤崇拜。受到崇拜的圣贤,或者是具有神性或半神性的英雄人物,或者是具有非凡创造力的发明家,或者是具有崇高道德的人物。对于他们的崇拜,主要不是出于血缘的感情,而是敬慕他们造福人类的功业。得到崇拜的种种圣贤,由于后人不断附会其功德,所以他们的神性也就越来越大。甚至像商汤、周文王、周武王这些真实的人物,在传统的宗教情绪的作用下,也大受神化。圣贤崇拜是中国古代宗教传统的重要组成部分,后来逐步与尊圣、尚贤等观念结合,以各种不同的形式得到延续和发展。

夏商周三代是中国的自然宗教向早期"人为宗教"过渡并最后定型的关键时期。在这个过程中,专职的赋有祭司职能的巫、史、祝、卜的出现,发挥了重要的作用。他们是人神两个世界的使者。人间祈祷平安的愿望靠他们传递,诸神赏善罚恶的意志靠他们表达。为了加强宗教神秘肃穆的气氛,主要由他们之手,创造了一系列复杂的宗教仪式。他们是人为宗教诞生的助产婆。

在三代的宗教传统中,宗教观念、宗教仪式虽一脉相承,但由于各朝的社会条件、文明水准各有差异,因而因革损益之迹也非常明显。由于周人从精神上倾向于"尊礼尚施",这就极大地排除了宗教对社会的影响作用,使中国人养成了"天道远,人道迩"的价值取向。

二、道教产生

道教是中国土生土长的宗教,来源于历史久远的民间巫术和神仙方术。战国时期,邹衍创立阴阳五行学说,为巫师、方士所吸取,形成所谓神仙家。秦汉诸帝,企求长生不老,神仙家便与儒术合为一流。东汉崇尚谶纬之学,经学逐渐谶纬化,神仙家与儒生二位一体,界限泯灭。日益堕落的今文经学和虚诞的谶纬迷信,激起古文学家强烈的批判。神仙家感到依附地位难以保持,所以积极谋求独立发展的道路。此时,佛教已开始在中国内地流行。佛教的教主、教义和宗教组织,对神仙家的创教活动产生了很大的影响。模仿佛教创立一种独立发展的宗教,成为神仙家努力的目标。于是老子就被推为教主。汉顺帝时,琅牙人于吉自称得神书一百七十卷,号称《太平清领书》。于吉的门徒宫崇将其献给汉顺帝,由官府收藏。桓帝时,襄楷又向桓帝献出一部。这是神仙家思想的经典,它标志着道教理论已经形成。汉桓帝时,皇帝亲自派宦官到苦县祭老子,又在宫中立黄老浮屠祠,表示朝廷对道教的承认。至此,以老子为教主,以《太平清领书》(又称《太平经》)为经典的道教终于成为公开的宗教。

《太平清领书》产生以后,有力地促进了各地的道教活动。大约在东汉顺帝、桓帝时期,形成了早期道教的两大派别:五斗米道和太平道。

五斗米道,即天师道,由张陵(又叫张道陵)创建。张陵,沛国丰人,生于汉光武帝建武十年(34),据传于桓帝永寿二年(156)升仙。汉顺帝时他在鸡鸣山中学道,编写经书与符箓。他自神其说,称这些经文符箓得自太上老君。他创建了五斗米道的仪式和组织:凡要求入教者,都须出五斗米;组织系统称为"治",在整个巴蜀汉中地区设治24所,是处理道教事务和举行祭仪的专门场所,官职有祭酒与鬼吏等。五斗米道依傍《道德经》阐发其宗教主张,把道视为具有人格特征的至上神,极力推崇"生"的意义,认为它是"四大"(道、天、地、生)之一,突出体现了道教追求长生不死的主旨。

天师

道教符

太平道，又称黄老道，由张角创建。张角，钜鹿人，大约于汉灵帝熹平年间创立此教派。它奉《太平清领书》为主要经典，利用到各地为病人治病的机会进行传教活动。太平道的宗教组织是"方"，当时将所控制的范围分成三十六方，大方万余人，小方六七千人。方的负责人称为"渠帅"，张角自称大仙良师。太平道的目的是要推翻东汉政权，建立新的统治。他们提出"苍天已死，黄天当立，岁在甲子，天下大吉"的口号，在汉灵帝中平元年(184)3月5日正式发动了中国历史上第一次利用宗教形式组织的农民大起义。起义遭到东汉政权的残酷镇压。之后，太平道遭禁。

道教的产生方式是特殊的，不同于佛教与伊斯兰教。由于道教在酝酿过程中，始终处于依附地位，这为它广泛摄取阴阳、谶纬、儒、道、佛等各种理论学说提供了便利，同时也造成道教理论成分庞杂、思想不够纯一的形态。道教是适应中国现实社会需要产生的宗教，所以充分体现了中国古代思想文化的一些特点。它一方面告诉人们通过道德的修养和身心的修炼，可以成神成仙，从而永远脱离现实社会的苦难，另一方面它又有强烈干预现实政治的愿望，期望实现"太平世道"的理想，最终将虚幻的神仙世界与现实的太平世界合二为一。

三、佛教东来

佛教是最早兴起的世界性宗教。创始人是悉达多·乔达摩(Siddhartha Gautama)，生于公元前565年，卒于公元前485年，略早于中国的孔子(前551—前479)。释迦牟尼是佛教徒对他的尊称，意思是"释迦族的贤者"。相传他是净饭王的太子，出生于古印度北部迦毗罗卫国(在今尼泊尔南部提罗拉科特附近)，幼时接受婆罗门教育。曾经结婚生子，29岁时，有感于人生的种种痛苦，出家修道，探索人生的解脱之道。最初，他在揭摩陀国王舍城学习禅定，效果不够显著。数月后，通过修炼苦行，以领悟真理。但是，六年的苦行生涯，并未使他发现真理。35岁这一年，他渡过尼连禅河，来到伽耶(今菩提伽耶)，坐在毕钵罗树(即菩提树)下静思默想，经过七天七夜，终于"悟道成佛"。"佛"，梵文是Buddha，中国古代译为佛陀，意思是"觉悟者"。此后，他转向传教事业，直到去世。

早期佛教的教义集中在"四谛"说当中。"谛"，意思是"实在"或"真理"。"四谛"，也称"四圣谛"，即佛陀发现的四条根本真理。

(一)苦谛：指社会人生充满了痛苦，这是佛教的一个根本判断。佛教将世界与人生概括为一个"苦聚"，有四苦、五苦、八苦、九苦、十一苦、十六苦等说法。最有代表性的是"八苦"，即生苦、老苦、病苦、死苦、忧悲恼苦、怨憎会苦、恩爱离别苦、所欲不得苦、五盛阴苦。佛教尽管也承认人具有"乐受"的感受，但诸行无常,好景不永,苦终究将会伴随一生。只要是一个活生生的人,就必然遭受普遍的苦的折磨。

(二)集谛:指解释人生痛苦的原因。它的内容极为丰富,最重要的是"五阴聚合说""十二因缘说"和"业报轮回说"。

1. 五阴聚合:"五阴"也译作"五蕴",是对色、受、想、行、识五类现象的概括。色,义为"质碍",凡具"质碍"作用的现象都称为"色",相当于物质概念,但含有少量精神现象。受,义为"领纳",指主体从客体得到各种感受。想,义为"取像",指摄取表象,形成概念、语言等精神活动。"行",义为"造作",指思想意识当中可以发挥支配作用的目的、意志、心理趋向等。识,义为"了别",指一切认识活动赖以发生的精神主体,具体指眼、耳、鼻、舌、身、意"六识"。五阴可以泛指一切精神现象或物质现象。五阴理论,目的在于推出因果报应的理论。

2. 十二因缘:又称"十二缘生",是由十二个概念构成一个前后相续的因果链条(缘起),用以解释人生本质及流转过程。即:

(1)无明:无知,指由于无知而产生的贪痴之类的烦恼心。

(2)行:指由无明而产生的种种善恶行为。

(3)识:指前生所造的善恶诸业,汇聚为托胎时的心识。

(4)名色:指托胎后的身心状态。

(5)六入:也称"六处",指胎儿的眼、耳、鼻、舌、身、意。

(6)触:指出胎后与对在的对象接触而发生的感触与认识。

(7)受:指接触外境后的苦乐感受。

(8)爱:指由苦乐等感受所引起的对事物的贪求与欲念。

(9)取:指由贪欲促使的对外物的索取和占有。

(10)有:指由对人生与物欲的热切追求而导致的各种业行,它直接种下来生的因果报应。

(11)生:指由今生之业而引起的来世再生。

(12)老死:指由来世之生而必然引致的老病与死亡。

这十二因缘包含了过去、现在、未来三世。其中,其中无明与行,是过去之因,识、名色、六入、触、受五项,是现在之果,爱、取、有三项为现在之因,生与老死则是未来之果。这就把众生的三世流转说成具有因果相连的必然性,从中概括出"三世两重因果"理论。世,此指"有情"的一生。过去一生的行为,决定今世一生的行为;今世一生的行为,决定未来一世的状况。这就为业报轮回奠定了理论基础。

3. 业报轮回："业"，是梵文的意译，意思是"造作"，分身、口、意三类，总括了人的一切身心活动。业给行为主体带来的后果，叫"报应"或"果报"。"轮"，是车的轮盘；"回"指车的转动。轮回，比喻众生的生死流转永无终期，犹如车轮旋转不停一般。业报轮回说，强调"业力"的永恒性，众生一生所作的善业与恶业都会引起相应的果报，人在来世就会在不同的境界中轮回。

上述内容，从理论上引申出佛教"无常"（法无常体，世界没有永恒不变的事物）与"无我"（人无独立永恒存在的实体）的认识。这构成了佛教"空"观的主要内容，也是社会人生"苦"的本质所在，是世间人生的真谛。

（三）灭谛：是在懂得了集谛道理的前提下，灭绝一切由业和烦恼产生的苦果，从而超脱生死轮回，达到清凉安住、快乐无苦的"涅槃"境界。"涅槃"，意指"灭度""圆寂"，是佛教出世间的最高理想。涅槃的本质是一种死亡状态，但佛教理论却将它描绘成一个熄灭了一切烦恼，超乎时空之上，完全对立于现实世界的境界，并蒙上了浓厚的宗教色彩。

（四）道谛：就是获得人生解脱，达到"涅槃"境界的途径与修习方法。佛教的修习方法花样繁多，但最根本的是"八正道"：正见（具有四谛佛理的正确见解）、正思（按四谛之义正确思维）、正语（不作一切非佛理之语）、正业（保持清净的身业）、正命（符合佛教戒律规定的正当合法的生活）、正精进（勤修涅槃道法）、正念（合于"正见"的思想）、正定（通过禅定的修持，使信念归一，达于涅槃）。八正道从身、口、意三个方面对佛教徒的思想和日常的行为进行规范，它的简化的概括即是戒（正语、正业、正命）、定（正定、正念）、慧（正见、正思、正精进）"三学"。

"四谛"理论以"苦谛""灭谛"为重点，集中概括了早期佛教的核心内容，它从宗教的角度反映了社会现实的苦难，表达了遭受痛苦煎熬的众生，祈求脱离苦难的强烈愿望。但是，佛教把自然世界的无情之物与人类世界的有情之物一体看待，对人生价值做出消极片面的判断，把"苦"归结为普遍的必然性，这就从根本上抹杀了阶级社会"苦"的阶级差别，歪曲了社会苦难的实质内容。它否定人生欢乐的一面，彻底动摇了众生改造自然、改造社会的信心，使他们安于现状，顺从地接受现实的统治。它把人的生理痛苦与社会痛苦相提并论，甚至有所夸大，实际是掩盖了阶级压迫的本质与激烈的社会矛盾。所以，这是一套从根本上有利于统治阶级，而不利于被压迫阶级的理论。

佛教产生后，立即向四周传播，两汉之际进入中国。东汉初年上层贵族信佛正式见诸记载。佛教最初依附于黄老，在人们的心目中，佛教教义类似黄老道家。桓帝、灵帝时，西域名僧安世高、支谶等人来到洛阳，译出了多种佛经，进一步扩大了佛教的影响。这是见诸史籍的佛教传入中国的记载。东汉末年,佛教徒牟融著《牟子理惑论》,提出了另一个说法:汉明帝梦见神人,知其为"佛",于是派张骞等人至大月氏国写经四十二章(即《四十二章经》)藏于兰台,后又在洛阳城西造佛寺(白马寺)。梁代僧慧皎在《高僧传》中,演绎其说,称汉明帝于永平中遣蔡愔等往天竺求法,并将摄摩腾、竺法兰请到洛阳,专建白马寺供其翻译《四十二章经》。

佛教传入中国,是中西文化交流的结果。但它历经曲折,最后能在中国社会站住脚,成为中国人的一种精神信仰,则与当时中国的社会现实有着密切的关系。首先,西汉末年兴起,在东汉社会流行的谶纬迷信与各种神仙迷信,使统治阶级的许多人丧失了清醒的认识,从而营造出一个迷信气氛空前浓厚的社会环境,使装扮成黄老道的佛教得以顺利进入。其次,激烈的社会矛盾,特别是桓灵时期的黑暗政治所引发的深重的社会危机,加剧了全社会的末世感,使人们对现实统治丧失了信心,幻想借助信佛来求福成仙。第三,汉代占统治地位的今文经学,由于本身的虚妄和烦琐,从东汉开始日益走向衰落。汉末深重的社会危机和风雨飘摇的统治,又进一步宣告了经学的破产,社会酝酿和流行着各种不同的思想和信仰。佛教乘势而起,满足了当时社会的精神需要,逐渐为人们认识和接受。

洛阳白马寺中的佛像

第二节 道　教

魏晋南北朝时期南北分裂的特殊的政治环境,为道教的进一步生长和发展提供了广阔的空间。南北道徒风云际会,对道教全面改造,使东汉末风行于民间的宗教,受到官府的推崇和保护,最终造成了儒学、佛教、道教三足鼎立的局面。

一、道教的革新与流变

太平道与五斗米道是早期道教的两个重要派别。黄巾起义失败后,太平道遭到地主阶级的疯狂镇压,力量大挫,后来在民间秘密流传。五斗米道则在张陵死后由其子张鲁主持。张鲁依靠益州割据军阀刘焉的势力,以汉中为根据地,吸引邻近地区的穷人接受道教。汉献帝建安二十年(215)曹操攻取汉中,张鲁自动投降。此后五斗米道受到统治阶级的青睐,在上层社会和南北各地广泛传播,被视为道教的正统。

魏晋时期道教迅速发展,一时形成繁荣的局面。道教之所以能够在当时得到长足的发展,其原因主要是:首先,道教教义反映了统治阶级的根本要求,有利于维护现实的统治秩序,得到了朝廷的信任。其次,道教成神成仙的宗旨迎合了士族的精神需要;道教所倡导的散淡闲适的生活方式,受到厌世士人的欢迎。第三,道教的法术与消灾治病的方法及互助共济的道规,对于受到水深火热煎熬的穷苦百姓具有现实的价值,因而具有较强的吸引力。但是,对于以神道设教的统治者来说,道教发展的背后也存在着很大的隐忧:流行于民间的道教,远未成为统治者驯服的工具,还经常成为组织起义的工具;而在士族中间流传的上清派与灵宝派,理论尚不够成熟、精致。因此,南北朝时期,开始对道教进行整顿革新。当时南北呼应,大体同时展开这个进程。

北方的革新由北魏的寇谦之主持。寇谦之,字辅真,上谷昌平(今北京)人。他是嵩山道士,修五斗米道,自称太上老君亲自封他为天师。他的革新活动得到了北魏道武帝拓跋焘和宰相崔浩的支持。他以维护儒家所确立的封建礼法为出发点,凡是不符合统治者要求的道教习惯和做法,一概加以革除。他将三张(张陵、张衡、张鲁)收租米税钱的旧规,视为伪法之一加以删汰,从而解除了士大夫入教的顾虑。他制定了一套较为完备的体现儒家忠孝仁义原则的清规戒律和斋醮仪范,要求道徒严格遵守;规定以清异之法去代替房中术,以消除一些道士借房中术纵欲坏伦而给道教带来不利的影响。他从组织上将道官祭酒的世袭制改为选举制,为道教的健康发展提供了组织保证。他模仿佛教,改革了道教的仪式,尽量简化求功德的方法,强调男女信徒只要在家立坛,朝夕礼拜,就可以求得上等功德,而无须出家修行。这些革新措施,本质在于彻底剔除早期天师道反映劳动人民利益和愿望的内容,把道教变成真正适合统治者口味的宗教。道教经过这一番革新与整顿,不仅在北魏大获发展,在北齐、北周也得到了统治者的大力扶植。

南方的革新活动由刘宋时期的陆修静主持。陆修静,字元德,吴兴东迁(今江苏吴县)人,出身士族。他"祖述三张,弘衍二葛",足履各地,收罗道教经典,编制了《三洞经书目录》,将道经按洞真、洞玄、洞神三部,分类整理,奠定了以后《道藏》"三洞四辅"的体例基础。他全面总结了天师道固有的各种斋醮仪式,去粗取精,制定了新的有利于巩固教团组织和适合上层精神旨趣的斋仪。针对天师道在组织管理教徒方面存在的疏漏,他提出建立道教的自上而下的教会组织:置二十四治,三十六靖庐,奉教者皆编户著籍,做到各有所属;保证三会,即以正月七日、七月七日和十月五日三个固定的日子去本师治所进行宗教活动。这就形成了更为严密的组织和联系一般徒众的日期和地点。他建立了祭酒论功受箓、按级晋升的制度,废除了道官世袭制的旧规。他既是一个道教理论家,也是一个道教改革的实践家。经过他的革新,南方的天师道面目一新。

隋唐时期政治的统一,也推动道教走向统一和发展。唐高祖以老子李耳与李唐同姓,便攀附老子为祖宗,确定了道教第一、儒学第二、佛教第三的三教次序。此后诸帝极力采取措施扶持道教。其中唐玄宗规定了道举制度,还组织整理道经,纂修了中国第一部道藏——《三洞琼纲》。

唐五代时期,涌现出孙思邈、成玄英、王玄览、司马承祯、吴筠、李荃、杜光庭、谭峭等一批道教学者,他们从宇宙论、人生论、道德论、人性论、政治论、仙学论、炼养论以及斋醮仪范等方面对道教理论进行探索,取得了显著的成绩。

宋元时期由于受到统治者有力的支持,道教的发展也达到了鼎盛阶段。宋代诸帝都崇奉道教,并以具体措施积极扶持。宋徽宗时曾先后编成《崇宁道藏》与《万寿道藏》,并将后者镂版印行。这是中国第一部印本《道藏》。元世祖忽必烈封张道陵三十六代孙张宗演为嗣汉天师,主领江南道教,形成以符箓为特点的正一道。金代由王重阳创建的全真道,元以后遍及全国,产生了重大的影响。

明清时期,道教走向衰落。明初的几个皇帝从统治者的根本利益出发,虽然也有一些崇道的表现,但对道教的限制日益加强。清朝对道教一直限制颇严。乾隆时期,张天师的官品由二品降到五品。道光时期,停止天师朝觐,并取消其"正一真人"的封号,中止了官方与道教的联系。从此,官方道教一蹶不振,道教逐步世俗化。

明清时期《道藏》的编纂取得突出的成绩。永乐皇帝鉴于道书散佚的情况，诏令第43代天师张宇初编辑《道藏》。明英宗时刊印，称为《正统道藏》，凡五千三百零五卷，四百八十函。但是，遗漏还是很多。万历时，又由第50代天师张国祥编成《万历续道藏》，凡一百八十卷，三十二函。清康熙时，彭定求搜集道书二百多种，编为《道藏辑要》。《道藏》的内容极为庞杂，除道经外，还收入部分诸子、医学、天文、地理、化学、生物等古代科技著作，是一个内容丰富、价值甚高的文渊薮。

二、道教的主要门派

道教内部由于宗教纲领、入教规定、修持方式、传教地域等方面的差异，产生初期即分为太平道与五斗米道两个派别。后来太平道逐渐归于寂灭，五斗米道独盛于天下。但是，由于魏晋南北朝时期政权的暌隔，五斗米道也分为两个部分。在北朝出现了经寇谦之改造的新天师道及由此演变而来的楼观道。在南方传统的天师道继续流传，同时出现了上清派与灵宝派。隋唐时期，国家统一，道教的南北界限最终泯灭，但道教内部的各门派却保持下来。当时以茅山宗为主的各道派，兴盛一时，迭领风骚。宋元时期，道教门派更为繁盛。各门派皆尊奉各自的教理学说、修持方式，各有明确的传承世系和相对固定的活动区域。门派活动的繁荣是对道教认识多样化的产物，它极大地丰富了道教的内容，有利于道教理论的探讨和发挥，是道教趋向学理化的反映。明清道教衰微，道教的整体活动不过是对宋元的延续而已。

（一）上清派

因奉《上清经》而得名。东晋时期由道士杨羲创立，后经道士王灵期增饰，遂广泛流传。该派以《大洞真经》《黄庭经》为经典，以魏存华为开派祖师，奉元始天王、太上大君为最高神灵。修炼方式上，主张存思存神，强调人身仙精气神的修炼，不尚符箓、炼丹，尤其鄙弃房中术。陶弘景以后，茅山宗代表了上清派，甚至干脆将上清派称为茅山宗。入道者多为士族，反映了统治阶级上层的精神愿望。

（二）灵宝派

因传授洞玄灵宝部经而得名。大约形成于东晋时期，相传由葛玄传于郑隐，由郑隐传于葛洪。该派将儒家的伦理道德与修道方术结合起来，劝人积善行仁，遵规蹈矩。修炼方式崇奉符箓，注重斋醮。受上清派的影响，也讲究思神、诵经，轻视金丹与房中之术。因其思想内容颇能吸引广大群众，加之修持方式更为简便，很适合社会中上层人士的口味，故在南方地区传播较广，后世一直延续不绝。

(三)楼观道

因以陕西周至县楼观为活动中心而得名。由北方天师道演变而来,北周时达于鼎盛。以周代的尹喜为祖师,奉《道德经》为经典,坚信老子化胡说。修炼方式杂采众家,符箓与丹鼎并重,尤喜服食丹药。因此派推重老子,与李唐神道设教的政治需要相吻合,故大受唐朝统治者重视,许多著名的道士都与朝廷保持了密切的关系,有力地扩大了该派的影响。

水陆画中的道士形象图

(四)茅山宗

因活动中心位于茅山(今江苏句容)而得名。南朝齐梁时期的陶弘景创立。该宗奉元始天尊为神灵,以《大洞真经》和其他上清经为经典,修炼方式以存神为主,以诵经、修功德为辅。陶弘景死后,该宗传入北方,成为隋与初、盛唐道教的主流。

(五)正一道

原为天师道。张道陵四世孙张盛流入江西,以龙虎山为活动中心,尊张道陵为"正一天师",形成新的道教门派,称为"正一道"。它以《正一经》为主要经典,传统的修炼方式是符箓斋醮。北宋以后,吸收内丹术,对符箓道法加以改进。该派道士允许有家室,清规戒律不甚严格。南宋理宗敕第三十五代天师张可大提举三山(龙虎山、茅山、阁皂山)符箓,兼御前诸宫观教门事,龙虎山正一天师遂为各道派之首,被视为道教的正宗。元成宗时授第三十八代天师张与材"正一教主"封号,主掌江南道教,尊显至极。最后吸收南方的各个符箓道派,形成正一派。

(六)太一道

因创始人萧抱珍传"太一三元法箓"之术,故名。该道约创于金初,崇尚符箓道术,以北宋东西太一宫正殿奉祀的五福太一为神灵。道士须出家,继法的后嗣受秘箓法物。若非萧姓嗣教,皆须改为萧姓。此道兴盛于金元时期的北方地区,元以后逐渐与正一道融合。

(七)真大道

初名大道。由金朝沧州乐陵人刘德仁创立。该派以《道德经》为本,融合三教精义,不谈飞升化炼,长生久视,主张自食其力,少思寡欲。修炼方法以"守气养神"的内丹修炼为主,以召劾之术祈祷治病,驱除鬼神。五传至郦希诚时,教中分裂为两派。郦氏为表明其正统地位,特请元宪宗批准,于宪宗四年(1254)在原名"大道"之前加一"真"字。此道与北宋诸教派无直接继承关系,是道教史上一个独具特色的教派。

(八)全真道

金世宗大定七年(1167)王重阳于山东宁海(牟平)全真庵聚徒讲道时创立。全真,即是识心见性之意。该教吸取儒、释的一些思想,主张三教归一。王重阳在山东传教时,曾收马钰、谭处端等七人为徒,称为"七真"。他死后,七真分别在陕西、河南、河北、山东等地继续传道,分创遇仙、南无、随山、龙门、嵛山、华山、清静七派,在金朝兴盛非常。主旨提倡三教合一,以修性为急务,不尚符箓,反对黄白之术,鄙弃肉身成仙,要求道士必须出家住庵,不能有妻室。全真道的巨大影响引起了蒙元统治者注意。元太祖成吉思汗于1219年下诏,亲自召见"七真"之一丘处机,赐号"神仙",爵"大宗师",命其掌管天下道教,从而奠定全真道在元代繁荣发展的基础。明朝的全真道总体处于消沉状态,不为朝廷所重。该道内部只有以张三丰为祖师的全真道别系和丘处机所传的龙门派,稍有一些声色。清朝,龙门派出现了以王常月为代表的一批人物,力图促进全真道复兴。

丘处机西行图

三、道教与中国文化

道教是中国土生土长的宗教,典型地反映了中国人的思想意识和宗教情怀。从产生之初,它就对中国社会产生重要影响,当成为一个更加成熟的宗教信仰体系以后,其影响就更为深刻久远,在中国传统哲学、文学、艺术、科技和社会习俗诸方面都留下了鲜明的烙印。

道教与儒学都是在中国土壤中生长起来的思想体系与宗教信仰。道、儒之间虽有矛盾、斗争的一面,但更多的则是联合融摄的一面。道教在哲学思想、修道理论、养生学说及宗教道德理论方面,对儒家思想产生了重大的影响。宋明理学的产生就是一个集中的体现。北宋理学家周敦颐撰成《太极图说》,标志理学奠基性著作的形成。《太极图说》关于"图"的部分,即直接来源于陈抟所传的《无极图》;讨论宇宙本源及其演变与人性善恶与修养的"说"的部分,也主要是汲取道教思想而成。此后,邵雍、二程、朱熹及明代的吴与弼、陈献章、王阳明等人,都深受道教的影响,给理学涂上了浓重的道教彩色。

道教对于文学发生了多方面的影响。道教保留了大量的神话故事和民间传说,同时,道教本身也创造了许多神仙故事。这些神话故事所构造的美丽的天庭、飘逸的人物、神奇的法术、超凡的想象,极大地拓展了时空领域,丰富了古典文学的表现内容,加强了浪漫主义的表现色彩,给人以莫大的审美享受。道教善于用诗歌词曲寄托其理想,这也深深地影响到古典诗歌的创作。六朝时期出现了繁盛的描写神仙轻举飞升的"游仙诗"和描写神仙生活的"神仙诗"。唐代诗人李白、李贺等人深受道教思想的影响,善于运用浪漫主义手法,描绘超尘脱俗与变幻神奇的神仙境界。道教超凡诡异的想象力,为古典小说的创作提供了丰富的素材。六朝时期的志怪小说,明清时期的神魔小说,可以说都是道教影响的产物。长篇小说《水浒传》《三国演义》《西游记》《红楼梦》,都有浓厚的道教色彩。至于《聊斋志异》,更是从风格与内容都不脱离道教的典型作品。

道教对艺术的诸多门类都产生了深刻的影响。画符的神秘方式与符箓变幻的形态及其所蕴含的抽象意义,对于草书的书写给予重要的启示。道教非常重视利用绘画来宣传其思想和教义,道教的一些重要场所都绘有大型壁画,内容多反映宏伟的道教建筑、清逸的神仙生活及道徒修道成仙的故事等。道教内容成为画家重要的绘画素材,王母、麻姑、八仙等常见于画家的笔下。道教追求的与"自然合一"和高远淡泊的意境,也推动了宋元山水画的创作。道教音乐广泛吸收宫廷音乐、民间音乐等多种成分,形成丰富多彩的音乐内容和复杂多样的演奏方式,成为中国古典音乐的瑰宝。

道教追求长生不死,重视内外丹的修炼,因而对古代的科技与体育都产生了重要的影响。古代的许多道士都通习医道,其中葛洪、陶弘景、孙思邈等人更是中国古代杰出的医学家,对中医的发展贡献了重要的力量。养生的需要,促进了预防医学的发展,气功、导引、食疗、体育等有效疗法,皆导源于此。道教的炼丹实践,认识了许多矿物的特性和物质的化合过程,从而产生了中国的化学,火药的发明即与此有关。

道教与民俗关系密切。道教所尊奉的神灵如雷公、风伯、关帝、文昌、门神、灶神、城隍、土地、妈祖、药王等,被道教吸收改造以后,成为民间最重要的祭祀对象。此外,道教本身也创造了一些特有的神灵,如财神、八仙等,同样得到民间的尊奉,并且演变为一种民俗,成为民间生活特有的内容。道教善于玩弄法术,以神化其教。这些法术与民间的巫术结合起来,对民间生活颇有影响。如祈雨、疗病、求签、祈梦等,直到今日仍为一些人所迷信。道教对各种节序及民俗活动都有重要的影响。中国传统最隆重的节日——春节,其敬灶神、贴门神、贴桃符(后演为贴春联)、燃爆竹、逛庙会等,都与道教有关。以道教场所和道教内容为中心的各种民俗的形成,使道教变得世俗化,拉近了它与普通民众的关系,使民众在不知不觉中接受了宗教的洗礼,而这些以娱乐为主的民俗活动,又极大地丰富了民间的生活,给他们带来了巨大的快乐。

第三节 佛 教

进入东汉晚期,佛教的传播进程明显加快。魏晋南北朝时期,战乱频仍,民不聊生,又为佛教的迅速传播提供了难得的契机,佛教兴盛一时。隋唐时期,佛教继续发展,宗派竞起,译事繁盛,最终实现了佛教的中国化。

一、佛教的兴盛

东汉晚期黑暗的社会政治环境,使许多人转而信奉佛教,以求精神的解脱。三国时,下层佛教信徒明显增多。此时翻译佛经,也获得可观的成绩,出现安世高与支娄迦谶两大译师。安息国僧人安世高系统译介小乘经典与禅法,月氏僧人支娄迦谶则译介大乘般若(bō rě)学经典与思想。这种大小乘经典兼传并译的局面,为中国佛教最终形成融大小乘于一体的体系奠定了基础。三国与西晋时期,由于玄学兴盛,佛教以研究《般若经》而形成的专门学问——般若学开始盛行,同时译经规模益大,涌现出支谦、康僧会、竺法护等著名的译经大师。他们译经的特点是惯于用道家的术语来表达佛教思想,表现了佛教与中国固有文化相结合的趋势。除般若学经典外,佛教戒律与僧人受羯磨法也在此时传入。中国僧人朱士行依此登坛受戒,是为中国和尚正式出家之始。他还于魏甘露五年(260)首次到于阗寻求佛典,这也成为汉地和尚西游的先导。

东晋十六国时期,大一统局面瓦解,民众陷入黑暗的深渊。社会上下出于共同的需要,都大力支持佛教的传播,推动佛教得到快速的发展。突出的表现是,帝王及门阀贵族奉佛,寺院、僧尼数量激增,广设译场,加强佛经翻译与佛典研究。此时,北方的佛图澄、道安和鸠摩罗什,南方的慧远,以其译经、传教和研习佛典而成为最有影响的人物。

南北朝时期,佛教信仰仍然持续高涨。南朝诸帝皆敬信佛法,而梁武帝佞佛之甚,无以复加。北方各少数民族政权仍同十六国一样,大力支持佛教。由于地域的限隔,南北方在崇佛的方式上略有不同。南方承东晋的余绪,重视佛教义学的传统,在佛教理论上多所发明。北方缺乏讨论义学的深厚传统,偏重于建造石窟和禅行修习方面。著名的云冈石窟、龙门石窟即为北魏开凿。此外,中国僧人向西求法成为引人注目的现象。在南北诸多的求法者中,法显最为著名。他曾撰《佛国记》详细记述了自己曲折的行程和丰富的见闻,也为后人认识和研究南亚史地文化,留下了珍贵的资料。

由于佛典的系统翻译及佛教思想与儒道思想的进一步融会,南北朝时期开始涌现出以研究某一部分佛典为中心的各种学派。他们各尊一经一论,彼此争鸣,献疑送难,呈现出繁荣的局面,为隋唐佛教宗派的诞生奠定了基础。

隋唐五代时期,在南北朝诸学派的基础上发展成大型的佛教宗派。隋朝出现的宗派有:天台宗、三论宗、三阶教;唐朝出现的宗派有:华严宗、法相宗、禅宗、律宗、净土宗、密宗和藏传佛教。宗派的出现是佛教长期发展的结果,而统一的社会条件与日益繁荣兴旺的寺院经济则是有力的催化剂。各宗派常以某些大寺院为据点,都有严格的教义、不同的教规,并与财产继承权相联系而强调传法世系,具有强烈的宗法性与排他性。由于各宗派所建构的理论体系代表了当时哲学思维的最高水平,因而深刻影响了广大士人的思想、精神,左右了整个时代的思潮。以后,由于佛教的进一步普及,各派的教义深入到民众的日常生活,熔铸为普通民众思想观念的一部分。

五代以后,佛教虽然仍旧延续流传,但基本方向则是由盛转衰。以禅宗为代表的汉地佛教进一步儒家化,无论是外部功能还是内在精神,都同儒道渐趋一致,呈现出三教会同的面貌。宋代佛教的重大事件之一是雕印汉文《大藏经》。先后开雕了《开宝藏》《崇宁藏》《开元藏》《思溪藏》《碛砂藏》等,对保存佛教文献做出了重要的贡献。辽代采取护佛的政策,所以境内的刻经、建寺活动颇为兴盛。元朝与清朝皆重喇嘛教,主流佛教无大起色;明代朝廷对佛教多加限制,但一些士人对佛学产生了兴趣,出现了许多佛学深湛的居士。

二、佛教的主要宗派

隋唐时期的佛教,主要形成了下列宗派:

(一)天台宗

由隋代的智𫖮创立。因智𫖮常住天台山而得名,又因以《法华经》为其教义的主要根据,称为"法华宗"。盛行于唐朝。智𫖮的代表作是由他开讲、由其弟子记录而成的《法华经文句》《法华经玄义》《摩诃止观》,合称"天台三大部"。奉《法华经》为佛的最高最后的说法,以止观学说为其教理的核心,强调"止观并重,定慧双修"的修养方式。也主张"性具善恶"说,认为现实世界和人生的千差万别,并非法性不同,而是业报的结果。这种学说抹杀了道德的社会根源,使之变成纯粹的个人问题。天台宗是最早兴起的宗派,曾传入朝鲜、日本,但是中唐以后当华严宗、法相宗崛起后,其影响逐步衰微。智𫖮的五传弟子湛然努力中兴,提出"无情有性"说,进一步扩大了成佛的范围,对佛教产生了深刻的影响。

(二)三论宗

源于南北朝的三论学,实际由隋代的吉藏所创。因奉印度中观学派的《中论》《百论》和《十二门论》为主要经典,故名。又因主张"诸法性空",也称为"法性宗"。此宗以"二谛""八不中道"为中心。二谛,即俗谛与真谛。俗谛认为有因果、君臣、父子、忠义之道,真谛认为一切法毕竟空寂。然而俗谛所说"有"是假有,非实有;真谛所说"空"是假空,非实空。所以二谛不可偏废,而应远离有空,折中于二边,称为中道。《中论》举"八不"(即不生、不灭、不常、不断、不一、不异、不来、不出)为例来显示中道。吉藏对这种理论给予高度评价,并依二谛实相之理进行解释。吉藏的重要门徒有慧远、智𫖮、硕法师、慧灌等。其中出自硕法师门下的元康,是传授天台宗的杰出人物。

(三)法相宗

源于印度有宗,又称"唯识宗",在中国的创始人是玄奘和窥基。此宗尊奉的经典是《华严经》《解深密经》《楞严经》《成唯识论》《瑜伽师地论》。宣扬"万法唯识"。以眼、耳、鼻、舌、身、意、末那、阿赖耶为八识。前六识负责感觉与思维,第七识负责联系,第八识总摄一切。八识都有变现认识对象的功能,人们平时所谓的事物,不过是八识变现的"相分",主观的认识能力则是八识的见分,认识世界的过程不过是八识自己认识自己的过程。又提出"种子"说。种子分有漏与无漏,同藏于阿赖耶识中。人要求得解脱,须将有漏种子转化为无漏种子,舍染归净,最后成佛。此宗用逻辑的方法论证外境非有,内识非无,即"唯识无境"说,强调"转依"(即转变思想的认识)的重要性,主张"五种姓"(即声闻、独觉、菩萨三乘、无姓、不定),认为有一种无姓有情者究竟不能成佛,为窥基独传此宗提供理论依据。由于此宗的理论过于烦琐,不符合普通人的需要,窥基以后式微。

(四)华严宗

以阐扬《华严经》而得名。由法藏创立。他的创宗活动深得武则天欣赏,被赐号为"贤首",故又称为"贤首宗"。该宗的主旨是讲法界缘起,事事无碍,以便消除佛经存在的各种矛盾。认为本体是现象的根据、本原,一切现象均由本体而起,都不是孤立的自存,因此本体与现象之间,现象与现象之间都是圆融无碍的。由于此宗自觉广泛地运用了理事、体用、总别诸范畴,深入论证了个别与一般的关系问题,极大地丰富了中国哲学的认识,对程朱理学产生了极大的影响。法藏弟子众多,其中高丽僧审祥,将华严教义传到日本,被视为日本华严宗的初祖。

(五)密宗

源自印度大乘佛教部分派别及婆罗门教。中天竺人善无畏上师、金刚智上师和不空法师创立。尊奉大日如来为最高的神,有金刚界与胎藏界两法门,各自的经典是《金刚顶经》和《大日经》。该宗认为显教是应身释迦对一般凡夫所说法,而密教则是法身大日佛对自己亲戚所说的秘奥之法,都是秘密真言,故也称为"真言宗"。提倡即身成佛,以咒语和神秘的仪式为修行的要旨,不经灌顶,不经传授,不得任意传习。从哲学理论看,密宗建树不高,其特色主要在修持和宗教仪轨上。其修持要求众生做到身、口、意三者一致,就可清净"三业",获得自身即是菩萨身的自觉,从而具备了入坛场、受"慧灌顶"的资格。不空死后,密宗的最有影响的人物是惠果,他将胎藏密法与金刚密法融合起来,形成新的学说。日本僧人空海从他学习,回国后传瑜伽密教,成为日本真言教的初祖。

(六)净土宗

印度龙树造《无量寿经》《阿弥陀经》及《观无量寿经》等,将净土境界描绘成极乐世界,劝导众生专修往生阿弥陀佛净土法门,故名。由善导创立。该宗主旨以修持者念佛行业为内因,以弥陀的愿力为外因,内外相应,促使众生快速成佛。由于修习方式极其简便(念佛与施功德),所描绘的地狱与极乐世界的差别又至为鲜明,所以对普通民众的吸引力和影响力很大。净土宗创立前,佛教的各个宗派,或者由于理论深,或者由于仪轨复杂,多流行于宫廷和士大夫中。净土宗发达后,才真正广泛地传播到民间,其影响极为久远。

(七)禅宗

因主张以禅定概括佛教的全部修习而得名。实际创始人是慧能。慧能,世称禅宗六祖大师,本姓卢,先世河北范阳人,出生广东新州,少孤,家境贫寒。因他标榜"不立文字",故只留下一部由门人法海整理的书,称为《坛经》。这是中国僧人唯一一部列入佛经的著作。主张佛性有本,不假外求,强调顿悟法门,不专主坐禅,认为一切时中行住坐卧,都可以体会禅的境界,从而与神秀所主张的渐悟法门区别开来,形成禅宗南北宗的对立。禅宗南宗的学说,是中国佛教史上一次空前的变革,对后世影响深远,宋明理学就充分吸收了禅宗的精髓。慧能死后,禅宗分为沩仰宗、临济宗、曹洞宗、云门宗、法眼宗五个支派,并且传播到朝鲜和日本。

除以上七宗外,律宗、三阶教及藏传佛教,也是隋唐时期重要的宗派。

僧道斗法图

十六罗汉图

三、佛教的中国化

佛教本来是一种纯粹的外来宗教,传入中国以后,与中国固有的以儒家为主体的思想意识形态存在着根本的矛盾,也与土生土长的道教在宗教观念上存在着严重的分歧。

儒家重生不重死,提倡一种积极的人生态度,最终完成内圣外王的修养过程。佛教则以"无生"为宗,宁愿放弃现世的人事,专替死后打算,从而达到脱离生死之苦,避免轮回报应的目的。儒家讲孝道,将孝视为"至德之要,百行之首",而佛经则讲识体轮回,生死变异,就从根本上否定了尽孝的必要性。儒家讲"不孝有三,无后为大",而佛徒出家,没有子嗣,完全不合儒家的规范。

道教既相信神不灭,而且也相信肉体能够常生。所以道徒求不死之药,行导引、房中之术,期望益寿延年,肉体飞升。对于佛教专意经营死后之事,道教大不以为然,抨击它是"修死之道"。

儒、佛、道三家伦理观念与宗教观念的差异,必然引起冲突和斗争。佛教清楚地意识到这一点,为了能够在中国立稳脚跟,在早期佛经的翻译过程中,他们采取选、删、节、增等方法,使有关译文尽量适合中国伦理道德的要求,从而调和观念间的对立。尽管这些努力也取得了相当的成效,但并不能完全消除三家思想意识的矛盾与冲突。随着佛教在魏晋南北朝的兴盛繁荣,儒、道与佛教理论观念上的矛盾也日益尖锐,展开了激烈的斗争。在南方,斗争的形式主要表现为思想的交锋;在北方,则表现为政治斗争的形式。由于道教徒的煽动和佛教自身发展给国家利益所带来的实际危害,北魏太武帝与北周武帝分别发动了灭佛活动,使佛教遭到沉重的打击。儒、道与佛教的冲突、斗争,迫使佛教采取更加主动的姿态进行调整、改造。隋唐之际出现的天台宗与华严宗,其实就是佛教调和与儒、道矛盾的产物。禅宗南宗的诞生,对佛教进行了更加彻底的改造,从而真正实现了佛教的中国化。

首先,禅宗破除了佛学烦琐派的学风。南北朝隋唐佛教的兴盛,也把佛学的烦琐学风推向了顶峰。佛徒对于佛经盲目顺从,对之进行烦琐的注疏,严重束缚广大佛徒的精神,引起他们的反感。禅宗南宗以不立文字相标榜,提倡简易的修习方式,从而使僧徒从烦琐的戒律和义疏中解脱出来,获得精神的自由。

其次,禅宗与玄学合流。魏晋玄学与禅宗在思想认识上存在着许多一致性,因此二者可以合流。玄学发挥庄子消极厌世的思想,以无为贵,而大乘佛教否认物质世界的客观性,以空为宗。玄学家任达放荡,蔑视礼法,而禅宗放弃经典,不顾戒律,其行为与玄学家无异。

第三,禅宗与儒学合流。儒学正统派坚持性善论,禅宗南宗也一改佛教关于人在前生都有罪恶的观点,强调人人可以成佛。儒学以孝为人伦之本,佛教在这一点上向儒学让步,也大力宣传孝道,甚至认为孝是成佛的根本。

以禅宗为代表的佛教实现中国化,就完全改变了中国佛教长期以来的依附地位,使广大僧众从印度佛经的控制下解脱出来,获得发展的自由,也使佛教完全适合了士大夫的口味,从而得到统治阶级的容纳,与儒、道并存,成为维护统治的重要工具。

四、佛教与中国文化

佛教是一种体系庞大、内容丰富的外来文化。传入中国以后,对中国文化的各个方面产生了深刻的影响。

从哲学来看,中国本土的哲学关注人伦世范和现世的人生哲学,轻视宇宙生成论、本体论、认识论和心性论;重视经验认识,轻视概念剖析与逻辑思维,在哲学结构与方法论两方面都存在较大的缺陷。佛教哲学则善于运用概念与逻辑推理的方法,对本体、心性等问题进行细密的分析,这正好补充中国哲学的不足。宋明理学以《四书》为要典,以心性论、本体论为核心,以体用为范畴,深入探讨理与事、心与物、心与性等问题,形成精致的面貌全新的哲学体系,可以说就是充分吸收了佛教哲学(重点是禅宗)养料的产物。此外,佛教对诸如矛盾的对立与统一、现象与本质的关系、主体与客体的关系等问题的讨论,都体现了较高的辩证思维水平,对中国古代的辩证法做出了贡献。

从语言文学来看,佛教在音韵、文体、文学意境、表现手法等方面,对中国的语言文学产生了重大的影响。梵文经典的传入,也将印度的声韵理论传入中国,受其影响,南朝的沈约等人发现了平上去入"四声",并依此归纳出"八病"(作诗时应在音律上避免的八种毛病),应用于诗歌,形成文学史上以讲究声律为特点的"永明体"声律的讲求,直接推动了律诗的产生与繁荣。佛经的大量翻译,导致了翻译文学的出现。这种文体,对于后来白话小说的创作发挥了重要的作用,同时也促进了变文、俗讲、平话、评书等俗文学的创作与繁荣。佛教般若学的日益流行与大乘空宗的思想观念,为六朝的诗歌创作开拓了诗境,形成了意趣恬淡、意境玄远的山水诗。唐代禅宗兴起,以禅入诗成为一时的风尚,形成了以王维为首的借山水之胜演禅宗之理的诗歌流派。到了宋代,禅宗的流行继续影响诗歌的创作,使"说理"成了宋诗最重要的特征。佛典中具有浪漫主义色彩的寓言、故事,有力地推动了中国古典小说的创作。不论是六朝的志怪小说,还是明清的神魔小说,佛教都为他们提供了故事情节与思想内容。

从艺术来看,佛教在绘画、建筑、雕塑、音乐等方面,都产生了很大的影响。佛教传入中国后,重视绘画的宣传作用,逐渐出现了表现佛教故事、宣传佛教理论的佛画。六朝时期,佛画占据了绘画的中心地位,曹不兴、顾恺之等人都以精其绘事而著名。唐朝以表现佛教内容为主的壁画创作,非常兴盛,吴道子技压群芳,博得"画圣"之誉。禅宗兴起以后,表现萧疏玄远、超然旷达意境的山水画,也得到士大夫的重视,并演变为宋元绘画的主题。佛教建筑以寺庙为中心,集多种艺术造型于一体,气魄宏伟,结构庄严,在中国各地广泛分布,大大丰富了中国建筑的内涵。佛教雕塑丰富多彩,既有托体于崇山的石窟寺及巨型造像,也有精致小巧的玉雕、石雕。不论大小,都显示了精湛的技艺和高妙的意态,把中国本土质朴的雕塑艺术,推上一个全新的高度。佛教音乐传入中国后,为适应中国僧众的需要,逐渐形成了具有中国特色的佛教音乐,极大地补充了中国原有音乐文化的不足。它借助寺院的节日、庙会等场合进行表演,活跃了社会的艺术生活,满足了民众的精神需要。

从风俗来看,佛教的影响也非常深。凡生产交易、衣食住行、岁时节序、婚丧嫁娶、游艺娱乐等,无不留下佛教影响的烙印。不仅如此,佛教的信仰已化为中国民众的基本观念,融入他们日常的举动与言行当中。

参考文献

1. 陈寅恪论天师道

东晋孙恩之乱与滨海地域之关系,旧史纪之已详,且为世人所习知者也。若通计先后三百余年间之史实,自后汉顺帝之时,迄于北魏太武刘宋文帝之世,凡天师道与政治、社会有关者,如汉末黄巾米贼之起源,西晋赵王伦之废立,东晋孙恩之作乱,北魏太武帝之崇道,刘宋二凶之弑逆,以及东西晋、南北朝人士所以奉道之故等,悉用滨海地域一贯之观念以为解释者,则尚未之见。故不自量,钩索综合,成此短篇。或能补前人之所未逮,而为读国史者别进一新解与?

自战国驺衍传大九州之说,至秦始皇、汉武帝时方士迂怪之论,据太史公书所载(《始皇本纪》《封禅书》《孟子荀卿列传》等),皆出于燕、齐之域。盖滨海之地应早有海上交通,受外来之影响。以其不易证明,姑置不论。但神仙学说之起源及其道术之传授,必与此滨海地域有连,则无可疑者。故汉末黄巾之乱亦不能与此区域无关系。(略)

案《江表传》所言与时代不合,虽未可尽信,而天师道起自东方,传于吴会,似为史实,亦不尽诬妄。是于吉、宫崇皆海滨区域之人,而张角之道术亦传自海滨,显与之有关也。

第八章 宗　教

又据《三国志·魏书捌·张鲁传》及《后汉书·陆伍刘焉传》等，张道陵顺帝时始居于蜀，本为沛国丰（今江苏省丰县）人。其生与宫崇同时，（宋濂《翰苑别集》卷六《天师世家叙》云："道陵建武十年生于吴之天目山。殊不足信。故不依以为说）丰沛又距东海不远，其道术渊源来自东，而不自西，亦可想见。此后汉之黄巾米贼之起原有关于海滨区域者也。（略）"

凡信仰天师道者，其人家世或本身十分之九与海滨地域有关。《隋书·经籍志·道经部》谓"三吴及边海之际，信之逾甚"。《晋书·孙恩传》亦言"三吴士庶多从之（孙泰）"。盖边海之地本其教之发源地。三吴区域或以邻接海滨，或以重要都会所在，居南朝政治之中心，为北来信徒若琅邪王氏等所侨聚之地。但《隋志》仅就南朝言之，其实北朝亦何独不然。兹节取旧史所载魏太武帝崇道事，条列于后，以证成吾说。

《魏书》壹壹四《释老志》云：

> 世祖时，道士寇谦之，字辅真，南雍州刺史赞之弟，自云寇恂之十三世孙。早好仙道，有绝俗之心。少修张鲁之术。

《魏书》肆贰《寇赞传》云：

> 寇赞，字奉国，上谷人，因难徙冯翊万年。父修之，字延期，苻坚东莱太守。（东莱郡，今山东省旧登莱二府之地。）赞弟谦之有道术，世祖敬重之。

案，谦之自附于寇恂之后裔，故称上谷人。魏收亦谓其"自云"。明不足信也。但其父既任东莱太守，既曾居滨海地域。父子俱又以"之"字命名，是其家世遗传，环境薰习，皆与天师道有关，所以"少修张鲁之术"也。

又《魏书》叁伍《崔浩传》略云：

> 崔浩，字伯渊，清河人也，白马公玄伯之长子。……初浩父疾笃，浩乃剪爪截发，夜在庭中仰祷斗极，为父请命，求以身代，叩头流血，岁余不息……性不好老庄之书，每读不过数十行，辄弃之。……

案，玄伯妻为卢谌孙女，即孙恩妹婿卢循之姑母，是崔浩、卢循两人实中表兄弟，其家世相传之信仰，自属天师道无疑。观浩剪爪截发，夜祷斗极，为父请命（参阅《梁书》肆柒及《南史》伍拾《庾黔娄传》），正似后来道家北斗七星延命之术。（今《道藏》为字号有《北斗七星灯仪》及《北斗本命延寿灯仪》等书，此等自为后世撰述，而佛藏密教部亦有《北斗七星延命经》，及其他类似之经殊多。颇疑此种禳祷之方译出虽晚，要是天竺早已有之，道家之术或仍间接传自西方，特不肯显言之耳）至其不好老庄之书者，盖天师道之道术与老庄之玄理本自不同，此与浩之信仰天师道,并无冲突也。故浩之与所以与寇谦之之道独有契合,助成其事者,最要主因实在少时所受于其母之家庭教育。况浩父玄伯既避乱于齐鲁之间,后复东走海滨,是浩之父系与滨海地域亦有一段因缘,不仅受母氏外家信仰之渐染而已也。(又浩宗人颐与方士韦文秀诣王屋山造金丹。见《魏书》叁贰《北史》贰肆。或亦崔氏本来奉道之旁证)此点为北朝佛道废兴关键所系,前人似尚无言及之者,特为发其覆如此。

凡东西晋南北朝奉天师道之世家,旧史记载可得而考者,大抵与滨海地域有关。故青徐数州,吴会诸郡,实为天师道之传教区。观《风俗通》玖《怪神篇》"城阳景王祠"条、《三国志·魏书壹·武帝纪》注引王沈《魏书》详述琅邪及青州诸郡淫祀之俗。(兼可参考《后汉书》肆壹《刘盆子传》所载赤眉军中常有齐巫鼓舞祠城阳景王以求福助事)又《江表传》"于吉先寓居东方,往来吴会"之语,最足以见东汉末年天师道分布地域之情况。(略)

东西晋南北朝之天师道为家世相传之宗教,其书法亦往往为家世相传之艺术,如北朝之崔、卢,东晋之王、郗,是其最著之例。旧史所载奉道世家与善书世家二者之符会,虽或为偶值之事,然艺术之发展多受宗教之影响。而宗教之传播,亦多倚艺术为资用。治吾国佛教美艺史者类能言佛教陀之宗教与建筑雕塑绘画等艺术之关系,独于天师道与书法二者互相利用之史实,似尚未有注意及之者。因论地域关系既竟,略举旧籍中涉及二者相互关系之记载,以质正于治吾国宗教美术史者。

(《天师道与滨海地域之关系》,《陈寅恪史学论文选集》,上海古籍出版社,1992)

2. 任继愈论佛教哲学

(1)佛教是唯心主义的宗教体系。它是通过唯心主义的理论的论证以达到信仰的目的。它中间的逻辑分析、辩证法观点也相当丰富。作为思想资料的仓库,还大有可以发掘之处。比如佛教一开始,就用分析感觉、概念、物质属性来论证他的宗教唯心主义体系。它的论证的方法有些地方也很精致。佛教哲学比起古代中国和欧洲的哲学来,在这一方面是讲得比较充分的。当然它是从唯心主义的立场来讲的。通过对佛教唯心主义的批判,促进了中国唯物主义的深化。它起了反面教员的作用。

(2)佛教起源于印度,但发展是在中国,佛教的许多理论、学派是结合中国社会具体情况提出的。它是中国的上层建筑的一部分,也是中国哲学史中古时期的主要思潮。佛教哲学不搞清楚,对于中国哲学史中间(魏、晋、南北朝、隋、唐）近八百年的思想斗争也会讲不清楚。而且佛教哲学对宋、明理学有直接的影响。

（3）中国唯物主义与无神论经常并肩前进，它与唯心主义、宗教迷信思想作过长期斗争。中国古代唯物主义正是在这种斗争中成长起来的。为了正确地阐明中国唯物主义、无神论思想的发展，作为它的对立面的佛教哲学思想也要摸透。不了解唯心主义，对于唯物主义的发展也不会有深刻的了解。

（4）佛教是相当长时期积累的、自成体系的唯心主义，有些唯心主义的一些手法，从论证方法到论据，有许多与西方资产阶级唯心主义相似或相同之处。回顾一下一两千年前他们用过的手法，对于批判现代资产阶级唯心主义会有启发。有些现代资产阶级唯心主义讲的一些歪道理，在古老的神殿中都可以找到它的原型。有些所谓"新"体系，并不是什么新货色。

（5）有些副产品，佛教的文学、艺术、音乐、逻辑（因明），可以扩大知识领域。

（6）学习历史唯物主义，进一步阐明上层建筑与基础之间的关系。不但可以认识基础决定上层建筑，也可以看出上层建筑对基础的反作用。我们从佛教的输入和传播，可以看到光靠外来思想本身不会对当时的社会发生重大的作用，只有当它（思想）与当时社会的历史具体情况相结合，才能引起深刻而广泛的影响。与中国的社会条件相适应的宗派（如天台、华严、禅宗），它就得到发展，生搬硬套的外来学说（如法相宗）即使得到统治者一度大力支持，仍旧生不了根，终归枯萎。

（《汉唐时期佛教哲学在中国的传播和发展》，《汉唐佛教思想论集》，人民出版社，1973，第 20 – 21 页）

参考书目

1. 郭沫若《十批判书》，人民出版社，1996。
2. 许地山《道教史》，上海古籍出版社，1999。
3. 汤用彤《汉魏两晋南北朝佛教史》，中华书局，1963。
4. 汤用彤《隋唐佛教史稿》，中华书局，1982。
5. ［美］房龙《宽容》，三联书店，1985。

思考题

1. 先秦的天道观与中国人的信仰取向。
2. 道教与中国古代科技。
3. 佛教与中国艺术。
4. 儒释道冲突与融合的根源。
5. 史官文化与中国人的宗教情怀。

第九章 哲 学

先秦诸子百家是中国古代哲学思想的源头,它孕育着以后一切类型的世界观、方法论。先秦哲学思想所形成的范畴体系规范着中国古代哲学思想的发展进程。

第一节 古代哲学思想的形成

一、儒墨显学

百家争鸣中,儒家是较早在政治、道德、历史等方面提出自己主张的一个重要学派。稍后出现的墨家,许多观点与儒家针锋相对。儒、墨在当时都有显赫的名声,"弟子徒属充满天下",并称儒、墨显学。

(一)孔子与儒家

儒家学派的创始人孔子名丘,字仲尼,鲁国人。孔子年轻时很困顿,中年聚徒讲学,成为中国第一个私学教师,晚年率弟子周游列国,由于政治理想与改革方案严重脱离现实,劳而无功。孔子失望地回到鲁国,集中精力整理了被后人尊为"六经"的《易》《诗》《书》《礼》《乐》《春秋》等典籍,对保存和传播古代文化做出了巨大贡献。

孔子"述而不作,信而好古"(《论语·述而》),没有著作传世,《论语》是其弟子根据回忆整理而成的孔子语录。

孔子及其追随者以"六艺"教民,这一学派被称为"家"。孔子死后,"儒分为八",最重要的是孟子(名轲)和荀子(名况)两派。孟子在孔子的仁学基础上,第一个深入探讨人的本性,提出"性善"论,认

孔子

为"天命"决定人事,但人们可以通过存心养性来认识客观世界,所谓"尽心、知性、知天""万物皆备于我"。在世界观和认识论上使儒家唯心主义哲学系统化。荀子发展了儒家的崇礼传统,但与孟子相反,认为人性恶,主张客观世界具有规律性,"天行有常,不为尧存,不为桀亡",人力可以胜天。荀子的哲学思想有着明显的朴素唯物主义特色。

儒家哲学思想的核心是"仁"与"礼"。"仁者,人也"(《孟子·尽心下》),"人"作为哲学思想的出发点,孔、孟、荀都作了详尽的阐释。"仁者爱人",儒家以仁为最完美的道德,为了达到仁,孔子主张恢复维护上下尊卑等级关系的"周礼"。"一日克己复礼,天下归仁焉"(《论语·颜渊》),儒家从仁和礼推衍出一整套政治哲学、道德哲学、历史哲学。

孔子对宇宙自然谈得不多。他承认超自然力量的存在,"畏天命",但"敬鬼神而远之",采取模糊甚至是矛盾的立场。反映他企图摆脱而又难以摆脱殷周以来传统神学观念的矛盾心理。孔子的天命观被孟子系统化,是儒家哲学思想体系中的唯心主义糟粕。

关于认识论,孔子从经验中总结出不少认识规律,体现出饱学深思的一代哲人的悟性,但主要是对教育实践、求知方法的总结。只有以"名"定"实"的"正名"(《论语·子路》),论才真正触及认识论本身。可惜的是,他颠倒了名与实的关系,后来墨子、荀子再把这种关系颠倒过来,才符合人们的认识规律。孔子虽然讲过"生而知之",但包括孔子在内的先秦儒家在教学实践中则强调知识来源于学习。孔子的教育思想和有关学习方法与态度的真知灼见是儒家思想中最具生命力的部分。

先秦儒家哲学、政治观是个充满着矛盾的思想体系。唯心论中杂有唯物论成分,形而上学混有辩证法因素;既同情人民,又维护等级压迫,既复古守旧,又积极用世,形成一个颇具特色的思维模式和文化心理结构。汉代以降,儒学在两千余年的封建社会中成为统治思想,并非由于它有强大的思辨、逻辑力量,而在于它不断被统治者改造。唯心主义、形而上学的成分和等级压迫、复古守旧的糟粕发展为三纲五常的封建道统,窒息了民族智慧,阻碍了社会步伐。而它的朴素唯物主义因素和辩证思想,以及肯定人的价值,热爱人生、忧患社会的人道主义精神滋润着中华民族文化绵延发展。

(二)墨家

继孔子之后的另一位重要哲学思想家墨子(前约479—前约381)名翟。他创立的学派称"墨家"。

墨子及其门徒是一批社会底层的役夫、武士。他们组成了一个纪律严明的团体,从阶级立场和职业道德出发,猛烈抨击儒家,以为儒家的"礼""乐"是些毫无用处的奢侈品。至于久丧厚葬、怀疑鬼神等也是墨家所竭力反对的。

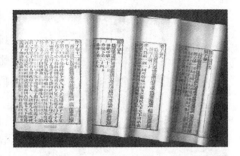

《墨子》书影

墨家哲学思想的中心观念是"仁"与"义",由此推导出著名的"兼爱""非攻"思想。墨家的"仁""义"概念大异儒家,"仁"在儒家那里是有等级差别的,而墨家则认为"仁"是无等级差别的"兼爱",墨子对义的解释很明确:"义,利也。"(《经说上》)所以墨家哲学思想的指向是"兴天下之利,除天下之害"(《兼爱》),反对儒家提倡的周代礼治社会,而效法夏禹,苦行救世,带有浓厚的功利主义色彩。构成墨家哲学思想主要内容的十个方面(尚贤、尚同、节用、节葬、非乐、非命、天志、明鬼、兼爱和非攻),都是围绕义而提出的。墨家以义的标准来看待人生、社会问题,身体力行,"摩顶放踵利天下"。

墨子否认"天命",但又尊天事鬼,服膺超自然的神秘力量,宇宙观很矛盾。墨子第一个把名、实关系当作哲学范畴提出。主张"取实予名",认为纠缠概念难以分清是非,只有在客观实际中择取正确才能判断是非,具体准则有三条:(1)立论要有"本"(根据);(2)立论要有"原"(证明);(3)立论要有"用"(效用)。三条准则有内在联系,后者尤为重要(《墨子·非命》)。这个著名的"三表"说闪耀出朴素唯物主义反映论的火花,为同时代其他学派所不能比拟。后期墨家在此基础上建立起形式逻辑体系,成为中国逻辑分析的先驱。

墨子本人是个技艺精湛的工匠,门徒皆为普通劳作者。他们与其他学派不同,十分重视自然科学,多有发明。墨家思想反映了小生产者的利益,具有强烈的平民色彩,这就决定了它难以在后来的封建统治思想中取得一席地位。所以,秦汉以后,墨家寂然成绝学,这常令有识之士对我国近代自然科学落后惋惜不已。然而,墨家那种任侠赴死的团体精神和原始平等要求、民主观念却潜行民间,影响了历代农民战争。近代曾出现复兴墨学的呼声。

二、道家、法家、名辩

道家、名家、辩者的纯理性思维是先秦诸子百家中具有真正意义的思辨哲学。道家开拓了中国自然哲学,在本体论、辩证法研究上成绩甚大。名家、辩者通过名、实考察,形成一套逻辑思维理论,奠定了中国古代逻辑学基础。

法家主要是政治哲学,它总结出一套君王统治权术,对中国封建社会的发展有着极大影响,是历代王朝行使统治权力的重要手段。

(一) 道家

道德家简称"道家",主要代表人物是老子和庄子,故又称"老庄之学"。老庄思想宏远精深,最富哲学内涵,给中国传统的美学思想、自然科学、政治思想、伦理观念带来深刻影响。

老子

老子即老聃[①],楚国人,生活在春秋战国之交。他吸取杨朱"为我""轻物重生"观念和阴阳家思想及《周易》的辩证法,创立道家学派。其思想资料保存在《老子》(又称《道德经》)一书里。庄子(前约369—前约286)姓庄名周,是个"宁游戏污渎之中自快,无为有国者所羁"的隐士。他发展老子学说,建立起更为博大精深的思想体系。其学术思想见《庄子》一书。

"道"是老庄哲学的最高概括。老子赋予它的意义有两个方面:(1)"道生一,一生二,二生三,三生万物"(《老子》四十二章),道是"先天地生"的世界本原。由于道很玄妙,不可名状,所以老子又引进另一概念"无"来表述:"天下万物生于有,有生于无。"(《老子》四十章)(2)"道"也指事物变化的总规律,既在事物之先,又寓事物之中。事物各自变化的规律称为"德"。"道德"在儒家属于政治伦理范畴,而在道家则是宇宙观范畴。儒、墨均认为"天"是最高主宰,老子打破这种观念,首次确立了中国哲学的宇宙观。老子在解释宇宙本体时创造了"无"与"有"这一对哲学范畴,成为中国古代哲学史上最基本的范畴之一,其影响之大,在今天还被西方思想界所重观。

老、庄都是历尽人世沧桑的人。老子虽辩证地总结了社会、人生的成败兴衰、生死祸福等转化规律。却消极保守地要求人们"以柔克刚""以弱胜强""知足""知止""不敢为天下先"。因而,他主张弃绝积极用世的儒、墨所推崇的圣、智、仁、义、利、巧,追求一种无为、清静、无事、无欲的境界。他的社会理想是:"小国寡民,使有什伯之器而不用,使民重死而不远徙。虽有舟舆,无所乘之。虽有甲兵,无所陈之。使人复结绳而用之。甘其食,美其服,安其居,乐其俗。邻

[①] 老子其人,说法不一,本文采用郭沫若主编《中国史稿》之说。

国相望,鸡犬之声相闻,民至老死不相往来。"(《老子》八十章)这是一种返回到人类原始状态的复古的政治理想。

庄子片面夸大事物的相对性,认为在道的范畴内"万物皆一也"(《庄子·德充符》),提出"齐物"的人生哲学,即把一切相反的东西当作"齐一"看待,泯灭是非彼此。目的是置富贵、贫贱、得失、荣辱于度外,进入"虚静恬淡、寂寞无为"的逍遥境地。其混世诡辩的人生态度开启了日后清谈之门。

老、庄十分推崇抽象思维,鄙视具体事物研究,认为"不出户,知天下;不窥牖,见天道。其出弥远,其知弥少"(《老子》四十七章),"知者不博,博者不知"(《庄子·知北游》),事实上,认识具体事物和掌握一般规律是无法分割的,老子本身就是阅历丰富而博学多智的人。庄子从他的相对主义认识论出发,指出人们对事物的认识存在片面性、局限性,但又滑向不可知论,感到"吾生也有涯,而知也无涯,以有涯随无涯,殆已"(《庄子·养生主》)。语言和逻辑思维无法揭示宇宙间的"道",必须"得意而忘言"(《庄子·外物》)。

道家学说在汉初、魏晋、唐初三个历史时期曾取得思想统治地位。然而纵观二千年历史,道家哲学基本上是作为儒家哲学的补充而存在于传统思想文化之中。道家崇尚自然,追求精神自由的思想不仅深深地影响了中国知识分子的心理,并且影响了中华民族的整个审美意识。

(二) 法家

法家思想是战国时期社会变革的产物。它代表新兴地主的利益,要求强化君主专制的中央集权制度。法家思想属于政治哲学范畴。早期法家代表人物有管仲、子产等,继有战国时代的李悝、吴起、商鞅、申不害、李斯、韩非。《韩非子》集先秦法家思想之大成,是中国文化史上最重要的社会政治学经典之一。

法家尽情嘲笑儒家的"法先王""性善论",认为人性与历史同步进化。"上古竞于道德,中世逐于智谋,当今争于气力。"《韩非子·五蠹》在进化论、性恶论基础上,法家提出以"法""术""势"为基本内容的政治思想体系。

"法"指国家成文法令。法家主张钳制舆论,用"法治"代替"礼治","远仁义,去智能,服之以法"(《说疑》)。要求严刑峻法,"法不阿贵"。"术"是深藏不露的驾驭臣属的权术,它要求人主"知人善任,用人之智,用人之能","事在四方,要在中央"(《扬权》)。同时,人主必须工于心计,制人有术,如对位高的大臣,韩非提供了三个具体的控制办法:"曰质(人质),曰镇(控制),曰固(禁锢)"(《八经》),甚至可以捏造罪名,投毒暗害,以芟除对手;"势"是权势。法家是权势万能论者,它要求统治者紧握杀戮、庆赏的权柄,只有这样,术方可施,法便能行。不难看出,法、术、势在政治斗争中是很实用的,数千年来,它在政治权术家手里累试不爽,导演出数不清的政治悲喜剧。

法家思想的地位,不在理论价值,而在于实用价值。正因如此,它能借助政治力量,结束先秦百家争鸣局面,成为最后胜利者。历代统治者都把法家的主张作为夺取政权、巩固政权的手段,"阴法阳儒",济之以"道"。儒、法、道三家成为中国政治文化的主流。每当国势艰难之际,法家思想尤为进步思想家、改革家所推崇。

(三)名辩

春秋战国时代,社会剧烈变动,新旧事物名、实脱离,各学派的哲学思维几乎都涉及名、实命题,著名代表人物是惠施、公孙龙。后期墨家也参加辩论,在认识论、逻辑学方面很有贡献。他们的纯理性思维深入到哲学深层,丰富了先秦哲学思想的内涵。

惠施、公孙龙与庄子同时代,两人均以博学、思维敏捷闻名天下。惠施不重"名"。他从"实"出发,认为"至大无外,谓之大一,至小无内,谓之小一"(《庄子·天下》)。从宇宙"大一"看,天地的高低算不了什么;从点("小一")看,近的也成为远。时间长短,空间大小都是相对的,事物的性质也是相对的、可变的。"日方中方睨,物方生方死""卵有毛"(鸡蛋无毛,可变成毛茸茸的小鸡),"(女句)有须"(女人没胡子,能生出会长胡子的儿子)。天下万物彼此"大同异"。这是著名的"合同异之辩"。"合同异"的逻辑结论是"泛爱万物,天地一体也",颇似庄子的"齐物"论。

公孙龙正相反,不注重"实"。他从"名"入手,强调词和概念的差异。据说,他曾骑马过关,马通关须纳税,公孙龙大声回答:我骑的是白马,白马非马。说毕挥鞭过关。① 公孙龙最有代表性的辩题是"离坚白"。"坚白石"给人的感觉是:"视不得其所坚,而得其所白者,无坚也;拊不得其所白,而得其所坚者,无白也。"(《公孙龙子·坚白论》)。得出"坚""白"相离的论点。

惠施、公孙龙的思辨排斥了感官经验的综合,流于诡辩,故有"犬可以为羊""马有卵","鸡三足"等怪论。但是,他们追求纯粹抽象的概念分析开拓了中国哲学的"超乎形象"领域,推进了逻辑学的发展。

后期墨家的名辩思想,现存六篇在《墨子》书中。他们凭借自己丰富的自然科学知识,不仅对时间、空间、运动等范畴作了明晰的哲学概括,并且首次摆正了感觉与思维的关系:"知,材也","虑,求也","闻,耳之聪也,循所闻而得其意,心

---

① 《公孙龙子·白马论》:"马者,所以命形也;白者,所以命色也。命色者非命形也,故曰:白马非马。"

之察也"(《经说上》),站到了先秦认识论的时代高度。后期墨家对概念的准确性及概念与概念间的逻辑推理十分重视,提出"以名举实,以辞抒意,以说出故"的判断、推理原则。同时提出了"或""假""效""辟""侔""援""推"等一系列推理方法。把概念分为"达、类、私"三个不同等级,为明确概念的内涵、外延创造了条件(《经说上》)。

后期墨家的认识论远出儒、道之上,其形式逻辑体系弥补了先秦哲学思想家普遍重领悟、轻论证之不足,使得两千多年前的中国哲学思想无愧于世界。

第二节 古代哲学思想的演变

一、两汉经学

训释或阐述儒家经典之学称"经学"。秦灭汉兴,历史出现了相对稳定的大一统时期,它要求作为意识形态的哲学思想适应新政权巩固的需要,经学应运而生。汉代思想家们选取先秦各家的思想材料,补充、改造儒学而成经学。中国古代哲学思想出现了以儒为主的第一次大融合,给整个封建社会的意识形态带来深远的影响。

两汉经学是一种占统治地位的经院哲学,它把先秦儒学中某些思想僵硬化、神学化了。但是,以王充等人为代表的哲学思想继承、发展着先秦哲学中积极、活泼的因素,对经学神学化进行了大无畏的批判。

(一)经院哲学

道家的"黄老之学"①曾被汉初统治者确定为安定社会的统治思想,充当了先秦哲学经法家过渡到经学的中间环节。汉武帝为了进一步强化中央集权,果断地改换统治思想,采纳董仲舒建议,"罢黜百家,独尊儒术"。董仲舒(前约179—前104),专治儒家经典《春秋公羊传》,曾"三年不窥园",完成了经学巨著《春秋繁露》,并上《天人三策》,是中国历史上影响重大的第一位经学大师。

董仲舒"推天道以明人事",吸收阴阳五行说,纳韩非思想,论证了儒家的纲常名教,为儒家的伦理道德披上神学外衣。经董仲舒改造,儒学已非先秦正统,杂有燕齐方士和三晋文化刑名家思想。

董仲舒在解答宇宙的起源、演变、结构时,把先秦的天命观与阴阳五行结合,创造出一个高踞宇宙本原之上,具有意识和道德的人格神——"天"。他说:

---

① 战国中期,道家为了提高学派地位,尊黄帝为始祖,这一道家新学派,称为"黄老之学"。

"天,仁也。"(《王道通三》)"天者,百神之君也,王者之所尊也。"(《郊祭》)天运动阴阳二气,产生各种自然现象。董仲舒认为宇宙是由天、地、阴、阳、木、火、土、金、水、人等"十端"构成。十端通过五行"相生相胜",演变出和谐完整的宇宙——人事有序同构。在这个宇宙图式中,人是天的特别创造,超然于万物之上,与天相合。天有四季,人有四肢。人首圆像天,足方像地,头发像星辰,耳目像日月,人的好恶善怒与天的阴晴寒暑相副。人间的君权、三纲、五常与天、阴阳、五行配合成对,"是故仁义制度,尽取之天"(《春秋繁露·基义》)。明确了自孟子以来就存在的"天人合一"论。董仲舒依此又推导出另一个著名命题:"天人感应"。认为大自然的灾异是天对人事的"谴告",如果社会太平则天降各种"符瑞"表示赞许。"天人感应"论直接成为两汉"谶纬"迷信的理论根据。

董仲舒以天有阴阳之气论证人具有善恶的两重人性,并把人性分为天生能善的"圣人之性",贪欲难改、只能为恶的"斗筲之性"和可为善可为恶的"中民之性"。须知孟子的性善论、荀子的性恶论,都是说的中等人的人性,而董仲舒的性三品说则包括了人的三种等级。

董仲舒是个宿命论者,也是个有神论者,在"神形"之辩中主张"神"是"形"的本原,"形"是由"神"派生出来的。

董仲舒按"天人感应""奉天法古"的原理,推演出一套"三统说"("三正说")的历史循环论及三纲五常的社会伦理观念,董仲舒的这套思想,很能适应封建统治者的需要,所以得到汉武帝的赞赏。

两汉治经讲究师承家法,逐渐形成记、传、易、问、故、征、章句、注、说、训诂、内传、外传等烦琐的解经程式,如解《尚书·尧典》两字竟达十余万字。经学进入了经院式哲学的樊笼。西汉末甚至发展到荒诞不经的谶纬解经(以图画、文字进行宗教式预言,如所谓河图、洛书等)。在东汉章帝主持下,班固编撰了集谶纬之大成的《白虎通义》。经、纬互补,唯心主义、形而上学的经学终于完整化,系统化。

(二)经今、古文之争

儒家经典《诗》《书》《易》《礼》《春秋》遭秦火而残缺。汉代由老儒口授,以当时通行的隶书记录整理而成的儒家经典被后人称为"今文经"。《春秋穀梁传》和董仲舒所研究的《春秋公羊传》即是隶书写成的"今文经",汉代五经博士讲授的经典亦属"今文经"。以董仲舒为代表的今文经。

在西汉一代是占统治地位的官学。不料,武帝末,鲁恭王刘馀坏孔子宅,得《古文尚书》《礼》《论语》和《孝经》等,河间献王刘德征得的先秦旧籍也是古文。西汉末年,刘向、刘歆在秘府校书时发现了用古文(大篆,俗称蝌蚪文)书写的

《春秋左氏传》，后来还相继找到古文《毛诗》《逸礼》《尚书》等。刘歆异常兴奋，认为左丘明亲见孔子，《春秋氏传》与一传再传的穀梁、公羊传相比，更接近孔子思想。当时，由于今文经过于烦琐附会，而主张明训诂、通大义、简洁明了的古文经异军突起，给衰落中的经学注入了新的生机。刘歆等人要求将古文经立于学官，以取代今文经。为此，同今文博士展开了激烈的辩论，指斥他们"抱残守阙""信口说而背传记，是末师而非往古"。今文经儒者奋起反击，刘歆只得请外调躲避。此后，经学出现了从底本、内容到解释，甚至对孔子的评价都不相同的"今文"和"古文"两个派别。王莽当权，重用刘歆，古文经借政治势力压倒今文经，得立学官。这样，经今、古文之争渗进了政治因素，益发复杂化。

经今、古文之争是中国学术界最大的争论之一。从哲学思想角度看，古文经是对形而上学、唯心主义、充满宗教神学色彩的今文经的反动。唯物主义思想家王充便是其代表。今文经学家认为"五经"是孔子托古改制的手段，包含"微言大义"因而孔子是政治家，被尊为"素王"（有王之德才而无王位者）。今文家解经特别注重微言大义，不惜牵强附会。古文经学者则认为六经都是古代史料，孔子"述而不作"，只是加以整理、传授而已。即是说，孔子是史学家、教育家，所以尊孔子为"先师"。古文经学者解经注重名物训诂。

东汉中叶以后，经今、古文学派逐渐融合。当时，经学界最大权威郑玄（127—200）解经兼用今、古文，集两汉经今、古文之大成。清代"复兴"汉学，经今、古文之争再起，延至近代。

（三）神学批判

两汉哲学思想笼罩在神学的浓雾之中，唯物主义、辩证法思想亦如清流在潜行。一批古文经学者汲取先秦哲学思想源头的积极因素，批判神学迷信、谶纬谎言。他们的著作虽然不入经院，但在宇宙观、认识论方面的真知灼见却代有传人。杰出者有扬雄、桓谭、王充、王符、荀悦、仲长统等。尤其是王充（27—107），多方面抨击神学唯心主义，表现出"疾虚妄"的科学怀疑精神，对后世的思想批判产生了积极的影响。

时代造就的这批思想批判家，从辨析"神"与"形"入手批判董仲舒的神学目的论和东汉谶纬神学。桓谭反对灵魂不死，认为人死如灯灭，并提出精神依附肉体，形不存，神也不存的观点。王充继承并发展了战国时的元气说，利用当时的生理学知识，深入探讨了精神与形体的相互关系，断定世间不存在"无体独知之精"，系统清算了神学。仲长统追根溯源，指出神学迷信是统治者上层倡导的，破除迷信，须从上做起。两汉的神形之辩延续了数百年，最后由南朝的范缜作"形质神用"的唯物主义总结而解决。

批判天人合一的唯心主义宇宙观,扬雄为先。他引用老子"玄"的观念来解释宇宙的生成:"玄"发布阴阳二气,"一判一合天地备矣"。《太玄·玄(誥)》。明确地指出物质性的"元气"是宇宙万物的本原,不存在神秘的主宰"天",更无"谴告""符瑞"可言。关于宇宙结构,王充持盖天说,逊色于扬雄、桓谭、张衡的浑天说。

"元气自然"论宇宙观是王充哲学思想的最精彩之处。所谓元气,王充认为是一种充塞天地之间的、与云雾相似的物质实体,自然界万物生成变化都是元气聚散的结果。元气自然论标志先秦朴素唯物主义思想的一次飞跃。

总的看,两汉经学,古文拘泥,今文附会,对哲学深层的概念范畴并无突出建树。唯扬雄、王充等人在学术思想领域表现出的大无畏批判精神令两汉哲学生辉。

二、魏晋玄学

东汉末,封建统治内外交困,"名教"陷入危机。"叛散五经、灭弃风雅"仲长统《述志诗》人们得到自先秦以来的又一次思想大解放。

所谓名教,是指儒家"因名设教"的一整套伦理道德和政治制度。两汉时期,它被今文经学和谶纬神学垄断。面对汉末的社会危机,它无法收拾人心。为把名教从神学祭坛上解救下来,思想家们纷纷把眼光转向《老子》《庄子》,继汉初"黄老之治",道家又行时起来,表现形式是"玄学"。

魏晋玄学杂采儒、名、法,接收佛学,是以道家为主的各哲学思想流派的第二次大融合。

围绕道家的"自然"与儒家的"名教"关系,哲学争论的焦点转向本体论的"有无(动静)"之辩和认识论的"言意"之辩,创造了"有无""本末""一多""体用""才性""言意象""内圣外王"等众多的概念范畴,把人们的抽象思维引入哲学深层。

(一)名教本于自然

玄学思潮形成于曹魏正始年间,以何晏(约190—249)、王弼(226—249)等人为代表的整个思想界崇尚虚无,摒弃世务,以析理评判的方法"清谈"哲学问题,力图沟通儒、道。《老子》《庄子》《周易》在当时并称"三玄",是玄学家清谈的主要话题。

何、王以老、庄解《周易》及其他儒家经典,认为自然是名教之本,名教出于自然,圣人无为而治。自然,这是先秦道家所崇尚的任其本然的无为原则,自然即道,道即无。"天地虽大,富有万物,雷动风行,运化万变,寂然至无,是其本矣。"(《晋书·王衍传》)"以无为本"成为何、王解释名教的理论出发点。无名、无形而抽象的"无"是物质世界一切现象赖以存在的本体,是"母""本""体""一""意";纲常名教,伦理制度等有名、有形的具体存在物"有"处于"子""末""用""多""言"的地位。"有无(动静)""本末""母子""体用""一多""言意"等概念范畴的使用,犹如"网上纽结",把王弼的哲学思想联成体系,规范着整个魏晋玄学。"守母以存其子,崇本以举其末""无为而无不为"则"贤者恃以成德,不肖者恃以免身"(《晋书·王衍传》),形各俱有,奸邪不生。衰落的名教终于重新得到活力,度过危机。然而,玄学家们在宇宙万物的本体上终日挥麈清谈,也就把儒家思想弄得面目全非。

王弼认为"无"不是指实有空间的虚无,而是指超言绝象,没有任何具体属性,却能"成济万物"的抽象本体。"万物无形,其归一也。何由致一?由于无也。"(《老子注》四十章)王弼从哲学本体上确定万物多样性统一的原则,注重逻辑论证,把先秦道家的宇宙认识提到一个新高度,拓展了人们的哲学思维。其缺陷是把现象世界的多样性与本体世界的统一性分割开来。王弼首次阐发的"体用"范畴成为中国历代哲学思想最基本的命题之一。

王弼的认识论表现在"言意"之辩中。"得意忘言""得意忘象"《周易·略例·明象》,要求人们不为具体物象所迷惑,直接把握现象世界背后的本质(本体)。这就批判了西汉以来拘泥章句,附会微言大义的迂儒学究,开一代理论思辨之新风。王弼过分强调道家的直觉玄想和儒家的内省体认,他的认识论陷入了唯心的先验论之中。

(二)越名教而任自然

始于何晏、王弼的玄学,目的在于融合儒、道。然而,"以无为本",实际上却是扬道贬儒。按这一内在矛盾的逻辑发展,必然出现否定名教的异端。阮籍(210—263)、嵇康(223—262)正是这种异端代表。他们"非汤武而薄周孔""老子、庄周,吾之师也",倡导"越名教而任自然。"

阮、嵇看不惯司马氏集团借名教残杀异己,愤而抨击整个名教,行为怪癖、放荡,甘作名教"罪人"。他们以道家自然无为的思想对抗纲常名教,离开了儒、道合流的玄学主流,走向了以道排儒的异端。

阮、嵇直追汉代王充"元气自然"论,认为

阮籍

宇宙本原在于气,"元气陶铄,众生禀焉"(《嵇康集·明胆论》),天地万物皆"一气盛衰,变化而不伤"(《阮步兵集·达生论》)。阮籍首次以朴素唯物主义思想解释易、元、道、太极等道家哲学范畴,认为都是天地自然运动变化的规律。嵇康的"自然"有别于王弼,专指除去修饰的人的真实本性。他考察阴阳二气化生天地万物和人类,强调社会人伦与自然本性也应协调一致,从而指责"六经"压抑、误导人的自然欲望,名教违背了人类本性,破坏"自然之和",因而,必须"越名教而任自然"。

元气自然论虽非阮、嵇独创,但对于何晏、王弼那不可名状的抽象的"无"来说,不啻一股清风吹进当时的玄学论坛。

嵇康的认识论受王弼影响,未跳出正始玄风,但他主张"推类辨物,当先求之自然之理,理已定,然后借古义明之耳"(《声无哀乐论》),"善求者,观物以微,触类而长,不以己力度也"(《答释难宅吉凶摄生论》)。意为"自然之理"在事物本身,而不是主观意念,也不是古义。这与他的唯物宇宙观相吻合。嵇康还指出,认识至理必须"求诸身而后悟"的主观体验和"校外物以知之"的客观验证相结合,颇为可取。

(三)名教即自然

阮籍、嵇康把名教推向毁弃的边缘。向秀、郭象起而纠之,完成了名教与自然关系的统一。郭象以"名教即自然"论对魏晋玄学的名教与自然之争作了一个总结,把"有无(动静)"之辩引向深入。

郭象(252—312)清谈"如悬河泻水,注而不竭",为《庄子》作注,借以阐发自己的哲学体系。《庄子注》是中国文化史中最重要的哲学著作之一。

《庄子注》以"独化于玄冥之境"来表述宇宙观。郭象不同意何晏、王弼"以无为本",也不同意老、庄的"道",认为宇宙万物"块然而自生耳","造物者无主,而物各自造"。事物都是独立存在,独自发展变化而处于一个玄妙、幽冥的境界,"卒始为环"地转圈子。

郭象指出,"有"即天地万物,一切有都"独化""自造"于玄冥,不存在凌驾"有"之上的虚无本体,显出朴素唯物论、无神论倾向。但在解释万物产生的原因时,郭象又显得非常神秘:人皆不知,"天下莫不芒(茫)也",人们不必追本溯源,只须因顺自然无为即可。

万物独化而成,相互关系又怎样呢?郭象引进"自为"与"相因"范畴。说明事物相互依存(相因),然而,"形""影"各自独立(自为),自然"玄合"成一个协调整体。这是对老、庄哲学的发明,有着佛学"因缘"说因素。以这种宇宙观为根据,郭象认为社会、人生的现实存在是一个和谐、美好的秩序,"物无妄然,皆天地之会"。伦理制度、纲常名教的存在"非人为也,皆自然耳"同上人的命运非"妄有",必须随遇而安,从而获得本性上满足和精神上的消遣。

原来,郭象的"自然"含义,既不同于王弼的本体自然,也不是嵇康的人性自然,而是"一切现实的都是合理的"。顺理成章地总结了玄学家们关于自然与名教关系的辩论。

三、隋唐佛学

佛教输入于汉代,由于没有形成一套适合中国传统文化的哲学体系,不得不傍依魏晋玄学,中经道安、慧远、僧肇等人不懈努力,消化儒、道,中国佛教哲学在唐代崛起。

南北朝至隋唐,玄学衰落,儒、道哲学处于停滞阶段,佛教哲学以其深邃的智慧,在概念分析、逻辑推理及洞察宇宙、人生,反省人类理性等方面表现出深刻创见。因而"儒门淡泊,收拾不住人才,皆归释氏"(宋陈善《扪虱新话》)。具有较高抽象思维的哲学家和哲学著作大多产生于佛学领域。儒、道、佛相互吸收交汇,出现了以佛教哲学为主的中国哲学第三次大融合。

天台、华严、禅宗等佛教宗派的出现,标志佛教中国化已初步完成。佛教各宗派在论证唯心主义哲学体系时,都对"心"做了细致的考察,客观上弥补了中国哲学疏于精神现象分析、研究的不足。同时,佛学对人类思维的某些环节、因素的考察也比过去的哲学流派更深入一层。

(一)法界缘起

佛学在世俗与天国的关系和人能否成佛,如何成佛这两个关键问题上展开自己的思辨哲学体系。佛学确认静虚的精神本体"空"为世界第一原理的宇宙观,继而深入考察人的精神现象,从而给世人指示成佛途径。佛学的"心物(性相)"范畴与魏晋玄学的"有无(动静)"范畴始终交缠展开,世俗、天国之争实际上也是名教与自然之辩的继续,由此可见儒、道、佛的合流。

"法界缘起"是华严宗的中心教义,集中反映了佛教哲学的宇宙观。"法界"是关于宇宙万有的总相,泛指一切物质现象与精神现象的本体。法界可分为四类:(1)事法界,指有差别的万事万物;(2)理法界,指。一切事物的共同本质,即抽象的本性、本体;(3)理事无碍法界,指事物的现象与本质间圆融无碍;(4)事事无碍法界,指事物与事物间"重重无尽"的联系(宗密《注华严法界观门》)。世间和出世间的一切现象均由"清静心"随缘生起,理(本体)与事(现象),事(现象)与事(现象)间没有任何独立实体,"尘是心缘,心为尘因;因缘和合,幻相方生"(法藏《华严经义海百门》卷一)。宇宙结构只是一个无始无终、无边无际、互为因果、相即相入、圆融无碍的关系网络。如果从现象(事)看,事物千差万别,各具个性(相)。从本体(理)看,则万物都是同一本体的显现,具有共性(性)。"真如(佛理)即万法(物),万法即真如,真如与万物,无碍融通。"

必须区别的是,佛学中的"事"并非指客观事物,而是"心"所表现出来的现象,又称为"有",因为宇宙万有是互为缘起的一片"幻相",所以"有"是"假有";"理"并非指客观真理,而是静虚的精神本体,又称"无";"心"也不是孟子"尽心知性"命题中具有心理含义的概念,而是指宇宙的精神本体。

佛教各宗派共同把"心"作为宇宙的终极本原,颠倒"心物(性相)"关系。天台宗对"心"的内在作用无限夸大,法相宗强调感觉经验:"心外无物、万法唯识",华严宗靠理性思维来阐述这一唯心宇宙观。相比之下,理性思维最具哲学意蕴。理性思维的拓展是佛学对中国哲学思想的贡献。华严宗在"事事无碍法界"命题的论证时所表达的事物既矛盾又统一的思想,使中国哲学的辩证思维处在较高发展阶段。

(二) 顿悟

"心性本觉"是佛学各派回答如何成佛的基本命题,论证这一命题展示了佛学的认识论。从佛学认识论的主观唯心主义本质来看,完全中国化的佛教禅宗(南宗)最彻底,也最具代表性。禅宗(南宗)汲取孟子"良知良能""人皆可为尧舜"的观点和道家"体认"、儒家"内省"精神,认为"知"的来源不在感觉或其他,而由内心自发。因此,否认禅宗北宗的"渐悟"而创"顿悟"说。顿语是一种先验主义的认识论。

禅宗以为"本性是佛","自心是佛",佛性是人性的唯一本质,即是说,每个人都具有超经验的先天认识能力,这种"灵知"就是佛性。只是存在每个人心中的佛性被各种"妄念"蒙蔽,不得显现。所以必须"本觉"。本觉即自悟、自觉,含有主体能动的意思,只要摒弃"妄念",觉悟到自己"灵知不昧"的心性,即进入佛的境界。禅宗六祖惠能主张"一刹那间,妄念俱灭,若识自性,一悟即至佛地"(《坛经·般若品》),是为顿悟。

宗密曾将禅宗的顿悟说概括为"知之一字,众妙之门"。所谓"知"是指存在于意识主体的先天神秘智力,凭这种主观精神力量,可以把握"法界",吞没一切。"知"离开了物质世界,但又无处不在。"能知"与"所知"合一,"所知"依附"能知",这就是佛学认识论的唯心主义本质。惠能在参与风吹幡动是风动,还是幡动的辩论时曾说,"不是风动,不是幡动,仁者心动",便是最生动的说明。

基于这种歪曲了的认识过程,禅宗(南宗)不仅否认主体的实践经验和感性经验,而且要求像斩断葛藤那样放弃人们的日常思维活动,提倡"不立文字,直指本心"。作为认识工具的语言文字、概念判断统统在排斥之列。形成了彻底否定坐禅诵经,以至蔑视经典,毁弃偶像的学风。获"知"方法改为棒喝踢打,斩蛇杀猫等一类动作举止和答非所问的所谓"机锋"暗示。这与魏晋玄学在"言意"之辩中"得鱼忘筌,得意忘言"的认识方法难分彼此。

顿悟说在佛教中国化的进程中发挥了巨大推动作用。它的反权威,怀疑传统的精神及上下天地唯我独尊的主观精神力量也曾在历史上启迪过不少进步思想家。

(三)援佛入儒

隋唐五代,佛、老盛行,神学泛滥,危及封建统治。为了维护封建伦理纲常,巩固地主阶级的根本利益,韩愈、柳宗元、李翱、刘禹锡等人奋起重振儒学。他们在试图建立新的儒家思想体系过程中,不同程度地吸收佛理,为儒学开辟新蹊径,成为先秦、两汉儒学过渡到宋明理学的桥梁。

韩愈排佛最力,主张以"人其人,庐其居,火其书"的简单粗暴方法压制佛教。但理论上依靠"华夷之辨"却软弱无力。他的宇宙观、人性论均因袭董仲舒的天人合一说和性三品说,无甚新意。不过,韩愈为与佛教的"法统"相对抗,模仿佛家的传法世系,替儒家编造了一个从尧、舜、禹、汤、文、武、周公到孔、孟代代相传的道统,对两宋后的意识形态产生巨大影响。韩愈的追随者李翱阐发儒家人性论时,援入禅宗的佛性理论,提出"灭情复性"说。如禅家认为人人皆有佛性,只要祛除妄念,即可成佛。李翱说:"人之性皆善。"(《复性书》上)凡人溺于情,迷失其本,只须禁欲灭情,"弗虑弗思",达到"寂然不动"、情性两忘境界,即可复归善性而成"圣人"。著名的"复性"说,由于援入佛理,把古代人性论推前了一大步。

韩愈、李翱特别推崇《孟子》《大学》《中庸》《易传》等儒家典籍,对宋明理学的形成产生了一定的影响。

立志复兴儒学的柳宗元主张以儒为宗,"统合儒释",兼收百家。他认为佛、儒相合之处甚多,"人性"与"善"即是两者统合的基础,因而大胆地对佛学加以改造,纳入传统的儒学思想之中,以"丰佐吾道"。如援引佛学的"大中""中道"思想来丰富儒家中庸理论等。刘禹锡支持了政治盟友柳宗元,认为佛学可以"阴助教化",与儒家互相补充。柳、刘援佛入儒,兼收百家,成为宋代理学糅合儒、佛、道的范本。

柳、刘融纳各家各派学说的原则是分析批判。即反对儒家教条,也批判佛学的第一原理"静虚"。柳、刘就天命论问题与韩愈、李翱展开激烈论战。驳难之中,柳、刘全面阐发了从传统哲学思想继承而来的宇宙观和历史观,为隋唐哲学增添光彩。

第三节　古代哲学思想的终结

一、宋明理学

理学,又称道学,是宋明儒家的哲学思想。其特点是放弃汉儒烦琐的章句训诂,以复兴圣学(先秦儒学)为己任,根据《易传》《中庸》阐释义理,兼谈性命。

理学是封建社会后期占统治地位的官方意识形态。它围绕着"天理"与"人欲"关系,在气理(道器)、心物(知行)等主要哲学范畴展开激烈争论,形成了程颢、程颐、朱熹为代表的客观唯心主义和陆九渊、王守仁为代表的主观唯心主义。同时,理学异端也在构筑朴素唯物主义的"元气本体论"。

理学以孔、孟思想为核心,但它的思想内涵远比传统儒学来得深刻。由于吸取佛、道哲理而又排除其悲观、无为的消极因素,因而,理学的理论体系显得精致、系统。所以,理学又被称为"新儒学"。理学的形成,标志中国哲学思想完成了以儒为主的第四次大融合,进入了一个更高、更新的阶段。

朱熹

(一)程、朱理学

理学作为时代哲学思潮,经过长期酝酿,在北宋形成。先是由周敦颐(1017—1073)和邵雍(1011—1077)利用"太极"的自我运动来解释宇宙的起源与变化,为理学的宇宙观奠定了基础。接着程颢(1032—1085)、程颐(1033—1107)提出"万物皆只是一个天理"的命题,认为阴阳二气、五行只是"理"创生天地万物的材料(《河南程氏遗书》五,十八,二十二上)。"理"开始被作为哲学范畴使用。同时,张载(1020—1077)以"太虚即气""一物两体"的见解,从唯物论方面丰富了理的内容。最后南宋朱熹(1130—1200)总其成。完成儒学向抽象化、哲理化的理学过渡的三位关键人物是程颢、程颐、朱熹故称程、朱理学。

程颢、程颐为同胞兄弟,从学于周敦颐,受佛学影响甚深。其学派称"洛学"。朱熹建立"闽学"学派。朱熹穷毕生精力,论证并发挥了理学所有概念、范畴,成为理学集大成者。

程、朱理学的核心是"存天理,灭人欲"。二程认为"自家体贴出来"的理生成一切,支配一切;张载则把物质性的"气"作为世界第一原理,并赋予社会属性。朱熹深入考察"理",集二程、张载之见解,辅以阴阳五行说,认为:"天地之间,有理有气。理也者,形而上之道也,生物之本也。气也者,形而下之器也,生物之具也。是以人物之生,必禀此理,然后有性;必禀此气,然后有形。"(《朱子文集大全》卷八五《答黄道夫》)朱熹还把理与道家的宇宙本根太极勾通起来:"总天地万物之理,便是太极"(《朱子语类》卷九四),"理一分殊""物无无对"。"理一"即太极,是宇宙本源,"分殊"则是阴阳、五行、万物、万理。一切事物都处在定位不移的对待中,都有其对立面,同时,朱熹还把理与天、心、性及三纲五常等同起来。经朱熹的融合贯通,儒家哲学终于有了本体论这块坚实的理论基础而成体系,然而,把无形无象的概念性"理"作为万物之本,也暴露了程、朱理学的客观唯心主义本质。

朱熹综合张载的"天地之性"和"气质之性"双重组合的人性论,以及二程"性即理"的观点,把人性分为"天命之性"和"气禀之性"。前者是至善的天理,后者是污浊的情欲。朱熹认定"人心惟危,道心惟微,惟精唯一,允执厥中"(伪《古文尚书·大禹谟》)这十六字是尧、舜、禹三圣相传的道统的真传。照他的解释,"人心"是与生俱来的先天的恶因素,是出于个人自私目的的不正确的行为和动机。"道心"是从纯粹的天命之性发出来的,是至善的、出于义理的目的的正确行为和动机。而且必须"居敬""主静",进行"存天理,灭人欲"的人性修养,以彰明"道心"、天理,复人性于至善至美境界。朱熹的"复性"说是一种具有哲学意蕴的宿命论,它给中国传统文化心理造成巨大消极作用。

程、朱的认识论和方法论主要表现在心物(知行)之辩中。他们首先肯定人具有先验知识("人心之灵,莫不有知"),通过"格物致知"和学、问、思、辩的逐渐积累,唤醒心中天理,达"豁然贯通"境界,因而强调"知先于行"。这种思想方法是合禅宗的惭悟与顿悟为一而来的。

(二) 陆、王心学

与朱熹同时,理学内部出现了以陆九渊(1139—1192)为代表的"心学"。程、朱主张精神本体"理"在心外。陆九渊受佛学"万有唯识"论影响,认为宇宙便是吾心,吾心即是宇宙,心即理,并与朱熹在信州鹅湖寺展开了十天的著名辩论。心学由陆九渊开创,经明代王守仁(1472—1528)发展而成为理论完备的主观唯心主义哲学体系。

"心即理"为陆九渊心学的基本命题,是针对朱熹"格物穷理"、割裂心与理的弊端而提出的。陆九渊把心即理的宇宙观推广到认识论和伦理学,奠定了心学的理论基础。王守仁进一步论证"心外无物""心外无事""心外无理""心外无学",把"心即理"引申为"良知"说。"致良知"成为心学的哲学本体。"良知者,心之本体"(《传习录》卷中《答陆原静书》《答顾东桥书》)王守仁认为良知就是天理,是天地万物人神鬼的造化精灵,统摄心与事(物)、心与理。良知是宇宙间的普遍准则,也可解释为社会人生的封建道德规范。所以,良知又可与判别是非的良心同义。

王守仁看来,人类的认识过程即是致良知的功夫。他以良知一无论,把当时哲学争论的主要范畴"理气(道器)""心物(知行)"统一起来。"外心以求理,此知行之所以二也。求理于吾心,此圣门知行合一之教。"(同上)"知行合一"论是王守仁推倒程、朱"知先于行"认识论的武器。它包含以知为行("一念发动处即便是行")和知之即为行、行之才谓知两项基本内容。因此,"格物即格心"。格心才是致良知的具体途径,佛学的佛性、顿悟说的也是这番原理。王守仁的致良知认识论"以尊德性为宗",扩及社会伦理。这是他"破心中贼"、实现理想人格的毕生追求。

据王守仁称,致良知、知行合一是他被贬为贵州龙场驿丞时,"穷荒无书,日绎旧闻""忽中夜大悟格物致知之旨"而得到的。因其以否定程、朱理学的反传统姿态出现,并且简捷直接,颇有"狂者进取"之风(李贽是其异端代表),传播甚快,至明中叶已"王学遍天下"。为陆、王始料未及的是,心学竟触发了明末清初的一场思想解放运动。

(三)元气本体论

唯心主义的理学统治着宋明时期思想界,然而,朴素的唯物主义思想也在发展、升华。以荀子、王充为代表的先秦、两汉的元气自然论演变为元气本体论哲学体系,在"两刃相割"的理气(道器),心物(知行)之辩中,对理学展开分析批判。

元气本体论的奠基者是北宋的张载、王安石。张载,世称横渠先生,是理学的最早开创者之一,但其思想倾向是唯物主义,在自然科学领域颇有建树。他说:"凡可状,皆有也。凡有,皆象也;凡象,皆气也。气之性,本虚而神,则神与性乃气所固有。"(《正蒙·乾称》)他的"气"是指充满太虚的极细微而又看不见的物质,为宇宙万物之本根。阴阳两气作对立统一运动,构成含有因果联系的宇宙。对"气"的物质运动分析,已触及量变、质变、间断、连续等辩证法范畴。张载正是从元气本体论的高度,根本上批判佛、老颠倒精神世界与物质世界的唯心主义哲学体系。

创立荆公新学的王安石也是气一元论者。他恢复原始五行说的朴素唯物主义思想,认为水、火、木、金、土是万物构成的基本元素,同时把五行的内外矛盾作为万物变化无穷的根本原因,深化了物质运动之源的辩证思想,是王安石对元气本体论的独特贡献。

张载、王安石奠定基础的元气本体论,经南宋陈亮、叶适的发挥,曾令朱熹"怒发冲冠,以为异说",形成几可与理学对峙之势。明代罗顺钦进一步肯定"通天地,亘古今,无非一气而已"(《困知记》下),王廷相也支持元气本体论,说"天地之先,元气而已矣。元气之上无物"(《雅述》上)。罗、王首次大胆地把理置于气之下,辩证地解决气与理的关系。罗顺钦认为"理只是气之理",是气运动的自然规律。王廷相指出理随气变化而变化,否认朱熹的"理一分殊"说。王廷相还发现物质运动的动力在于阴阳之气不平衡,把阴阳之气的传统观点推上历史高度。

元气本体论的形成,在宋明时代起着对抗理学唯心主义的作用。但是,更重要的历史功绩在于它为后来王夫之、戴震等人把中国传统的朴素唯物主义推上顶峰做了充分准备。

二、清代实学

鉴于明末由程、朱理学,陆、王心学所造成的僵化、务虚风气,给民族、国家带来空前危机。有清一代学者倡导"天下兴亡,匹夫有责",强调学术研究必须密切联系社会现实,有利国计民生。形成以"经世致用"为宗旨的"实学",产生了一批杰出的唯物主义思想家。中国古代哲学思想产生于先秦,历两千余年发展演变,至宋明理学已充分成熟,能够进行自我批判地总结了。明末清初的哲学思想家担负起这一历史任务,对理学展开实质性的批判,在理气、心物、知行、天理人欲等主要哲学范畴总结了传统哲学思想。同时,以历史的自觉性猛烈地抨击封建专制主义和蒙昧主义,追求个性解放,掀起了一代启蒙思潮,昭示了民族文化复兴的未来。

顾炎武

(一)清初三先生

明清之交,阶级矛盾、民族矛盾尖锐异常。"天崩地解"的时代造就了黄宗羲(1610—1695)、顾炎武(1613—1682)、王夫之(1619—1692)三位思想界新人,时称"清初学界三先生"。他们跨明清两朝,都有相同的抗清经历,都有怀疑封建专制制度的启蒙思想。他们的哲学成就主要在于把传统的辩证法和唯物主义推上新的高度。尤其是王夫之,以深刻而完备的理论思维,代表中国古代哲学思想的最高成就,是中华民族的思想精华。

黄、顾、王三人从理学营垒里杀出来,故能从本体论高度给理学以致命的批判,确立物质性的气为世界第一原理的宇宙观。黄宗羲的特点是把心学往泛神论方向推进,主张"心即气";顾炎武认为"气之所盛者为神"(《日知录·游魂为变》),精神产生于物质(气)。王夫之则进一步从哲学高度对气进行抽象,完成了理气之辩的总结,趋近了"物质一般"的科学原理。王夫之利用当时的自然科学成就,多方面论证气为世界的唯一实体,只有形态变化,不能生灭。气与理的关系是"理在气中""理依于气"(《读四书大全说》卷五),既批判了佛、老的宇宙本体虚无说,又否定了"理在气先""心即理"的宋明理学观点。王夫之还对传统哲学范畴"道器"进行唯物主义解释,否定理学"道在器外""道在器先"说,指出道器关系是物质实体的一般规律与各式各样具体事物的关系,"天下惟器","道在器中"(《周易外传》卷五)。

王夫之辩证地总结了有无(动静)之辩,认为宇宙万物运动在于既矛盾又统一的阴阳二气"摩之荡之,而变化无穷";绝对运动与相对静止辩证统一:"方动即静,方静旋动;静即合动,动不含静,善体天地之化者,未有不如此者也。"(《思问录·外篇》)万物既相互对立,又相互包含转化,遵循着"推移吐纳""变化日新"的普遍规律发展。

心物(知行)关系长期被佛学、理学倒置。王夫之在唯物论基础上,总结出形(感官功能)、神(心的思维)、物(客观对象)是认识发生的必备条件。格物、致知只是两种既区别又联系的认识方法,前者是感性认识阶段,后者为抽象思维、揭示本质的理性认识阶段。据此,王夫之以"行可兼知,而知不可兼行"(《尚书引义》卷五)、"知行相资""并进而有功"来总结知行之辩。彻底否定了程、朱知先行后,陆、王知行合一及佛教、道教徒鼓吹的唯心主义知行观。

"存天理,灭人欲"是封建意识形态的核心,成为黄、顾、王抨击的焦点。"天理寓于人欲"(王夫之《读四书大全说》卷八),饮食男女的物质欲望是正当的。这些石破天惊的言论唤醒人们起而冲决宿命论和禁欲主义的封建人性网罗。

对历史哲学、政治哲学,黄、顾、王多有精辟的见解。最突出的是他们大胆否定封建君主专制制度的启蒙思想。黄宗羲在《明夷待访录》中对专制暴君和封建制度作了有史以来最激烈的抨击,"天下之大害者君而已矣!"有人根据《明夷待访录》曾提出"民主""人权"的事实,称赞该书是一部类似资产阶级人权宣言的历史文献。

（二）叔世二大儒

清朝统治在康熙年间基本稳定,程、朱理学被重新尊为官方哲学,继续其思想统治地位。这引起了进步思想家的普遍不满。反对理学言辞最激烈,立场最鲜明的要数颜元(1635—1704)、戴震(1723—1777),他们崇奉孔、孟,批判理学,在唯物主义认识论方面独有创见,具有明显的反封建专制的启蒙意识。著名学者章炳麟对他们的学术地位极为推崇,说:"叔世有大儒二人,一曰颜元,再曰戴震。"(《文录·说林上》)

对心物(知行)关系,颜元提出"习行""践履"观点,认为"行先知后",行是知的唯一源泉,主张习行、践履。颜元提出,格物绝不是程、朱闭门袖手的"穷理",也不是陆、王冥想空谈的"正心",应解释为"手格其物,而后知至"(《四书正误》卷一),"亲下手一番"才能获得真知。习行内容应包括四个方面:(1)习行检验认识正确与否;(2)知识、才干随习行提高;(3)人性在习行中形成;(4)不断习行才能自强不息。尽管习行、践履论过分强调感性经验的作用,有经验论之嫌,但他从唯物主义认识论、反映论高度,明确了社会"实践"(习行)在人们认识中的地位和作用,超越了以前所有哲学家,有着重要历史价值。

生活在雍正、乾隆年间的戴震既是经学大师、考据大师,又是重要的思想家。他超越前人的哲学成就,主要是以对知的创见丰富了唯物主义认识论。

戴震也是唯物主义的气一元论者,他说:"有血气渐有心知。"(《原善》卷上),指出精神(心知)的本原在于物质(血气),作为精神范畴的"理义"只能在事物中求。从根本上批判了"理具于心""心即理"的程、朱、陆、王唯心主义先验论。戴震深入分析理学家们"蔽而自智,任其意见,执之为理义",把只是少数人意见的理当作"心之所同然"的真理,其结果是"祸天下"。只有通过"重学"(后天的学习)才能"解蔽",才能获得真理。

戴震把格物致知的认识过程解释为"审察以尽其实"和"思之贯通"。即精细地分析他人知识,做到"不以人蔽己"。慎思自己的见解,"不以己自蔽",这种方法论含有一定的科学精神。

戴震对人们认识过程中出现的"自然"与"必然"范畴也有精深见解。他把自然与必然解释为客观事物与发展规律,引申为客观规律与人的行为准则。"阴阳流行,其自然也……理非也,盖其必然也"(《绪言》卷上),自然与必然的关系是"归于必然,适全其自然,此之谓自然极致"(《原善》卷上),即是说人们的认识过程是个逐步发展,不断提高的过程,颇接近今天我们在阐述辩证法时所使用的从"自在"到"自为"的飞跃过程。

颜元揭露理学之徒是一群"名为道学,而厌时文,以射名利"的伪善者,其鄙视功利的言论是腐儒之言。戴震指斥理学"祸斯民",后儒以"存天理、灭人欲"杀人,无药可救。言辞之尖锐、激烈,对当时及近代的中国思想界都有振聋发聩的启蒙作用。

第四节　古代哲学思想的特点

由于中国哲学思想始终以人与社会为研究中心,展开众多哲学范畴,因而明显表现出强调人文精神和个人的修德重行,追求宇宙、社会的和谐统一等特点。在认识论方面则注重于开掘人生智慧的直觉体认,忽视了知识论范畴的逻辑论证与科学实证。

（一）人文精神

第一位哲人孔子"不语怪、力、乱、神",把人作为儒家哲学体系的核心,追求一种刚健有为的人生目标。孟子、荀子等后学详尽地发挥了人学思想,把人从动物、神分离出来,认为"人有气有生有知亦且有义,故最为天下贵"（《荀子·王制》）,人在宇宙间与天、地合为"三才"。"尽其心者,知其性也。知其性则知天矣"（《孟子·尽心上》）,人具有崇高的地位。中国哲学思想在发动之时便充分肯定了人的价值,体现出人文至上的精神,这与西方哲学把人的价值归于神（上帝）是大不相同的。儒家哲学思想在封建社会地位显赫,他的人文精神也影响了以后的其他哲学流派。道家追求淳朴、无为的与大自然和谐的人生,佛学追求的也是一种精神解脱的人生,并逐步世俗化。正因如此,在中国,宗教从来没有凌驾于政治之上,从而避免了像欧洲中世纪那样的宗教黑暗统治。

以儒、释、道为主的中国古代哲学思想把人作为哲学研究对象的主体,特别关注"天人合一"的命题。所谓"天人无二""圣人之心与天为一""天即人,人即天""性即理""天地万物与人原是一体"等都是对天人合一的阐发。探究宇宙最高哲学范畴天（天道、天命、天理）是为了证明人（人道、人性、人伦）,如董仲舒的天人感应说,目的在于论证人道如天道万古不变。心、性、情、意、气、良知等概念范畴都是对人生、人性及人的生命的一种体认。所以中国古代哲学思想中与人事有关的人生哲学、道德哲学、政治哲学、历史哲学特别发达,自然哲学则相对冷落。

（二）道德践履

在儒家哲学思想中,人的概念是以道德伦理来标志的,即强调人的社会等级属性,忽视人的自然属性。为了从客观世界中找到理论根据,竟把人的道德伦常强加给天地万物,使天成为道德的化身,然后以天理反证人世,儒家的宇宙观、人生观。认识论弥漫着道德意识。泛道德性成为中国古代哲学思想的一个突出特点,所以善恶问题成为古代哲学最重要的争论焦点之一。西方哲学正相反,以知识论为中心,追求一种外在于人的"纯智",把认识对象作为人的对立物来研究,认识客观世界与个人道德修养没有必然联系。可以说,这是导致中国认识论不发达,实证科学落后的哲学原因。

中国古人把认识客观世界与个人修身养性联系起来,甚至认为个人修身养性是认识客观世界的基础,"尽其心者,知其性也,知其性则知天矣"。数千年的中国哲人都毕生追求"尽善尽美"的伦理道德境界。他们几乎都是知行统一的人生、社会理想的践履者。儒家思想把道德看作是"天"所赋予,因而把道德实践当作自己一生最根本的实践活动,提到社会生活的首位。

受着道德践履的哲学精神鼓舞,在中国历史上,产生了数不清的志士仁人。他们"杀身成仁,舍生取义",不惜以热血、生命实践自己的道德追求,使得中华民族文化传统"取威万方,保延千祀"。

(三) 和谐统一

先秦所有哲学思想家都能辩证地考察宇宙、社会、人生问题,都曾注意到事物的矛盾对立面。除了少数政治哲学家如韩非竭力强化对立关系外,绝大多数哲学家都强调矛盾各方的和谐统一,注重一对概念或多个概念相互联系的同一性,把矛盾调和作为问题解决的最后目标,无论儒、释、道,都反对过与不及。天人合一、知行合一、体用如一、心物交融、内外无碍、情景合一等范畴的综合性反映了中国古代哲学思想重和谐、求统一的特点。西方哲学主张"二元论",往往把统一的事物分割成多个方面,如坚持天人相分,时空对立,本体与现象不同等,并且对"点"作深入剖析,以探求本质规律。它引导了西方科学通过近代实证科学阶段而顺利地进入现代科学。

天人合一论出自儒家思孟学派,为后来多数哲学家接受,成为重和谐求统一的哲学核心命题。天人合一论认为自然与人,人与人,物与物之间是联系的,应保持平衡、和谐的正常状态,把这作为宇宙间普遍存在的规律。儒家以"中庸"作为维持万物平衡的最高标准,"致中和,天地位焉,万物育焉"。用现代眼光来反思天人合一论,它所主张的自然系统与人类社会系统保持平衡的观点是一份珍贵的文化遗产,正日益为人类所共识。

(四) 直觉思维

中国古代哲学思维方式的显著特点是直觉了悟,即体认或体验。"体认"就是把自身置于对象之中,进行理智交融,物我契合,触发灵感,豁然贯通于瞬间,从而把握抽象的本体。

除了墨家、名辩家,中国哲学思想家都习惯于体验日久,忽然了悟的直观思维方式。如儒家主张反省内求、道家讲究坐忘、佛学的顿悟法门、理学的致良知等。直觉了悟的思维方式十分重视心的作用,把心当作认识论的根本,"以心统物""心包万理"。可是,对心的作用过程却极少深入分析,也不对心的神秘所悟做出推理证明,只是直接将断续的灵感了悟写出。所以,他们的哲学著作总是片断的,暗示有余,明晰不足。所谓道、佛性、理等"终极真理",缺少缜密的证明,人们只有靠直觉体认去把握。

由于古代哲人强调各概念范畴的整体合一,对它们之间的本质差异不作深入探求,满足于体认的模糊整体观。这样,对事物作整体观照,"即事见理"式的直觉思维就显得十分重要,而分析概念内涵、外延,进行逻辑推理等思维方式就成为多余了。直觉了悟的思维还与中国古代哲学的泛道德性特点密切相连。

直觉思维的创造固然表现出中国古代哲学思想的非凡智慧,但是,由于不作论证和分析,概念范畴总是直觉而含混,逻辑推理贫乏,导致中国古代缺乏必要的手段和方法来建立一个系统的科学理论。

参考文献

1. 汤一介论"天人合一"

所谓"天人合一",它的意义在于要求解决"人"与整个宇宙的关系问题,也就是探求世界的统一性问题。这个问题可以说是近年来受到普遍重视的问题。

……在中国古代哲学史上主要的哲学家的哲学体系都是以论证"天人合一"为主题的。其所以把"天人合一"作为论证主题,从一个方面看,是因为"天"(天道、天命、天理等等)在中国古代哲学中是表现整个宇宙的最高范畴,而"人"(人道、人伦等等)则是人类社会的最一般的概念,所以中国古代哲学家总想用不同方式在这两者之间找到统一性,如果能说明"天"和"人"的统一关系,其他问题就比较好说明了。所以中国传统哲学从表现形式上看虽千差万别,但从思想方式和要求解决的问题上看,却有其共同点。

……我认为,中国传统哲学与西方哲学不同,它并不偏重对外在世界的追求,而是偏重对人的自身内在价值的探求。由于"天"和"人"的关系是统一的整体,而"人"自身是能够体现"天道"的,"人"是"天地"的核心,所以人的内在价值就是"天道"的价值。由此,我们可以说中国传统哲学的基本精神是教人如何

"做人","做人"对自己就应有一个要求,要有一个理想的真、善、美的境界。达到了这个"天人合一""知行合一""情景合一"的真、善、美的理想境界的人就是所谓的"圣人"。

(《从中国传统哲学的基本命题看中国传统哲学的基本特点》,
中国文化书院讲演录第一集《论中国传统文化》,
生活·读书·新知三联书店出版,1988)

2. 中国传统哲学束缚自然科学之实例

五行思想对于自然科学起了阻碍作用的另一个例子,我想举关于行星的发现。五大行星的陆续被发现,是很早很早的事了;据现在所知,大概是马王堆帛书中最先称呼它们为水、金、火、木、土的;就是说,最晚从那时起,五星和五行便正式挂上了钩。这一来,其他行星就遭了厄运,永无出头之日了。第六颗行星是天王星,当然它离开我们较远,不过还未远到肉眼看不见的地步。西方是勒莫尼耶于1750年首先发现其为行星的,据说从1750—1769年间,他观察到天王星达十二次之多,但囿于当时的天体观念,未能最后确认,直到1781年,才由赫舍尔定为行星。

我敢武断地说一句,参照中国古代对天文观察的重视情况来说,中国人一定早于1750年就已发现了天王星,只不过慑于五行观念,不得不把它当作恒星或什么客星、变星之类。要证明这个"武断",需要翻阅全部古代天文记录,并计算出天王星的轨迹。这是一个很繁重的工作,如果有人愿意做一做,也许很有意思。

再一个例子,五行和五音。人们对音阶的认识,是由三音到五音再到七音。在中国,五音叫做正音,宫商角徵羽。另两个音,很早也已知道了,并且有了自己的名字,叫"和""穆",至少从随县出土曾侯编钟中便可找到它。这两个名字本来蛮好,在《淮南子》中还曾沿用;但后来终于改成变宫、变徵,失掉了自己的独立性。当然和、穆是两个半音,叫它变音也无不可;但我总觉得这后边有哲学思想在捣鬼。

(庞朴《中国旧哲学束缚自然科学二三例》,《读书》1981年第2期)

3. 狄德罗论《易经》

《易经》是用一些整线和中断线组成的书,这些线经过组合,构成六十四种不同的图形。中国人曾经把这些图形看作是一部用图示法加以说明的自然象因和占卜秘诀史以及不计其数的其他宝贵知识史。直到莱布尼茨,这个谜解开了,他向智理如此深邃的中国指出:伏羲使用的两种线符,其实就是二进制的基本要素。我们绝不应该为此而更加看不起中国人,须知,一个智力非凡的民族已经做到了用整世纪整世纪的时间,对只能到莱布尼茨才能发现的奥秘进行了毫无结果但又毫不气馁的探索。(按:德国哲学家莱布尼茨于1703年4月从传教士白晋处得到邵雍的六十四卦方位图,及六十四卦卦序图,发现其中阴阳二爻的排列组合与自己1678年发明的"二进制"完全吻合,十分惊叹。)

(王光译《百科全书》词条,《中国哲学》第13辑,1985.4)

4.〔美〕杜维明论"儒学第三期发展"

这个社会最需要是什么?当然有人从科技看问题。我认为,最需要的是大家都理解人文世界的危机,反省到这个世界的危机,站到人的立场上对世界所碰到的问题作一个全面的反省和反思,进行既广又深的哲学思索。当然,究竟应当是怎样一种人文主义,这还很难说,我只是有点想法。比如中国从建国以来,在经济方面的发展,早期主要是照搬苏联模式,取得了一定的成果;后来与苏联决裂,发展出一套中国人自己的发展经济的方法,产生了具有特色的成就,当然其中也有许多挫折。我第一次回国是在1978年,那时人们常常谈到东欧的模式,特别是南斯拉夫和罗马尼亚模式。但罗、南两国终究是小国,负有很高的外债,这并不是中国社会发展经济的最好办法。这以后,人们对西欧共同体的模式和美国模式又有了兴趣,最近引起大家关注的则是日本和东南亚四国。但是,要想发展经济,在中国这样一个大国里,必须走出一条后来居上的道路,创造一种自己独特的模式来。人家走过的弯路不能再走,各种模式都可以参考。这是一个世界范围的大问题,中国式经济建设的道路问题可以和各种思想,特别是儒家思想联系起来,看看哪些地方可以吸取,哪些地方可以创发,这是值得考虑的。目前国外许多学者对此都很有兴趣,东南亚和欧美各国也都在搞这个问题。新加坡并不能算是一个中国文化影响特别强的国家,那里通行的语言特别是官方语言主要是英语,还有许多地方语言,如闽南、潮州话等。尽管如此,新加坡也成立了东亚研究所,特别研究儒学的发展;日本也是如此,日本人自称世界儒学研究的中心在京都,以前我们也默认了。在这种发展形势下,我们要提出一个问题,这个问题我现在也不能解决,即儒学第三期发展的前景问题。到底有没有第三期发展的可能?如果有,可能会碰到什么困难?有什么前景?如果简单地说,儒学要有第三期发展,必须对西方各种思想有一种创建性的回应。这中间的问题相当复杂,到底儒学从"五四"以来对西方文化所带来的各种先进思想有无回应,若有,是哪种类型的回应,也就是说,儒学本身能否发展,能否现代化,能否把原有的智慧发挥出来,生命力继承下来,并且能够不卑不亢地迎接现代多元的复杂社会。

(《海外中国文化研究概况》,中国文化书院讲演录第一集《论中国传统文化》,生活·读书·新知三联书店出版,1988)

参考书目

1. 梁启超《中国近三百年学术史》,中国书店,1985。
2. 冯友兰《中国哲学简史》,北京大学出版社,1985。
3. 张岱年《中国哲学大纲·序论》,中国社会科学出版社,1982。
4. 马宗霍《中国经学史》,上海书店,1984。
5. 方立天《佛教哲学》,中国人民大学出版社,1986。
6. 蒙培元《理学的演变:从朱熹到王夫之戴震》,福建人民出版社,1998。

思考题

1. 与西方相比,中国传统哲学思想中"以人为本"的价值观有何特点?
2. 中国古代哲人以何种思维方式来认知世界?试分析其利弊。
3. "天人合一"在当今现代化、后现代化时代还有存在价值吗?
4. 为什么称宋明理学为"新儒学"?
5. 佛教是如何通过"法界缘起"这一宇宙观来构建自己的信仰体系的?

第十章 中外文化交流

从远古时期中国就开始了文化交流的进程。当然,在很长时期内,这种交流主要表现为一种自发的行为。随着国家政权的建立和强大,国家逐渐成为对外交流的主体,发挥着调整交流方向、提供交流内容、选择交流方式的重要作用。在秦汉以后,曾经掀起了好几次中外文化交流的高潮。

第一节 早期交流

从汉朝到唐朝,是中国封建的国家政权气度恢弘、充满生机的时期。此时强大的政治和繁荣的经济,为开展大规模的文化交流活动创造了充分的条件。

张骞通西域壁画

一、张骞通西域

西域,是汉代对玉门关、阳关以西广阔区域的统称。广义的西域包括中亚、西亚乃至欧洲部分地区;狭义的西域则指天山以南、昆仑山以北、葱岭以东的地区。西汉时期,天山以南分布着 36 个小国。它们的经济以农业为主,兼营畜牧,人口总共约 30 余万,发展水平非常低下。大约在公元前 177 年,匈奴征服了这些小国,并设置僮仆校尉进行管辖。由于匈奴的阻隔,汉武帝以前的各朝,一直没有与西域地区发生官方联系。汉武帝即位以后,为了彻底剪灭匈奴的势力,从根本上扭转匈奴对汉朝的威胁局面,决定联络匈奴的死敌,原居祁连山一带而此时已经迁徙到西域居住的大月氏,共同反击匈奴。建元三年(前138),汉中人张骞出使西行,目的是要找到大月氏,劝其与汉朝联合行动。经过艰苦的跋涉,张骞终于找到了大月氏。然而,大月氏刚征服大夏,正热衷于新的定居生活,加之距离太远,不愿再与匈奴为敌。张骞在此逗留了一年多,不得要领,于元朔三年(前126)回到长安。

张骞出使,获得了有关西域各国地理、物产、军事等重要的信息,促成了东西文化的交流。由于汉朝反击匈奴的战争取得了重大胜利,于是汉武帝再次派遣张骞出使西域,一来请乌孙从西面出击,"断匈奴之右臂",二来与西域其他国家建立友好关系。张骞到达乌孙后,立即分遣副使到大宛、康居、月氏、大夏等国,与这些国家建立正式的关系。他们返回时,各国派使者相随来到长安。这些使者亲眼目睹了汉朝疆域的广大与长安城的富庶繁华,汉朝的威信大大提高。之后,西域各国逐步归向汉朝。到了汉宣帝神爵二年(前60),汉朝政府正式任命郑吉为西域都护,代表汉朝政府在西域地区行使管辖权。从此,包括北疆和巴尔喀什湖以东以南的广大西域地区开始列入中国的版图。于是,以敦煌为中西交通的总枢纽,形成了通向中亚的著名干线——丝绸之路。

丝绸之路的贯通,开创了中西交流的新纪元。中国先进的生产技术、商品和发达的文化被输送和传播到天山南北以及更远的地方去。大宛人从汉人那里学会了打井技术、冶铁技术和开凿井渠的灌溉技术。丝绸、漆器、铜器和铁器大量输入到西域、中亚和欧洲地区。漆器、铜器是凝结着复杂工艺的产品,深受西方人喜爱,当时的输出量也很大。随着冶铁技术的西传,铁器也迅速传入中亚和欧洲。罗马的著名学者普林尼,就曾对中国的铁器大加赞誉。由于丝绸之路的密切联系,西域各国贡使、商人,经常到达长安,他们了解了汉朝的风俗习惯,并受到汉地风习的重大影响。

与输出相对应,西方的物产、文化与风习也大量涌入中国。大宛的汗血马输入内地,促进了汉朝的养马业。中亚毛皮和毛织品极负盛名,大量进入内地后满足了人们的生活需要。苜蓿、葡萄、胡桃、蚕豆、石榴等农作物及胡椒、乳香、没药、苏合香等香料、药物的输入,给中国增加了新的财富,使中国人的日常生活得到改善。西域的乐器、音乐、舞蹈、杂技也进入中国,极大地丰富了中国人的精神生活。到了东汉后期,西域文化的传播达到高潮。西域的饮食、服饰、乐舞、风习,深受汉地贵族的迷恋,成为他们奢侈生活的一部分。

当张骞通西域的时候,汉朝也将南粤、西南夷、东瓯与闽粤等地区并入汉朝版图,这便为通过海道加强汉朝与西方的贸易与文化交流就成为可能。到东汉时期,除陆上通道外,海上贸易也日益繁荣,东罗马帝国的香料、奢侈品大量进入中国,东罗马的艺人也到达洛阳表演音乐、舞蹈、杂技。中国以丝绸为代表的各种商品,或者是由中国商人远航印度洋、地中海,或者是由外国商人前来采购,远播于亚欧各地。

中西文化交流大门的开启,完全要归功于张骞通西域的"凿空"之举。

二、佛教与印度文化的传播

佛教大约在汉哀帝时期传到中国。据专家研究,佛教进入中国经过两条途径:一条是从印度经过大夏(大月氏)到达中国;另一条是从印度经过西域小国到达中国。

汉明帝永平十一年(68),中天竺沙门摄摩腾、竺法兰来到洛阳。皇帝在洛阳建白马寺,专供他们译经。这是外国僧人来华译经之始。随着中外交流的加强,从东汉到魏晋南北朝,掀起了一个印度、月氏、安息、康居等域外僧人来华传法的高潮。同时,也引起中印文化大规模的互动交流。

大量域外僧人进入中国内地,共同致力于译经事业。来自大月氏的是最早来华的僧人伊存华和灵帝时来华的支娄迦谶,以及支曜、支亮、支谦等大师。来自安息的著名僧人有安清与安玄。来自康居的著名僧人有康巨、康孟祥,而汉末居住吴兴的昙谛,姓康,祖先也是康居人。魏晋南北朝时期来华的著名印度中亚僧人有竺法护、鸠摩罗什、真谛等。

外国僧人来华,不仅带来了佛教思想和佛教观念,而且带来了印度语言、文学及佛教音乐、美术等。另外,由于汉朝开通的中印间的陆路与海路于魏晋南北时期变得更加畅通,以商人或政府使臣为媒介,印度的物质文化与精神文化也大量进入中国。来自印度的物质产品主要有玻璃、火浣布、杂香、金刚戒指、黑盐、石蜜及各种宝物。来自印度的精神产品主要是以强烈的犍陀罗风格为特点的绘画与雕塑艺术。

在佛教文化传入中国的同时,从三国开始,也出现了一个中国人主动西行求法的运动。第一个西行者是朱士行,曾到达于阗。后来追随者继起,其中真正到达印度的是法显。他从陆路出发,经过15年时间,游历了三十余国,最后从海路经斯里兰卡和印尼的爪哇岛回到祖国。法显求法成功,对佛教在中国的发展产生了有力的推动作用,也为后来的义净、玄奘树立了榜样。他撰写的《佛国记》,成为中印文化交流的见证。

三、唐朝与国际文化

唐朝是中国封建社会国力强盛、文明灿烂的时代,它掀开了中外文化交流崭新的一页。

（一）长安与国际文化

长安是唐朝的政治、文化中心，是唐朝最大的城市，也是当时世界最大的城市，是唐朝中外文化交流活动最集中、最繁荣的地方。在长安居住着大量的外国人，有商人、官员、使臣，还有留学生、艺术家、僧人等。

在长安的外国人中，留学生和其他学有专长的人实际上成为中外文化交流的骨干。长安发达的教育和文化，让外国人向往不已。日本、百济、新罗、高丽及吐蕃、高昌、渤海诸国，纷纷派遣留学生。当时，进入国学的留学生达八千多人。例如，日本历次派到唐朝的遣唐使，都带着留学生前来，返回时再将学成的留学生带走。这些留学生每批或一二十人，或二三十人，通常都进入国学肄业。他们留在中国的时间不等，少者数年，多者则二三十年。由于这些人对唐朝的制度与文化的各个方面非常熟悉，很容易将唐朝的文化移植到本国。日本历史上著名的大化革新，实际上就是由这些留学生对唐朝的典章制度进行移植的结果。

长安还集中了不少来自天竺和日本的学问僧和求法僧。天竺僧人主要从事译经活动，日本僧人数量众多，主要来学习佛典，不少人回国后在日本佛学界产生了重要影响。

长安也是展现世界各地优秀文化和文明成果的中心。阿拉伯、波斯的香料、药物等，印度的精湛的医术，西亚的建筑材料和拜占庭风格的建筑，天竺、中亚昭武九姓国及拜占庭的优美的舞蹈，动听的音乐和奇妙的乐器，中亚的绘画，波斯等地的华丽而开放的服饰，中亚波斯等地的饮食和称为"泼寒胡戏"和"打马球"的游戏，有来自西亚的各种宗教，等等，都可以在长安看到。多样化的文化交流，使长安城呈现出浓重的异国风情，成为名副其实的国际城市。

（二）西亚宗教东传

西亚是世界宗教的重要发源地，源于此地的祆教、景教、摩尼教和伊斯兰教在唐朝大规模传入中国。

1. 祆教

公元前6世纪由波斯人琐罗亚斯德创立，又称为"琐罗亚斯德教"。因为拜火，亦称"拜火教"。主要流传于波斯中亚一带。基本的教义特点是以一神崇拜为核心的善恶二元论。崇拜的最高神是阿胡拉·玛兹达，被视为智慧的主宰和善神，代表光明。其对立面是安哥拉曼纽，是恶神，代表黑暗。该教认为善神创造了各种天体，又创造了世界上各种事物的神灵，进而衍生出万物。恶神则处处与善神作对捣乱，破坏善神的创造。善恶二神展开持久的斗争，当善神最终胜利时，天地将合二为一，则人间的一切苦难都将不复存在。信徒皈依该教需举行一定的仪式，称为新生礼。南北朝时传入中国，称为"火祆教"，主要流行于北朝。

隋唐时期,祆教先在西域的疏勒、于阗、高昌等地流行,后渐及内地。隋朝曾置萨保对祆教徒进行管理。唐朝由于来华的外国人激增,祆教信徒也大量增加,长安城建有五处祆教祠,洛阳也建有三处,此外在凉州等地也有。同隋朝一样,唐朝也置官对国内的祆教徒进行管理,规定每年定时祭奉,禁止人民祈祭。唐武宗会昌禁佛以后,祆教也受到禁毁,不少信徒还俗。

2. 摩尼教

公元3世纪由波斯人摩尼创立。该教也是一种二元宗教,主要采撷祆教、基督教、佛教的教义而形成。教义核心是"二宗三际"论:二宗,即光明与黑暗,三际即初际(世界产生之前)、中际(世界创造之后)、后际(世界结束之后),认为太初存在着光明与黑暗两个质体,它们经过三个阶段的斗争,光明最终战胜黑暗。公元694年(唐武则天延载元年),由波斯人拂多诞传入中国。但由于受到佛教的排斥,特别是唐明皇的诏令禁断,只在外国侨民中流行,汉族信徒极少。安史之乱以后,因信奉摩尼教的回鹘人大量进入内地帮助平叛,使摩尼教在内地急遽地流行开来。于是唐朝正式允许回鹘人在长安建立摩尼寺,称为大云光明寺。摩尼教成为当时佛教之外最流行的一种宗教。会昌毁佛后,摩尼教也受到重大打击,许多寺庙被毁,庙产被没收,信徒轻者责令还俗,重者或发配或处死。以后,摩尼教在民间秘密流传,成

摩尼教典籍插图

为农民领袖组织起义的工具。

3. 景教

即基督教的聂斯脱利派,公元5世纪由叙利亚人聂斯脱利创立。聂斯脱利曾任东罗马君士坦丁堡大主教,主张基督有神人二性二位,被教廷视为异端,不仅免去大主教职务,还被驱逐出境。他和他的信徒逃到波斯,在波斯建立总教会,向西亚和中亚传播其教义。早在五六世纪之际,景教已经传到洛阳,唐朝通过突厥人传到了中国北方。据记载,唐太宗贞观九年(635),大秦僧人阿罗本携景教经来到长安,当时在长安义宁坊建立了一座景教寺庙,又在醴泉坊另建一座。后来在洛阳及全国各地都建有景教寺庙。公元698年至712年,景教受到佛、道的攻击,发展受挫。到玄宗时由于皇帝提倡,再次兴盛起来。唐代宗时,巴格达景教总主教蒂摩太时,曾颁布任命大卫为中国大主教的方书。会昌毁佛时,景教同时遭到禁绝,后来逐渐衰微。

景教壁画

4. 伊斯兰教

公元 7 世纪初由穆罕默德于阿拉伯半岛麦加城创立,是一种一神教。该教奉安拉为唯一的神,以《古兰经》为根本经典,认为穆罕默德为安拉的使者,世上一切事物都由安拉安排,人们必须绝对服从安拉的意志。穆罕默德创教不久,受到迫害,便动员大批教徒于公元 622 年从麦加迁到麦地那,建立了一个穆斯林公社。第二年,穆罕默德完成统一阿拉伯的事业,建立了伊斯兰国家。伊斯兰教创立不久,便开始向中国传教,时间大约在 7 世纪初叶。据说隋朝大业时已有伊斯兰教徒从海上来到广州。616 年,又有一百多位在麦加受到迫害的穆斯林乘船逃到福建的泉州,开始在当地传教。唐朝,随着大量波斯人来华,伊斯兰教就在中国各地流行开来。当时长安城在穆斯林集中居住的地区建有清真寺,供他们进行宗教生活。此外,如洛阳、扬州、泉州、广州等地,也都建有伊斯兰寺庙。其中广州的怀圣寺相传建于唐代,是中国伊斯兰教最古的遗迹。

玄奘

上述四教在唐朝的传播与兴盛,充分满足了异域来华人士的精神需要,同时也丰富了唐朝文化的内容。

（三）中印文化交流

唐朝时期中印两国主要以佛教为媒介,通过贯通亚欧的陆上丝绸之路、海上丝绸之路以及唐朝打通中印藏路,在宗教文化、政治外交、文学艺术和经济贸易诸方面进行了密切的交往,开辟了中印人民友好交往的新纪元。

玄奘与义净是继法显之后成功地到达印度求法的高僧。他们游历印度各地,遍访印度高僧,广收博采,析疑问难,在学术上取得很大的收获。回国后,都倾心于佛典翻译,把中国古代的译经事业推上新的高峰。玄奘的《大唐西域记》与义净的《大唐西域求法高僧传》《南海寄归内法传》,成为沟通中印文化信息的桥梁。随着佛典的传译和僧人的旅行,印度的学术文化也传到中国,并对中国的文学、语言学、史学、艺术、天文历算、医药、制糖术等发生了广泛的影响。

（四）中日交通

中日两国是一衣带水的近邻,进入隋唐,双方的交往关系达于鼎盛。日本派遣使团的目的就是要系统全面地了解和学习中国文化,以丰富和充实自己的文化。所以,每个使团的规模都较大,除外交使节外,还包括僧人、留学生和工匠。日本通过这些人士,对唐朝文化进行了大面积的移植。

首先,日本从唐朝输入了佛教各宗派。三论宗、法相宗、华严宗、律宗、密宗等佛教宗派都被输到日本,并在日本扎下根来。

其次,日本从唐朝输入了典章制度。唐朝的均田制、租庸调制、户籍制度、律令格式及都城建设制度,都被日本输入,成为日本大化革新的重要内容。

第三,日本从唐朝输入了衣食住行等生活方式与风俗习惯。唐朝的衣冠服饰制度、居处方式、饮茶习俗、书法艺术、节日风俗等,都传到了日本,对日本社会产生了广泛而深远的影响。

在唐朝中日两国的交往历史中,中国的鉴真大师,日本的阿倍仲麻吕、空海做出了重要的贡献。鉴真于唐玄宗天宝十二载(753)抵达日本,在日本生活了十年之久,于公元763年死去。他将律宗、天台宗的经典带到日本,使日本律宗正式成立。他还带去了中国的药物、刺绣、书法,促进了它们在日本的传播。他与门徒在奈良建立了日本律宗的总本寺,从而也将中国的建筑技术传给日本。直到今天,他在日本仍然享有崇高的地位。

阿倍仲麻吕于唐玄宗开元五年(717)来唐朝留学,汉名晁衡。他在太学肄业后,担任汉官,在长安住了五十年。天宝十二载(753),他乘船回国,中途遇险。消息传到长安,他的朋友们甚感悲痛。李白作《哭晁卿衡》一诗,抒发了他的哀悼之情:"日本晁卿辞帝都,征帆一片绕蓬壶。明月不归沉碧海,白云愁色满苍梧。"其实,晁衡当时遇险后并未死。他漂到了今越南北部(时属唐朝),后辗转回到长安。之后,又担任汉官,最后死于长安。

空海,31 岁来唐留学,唐德宗贞元十二年(796)返回日本。返国时,带走了大量的佛经、法帖、诗文集。他把密宗传到日本。他撰写的《文镜秘府论》,是关于中国文学批评和修辞理论的重要著作。

(五)中朝交流

自汉武帝发动了征伐朝鲜的战争以来,朝鲜半岛的高句丽与中国一直保持着非常密切的关系。唐朝,中朝之间的文化交流全面发展,进入新的阶段。许多高丽、新罗、百济的乐师和舞蹈家进入中国,将本土的音乐带入唐朝,中国的乐舞也传播到朝鲜和日本。7 世纪下半叶,新罗统一朝鲜半岛,中朝间的往来更加频繁。唐朝的新罗人很多,他们有的在国子学肄业,有的则在朝廷做官。到唐文宗开成二年(837),新罗留学生已达二百多人,其中有王子多人。从唐初到唐末,一直有不少人参加唐的科举考试并登第。同日本一样,新罗也广泛接受汉文化。唐朝的典章制度成为其新的礼仪制度的蓝本,汉字成为留学生薛聪所创朝鲜文字的基础。此外,唐朝的书籍、物产、医药、技术、数学、经学、史学、佛教等,也都传入朝鲜。由于朝鲜特殊的地理位置,中国文化在向日本传播的过程中,朝鲜发挥了重要的作用。

第二节 中期交流

宋元时代,东西方的政治、经济、文化联系空前紧密,中外文化交流又出现了一个新的热潮。

一、文化交流概况

宋元(包括辽、金、西夏)时期,中国与东亚、东南亚、南亚、阿拉伯、东非和欧洲地区,进行了非常广泛的文化交流,取得了辉煌的成果。

(一)高丽、日本

宋辽金元各朝都积极发展与高丽的政治、贸易和文化关系,双方使节频繁。高丽使节常以人参、药材、高丽纸、折扇、青鼠皮等本国名贵的特产相赠,宋朝则回赠以龙凤茶、酒、建阳刻本等。宋朝中国商船组织成船队,由"都纲"率领到高丽贸易,高丽商船也来中国的登州和明州贸易。中国的雕版印刷技术传到高丽后发展甚快,高丽于1436 年铸成世界上第一批铁活字和黄铜活字。理学也传到高丽,并在高丽产生了广泛的影响。高丽对中国的医学、文学、艺术等非常重视,经常专门派人来学习、观摩。高丽派了很多留学生到宋朝学习,不少人还参加科举,担任了宋朝的官职。高丽制造纸墨的技术学自中国,但后出转精。宋朝从高丽输入的白锤纸和墨,深受中国士大夫的欢迎。

宋元时期的海外贸易非常发达,对日贸易也频繁进行。中国运往日本的货物,有书籍、书画、文具、铜钱、药材等,日本运来中国的货物中,最受欢迎的是折扇和宝刀。除商人外,两国僧人也加强交往,带动了中日文化的交流。中国的艺术、医学、佛教、学术等,继续吸引着日本的注意。一方面日本派人来学习,另一方面中国也将著名的画家、医生派到日本进行传授。于是,宋元山水画、书法,包括法医学、养生学在内的医学、佛教禅宗、程朱理学等,都传入日本,对日本的思想文化发生了重大的影响。

(二)东南亚

东南亚地区与中国毗邻,双方保持着悠久的交往关系。宋元时期海上贸易发达,中南半岛的交趾、占城、真腊、缅国等国,与宋朝交往频繁。宋与交趾及占城,通过沿边设立的互市区和海上贸易两个途径开展经贸活动。宋朝从对方运来了粮食、香料、药材等,交趾、占城从宋朝运去了书籍、纸、墨等。13世纪中叶,交趾在掌握了中国印刷术以后,出现雕印的户口帖子,成为越南历史上最早的印刷品。真腊自称甘孛智(柬埔寨),与中国交通的时间极早。宋元时期,双方交往密切,使臣与商旅不断。元成宗初年,周达观曾随元朝使节访问真腊,游历了都城吴哥,写出《真腊风土记》一书,成为两国友好交往的见证。缅国是中国的近邻,宋朝时几次派人来访问,受到欢迎。缅国的商船曾来泉州、广州等地贸易;佛教与寺庙等,受到中国很深的影响。

南海地区蕃国林立,宋元时期采取积极的政策,与各国建立和发展贸易关系。位于苏门答腊岛上的三佛齐,位于加里曼丹岛上的渤泥,与宋的关系尤为密切,曾向宋朝派出使臣达三十多次。

交往的频繁,缩短了双方的距离,加深了相互的了解。宋元时期周去非的《岭外代答》、赵汝适(kuò)的《诸蕃志》和汪大渊的《岛夷志略》,专门著录东南亚等地国名,介绍各国的风土物产,尤其是汪大渊的记录,多得自亲身游历,更具有可信度。对于丰富关于东南亚地区的历史与地理知识,它们具有重要的价值。

(三)中、西亚及东非诸国

宋朝时期的中、西亚以大食国为主。双方从北宋初年即贡使往还不绝。由于西夏的阻隔,宋与大食的联系主要依靠海路进行。中国发明的用于导航的罗盘针和60余种药材传往大食,受到广泛的欢迎。中国也从大食传入各种药材和新的制药技术(如阿维森纳衣丸法),并得到迅速推广。

东非诸国,即今埃及、索马里等国。汉唐时期,已和这些地区进行了交往。宋元时期在勿里斯(埃及),中国货物如丝织品、瓷器、金银、铜钱等极受欢迎。索马里的古国,宋朝人称为中理(今索马里沿岸)和粥琶罗(今索马里柏培拉港)。宋的瓷器也行销到这里。忽必烈时,中国使者的足迹也曾远至东非的马达加斯岛。

(四)欧洲诸国

宋朝由于交通的阻隔,与欧洲的交通稍显逊色。蒙元时期,蒙古的三次大规模西征和四大汗国的建立,使中国与西方的陆路交通更加通畅,相互间的联系更加紧密,中西关系翻开新的一页。在东西来往的众多人士当中,下面几位的活动颇引人注目:

普兰诺·迦宾与鲁卜鲁克出使蒙古。蒙古铁骑西征,使欧洲感到极大的恐惧。罗马教皇为了更多地阻止蒙古人的杀伐,并且了解蒙古人和蒙古社会,便派遣使团前往和林。1245年,意大利人普兰诺·迦宾与使团中另一个成员抵达和林,受到贵由大汗的接见。普兰诺·迦宾向贵由转呈了教皇给大汗的信件,鉴于信中的威吓之词,贵由写了勒令西欧洲统治者们投降的回信,交他带回。普兰诺·迦宾在和林逗留了4个月,对蒙古的社会组织、军事战略、风俗习惯等进行了多方面的考察和了解,后来写成《普兰诺·迦宾游记》,成为研究蒙古史的重要资料。

继普兰诺·迦宾之后,罗马教廷又派阿西林、安德鲁·朗久木出使蒙古,不得要领,于是在1253年法王圣路易又派法国人鲁卜鲁克前往蒙古。他的使命本来是与蒙古修好,以期共同打击伊斯兰穆斯林,宣传基督教。但是,这一目的完全落空。在和林逗留了5个月之后,他带着蒙哥汗严厉的促降书返回欧洲。他写了一部书,称为《行纪》,记述了蒙古的状况和东西的通道。

马可·波罗来华。马可·波罗出生于意大利威尼斯的商人家庭。父亲尼古拉、叔父玛窦来东方经商,受到忽必烈接见。1271年,尼古拉兄弟带着马可·波罗再次东来,于1275年到达上都。马可·波罗受到忽必烈的宠幸,在元朝住了17年。他遍游中国各地,还自称在扬州做官三年。1291年,阔阔真公主下嫁阿鲁浑汗,马可·波罗随同阿鲁浑使团护送公主,最后返回故乡。根据他口述完成的《马可·波罗游记》,全面记述他在元朝的丰富见闻,大大增进了西方人对东方的了解。

从汉魏、唐宋时期印度僧人频繁东来、中国僧人持续西行求法,到蒙元时期欧洲传教士相继东来、中国使者远赴欧洲,中间出现了一个重要的转折。由于欧洲社会的快速发展,从元朝开始,中国与欧洲的联系越来越紧密,从而也使此后的中外文化交流,真正具有了世界意义。

二、阿拉伯文化涌入

横跨东西的蒙元帝国时期,大量来华的回回人,主动直接地把阿拉伯世界丰富多彩的文化带到中国,最后实现了草原文化、中国传统文化与伊斯兰文化在中国大地的交流、融合。当时,来自阿拉伯的学术文化内容主要有:

(一)天文学

阿拉伯的天文学夙称发达。1220年5月,成吉思汗的西征大军进驻撒马尔罕,谋臣耶律楚材完成了《西征庚午元历》,后又完成《麻答把历》。这两次修历活动都受到了穆斯林历法的影响。元朝建立后,政府设汉、回两个司天台分别管理各自的天文修历事务。回回司天台由回回天文学家负责观测记录。其中,札马剌丁和爱薛的影响与贡献最大。元朝郭守敬之所以能够完成《授时历》的修订,是与爱薛的贡献分不开的。阿拉伯天文历法成果,不仅受到元朝的重视,而且一直用到明代。

(二)数学

蒙元时期阿拉伯的代数、几何、三角等数学成果大量介绍到中国。欧几里得的《几何原理》经过阿拉伯算学家的介绍,即于这时传入中国。用0表示空位的方法,也于此时传入中国。由于回回司天台的使用,阿拉伯数字也在中国各地得到流传。此外,郭守敬在编制《授时历》时采用的球面割圆术的崭新算法,是在中国传统计算方法和回回历算方法的共同启发下产生的结果。

(三)医药学

中世纪阿拉伯的医药学比较发达。从成吉思汗起,宫廷一直有很多回回医生服务。忽必烈时精通医学的爱薛,曾在京师创建阿拉伯式的医药院。回回医生医术颇高,尤其擅长外科手术。阿拉伯盛产香药,元朝便利的地理条件,使回回药物与医方大量进入中国。元朝政府专设回回药方院与回回药方局两个机构,分别掌管大都与上都的宫廷医药。

(四)建筑

阿拉伯人大量来华,带来了伊斯兰教,也带来了清真寺和清真寺建筑风格的建筑艺术。在阿拉伯人聚居区,清真寺建筑和墓葬的地面建筑,一枝独秀。在来华的阿拉伯建筑师当中,黑迭儿父子最为著名。蒙元时期,黑迭儿掌管茶迭儿(庐帐)局的事务,负责整个宫城的营造。他死后,其子马合马沙承袭父职,继续负责大都的修建工作。他们父子为规划建设元大都这座美丽的大都市,贡献了很大的力量。

(五) 炮术

以机械发石的作战技术,中国早在先秦时期已经掌握了。但是,直到宋朝中国抛石机所发的石头(炮)重量,并未有大的突破。蒙古西征,发现阿拉伯有一种抛石机名叫"开满泥拉得",能发射 800 磅的巨石,威力极大,称为"回回炮"。于是,蒙古人遂把这种炮术引进中国。在元朝征服南宋的战争中,回回炮大显声威。后来,南宋朝廷曾下令前线各郡仿造,使回回炮术得到进一步传播。

三、中国文化传入西方

当蒙元时期阿拉伯文化大规模涌入中国的时候,主要以雕版印刷术、罗盘、火药为代表的中国文化通过阿拉伯世界走向欧洲。

(一) 印刷术

雕版印刷术是中国的四大发明之一,大约出现于唐代。印刷术发明以后,通过陆路和海路,在 8 世纪中期到 10 世纪,传入美索不达米亚和埃及。以后,回鹘人也掌握了雕版技术,并向中亚和西亚大地传播。13 世纪蒙古帝国崛起,印刷术随着滚滚铁蹄再度传入西方。由于伊利汗国的有力推动,印刷术终于在波斯站住了脚跟。当时,波斯主要利用印刷术印制源于中国的纸牌。此种纸牌于 14 世纪传入欧洲,引起了欧洲纸牌印刷作坊的诞生。纸牌的风行,有力地促进了欧洲特别是意大利的印刷业。随着欧洲禁止纸牌活动的深入,图画和书籍逐渐成为主要的印刷对象。对于欧洲人的文化普及来说,这具有重要的意义。北宋毕昇发明的活字印刷术,也很快传播开来,远在西北的西夏和回鹘都掌握了这项技术。通过商人、外交家、旅行家等媒介,又把它带到欧洲。以后,德国、荷兰、法国先后试验活字印刷,最终由德国的谷登堡先着一鞭,于 1454 年最先印成第一部拉丁文《圣经》。中国印刷术的西传,是人类文明的一件大事,对于改变欧洲的面貌发生了巨大的影响。

(二) 罗盘

指南针是中国四大发明之一。迟至北宋,中国人在航海活动中已懂得使用指南针来定向导航。随着技术的进步和对指南针保持固定位置的需要,又出现了罗盘。约在 13 世纪,以罗盘导航已经在中国航海活动中普遍流行了。罗盘的精确性为安全航海提供了有力的保证,所以很快就为阿拉伯航海家所接受。到 12 世纪,意大利商船在欧洲率先采用罗盘导航,并逐渐引起地中海航海业的重大变革。罗盘的广泛使用,导致了针路和航海图的出现。宋元时期,按针路和航海图航行已是很普通的事情。针路与航海图被欧洲人接触后,他们立刻意识到它们的经济价值。到了 1300 年前后,大量实用的航海图便在欧洲问世。

(三)火药与火器

猛头油柜(模型)

火药发明的时间大约在8世纪。它是古代炼丹家在炼丹过程中,发现和掌握了硝石、硫黄和木炭三者正确的比例关系的结果。火药具有剧烈的燃烧作用,所以发明不久就被用于军事活动,并制成火器。晚唐藩镇割据的战争中,火药与火器(火箭、火炮)已被频频使用。北宋继续开展研制火器的工作,制成长竹竿火枪、突火枪和威力更大的——火铳。这些火器当在南宋时期就通过海路由阿拉伯人传到伊斯兰世界。蒙元时期,由于蒙古人的大规模西征,再一次使火药技术特别是火器集中地传入阿拉伯地区。来自中国的火药与火器技术,经阿拉伯传到欧洲。火药的传入,推动欧洲历史发生了重大的变革。

第三节 晚近交流

这里所谓"晚近"时期,特指中国古代史上距今最近的明清时期。明清时期是中国的专制统治达到高峰的时期,也是西方资本主义世界迅猛崛起的时期。国内政治走向的日趋封闭和欧洲殖民主义的急剧扩张,导致这一时期除郑和下西洋的壮举大放异彩外,中外文化交流在整体规模上缺乏积极昂扬的姿态。尤其是面对天主教文化的大举东来,明清政府明显地表现出被动与保守,成为后来陷入落后挨打困境的一个先兆。

一、郑和下西洋

宋元时期空前发达的海外贸易,由于元朝的灭亡而衰歇下来。明朝建立后,朱元璋采取了保守的对外政策。他从稳定国内政局着眼,颁发禁海令,废除设于宁波、泉州、广州等地的市舶司,严禁与海外交往。明成祖上台后,随着国内社会经济的逐步恢复,改变了之前的对外政策,不仅允许番国人进入中国,而且还派遣使臣到南洋各国劝喻其来中国贸易。正是在这种政策环境中,出现了世界航海史和贸易史上最壮观的一幕——郑和下西洋。

郑和本姓马,云南回族,是宫中的太监。永乐三年(1405)12月,由他率领的巨大船队,从苏州的刘家港出海,从而正式拉开了郑和下西洋盛举的第一幕。西洋,明朝指以现代南洋为中心西到印度及非洲东岸的广阔地区。这里小国众

郑和下西洋船复原图

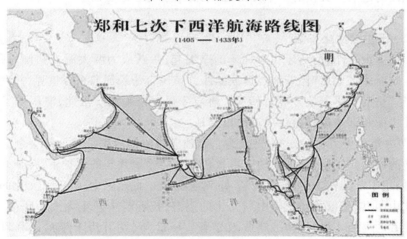

郑和下西洋路线图

多,物产丰富,与中国具有悠久的朝贡关系,且处于东西交通的要冲,所以明朝把这一区域作为重点,派遣大型船队前往开展海外贸易。郑和的船队规模庞大,气势磅礴。全部船只依其大小和功用,分为宝船、马船、粮船、座船和战船五类,其中主要发挥货运功能的宝船,大者长44丈,广18丈;中者长37丈,广15丈,充分显示了当时中国先进的造船水平。郑和下西洋,前后凡7次,持续时间几达30年。

郑和七下西洋,属于政府组织的政治性的官办贸易。也正因为如此,才使船队所带的贸易货物无论数量和质量都能得到充分的保证。深受域外各族喜爱的中国特产,如锦绮、纱罗、绫绢、印花布等丝棉织品,各种各色的瓷器,大黄、麝香、肉桂等名贵药材,铁铫、铜器等金属制品,以及雨伞、草席、鼓板等杂货,成为交易的大宗。而船队从西洋各国运回行销国内的物品,更是种类繁多、数量浩大。据统计,香类29种,珍宝类23种,药品类22种,五金类17种,布类51种,动物类21种,颜料类8种,食品类3种(番盐、糖霜、胡椒),木料类3种。如此大规模的贸易活动,有力地促进了明朝海外贸易的繁荣,带动了国内经济和技术的发展,进一步密切了中国与西洋各国的政治与经济联系,加强了中国在印度洋地区与穆斯林商人竞争的力量,为海外华侨在政治、经济方面的进一步发展创造了有利的条件。当然,由于受到儒家中庸观念的束缚,也由于缺乏实际需要的推动,郑和的远航尽管比欧洲的达·迦马和哥伦布早几十年,遗憾的是最终与新航路的发现失之交臂。然而,这丝毫无损于郑和作为一个伟大的航海家的崇高地位。作为积极沟通人类文化的一个先行者,他的事迹将永载史册。

二、天主教文化东渐

十四五世纪顷,葡萄牙和西班牙迅速崛起,一跃成为两大海上强国,并终于开辟了新航路。此后,怀着强烈贪欲的西方殖民者纷纷涌向东方世界,并残暴地打破了这里的和平与安宁。1557年,葡萄牙强占濠镜澳。从此,澳门成了葡萄牙人在中国和远东进行殖民活动的根据地。

西方殖民势力在东方的扩张,为宗教改革以后陷入困境的耶稣会创造了重新发展的机会。于是,耶稣会的天主教传教士在殖民武装的保护下,接踵来到澳门,开始用十字架叩击中国的大门。耶稣会派出一批熟悉中国语言、文化的传教士前来中国,期望以主动适应中国文化的姿态,拉近与中国士大夫的距离,逐步打开传教的局面。果然,新战略收效显著。1582年(明万历十年),以利玛窦来华为标志,中西交通掀开了新的一页。利玛窦,意大利人,精通西学。1582年抵达澳门,次年获准入居广东肇庆,并建筑教堂传教。1589年(明万历十七年),他首次进入北京,居两月后返回南京。1600年(明万历二十八年),他再次进入北京,向朝廷进呈了自鸣钟、《万国图志》等方物,得到明神宗的信任,因而在北京建筑天主教堂传教。之后,他居住北京,直至病逝。

利玛窦最终能够突破中国禁令,使天主教大规模进入中国,与他注意主动适应中国文化,采取有效的措施是分不开的。为从文化心理上消除障碍,寻求认同,他着儒服,读儒经,起居饮食也务求华化,中国官僚士大夫的精神与心理因此获得极大的满足。他著《天主实义》一书,从思想理论上来弥缝和融合儒家学说与天主教教义的分歧与矛盾,更赢得了他们的欢迎和称颂。另一方面,他善于利用西洋新奇的器物与知识来吸引士大夫的注意。对于已经深深厌恶了明末空疏学风,希望探究实学以拯救国家、拯救社会的一部分士大夫来说,利玛窦以自然科学为主而系统输入西方的文化知识,正好满足了他们的需要。这样,天主教在中国传播的目的也就实现了。徐光启、李之藻等杰出的知识分子,都接受洗礼皈依天主教,成为在中国传播天主教文化的中坚力量。

利玛窦

利玛窦成功来华,推动耶稣会士来华传教出现热潮,也使明末清初西方科学文化的传播持续高涨。一时间,以自然科学为主的西方文化纷涌传入,在中国的知识界产生了很大的影响,形成与汉唐佛教文化前后辉映的西学东渐的局面。

当时,除直接输入数千部西方书籍之外,还由传教士和中国的接受西学的士人撰写和翻译了大量的著作。东渐的西学涉及的重要方面有:

第一,属于西洋数学与物理学范围的,有徐光启与利玛窦合译的《几何原本》六卷,将当时在西欧流行的欧几里得的平面几何学介绍到中国。李之藻笔录的《同文算指》,首次介绍了欧洲的笔算知识,并实现了与中国算术的融合。利玛窦著、李之藻翻译的《圜容较义》,专论圆的内切与外切。徐光启从利玛窦译出的《测量法义》,则涉及几何学的实际应用问题。徐光启自撰的《测量异同》和《勾股义》,是对西方数学独立研究并实现中西会通的成果。传教士汤若望著的《远镜说》,是第一部介绍西洋光学理论的著作。传教士熊三拔著的《泰西水法》,讨论水力机械。王徵与传教士邓玉函合译的《远西奇器图说》,讨论了物理学中重心、比重、杠杆、滑轮等原理及简单的机械构造的知识。

第二,属于天文学与地理学范围的,有利玛窦带来的《万国舆图》,将五大洲知识介绍到中国。传教士艾儒略著有《职方外纪》,介绍世界的地理知识。李之藻学习了传来的天文学知识,完成《浑盖通宪图说》,而徐光启等人则依西历校正中国历法与回回历法,完成《崇祯新法算书》的巨著。

第三,属于炮械等实用技术的,有传教士汤若望著《火攻挈要》,讨论了炮台建筑、炮身铸造、火药配伍及炮兵教练等问题。南怀仁著《神威图说》,图文并茂,介绍了他为清朝督造的神威大炮的构造与发射知识。

西学的传入,为明朝文化的封闭状态打开了一个缺口。冷静的比较,让晚明先进的知识分子认识到自己的差距,激发他们鼓起勇气,大胆地吸收西方的科学文化知识。这一过程一直持续到清朝初年,直接推动了康熙年间自然科学兴盛局面的出现,尽管,中国士大夫限于自身的文化传统和价值取向,主要选择了天文、历法、火器制造等实用的知识与技术,传教士则由于自身宗教观念与政治观念的局限,介绍的知识也多属于古典科学范畴,但毕竟仍然是对中国有用的知识,对沉闷的中国思想文化界仍具有刺激和警醒作用。遗憾的是,罗马教廷后来逐渐背离了利玛窦确立的传教精神,肆意干涉中国的传统礼仪,并要求中国政府服从罗马教廷的禁令,这就是教廷与清政府之间的所谓礼义之争。康熙皇帝以严正的态度,批评了教廷的狂妄行为,并针锋相对,要求礼部禁止天主教在华的传教活动。教廷后来也制定了更严格的禁令相对抗。康熙以后,由于中国对西洋天主教的严厉排斥,明末清初兴盛异常的西方文化的东渐活动归于结束。

三、中国思想文化在西方世界

自张骞通西域以来,中国的哲学、思想、文学等形而上的东西,真正系统地传入西方并在西方思想文化界产生一定的影响,是18世纪的事情。由于传教的需要,明末清初的传教士既需要把西方的文化知识、思想观念传播到中国,又需要了解和研究中国,把中国的事情搞明白。因此,研究和传播中国文化的工作首先在传教士中间蓬勃展开。

为便利西方人学习、掌握中国语言,传教士编辑了一批中文文法手册和字典。最早从事这项工作的是意大利传教士卫匡国。他的《中国文法》一书,风行欧洲,成为欧洲人认识研究中国的重要工具。后来,此类书籍益多,不仅有利于学习汉语,它所包含的丰富的中国文化的内容,也吸引了很多欧洲人关注中国,促进他们最终走上研究汉学的道路。

为了解中国文化的精神,传教士把"四书五经"翻译成西文。此项工作由利玛窦开端。1593年,利玛窦曾把"四书"译成拉丁文。1626年金尼阁将"五经"译成拉丁文,并在中国杭州刊行。后来传教士继续移译,译本甚多。中国经典拉丁文译本的出现,为西方文化界广泛了解中国人的精神世界创造了便利的条件,也为西方思想界吸收中国思想文化成分排除了障碍。

为了实现开辟中国市场的梦想,法国传教士受政府之命,对中国国情进行了充分的调查,写出了内容广泛的报告。其中享有中国百科全书美誉的《中华帝国志》与《耶稣会士书简集》《北京教士报告》,影响最大。从这些报告来看,传教士对中国丰富的动植物资源与独步世界的中医药治疗技术非常关注。

随着中国情况的系统介绍与中国经典的反复迻译,中国思想文化日益引起西方知识界的关注和兴趣。当时,正值欧洲启蒙运动澎湃开展之际,来自中国的崇尚自然法则,充满人文情怀和理性色彩的思想材料及文学著作,受到了启蒙运动先驱的热情赞扬,成为他们汲取理论素材与精神力量的源泉。

德国的莱布尼茨从青年时期就倾心于中国文化。后来,他认识了耶稣会士,得到更多的中国材料。他与身在北京的传教士白晋长期合作,共同研究易卦与二进制算术。1703年他正式发表《论二进制计算》,对中国《易经》的思辨与计算成果进行了充分的吸收。

法国启蒙力量的中坚是百科全书派。其中孟德斯鸠、霍尔巴赫、伏尔泰、魁奈等人,都对中国文化认真研究。伏尔泰通过中西思想与制度的对比,热情赞美了中国富于理性的思想、宽容博大的文化和文明合理的制度,批判了神权统治下欧洲君主政治的黑暗统治。霍尔巴赫甚至提出:"欧洲政府必须以中国为模范。"重农学派的创始人魁奈非常赞赏中国的重农主义政策,并尝试在欧洲推行。受重农学派理论的影响,在华传教士重点研究了中国农作物栽培技术和农机具制造技术,并将有关成果大量传入欧洲,引起欧洲农业面貌的改观。

18世纪中国文学开始传入西方。影响较大的是元代纪君祥的杂剧《赵氏孤儿》和小说《好逑传》。《赵氏孤儿》一剧曾流行于欧洲各国。伏尔泰还加以改编,成为一个新的剧本,于1755年8月20日在巴黎上演。借助此剧,作者表达了与专制统治斗争到底的信念。欧洲的大文豪歌德通过德译本,阅读了《赵氏孤儿》《好逑传》等中国文学作品。他曾经尝试根据《赵氏孤儿》及《今古奇观》,改编一个剧本《埃尔彭罗》,但没有完成。歌德对中国文学的关注,反映了这位伟大的文学家广阔的视野和对东方这个古老民族的尊重。

第四节　交流特点

文化交流,是人类普遍存在的社会现象。一部人类发展史,实际上就是各个民族与各种文化相互交流与融合的历史。纵观历史,可以发现文化交流具有下列鲜明的特点:

一、文化交流的必然性

人类生活的流动性,使文化交流成为必然。文化交流,早在远古时期就已经开始了。根据大量的考古材料来看,远古人类间的交流,甚至是突破环境的局限而进行的远距离的交流,其规模与频率都远远超过了今人的想象力。通过交流,人类本身与人类文化得到进步。交流与人类生存状态之间的这种联系,经过时间的作用,成为一种观念在人类的意识当中积淀下来。每当现实的处境使交流成为需要时,人类就唤起了这种意识。当然,意识固然具有反作用,但归根到底,影响交流进行与否的决定性因素还是存在。不论是远古时代,还是后来的文明社会,人类以个体形式和群体形式所进行的交流,都是为了满足某种现实的需要,交流背后都具有具体的、直接的原因。

现实需要对交流的迫切愿望,使交流活动表现出鲜明的必然性。只要某种需要还存在,交流就不会终止,即使中间备受阻碍,出现了可怕的曲折,但是交流最终仍然能够实现。汉武帝为了彻底打垮匈奴,需要联合西域的力量。于是招募使臣翻越葱岭,寻找大月氏,以收左右合击之效。但是,大月氏此时已无心与匈奴为敌,所以拒绝了汉朝的要求。但是,汉武帝从张骞口里得知乌孙的情况后,决意联合乌孙以切断匈奴右臂。在汉朝一方来说,由于打击匈奴的需要,与西域的交通就成为一种必然的事情,大月氏不合作,再找乌孙,直到最后实现汉朝的愿望。明末耶稣会士在西方的困顿,促使其纷纷东来传播天主教。尽管当时的海禁令未除,但由于明朝社会需要宗教,尤其需要与宗教一同传来的新鲜的自然科学知识,所以,政府的海禁令最终并未能限制住天主教在中国的传播。可见,各国之间和各民族之间的文化交流确实是一种历史的必然。

认识了这种必然性,面对正常的交流,就应该以宽广的怀抱去容纳、吸收和融合,而不是拒绝、排斥和限制。历史已经证明,拒绝、限制与排斥不仅无济于事,到头来反而会更甚其事,并且根本改变事物的性质。回顾历史,可以发现这样一个普遍的现象:国势强盛,勇于进取,自信心强,对外文化交流的气度就大,交流局面就兴旺发达,如汉唐两代;反之,故步自封,夜郎自大,抱残守缺,神经脆弱,就容易闭关锁国,与外部世界隔绝。其结果必然是生气日微,国势凌夷,被动挨打。因此,要总结历史的教训,努力学会既能正确利用文化交流的必然性,又能因势利导,为我所用。这样就必然能够与时俱进,巍然屹立于不败之地。

二、文化交流的相互性

由于地理环境、自然资源与社会发展的差异,各个民族的文化面貌呈现出明显的多样性。这种多样性,为民族间进行广泛的文化交流拓展了巨大的空间,也使文化交流的必然性化为充分的可能性。当然,就各个具体的民族来说,这种多样性又具有很大的差别,有的民族表现出来的多一些,有的民族则相对少一些。但不论民族大小,表现出的多样性如何,既然它能够存在于民族之林,那就必有赖以存在的价值。这一点,决定了文化交流的相互性。——文化的输入与输出,构成了文化交流的整体性,光有输入没有输出或者光有输出没有输入,都是不完整的。汉魏时期中国与西域的交往,中国与印度的交往,宋元时期中国与阿拉伯的交往,明末清初中国与欧洲的交往,都是相互的、双向的。一方面中国从域外输入了他们的思想、学术、资源、工艺等,另一方面也向他们输出了四大发明、典章制度、名物器用等。就交流所呈现的一般形态而言,可以说都是双向的,有往有还的。当然,双向交流在数量上讲,不可能是对等的。由于客观的文化程度的差别,在一定的时间和一定的地区,确实存在输入和输出不平衡的问题。例如,隋唐时期中国对日本来说,文化输出明显大于文化输入;而日本明治维新以后的情况则完全相反。另外,输入的某种文化所产生的影响也是有差别的。从文化史来看,经常可以见到这种例子,一种文化进入一个新的环境,有的能够生根壮大,并与本土文化融为一体,产生很大的影响,如印度的佛教文化;而有的则不断萎缩,最后销声匿迹,如唐代的基督教。所以异质文化究竟能不能在新环境生存发展,产生影响,关键要看异质文化本身的适应性如何,输入国的接受消化能力如何。

国家与国家间、民族与民族间的文化交流固然是双向的,有往有还的,但它是有选择的,而不是兼收并蓄的。这种选择的标准,一依本国的民族心理、文化传统和实际需要而定。中国汉唐时期,西域的宗教、音乐、舞蹈、美术、饮食等,杂乱无章,纷纷涌入中国。但是,最后有的保存下来了,有的却被淘汰了。这实际上就是文化选择的结果。经过选择,那些思想观念、行为方式符合中国道德与律令规范,且为中国所无、可以弥补中国文化内容之缺的部分,才得以保留,而别的则逐渐遭到无情的淘汰。所以,在输出文化或者是输入文化时,应力求以平等的态度相互对待对方的国情,互相尊重对方的民族文化传统,互相尊重对方的选择权,决不可以强加于人。由于先进文化对于落后的文化总是具有强烈的吸引力,在一定的时间内,落后文化对于先进文化会出现一面倒的输入,如古代日本、朝鲜、越南等亚洲国家对中国文化的态度。从表面来看,这样做似乎缺乏选择。须知,在当时当地的历史条件下,这恰恰就是一种选择,是更具有胆识与勇气的选择。

三、文化交流的回流性

不同文化的交流,其结果一方面会使异质文化在新的环境中得到改善和提高,另一方面也必然会嫁接出新的更有生命力的文化。不管是得到改善和提高的文化也好,还是得到嫁接的新文化也好,它们与过去相比,都有了质的差别。所以,具有戏剧效果的是,它们往往还会再回流到母邦,成为母邦的先进的文化。这种文化交流过程中的回流现象,在文化史上经常出现,它本身就是对文化交流所具价值的最大肯定。

一种文明成果在诞生和交流以后,由于社会环境的不同和使用者价值取向的不同,它后来的命运是根本不同的。造纸术是中国的一大发明,但传入高丽以后,由于当地拥有丰富的造纸原料,更经过当地匠人的钻研提高,高丽的造纸技术名声远扬,唐宋元明时代,高丽纸一直是中国重要的进口商品。火药与火器是中国的发明,然而传到阿拉伯世界,阿拉伯人与当地的技术相结合,制造出威力甚猛的火炮。元朝为灭亡南宋,专门引进了回回炮,并雇来回回炮手,以济其不足。明成祖时的神机营,也专门使用阿拉伯先进的神机枪炮。火药与火器传到欧洲,经过葡萄牙的研究提高,到15世纪,他们所制造的管型火器已经领先于世界了。明朝末年,为了打击女真,明朝曾招募西洋人制造所谓"佛郎机"炮(即葡萄牙炮)。源自中国的火药与火器,又回流到中国。

文化交流的回流性,是一种正常的现象,对此一定要有正确的态度。文化的回流与文化的输入一样,都可以弥补本土文化的不足。如果能够妥善地吸收消化,那就会实现新的超越,进而带来更大的进步。对于回流的文化,千万不可以盲目的文化优越感,用所谓"源于中国"的迂腐轻蔑的态度,拒绝承认其价值。晚清顽固派昧于世界潮流,把西洋先进的声光化电,无不说成是中国之旧物,从而拒绝接受,早已成为历史的笑柄。

总之,要认识和顺应文化交流的必然性,以勇敢的态度向一切先进的文化学习,以彼之长,补己之短,同时,也要树立坚强的自信心,把自己优秀的文化传播出去,最终实现人类文明的全面进步。

参考文献

1. 齐思和:四大发明的西传和对欧洲的影响

(一)造纸术的发明及其西传

西汉时期,中国劳动人民才开始使用丝絮制成薄片,叫做絮纸,因此纸字从丝,这是造纸术的开端。但由于丝絮珍贵,絮纸原料来源极窄,劳动人民在实践中又采用了麻纤维制成的薄片,这就是植物纤维纸。到了东汉时期(2世纪初),蔡伦集中了劳动人民的经验,经过反复实验,提高了利用树皮、麻头、破布、渔网等废物制成植物纤维纸的技术,这种造纸方法,使造纸原料的来源大大扩充,造纸的成本大大降低,因此很快地推广开来了。中国人成为世界上最早的造纸术发明者。

公元6世纪开始,这种造纸术传往朝鲜、越南、日本。公元751年传到了中亚细亚的撒马尔罕(在今乌孜别克斯坦境内),后来又传到了西亚的巴格达(793),叙利亚的大马士革城,以后又传到了非洲的埃及(900),纸战胜了埃及的纸草。到了10世纪中叶,埃及就停止纸草的制造。大马士革制造的纸张,直接销售到欧洲的希腊、意大利等地。阿拉伯人把我国的造纸法传到了非洲和欧洲。到了1150年,西班牙开始造纸。1189年法国南部开始造纸。1320年,德意志的科隆城设立了造纸厂。1390年,德意志的纽伦堡也开设了造纸厂。纸的生产在欧洲各国蓬勃展开。纸的生产为当时欧洲蓬勃发展的教育、政治、商业等方面的活动,提供了廉价的、理想的书写材料,而且最重要的是为印刷术的引进创造了前提。

(二)印刷术的发明及其西传

印刷术是中国古代的又一件伟大发明。远在唐代,民间已经开始用雕版来印刷佛经、佛像、历书等需要量很大的图书,以后又逐渐用于印刷制字数较多的其他书籍。到了公元932年,后唐宰相冯道、李愚等奏请雕印"九经",这是由国家用雕版进行印刷儒家经典的开始。到了仁宗庆历年间(11世纪中期),优秀刻字工人毕昇又发明了活字印刷。他用胶泥刻成单字,入火烧锻使之坚硬,作成字模,然后排列起来进行印刷。这是排版印刷的开始。以后又有人使用锡、铜等金属制成活字,就更加坚固了。这样,可以在较短的时间,用较低的成本,印刷出成批的书籍,这又是世界文化史上一件划时代的大事。中国发明的雕版活字印刷术,不久就传到了朝鲜、日本、越南等邻近国家,到了15世纪中叶,就传到了欧洲。

欧洲开始用雕版和活字印刷书籍,始于15世纪中期,究竟是什么人最先制造活字版进行印刷的?西方的历史学家长期争论不休。有人认为是生活在15世纪初期的尼德兰(今荷兰)人考司德;另外一种说法,则认为是一个名叫谷登堡,于1450年在德意志的美因兹开设了一所印刷厂,用活字印刷图书。但是他们究竟在哪里学得制造活字进行印刷的技术的,则无人能够回答。近年来,中外学者对此问题进行了研究，认为在 13 世纪（元代）时期，不少欧洲旅行家，在中国亲眼看见了中国人用雕版和活字印刷图书、纸币和纸牌，还向意大利等地出口。欧洲的印刷工人无疑的是从中国的印刷术中受到启发，于 15 世纪初年，也用雕版印刷图像和书籍，到了 15 世纪中期，就开始使用活字排印书籍了。

印刷术很快地从德意志传播到意大利、英、法等国，1466 年意大利也出现了印刷厂，以后各国的印刷厂，如雨后春笋般地建立起来了。这个时期，正是欧洲的宗教革命和文艺复兴时期，印刷术的从中国输入，对欧洲的宗教改革和文艺复兴，都起了巨大的推动作用……

（三）火药的发明及其西传

火药的发明军事史上划时代的一件大事。最初是由炼丹家创制出来的。唐初（7 世纪末）名医孙思邈提出了一种配方，把硫黄、硝、木炭制成一种药粉，用来发火炼丹，这便是制造火药的开端。我们知道，这三种药品是火药的组成部分。但当时都是利用天然物，未经提炼，所以力量微弱，不致爆炸。以后提炼纯硝的技术不断提高，它的燃烧性、爆炸性逐渐显示出来，于是遂用于军事上。唐朝末年（10 世纪初），已经出现了"飞火"这个名称，据说就是火炮、火箭。用来将火药抛射到敌人阵营，发生燃烧，造成损失。以后宋朝又不断利用火箭、火炮进行战争。到了北宋末年（12 世纪初期），出现了"霹雳炮"，于是大大加强了火药的爆炸力和破坏力。南宋初年（12 世纪初），陈规发明了管形火器，在火器史上是一大进步，近代的枪炮就是从原始的管形火器发展起来的。蒙古人在对宋、金作战中学到了制造火药、火器的方法，不断加以改进，大规模地用以对中亚、西亚、回教国家的战争。欧洲人于 13 世纪后期，从阿拉伯文的书籍中获得了火药的知识。到了 14 世纪前期，又从对回教国家的战争中学到了制造、使用火药、火器的方法，于是掌握了制造火药、火器的秘密。因为火药在欧洲最初是用大炮发射的，所以在西文中称为"炮粉"。

到了 19 世纪后期，欧洲人从中国文献中了解到火药是中国最早发明的，以后经过阿拉伯人传入欧洲。但是长期以来，欧洲资产阶级的顽固派，抱着白人优越论的成见，对于这千真万确的事实，尽力抵制，死不承认，硬说火药是欧洲人发明的。他们歪曲历史，伪造证据，到了荒谬绝伦的地步。有的人认为 13 世纪的英炼丹家罗杰·培根，是火药的发明者。但是有人对培根的全部著作进行查对，只有一处提到用火药制成的儿童玩具，而这也是从阿拉伯人的著作中抄来的。又有人主张德意志人施瓦茨是火药的发明者，但是他是一个传说中的人物，并非真有其人。《英国百科全书》第十一版（1911 年出版），列举了这两种说法，而不肯承认中国人是火药的发明者。

关于火药发明和传入,在欧洲所引起的巨大影响,恩格斯做出了极其精辟的分析。他写道:"火器一开始就是城市和以城市为依靠的新兴君主政体反对封建贵族的武器。以前一直攻不破的贵族城堡的石墙抵不住市民的大炮;市民的枪弹射穿了骑士的盔甲。贵族的统治跟身披铠甲的贵族骑兵队同归于尽了。"(《马克思恩格斯选集》第三卷,第 207 页)

(四) 指南针的发明及其西传

指南针的指极性应用到大海航行中,将航海技术推进到了一个新的时代,这又是中国古代的一大发明。在使用指南针以前,船工靠着观察日月星辰,来辨别方位,确定方向,但是遇到阴天下雨,无法观测天体的时候,那就有迷失方向的危险。所以在古代远洋航行是极端危险的。中国人在东汉初年(1 世纪中期),王充在他所著的《论衡·是应篇》中提到,"司南之杓,投之于地,其柢指南"。足见在当时磁针的指极性已为大家所公认。

到了北宋末年(12 世纪初),朱彧在他的《萍洲可谈》一书中提到他曾在广州看见"舟师""识地理,夜则观星,昼则观日,阴晦观指南针"以确定航向。当时中国的商船,在南洋、印度、西至波斯湾一带,极为活跃。同时波斯和阿拉伯的船只,也在红海和波斯湾一带航行。他们不久就采用了指南针来指导航向,以后又传播到欧洲去。恩格斯指出:"磁针从阿拉伯人传到欧洲人手中",是在"1180 年左右"(恩格斯《自然辩证法》第 171 页)。但是直到最近,西方资产阶级的顽固派还不肯承认指南针是中国最早发明的,以后通过阿拉伯人传到欧洲,而硬说欧洲航海用的指南针,是欧洲人自己独立发明的。但是他们也不得不承认欧洲人关于航海指南针的使用,首先见于 13 世纪末年,斯堪的那维亚人的记载,到了这时,指南针即是在欧洲也不是新鲜事物了(1964 年版《英国百科全书》第六册 226 页)。

磁针的使用,为远洋航行创造了有利的条件。十五六世纪时,葡萄牙人所进行的环绕非洲最后到达印度、中国的航行;哥伦布所领导的发现新大陆的航行;麦哲伦的环球航行等,若是不用磁针来辨别方向,是不可想象的。当时的舵手,把磁针看作和自己的性命一样宝贵,麦哲伦航行前,随身带着三十多枚磁针备用。新航线的开辟,殖民地的建立,导致了世界市场的出现,刺激了欧洲的工业生产,这一切又都促进了新兴资产阶级的成长壮大和封建贵族的没落。

(《中国史探研》,中华书局,1981)

2. 梁启超论明末西学东渐

明末有一场大公案，为中国学术史上应该大笔特书者，曰欧洲历算学之输入。先是马丁·路德既创新教，罗马旧教在欧洲大受打击，于是有所谓"耶稣会"者起，想从旧教内部改革振作。他的计划是要传教海外，中国及美洲实为其最主要之目的地。于是利玛窦、庞迪我、熊三拔、龙华民、邓玉函、阳玛诺、罗雅各、艾儒略、汤若望等，自万历末年至天启、崇祯间，先后入中国。中国学者如徐文定（名光启，号玄扈，上海人，崇祯六年（1633）年卒。今上海徐家汇即因其墓地和家族聚居地而得名）、李凉庵（名之藻，仁和人）等，都和他们来往，对于各种学问有精深的研究。先是所行《大统历》，循元郭守敬《授时历》之旧，错谬很多。万历末年，朱世堉、邢云路先后上疏指出他的错处，请重为厘定。天启、崇祯两朝十几年间，很拿这件事当一件大事办。经屡次辩争的结果，卒以徐文定、李凉庵领其事，而请利、庞、熊诸客聊共同参豫，卒完成历法改革之业。此外，中外学者合译或分撰的书籍不下百数十种。最著名者，如利、徐合译之《几何原本》，字字精金美玉，为千古不朽之作，毋庸我再为赞叹了。其余《天学初函》《崇祯历书》中几十部书，都是我国历算学界很丰厚的遗产。又《辨学》一编，为西洋理论学输入之鼻祖。又徐文定之《农政全书》六十卷、熊三拔之《泰西水法》六卷，实农学界空前之著作。我们只要肯把当时那班人的著译书目一翻，便可以想见他们对于新知识之传播如何的努力。只要肯把那个时候的代表作品——如《几何原本》之类择一两部细读一遍，便可以知道他们对于学问如何的忠实。要而言之，中国知识线和外国知识线相接触，晋唐间的佛学为第一次，明末的历算学便是第二次（中间元代时和阿拉伯文化有接触，但影响不大）。在这种新环境之下，学界空气，当然变换。后此清朝一代学者，对于历算学都有兴味，而且最喜欢谈经世致用之学，大概受利、徐诸人影响不小。

（《中国近三百年学术史·反动与先驱》，
中国书店，1985，第8—9页）

参考书目

1. 向达《中西交通小史》，上海，中华书局，1940。
2. 沈福伟《中西文化交流史》，上海人民出版社，1985。
3. 何兆武《中西文化交流史论》，中国青年出版社，2001。

4. 张维华《明代海外贸易简论》,学习生活出版社,1955。
5. (美)卡特《中国印刷术的发明和它的西传》,商务印书馆,1957。

思考题

1. "华夷之辨"与文化交流。
2. 丝绸之路开通对中国文化的影响。
3. 郑和下西洋对中国社会经济影响。
4. 古代中日文化交流对现代的启示。
5. 如何评价明末西方西方传教士在中国的活动。